Le roman historique

Petite Bibliothèque Payot

Georges Lukacs

Le roman historique

Traduit de l'allemand
par Robert Sailley

Préface de Claude-Edmonde Magny

Titre original :

Der historische Roman

Note du traducteur :

La présente traduction a été faite sur le texte allemand publié à Berlin, Aufbau Verlag, en 1956. Nous avions également devant les yeux la traduction anglaise, parue à Londres en 1962 et à New York en 1963, qui nous a aidé à résoudre certains problèmes.

Nous attirons l'attention du lecteur français sur l'emploi des termes : « figurer » et « figuration » pour rendre les mots allemands « gestalten » et « Gestaltung ». Cet emploi, du moins en ce qui concerne le substantif, n'est pas rigoureusement conforme à l'usage tel que le codifient les dictionnaires de la langue française. Mais il nous fallait un terme distinct de « description », « peinture », « représentation », etc., qui correspondent à d'autres mots allemands employés dans le texte. Nous pensons que « figurer » rend assez bien « gestalten », puisqu'il peut signifier : « représenter à l'esprit » et aussi dans la langue classique : « donner forme à quelque chose ». Nous utilisons « figuration » comme terme abstrait correspondant à « figurer » employé dans l'acception que nous venons d'indiquer.

Nous avons pris soin de rechercher le texte original des citations d'auteurs français ; en ne mentionnant pas les sources de ces citations, nous nous conformons à l'usage de l'auteur.

PRÉFACE A L'ÉDITION FRANÇAISE

par

CLAUDE-EDMONDE MAGNY

L'idée maîtresse de LUKACS révolutionne la perspective littéraire traditionnelle (on en trouverait un analogue dans Comte, mais appliqué uniquement aux sciences) : un « être » (qu'il s'agisse d'un homme, d'une œuvre ou d'un genre littéraire), si « original » qu'il soit, ne surgit jamais *ex nihilo*, mais est préparé, conditionné, et finalement *permis* par un certain contexte historico-sociologique, dont la connaissance ne peut que mieux éclairer son essence, la rendre perméable, et même en faire mieux ressortir l'irrémédiable nouveauté.

Aussi, le roman historique est-il doublement intéressant pour LUKACS : c'est que, prenant pour objet l'histoire, il est lui-même soumis à cette histoire ; il baigne dans elle, par exemple par le choix même de ses sujets, ses vicissitudes en tant que genre, la variation de ses perspectives sur telle ou telle époque. Ainsi le pourrait-on dire doublement historique.

Nous sommes loin ici de la critique littéraire traditionnelle (et bourgeoise), encore plus des « belles lettres » comme on dit en Angleterre. Il s'agit bien plutôt de fonder, dans une perspective marxiste, une sociologie de la littérature.

Le grand principe qui apparaît dès la *Théorie du Roman* (écrite sans doute pendant la guerre de 14-18) et sur lequel LUKACS ne fera que s'appuyer avec une lucidité et une fidélité sans cesse accrues, c'est qu'il n'y a pas d'autonomie de l'esthétique pure. Ce qui paraît être simple question de forme, voire de technique (ou de mode!) renvoie à autre chose, qui l'explique : les circonstances historico-sociologiques dans lesquelles l'œuvre a pris naissance. Ainsi, nous dit la *Théorie du Roman*, *Don Quichotte* consacre, par sa parodie, la mort du roman de chevalerie qui prétend survivre

« au-delà du moment où la dialectique historico-philosophique en a déjà condamné les conditions transcendantales d'existence ». L'histoire littéraire est ici bien dépassée, encore qu'elle puisse être utilisée. C'est ce qui fait la force insigne de LUKACS : outre tous dons personnels de finesse, pénétration, profondeur, et bien entendu culture, il a la méthode.

Le risque possible, que l'auteur signale lui-même dès son avant-propos, c'est d'analyser minutieusement des œuvres mineures, esthétiquement parlant, si elles sont représentatives de leur époque et de ses rapports avec l'histoire, tandis qu'on négligera des livres plus valables artistiquement. Peut-être se montre-t-il trop sévère. Il a parfaitement droit et raison de prendre cette précaution oratoire, mais lorsqu'il applique concrètement et dans le détail sa méthode, je ne vois guère de grief grave qu'on puisse lui imputer. Qu'il soit protégé par son « goût », son profond amour de la littérature et son immense culture, ou par la Méthode elle-même : une œuvre grande ne saurait manquer d'exprimer adéquatement, véridiquement, l'époque et la société qui l'ont vue naître.

Le roman historique va être pour le principe un champ d'application privilégié. Outre que son apparition et son essor, puis sa crise, sont (historiquement) liés à l'avènement, puis à la décadence d'une classe sociale bien déterminée, il soutient avec l'histoire un double rapport, en quelque sorte bidimensionnel. D'abord en tant qu'elle le *conditionne*, quant à son surgissement, ses formes, son évolution, son impact social, etc. Bref, qu'elle est son infrastructure.

Ensuite en tant qu'il la *reflète* et l'exprime, ce qui est son essence, son intention fondamentale, sa différence spécifique par rapport aux autres formes de roman. Il s'agit ici du rapport qu'il soutient *en fait* avec ce qu'il faut bien appeler la « réalité historique », supposant ainsi que celle-ci puisse être conçue comme existant « objectivement » à la manière du monde extérieur. Et ce rapport lui-même est double : il est d'abord de fidélité, de conformité, non seulement quant au détail, mais à l'esprit, au souffle. Mais il lui faudra en outre se *raccorder* avec le temps réel, et en particulier avec le présent, celui-ci faisant lui aussi partie d'une histoire qui n'est pas seulement faite de passé. (Nous reviendrons par la suite sur ce problème, encore que LUKACS ne le pose guère qu'indirectement.)

La distinction entre ces deux formes de relations du roman historique à l'histoire semble claire, ainsi formulée abstraitement — en réalité elle est beaucoup moins facile à observer dans l'analyse concrète de telle ou telle œuvre. Ne fût-ce que parce que le roman historique a un auteur, lui-même conditionné par la société historique dans laquelle il vit, ce qui à son tour conditionne (je n'ai pas dit détermine) la vision qu'il aura de telle ou telle époque qu'il s'est choisie, et jusqu'à ce choix même. Que l'on songe par exemple aux diverses « Révolutions Françaises », celle par exemple de Hugo dans *93* ou de France dans *Les Dieux ont Soif* (il n'en va pas autrement, d'ailleurs, chez les historiens professionnels : Taine, Aulard, Madelin, Mathiez, Gaxotte, etc.). Ou bien au choix que Flaubert fit de Carthage et de sa guerre mercenaire. Ces exemples, qui sont ceux de LUKACS, ne peuvent qu'ils ne soient ambigus : c'est précisément cette apparente confusion, née d'une extrême finesse et honnêteté, qui donne leur prix aux analyses du Roman Historique.

Le roman historique naît, comme genre distinct et touchant d'emblée un vaste public (que l'on songe aux tirages, fabuleux pour l'époque, de Walter Scott, à qui ils coûtèrent sa vocation de poète), au début du XIXe, c'est-à-dire le début de l'ère industrielle, la naissance du capitalisme, la promotion politique définitivement acquise de la bourgeoisie. Et c'est très vite, avec le succès objectif et les lettres de noblesse, ce que LUKACS appelle son « âge classique ».

A la différence du héros épique, le personnage romanesque est celui, seul et nu, qui descendra bravement dans cette arène qu'est le monde, avec tous les risques que cela comporte (Achille, Ulysse, etc. seront toujours protégés). C'est une « âme qui va dans le monde pour apprendre à se connaître » et s'*éprouver* au travers de ses aventures (même uniquement intérieures) au lieu de les subir passivement, comme l'autre, à qui elles resteront toujours extérieures. Le Devenir historique, l'état réel à certain moment de telle ou telle société, semblent offrir une arène prestigieuse. Le roman ordinaire pouvait être dit d'ailleurs une « épopée bourgeoise », en ce que, comme l'œuvre épique, il cherchait à refléter la totalité de la vie. Mais ne pouvant guère être un macrocosme, coextensif à l'ensemble des « objets » reflétés, ou bien il se contentera d'être un microcosme (le miroir de la Dame de Shalott), tel la *Comédie Humaine*, ou bien il se choisira une « tranche d'histoire », plutôt qu'une tranche de vie — sans toutefois pouvoir styliser autant que peut seul le faire le drame.

Le danger qui le menace, même et surtout en cet âge, c'est une fidélité « nazaréenne » dans le détail (culte de la couleur locale, minutie archéologique, etc.) alors que l'âme des personnages reste toute moderne, sans quoi l'auteur ne pourrait lui donner vie (ni sans doute intéresser l'éventuel lecteur). Aussi sera-t-il, selon l'expression de Hegel, un « anachronisme nécessaire ».

Son propos serait à peu près : exprimer à travers des destinées individuelles (c'est en cela qu'il est roman) *exemplaires* les problèmes d'une époque donnée (c'est en cela qu'il est historique) *du passé.* Mais comment oublier, et faire oublier le présent ?

Le roman historique est donc tributaire de la relation de l'auteur à son époque, sa société. C'est là une de ses « situations-limites », pour employer l'expression de Jaspers. C'est le présent qui nous fera le mieux comprendre le passé — et nous y intéresser. Comme a dit Marx, « l'anatomie de l'homme est une clé pour l'anatomie du singe » — et non l'inverse. Ce qui ne veut pas dire qu'on soit autorisé à les confondre.

Mais cette difficulté principielle va s'aggraver notoirement, à la suite précisément de circonstances historiques. Un tournant dans l'évolution du roman historique (qui peut-être n'y survivra guère que comme l'ombre de ce qu'il était, ne retrouvera jamais en tout cas l'innocence de l'âge classique) est marqué par la catastrophe des journées de Juin 1848 : en faisant tirer sur le peuple, la bourgeoisie rompt absolument avec lui, et renie ses récents idéaux, enragée brusquement de voir (croit-elle) que les armes qu'elle a forgées pour défendre les opprimés sont retournées contre elle. Désormais elle va pactiser avec l'oppression — et il y aura « deux nations ».

Le roman historique deviendra un refuge contre la réalité insupportable, voire un alibi (ce qu'il n'était nullement à l'époque d'avant). L'auteur choisira un sujet qui le concerne aussi peu que possible, et nous avec lui : et c'est *Salammbô*, à qui Sainte-Beuve, rendu parfois clairvoyant par l'envie, reproche avec pertinence : Pourquoi Tunis et Carthage, et non Rome et Carthage, alors que de l'issue de leur lutte a dépendu un moment la vie de toute *notre* civilisation actuelle ?

Désormais le romancier n'aura plus que de mauvais rapports avec l'histoire, devenue simple réservoir de matériaux décoratifs : il vit dans la mauvaise conscience. En vain entassera-t-il les détails érudits, qui ne parviendront pas à masquer le caractère *mort* de l'œuvre, en même temps que s'accentuera la modernisation des personnages déjà amorcée à l'âge précédent, mais inconsciente, involontaire : pour citer toujours le même Sainte-Beuve, Salommbô est comme la sœur de Madame Bovary. L'archéologie n'est plus qu'un décor, privé de tout lien vivant avec des personnages qui pourraient aussi bien évoluer identiques dans un tout autre décor. Et c'est ce qui explique cet énigmatique ennui que procure toujours une œuvre déshumanisée (comme le sont trop de romans actuels). On a récemment revalorisé Flaubert en lui-même, on lui a comparé

Robbe-Grillet et voulu voir en lui le précurseur du « nouveau roman ». Les conditions historico-sociologiques pourraient bien offrir quelque analogie...

Car Flaubert est une victime. Victime de la conjoncture historique (comme d'ailleurs Baudelaire et maint autre), il n'appartient plus à aucune des « deux nations ». D'où la situation en porte-à-faux qui est la sienne, et par suite celle de ses romans. Il peut clouer au pilori la bourgeoisie de son temps, vitupérer la triste époque où il a le malheur de vivre, directement en peignant le monde contemporain ou indirectement par la confrontation avec un passé guère moins atroce et « vain », quelle qu'en soit la splendeur picturale — il n'en reste pas moins un bourgeois, inféodé à son idéologie de classe, même et presque surtout lorsqu'il croit la dénoncer. Et il demeure étranger au peuple. Il en est de même de Conrad-Ferdinand Meyer et de ses « longues nouvelles ». Pour ces écrivains prisonniers de leur infrastructure, les faits socio-historiques dont ils répudient les conséquences idéologiques (le libéralisme, par exemple, qui n'est plus au moment où ils écrivent, qu'une coquille vide et presque une caricature) ne s'en reflètent pas moins dans la forme même, et le contenu de leur œuvre : conflit foncier, subi, inconscient, qui les empêche d'atteindre à la vraie grandeur.

Le roman historique se remettra difficilement de cette crise (qui n'est pas d'ailleurs particulière à la France). Ou bien ce sera au prix d'une totale métamorphose et répudiation du passé, fût-il glorieux. A partir du dernier tiers du siècle, une évolution se dessine, dont LUKACS n'indique pas les causes. Je nommerais volontiers la sanglante répression de la Commune de Paris, où une bourgeoisie, qui n'a jamais connu d'autre émotion que la peur, recommence, sur une échelle bien plus vaste, l'affaire de 48. Il faut généralement qu'une maladie aiguë aille beaucoup plus mal avant d'aller mieux. Peut-être le petit père Thiers a-t-il réussi à tirer de leur « sommeil dogmatique » un certain nombre d'intellectuels à sympathies prolétariennes. L'essor du syndicalisme et du socialisme, la fermeté croissante des revendications ouvrières, chez nous l'affaire Dreyfus, feront le reste. Soit, il y a deux nations *. Et nous aurons le *93* de Hugo, toute l'œuvre de Zola, Heinrich Mann, voire l'adhésion d'esprits aussi profondément « mariés » aux valeurs bourgeoises qu'Anatole France. On voit naître (lentement) vers la fin du siècle, un type nouveau de roman historique où *témoigne* un humanisme militant, antifasciste, anti-impéraliste, bref « de gauche » et qui constitue par sa seule existence une protes-

(*) Cri que reprendra même Dos Passos.

tation contre l'impérialisme qui règne, fût-ce sous le couvert d'institutions démocratiques, et critique un capitalisme agonisant.

Les naissances se font rarement sans douleur. A cause de difficultés très graves inhérentes à la démocratie révolutionnaire sur tous les plans, y compris la politique, l'adhésion de l'intelligentsia restera tiède et comme « gauche » (sans calembour) — elle aussi en porte-à-faux. Le chemin est trop dur à parcourir, et d'un tracé bien hésitant. Les sympathisants du prolétariat s'en tiendront obstinément à un humanisme libéral, dont les derniers ouvrages de Stefan Zweig offrent l'exemple obstiné, et qui caractériserait assez bien (avec des degrés et des nuances) toute une génération d'écrivains occidentaux avant Hitler (et même la guerre de 39). La tradition de l'humanisme européen, depuis le XVIIIe, voire la Renaissance, a toujours été révolutionnaire : eux (guère moins heureux finalement que la bourgeoisie, quoique sur un tout autre plan) refusent toute révolution. Aussi l'Érasme de Zweig, par exemple, cet apôtre de la pensée libre, sera-t-il mutilé, sclérosé, quasi caricatural.

Les écrivains allemands sont à cette époque plus féconds en romans historiques de premier plan que leurs collègues français, à moins que l'on ne veuille considérer comme tels *Les Thibault*, voire *A la Recherche du Temps Perdu.* Mais ils sont de plus desservis dans le choix de sujets à la fois révolutionnaires et nationaux par (dit LUKACS) « la pauvreté de l'histoire allemande en événements démocratiques révolutionnaires réellement importants ». La difficulté s'était déjà posée au début du siècle sur le plan du drame, et l'on avait eu la *Marie Stuart* de Schiller, le *Danton* de Büchner, etc. Mais elle était moins grave, à cause de la stylisation essentielle du drame, de cette inévitable « distanciation » qui lui fait faire bon marché des détails exacts, de l'anecdote, de la chronologie — voire fort simplement de l'exactitude historique la plus élémentaire. Le pauvre romancier, lui, par sa fonction même, ne peut faire bon marché de ces misérables contingences. Et ce n'est pas une simple question de minutie scientifique : déraciné, dépaysé, sans rapport direct et profond avec l'époque qu'il a élue (que l'on songe à Salammbô que nulle accumulation de détails ne suffit à sauver) il ne fera pas vraiment œuvre historique. Feuchtwanger écrira sur Néron ou Flavius-Josèphe, Heinrich Mann sur Henri IV (le nôtre). Quel que soit leur talent, leur érudition, leur honnêteté, leurs œuvres ne concernent pas vraiment le passé, mais bien le présent, évoqué obliquement par des allusions transparentes et abstraites, que l'intention en soit démasquante ou satirique.

Il y a plus : ils écrivent du peuple, pour le peuple — et ils ne le connaissent pas — du moins de façon vivante, par *Erleben.* Ils n'en sont pas issus, rien ne pourra faire qu'ils en soient, qu'ils le sentent. (Le conditionnement historico-sociologique a de ces duretés, de ces injustices.) On comprend l'intérêt que LUKACS a témoigné à Charles-Louis Philippe, à qui il a consacré une longue et belle étude. Ces écrivains « avancés » sont sur ce point en retard sur les écrivains idéologiquement « réactionnaires » du début du siècle : Scott, Balzac (je songe entre autres aux *Paysans*), etc... pour qui l'histoire est avant tout celle de la destinée d'un peuple, vue à travers quelques personnages qui l'incarnent mais ne sont pas de premier plan. Chez les modernes, le peuple n'est plus qu'une toile de fond pour l'action principale, dont les protagonistes sont situés sur un tout autre plan que lui, différemment éclairés, fortement grossis... (Il est caractéristique qu'on en vienne, pour décrire cette situation, à emprunter le langage du théâtre.)

Ceci est plus grave qu'il ne pourrait sembler (y compris même le côté « théâtral »). Car le lien qui fait le roman historique être ce qu'il est, qui définit sa quiddité : l'alliance (en principe) indissoluble entre le romanesque et l'historique, se trouve rompu. Au risque de tendre vers la biographie, il nous montre des destins insignes, certes, mais qui, coupés de la masse d'événements dont la trame constitue la vie même du peuple, restent strictement *privés*, ne sont plus représentatifs.

Il y a là plus qu'un avatar malencontreux lié à l'histoire. Il s'agit d'une fragilité essentielle au genre, et qui permane même quand change le contexte historico-sociologique. L'on me permettra d'en dire un mot, pour prolonger, au-delà de sa méthode même, les analyses de LUKACS, et le si remarquable tableau qu'il dresse des vicissitudes du roman historique.

Le problème s'est posé, consciemment et explicitement, dès les débuts de celui-ci, avec l'insertion de personnages historiquement réels dans une œuvre de fiction : Napoléon, César, Alexandre, Louis XIV, Auguste, etc. Si on les fait paraître (ce qui peut être indispensable à l'intrigue), ne risquent-ils pas d'abord de faire apparaître les autres protagonistes comme des pygmées, surtout de détruire irrémédiablement l'illusion romanesque ? et aussi quelles libertés, même minimes, oser prendre avec eux, dont la biographie, voire la légende, sont si connues * ? A ces questions, les « classiques » ont répondu unanimement, de Scott et Balzac jusqu'à Tolstoï, en passant par Thackeray, qui dans *Henry Esmond* en reprend la théorie pour l'incorporer au sein même de son œuvre : les grandes

(*) Sans compter l'impossibilité bien connue de montrer le « génie », comme d'ailleurs la beauté, directement et autrement que par ses effets.

figures célèbres ne devront être ni héros ni même personnages de second plan, mais simples silhouettes passant comme distraitement à l'arrière du décor et se confondant presque avec celui-ci.

Non point les « modernes », dont les romans tendent dangereusement vers la biographie, voire l'autobiographie (je ne puis que renvoyer ici au texte même de Lukacs). D'où les faiblesses d'un livre aussi remarquable que le *Henri IV* d'Heinrich Mann : les personnages principaux sont peints d'une manière abstraite, parce que « trop grands » par rapport aux autres, et la place qui leur est accordée est sans lien avec leur importance historique objective. Certains êtres, dont le rôle fut capital, paraissent à peine, ou n'ont pas droit à un portrait « en pied » : tels le chancelier Michel de l'Hospital, ou Catherine de Médicis. Il ne s'agit pas ici d'une faillite personnelle, mais de l'échec inévitable d'une méthode, mal assortie aux grandes options idéologiques qu'elle prétend servir, même maniée par l'écrivain le plus doué. (On retrouve ici le grand principe lukacsien : tant vaut la méthode, tant vaut l'œuvre.)

Et le roman tend dangereusement vers le drame (genre d'une essence tout autre) par l'usurpation qu'il tente des libertés de celui-ci. Le drame, lui, de par sa stylisation même, n'est nullement assujetti à la minutie du détail — ou plus exactement il ne comporte pas de détails. La désinvolture shakespearienne à leur égard est célèbre, et Gœthe l'universalisera, s'en fera l'apôtre par l'exemple comme par la théorie : son Egmont ou le roi Philippe dans le *Don Carlos* de son ami Schiller ont été écartés sciemment de la vérité historique du personnage, même des circonstances importantes de leur vie, voire leur caractère, ont été changés. Et que dire des célèbres anachronismes de Claudel dans l'*Annonce* et le *Soulier de Satin* ?

Ceci, très légitime, il semblerait que le roman puisse, lui aussi, le revendiquer. Mais l'ensemble d'une époque se reflète en lui tout autrement que dans le drame : il est constitué d'une multitude de petits faits matériels ou événements, encadrant généralement les périodes de crises que met en scène le drame, tous solidaires et conditionnant les personnages, alors que le propre du héros dramatique est de s'en affranchir. Dès lors, interdit de tricher — ce qui n'empêche pas qu'à *l'occasion* le romancier ait le droit de choisir, et, même là où il s'inspire d'une réalité historique objective, de modifier le cours des événements. Ainsi Balzac nous apprend que le « vrai » d'Esgrignon fut en réalité condamné — mais cela ne touche en rien la vérité profonde du héros.

Le héros dramatique « crève la toile », de toute façon. Chez les « classiques », les grandes personnalités, historiques ou non, restent étroitement liées à la masse, qu'elles dépassent tout juste d'une tête. Vich Jan Vohr, Rob Roy, Cromwell chez Scott ne sont pas des génies, ni le Pougatchev de Pouchkine ou le Koutousov de Tolstoï. Et ceci même est profondément historique : l'histoire elle-même requiert une méthode « antibiographique », nous montrant perpétuellement le rôle du hasard dans l'élection, en un moment de crise, de telle personnalité plutôt que de telle autre. (Elle ne connaît pas de génie prédestiné.) En elle, comme dans le roman historique « classique », nécessité et hasard s'entrelacent.

Les rapports entre réalité et fiction historiques ne sont pas pour autant toujours aisés. Tout imaginaire apporte avec lui son temps et son espace propres. D'où la difficulté, présente à l'intérieur de chaque art, du *raccord* avec l'espace et le temps communs, ordinaires, concrets. Le tableau a son cadre, qui l'isole et le préserve, assurant la transition : objet du « monde extérieur » par sa matérialité, mais en même temps entretenant avec la toile des rapports autres que l'indifférence. Et les trois coups frappés au théâtre, les prologues élisabéthains et les raciniennes tirades finales d'apaisement : autant de *sertissures*.

Semblablement, le roman devra assurer sa continuité avec le monde des calendriers et des atlas. Surtout avec le premier. Surtout s'il s'agit du roman qui se dit « historique ».

Balzac tourne généralement la difficulté par l'annexion, l'assimilation totale du temps et de l'espace objectifs à l'univers de la *Comédie Humaine*, devenu à mesure que s'édifie l'œuvre aussi plein, aussi grave que le véritable qu'il a en grande partie résorbé en lui. C'est donc avec un temps et un espace intérieurs à l'ensemble que Balzac raccordera chacun de ses récits : on aperçoit ici une autre signification du célèbre « Retour des Personnages » et l'on découvre toute l'importance de la chronologie biographique de chacun d'eux, telle que l'a par exemple établie une récente édition d'ensemble. Cette substitution est vraiment impériale, véritablement le « fait du prince » : à la fin d'*Une Ténébreuse Affaire*, Napoléon devient tout naturellement un personnage de la *Comédie Humaine*.

On pourrait multiplier les analyses, montrer par exemple que la plupart des romanciers historiques résolvent le problème en multipliant les intermédiaires entre leurs créatures fictives (au premier plan), et à l'arrière-plan, les êtres réels à l'existence historiquement attestée — un peu comme les gnostiques, par la prolifération de leurs éons, tentaient de jeter un pont par-dessus l'abîme infranchissable qui sépare de l'homme une Déité absolument inaccessible. Ici, c'est la continuité, fût-elle obtenue par saccades, qui établit le raccord.

Mais il est d'autres moyens, moins extérieurs et de pure technique. Et l'on pourrait dire, extrapolant un tant soit peu la pensée lukacsienne, que ce qui a manqué aux romanciers-historiens de la période fasciste c'est précisément la *possibilité* même de ce « raccord », que de simples artifices de métier ne suffisent pas à établir. Le Peuple, réalité vivante, et non simple toile de fond, aurait assuré, par sa présence pérenne, la continuité entre l'actualité du présent et sa « préhistoire concrète » telle que la donnaient les romanciers « classiques ». Mais il n'est plus assez vivant pour ces hommes de bonne volonté, non moins désorientés, voire écartelés (d'ailleurs de tout autre façon) que ne l'étaient ceux de la génération de Flaubert. Après 1870, c'est aux naturalistes qu'il sera donné d'exprimer « le ressentiment et l'amertume des larges masses populaires dont les révolutions bourgeoises de 1789 à 1848 n'ont pas satisfait les aspirations réelles ». Sur le plan historique, on aura Erckmann-Chatrian et son *Histoire d'un Conscrit en 1813*. Quant à ceux qui suivront, qu'ils traitent d'un passé proche ou au contraire rejeté le plus loin possible et quasi mythisé, ils ne nous donneront jamais que « le reflet historique des problèmes d'aujourd'hui dans l'histoire, une préhistoire abstraite des problèmes qui préoccupent le présent ». C'est là, on le voit, le contraire exact du *raccord* véritable.

Le roman, à la différence du drame, ne conclut jamais. La vie continue. Et Lukacs termine son étude en souhaitant longue durée au roman historique, pourvu qu'il se renouvelle en liquidant d'abord l'héritage idéologico-artistique de ce qui l'a précédé. *Fiat*!

CLAUDE-EDMONDE MAGNY.

PRÉFACE DE L'AUTEUR (*)

Ce livre a été composé pendant l'hiver 1936-37 et publié peu après en langue russe. Si je le présente aujourd'hui sous une forme inchangée, il me faut justifier cette décision. Car, évidemment, les vingt-deux ans qui se sont écoulés depuis ont considérablement accru la matière du dernier chapitre. Je n'invoquerai qu'un seul exemple : une analyse détaillée de la deuxième partie, finale, d'*Henri IV* de Heinrich Mann accroîtrait sans doute le caractère concret et actuel du dernier chapitre. Il en est de même pour les derniers romans de Lion Feuchtwangler. Mais, fait plus important encore, le tableau d'époque, la perspective qui s'y manifestent sont ceux d'il y a vingt-deux ans. Certaines prévisions se sont révélées trop optimistes, elles ont été démenties par les événements. Ainsi le livre attache trop d'espoirs, des espoirs déçus en fait, au mouvement indépendant de libération du peuple allemand, à la Révolution espagnole, etc.

Si je ne comble pas cette lacune et ne corrige pas ces erreurs, mais édite le livre tel qu'il fut écrit il y a plus de vingt-deux ans, c'est surtout parce que mes présentes conditions de travail ne me permettent guère de modifier pour l'essentiel mon texte antérieur. Je me suis donc trouvé placé devant l'alternative d'avoir à le publier sans changement ou pas du tout.

Cette explication, pourtant, ne serait pas suffisante d'un point de vue scientifique si les publications des deux dernières décennies pouvaient affecter d'une manière décisive les questions que je traite, la valeur et la signification de mes conclusions. Ce serait sans doute le cas si la question posée par mon livre était purement historico-littéraire, si le développement du roman historique (ou du drame historique) ou même simplement le développement de

(*) Écrite pour l'édition anglaise.

l'esprit historique, son déclin et sa renaissance, constituaient l'objet propre et la teneur de ce livre.

Pourtant, comme le lecteur s'en apercevra, ce n'est pas le cas. Les objectifs que je me suis fixés sont de nature théorique. Ce que j'avais en vue, c'était un examen théorique de l'action réciproque entre l'esprit historique et cette grande littérature qui décrit la totalité de l'histoire, et ceci seulement à propos de la littérature bourgeoise ; le changement apporté par le réalisme socialiste sort du cadre de mon étude. Lors d'une telle recherche, il est évident que même la dialectique interne, la plus théorique, la plus abstraite du problème a déjà un caractère historique. Mon étude se borne donc exclusivement à élaborer les lignes principales de cette dialectique historique : c'est-à-dire qu'elle analyse et examine seulement les tendances typiques, les ramifications et les points nodaux de ce développement historique qui, du point de vue de la théorie, sont caractéristiques et indispensables. C'est pourquoi elle ne vise pas à être historiquement complète. Le lecteur ne doit pas attendre ici un manuel du développement du drame historique ou du roman historique ; il trouvera traités seulement les écrivains, les œuvres et les tendances qui, de ce point de vue théorique, sont représentatifs. C'est pourquoi dans certains cas j'ai dû traiter en détail d'écrivains d'importance mineure au point de vue purement littéraire, tandis que dans d'autres cas j'ai dû négliger des œuvres bien plus importantes.

De ce point de vue, j'ai donc pu laisser inchangée l'ancienne conclusion : le livre se terminait avec la littérature allemande antifasciste de 1937. Cela était rendu possible, à mon avis, parce que les questions théoriquement importantes, en premier lieu la force et la faiblesse temporaire de l'époque en ce qui concerne la perspective générale et la politique aussi bien que l'esthétique avaient trouvé une expression suffisamment claire précisément dans cette littérature. Les nouveaux romans historiques importants, comme *La cloche d'Islande* de Halldor Laxness et *Le Léopard* de Lampedusa (notamment la première moitié) confirment les principes auxquels je suis arrivé, en un sens positif. D'un point de vue critique et négatif, ces conclusions théoriques ont peut-être encore mieux supporté l'épreuve. Car le fait que les romans historiques qui font le plus de bruit aujourd'hui sont ceux qui adaptent une façon purement littéraire de traiter la vie aux modes les plus récentes ne peut affecter les principes fondamentaux de la forme artistique. Ainsi, bien que ma perspective politique de l'époque se soit révélée trop optimiste, cela ne change rien à l'importance des questions théoriques soulevées et au sens dans lequel leur solution doit être cherchée.

Cet objectif détermine les problèmes méthodologiques de mon livre. En premier lieu, comme on l'a déjà mentionné ci-dessus, le choix des matériaux. Ce livre ne retrace pas un développement historique au sens restreint du mot, il essaie néanmoins de rendre visibles les lignes principales du développement historique, les questions les plus importantes qu'il soulève. L'idéal serait, bien entendu, de combiner l'élaboration complète des points de vue théoriques avec le traitement exhaustif de la totalité du développement historique. Dans ce cas seulement la force réelle de la dialectique marxiste pourrait être rendue sensible à tous, si l'on pouvait faire comprendre que par essence elle n'est pas primordialement de nature intellectuelle, mais le reflet intellectuel du processus historique réel. Mais ce ne fut pas non plus mon objectif dans le présent ouvrage ; je tiens donc mon livre simplement pour un essai de fonder en principe les points de vue essentiels, dans l'espoir que des ouvrages plus complets, plus étendus suivront.

Le deuxième point de vue méthodologique décisif est la recherche de l'action réciproque entre le développement économique et social et la conception du monde et la forme artistique qui en dérivent. Ici surgissait toute une série de problèmes nouveaux, jusqu'alors à peine analysés : la base sociale de la divergence et de la convergence des genres, la naissance et le dépérissement des nouveaux éléments formels dans ce processus compliqué d'interaction. A cet égard aussi, je tiens mon livre pour fragmentaire, je le considère seulement comme un commencement, une tentative. Dans l'élaboration concrète de l'esthétique marxiste cette question n'a guère surgi jusqu'à présent. Pourtant aucune sérieuse théorie marxiste d'un genre n'est possible, à moins qu'on ne s'efforce d'appliquer la théorie du reflet de la dialectique marxiste au problème de la différenciation des genres. Lénine, dans son analyse de la logique de Hegel, fait brillamment observer que les déductions les plus abstraites (syllogismes) sont également des cas abstraits du reflet de la réalité. J'ai essayé dans mon livre d'appliquer cette idée aux genres épique et dramatique. Mais ici également, comme dans le traitement de l'histoire, j'ai dû m'en tenir à fournir des indications méthodologiques pour la solution de ce problème. Ainsi ce livre ne prétend pas plus fournir une théorie complète des formes dramatiques et épiques qu'il ne donnera en fait dans le domaine de l'histoire un tableau complet du développement du roman et du drame historiques.

En dépit de son étendue, ce livre n'est donc qu'une tentative, un essai, une contribution préliminaire tant à l'esthétique marxiste qu'à la façon matérialiste de traiter l'histoire littéraire. Je ne puis trop souligner le fait que je le considère, à tout prendre, uniquement comme une première tentative que d'autres, je l'espère, poursuivront bientôt, au besoin en corrigeant mes résultats. Je crois, pourtant, que dans ce domaine encore presque vierge un tel premier début a sa justification.

Budapest, septembre 1960.

AVANT-PROPOS

Cette monographie ne prétend nullement fournir une histoire détaillée et complète du roman historique. Outre le fait qu'on manque de véritables travaux préliminaires, ce n'était pas du tout mon intention. J'ai voulu seulement traiter les plus importantes questions de principe et de théorie. Étant donné le rôle extraordinairement grand que joue le roman historique aussi bien dans la littérature de l'U. R. S. S. que dans celle du Front Populaire antifasciste, une telle étude de principes me semble aussi indispensable qu'actuelle. D'autant plus que le roman historique de nos jours, malgré tout le grand talent de ses meilleurs représentants, souffre encore à maints égards des reliquats du legs pernicieux, et dont on n'est pas encore totalement venu à bout, de la décadence bourgeoise. Veut-on réellement découvrir ces défauts, alors l'attention du critique doit se tourner vers les principes non seulement du roman historique, mais de la littérature en général.

Cependant la recherche théorique se fonde ici sur une base historique. La différence de principes entre le roman historique des classiques et celui de la décadence, etc., a ses causes historiques. On se propose précisément de montrer dans ce travail comment la genèse et le développement, l'essor et le déclin du roman historique résultent inévitablement des grands bouleversements sociaux des temps modernes ; on se propose de démontrer que ses divers problèmes de forme ne sont que des reflets artistiques de ces bouleversements socio-historiques.

L'esprit de ce travail est donc historique. Mais il ne cherche pas à être historiquement complet. Y seront seuls traités les écrivains dont les œuvres sont à un certain égard représentatives, qui marquent des jalons typiques sur la voie du développement du roman historique. Le même principe de sélection a été déterminant lorsqu'il s'est agi de citer des critiques ou des esthéticiens plus anciens et des auteurs qui ont traité la littérature d'une manière théorique. Dans ces deux domaines j'ai essayé de montrer qu'à propos du roman historique il n'est pas question non plus de découvrir quelque chose de « radicalement nouveau », mais — comme Lénine nous l'a enseigné — de s'assimiler tout ce qui est valable dans le développement antérieur et de l'élaborer d'une manière critique. L'actualité et le caractère exemplaire des classiques sont aussi pour le roman historique contemporain un problème central.

Il ne m'appartient pas de juger à quel point mes intentions ont été ou non réalisées avec succès. J'ai simplement voulu faire part clairement de mes intentions au lecteur, afin qu'il sache d'emblée ce qu'il doit attendre et ne pas attendre de ce livre.

Toutefois il me faut tout de suite attirer l'attention du lecteur sur une déficience — consécutive à ma formation personnelle — : je n'ai pu traiter le roman historique russe que dans la mesure où il existe en traduction. Il en résulte de graves et pénibles lacunes. Pour la littérature ancienne il était toujours possible de traiter des ouvrages littéraires russes d'importance universelle. Mais de la littérature soviétique il n'existe que des traductions occasionnelles, ma conscience de critique ne me permet pas de tirer des conclusions quelconques sur la base de tels matériaux. C'est pourquoi, j'ai dû renoncer à traiter le roman historique de la littérature soviétique. Mais j'espère que mes remarques contribueront néanmoins à clarifier quelque peu ces importants problèmes pour le lecteur soviétique et j'espère en particulier que ces lacunes de mon travail seront comblées par d'autres dès que possible.

Moscou, septembre 1937.

CHAPITRE PREMIER

LA FORME CLASSIQUE DU ROMAN HISTORIQUE

I. Les conditions socio-historiques de la genèse du roman historique

Le roman historique est né au début du XIXe siècle, à peu près à l'époque de la chute de Napoléon (*Waverley* de Walter Scott a paru en 1814). Bien entendu, on trouve déjà des romans à thèmes historiques aux XVIIe et XVIIIe siècles, et celui qui le désire peut même considérer les remaniements de l'histoire antique ou de mythes au Moyen Age comme des « antécédents » du roman historique et remonter même au-delà jusqu'à la Chine ou l'Inde. Mais on ne trouvera rien sur cette voie qui puisse éclairer de quelque manière essentielle le phénomène du roman historique. Les prétendus romans historiques du XVIIe siècle (Scudéry, Calprenède, etc.) ne sont historiques que par leur choix purement extérieur de thèmes et de costumes. Non seulement la psychologie des personnages, mais aussi les mœurs dépeintes sont entièrement celles du temps de l'écrivain. Et le plus célèbre « roman historique » du XVIIIe siècle, *Le Château d'Otrante* de Walpole, ne traite également l'histoire qu'en tant que costume, seul importe ici l'aspect curieux et excentrique du milieu dépeint, et non pas la reproduction artistique fidèle d'une ère historique concrète. Ce qui manque au prétendu roman historique avant Walter Scott, c'est justement ce qui est spécifiquement historique : le fait que la particularité des personnages dérive de la spécificité historique de leur temps. Le grand critique Boileau, qui jugeait avec beaucoup de scepticisme les romans historiques de ses contemporains, insiste seulement sur la vérité sociale et psychologique des personnages, il demande qu'un souverain aime autrement qu'un pâtre, etc. La question de la vérité historique dans la reproduction artistique de la réalité se situe encore au-delà de son horizon. Mais même le grand roman social réaliste du XVIIIe siècle, qui dans sa figuration des mœurs et de la psychologie de son époque a ouvert une voie, révolutionnaire pour la littérature mondiale, d'accès à la réalité, ne se pose pas le problème de présenter ses personnages comme appartenant à une époque concrètement déterminée. Le monde contemporain est figuré avec un relief et une fidélité à la vie extraordinaires, mais il est accepté naïvement comme quelque chose de donné : l'écrivain ne se pose pas encore le problème de savoir à partir d'où et comment il s'est développé. Ce caractère abstrait de la figuration du temps historique a aussi des conséquences pour la figuration du lieu historique. Lesage peut encore tout bonnement transférer en Espagne ses peintures les plus extrêmement fidèles de la France de son temps et n'en éprouver aucune gêne. Swift, Voltaire et même Diderot font se dérouler leurs romans satiriques dans un « jamais et nulle part » qui néanmoins reflète fidèlement les caractéristiques essentielles de l'Angleterre et de la France d'alors. Ces écrivains saisissent d'ailleurs les traits essentiels de leur monde avec un réalisme audacieux et pénétrant. Mais ils ne voient pas historiquement les qualités spécifiques de leur propre temps.

Cette attitude fondamentale reste essentiellement inchangée, en dépit du fait que la progression toujours plus forte du réalisme met en relief les traits spécifiques du présent avec une grande puissance artistique. Qu'on songe à des romans comme *Moll Flanders*, *Tom Jones*, etc. Cette présentation réaliste et dans un grand style du présent inclut même ici et là des événements importants de l'histoire contemporaine, qu'elle rattache conformément à l'action aux destins des personnages. De ce fait, en particulier chez Smollet et Fielding, le lieu et le moment de l'action acquièrent un caractère bien plus concret que ce ne fut le cas généralement dans la première période du roman social et même dans la plupart des œuvres françaises du temps. Fielding est même jusqu'à un certain point conscient de cette pratique, ce caractère toujours plus concret que prend le roman pour saisir la particularité historique des personnages et des événements. Il se définit lui-même en tant qu'écrivain comme un historien de la société bourgeoise.

Surtout, en analysant la préhistoire du roman historique, il faut rompre avec la légende romantico-réactionnaire qui dénie au siècle des Lumières tout sens et toute compréhension de l'histoire et attribue la découverte du sens historique aux adversaires de la Révolution Française, les Burke, De Maistre, etc. Il suffit de penser aux extraordinaires réalisations historiques de Montesquieu, Voltaire, Gibbon, etc., pour réduire la portée de cette légende.

Mais ce qui nous importe, c'est de concrétiser le caractère particulier de ce sens de l'histoire avant et après la Révolution française, pour voir clairement sur quelle base sociale et idéologique le roman historique a pu naître. Il faut ici souligner le écrits historiques du siècle des Lumières, dans sa ligne ont été une préparation historique de la Révolution franç La construction historique parfois grandiose, avec sa découverte de faits et de rapports nouveaux, sert à démontrer la nécessité de transformer la société « non raisonnable » de l'absolutisme féodal, à tirer des expériences de l'histoire des principes permettant de créer une société « raisonnable », un État « raisonnable ». C'est pourquoi le monde antique se tient au centre de la théorie de l'histoire et de la pratique du siècle des Lumières. Approfondir les causes de la grandeur et du déclin des états antiques est un des plus importants préliminaires théoriques à la transformation future de la société.

Ceci concerne surtout la France, le pays dirigeant au point de vue intellectuel pendant la période militante du siècle des Lumières. La situation se présente sous un jour quelque peu différent en Angleterre. Économiquement, l'Angleterre du XVIIIe siècle se trouve certes au milieu du plus grand processus de transformation, la création des conditions préalables, économiques et sociales, de la Révolution industrielle, mais au point de vue politique elle est déjà un pays post-révolutionnaire. Ainsi, quand il s'agit de maîtriser théoriquement la société bourgeoise et d'en faire la critique, d'élaborer les principes de l'économie politique, on y saisit l'histoire comme telle plus concrètement qu'en France. Mais quand il s'agit d'appliquer d'une manière consciente et conséquente ces points de vue spécifiquement historiques, on ne le fait dans l'ensemble que d'une manière épisodique. Le théoricien économique réellement dominant vers la fin du XVIIIe siècle est Adam Smith. James Steuart, qui a posé le problème de l'économie capitaliste d'une manière bien plus historique et qui s'est employé à examiner le processus de genèse du capital, tomba très tôt dans l'oubli. Marx caractérise la différence entre ces deux importants économistes de la façon suivante : « la contribution de Steuart au concept du capital est d'avoir montré comment s'effectue le processus de séparation entre les conditions de production, comme la propriété de classes déterminées et la force de travail. Il accorde beaucoup d'attention à ce *processus de genèse* du capital — *sans le concevoir encore directement comme tel* (souligné par moi, G. L.), bien qu'il le conçoive en tant que condition de la grande industrie. Il examine le processus notamment dans l'agriculture et fait correctement dépendre la genèse de l'industrie manufacturière proprement dite de ce processus antérieur de séparation dans l'agriculture. Dans l'œuvre d'Adam Smith ce processus de séparation est présumé déjà accompli. Cette inconscience de la portée du sens historique, qui déjà existe dans la pratique, de la possibilité de généraliser la particularité historique du présent immédiat, correctement observée par instinct, caractérise la position que le grand roman social d'Angleterre occupe dans le développement de notre problème. Il a attiré l'attention des écrivains sur l'importance concrète (c.-à-d. historique) du temps et du lieu, des conditions sociales, etc. ; il a créé les moyens d'expression réalistes, littéraires, pour figurer cette particularité spatio-temporelle (c.-à-d. historique) des êtres et des circonstances. Mais ceci, tout comme dans l'économie de Steuart, était un produit de l'instinct réaliste et ne s'est pas élevé jusqu'à une claire compréhension de l'histoire en tant que processus, de l'histoire en tant que condition préalable concrète du présent.

C'est seulement dans la dernière période du siècle des Lumières que le problème du reflet artistique surgit comme un problème central de la littérature. Cela se produit en Allemagne. Au commencement, il est vrai, l'idéologie allemande des Lumières suit les traces de celle de France et d'Angleterre : les grandes réalisations de Winckelmann et de Lessing ne s'écartent pas pour l'essentiel de la ligne générale de développement du siècle des Lumières. Lessing, dont nous discuterons plus tard assez longuement les importantes contributions qu'il a apportées pour clarifier le problème du drame historique, définit encore le rapport de l'écrivain avec l'histoire entièrement dans l'esprit de la philosophie des Lumières. Selon lui, pour le grand dramaturge l'histoire ne serait rien d'autre qu'un « répertoire » de noms.

Mais peu après Lessing, dans le « Sturm und Drang », le problème de la maîtrise artistique de l'histoire apparaît déjà comme un problème conscient. *Goetz von Berlichingen* de Gœthe n'annonce pas seulement un nouvel épanouissement du drame historique, mais il a une influence directe et puissante sur la genèse du roman historique dans l'œuvre de Walter Scott. Cette extension croissante de l'histoire, qui reçoit sa première expression théorique dans les écrits de Herder, prend ses racines dans la situation particulière de l'Allemagne, dans le désaccord entre l'état d'arriération économique et politique de l'Allemagne et l'idéologie des représentants allemands des Lumières qui, s'appuyant sur leurs prédécesseurs anglais et français, ont développé ces idées jusqu'à un niveau élevé. De là vient que non seulement les contradictions générales qui sont à la base de toute l'idéologie des « Lumières » y apparaissent plus vivement qu'en France, mais le contraste spécifique entre ces idées et la réalité allemande est mis énergiquement au premier plan.

En Angleterre et en France, la préparation économique et politique forme un seul et même processus avec l'accomplissement de la révolution bourgeoise et la constitution de l'état national. Si intense que soit encore le patriotisme révolutionnaire bourgeois et si importantes les œuvres qu'il produit (*La Henriade* de Voltaire), quand on se tourne vers le passé, ce qui l'emporte nécessairement, c'est la critique du « non raisonnable » par la philosophie des Lumières. Il en va tout autrement en Allemagne. Ici le patriotisme révolutionnaire se heurte à la division nationale, à la fragmentation politique et économique du pays, qui importe de France ses moyens d'expression culturels et idéologiques. Car tout ce qu'on produisit dans les petites Cours allemandes en matière de culture et surtout de pseudo-culture, ne fut rien d'autre qu'une imitation servile de la Cour de France. Ainsi les petites Cours ne constituent pas seulement un obstacle politique à l'unité allemande, mais aussi un empêchement idéologique au développement d'une culture issue des besoins de la vie bourgeoise allemande. La forme allemande des Lumières s'engage nécessairement dans une polémique contre cette culture française, et elle conserve cette note de patriotisme révolutionnaire même là où le contenu essentiel du combat idéologique est le conflit entre différentes phases dans le développement des Lumières (la lutte de Lessing contre Voltaire).

De cette situation résulte nécessairement un retour à l'histoire allemande. L'espoir d'une renaissance nationale puise ses forces en partie dans la résurrection de la grandeur nationale passée. La lutte pour cette grandeur nationale exige que les causes historiques du déclin, de la désintégration de l'Allemagne soient étudiées et artistiquement représentées. En conséquence, dans l'Allemagne qui, au cours des siècles écoulés, a été seulement un objet de transformations historiques, l'art devient historique plus tôt et plus radicalement que dans les pays économiquement et politiquement plus avancés de l'Occident.

Ce furent la Révolution française, les guerres révolutionnaires, l'ascension et la chute de Napoléon qui firent pour la première fois de l'histoire une *expérience vécue des masses*, et même à l'échelle de l'Europe. Durant les décennies entre 1789 et 1814, tous les peuples d'Europe ont subi plus de bouleversements qu'ils n'en avaient éprouvés jadis en des siècles. Et la succession rapide de ces bouleversements leur donne un caractère qualitativement distinct, elle rend leur caractère historique beaucoup plus visible que d'ordinaire dans des cas isolés : les masses n'ont plus l'impression d'un « événement naturel ». Qu'on lise — pour ne citer qu'un exemple — les souvenirs de jeunesse de Heine dans *Buch Le Grand*, où est décrit d'une manière très pittoresque comment le rapide changement des gouvernements a affecté Heine petit garçon. Or, si de telles expériences s'unissent à la connaissance que des bouleversements semblables se produisent partout dans le monde entier, cela doit énormément renforcer le sentiment qu'il y a une histoire, que cette histoire est un processus ininterrompu de changements et que finalement cette histoire a un effet direct sur la vie de chaque individu.

Cette gradation du quantitatif au qualitatif apparaît aussi dans la différence entre ces guerres et toutes les précédentes. Les guerres des états absolus de l'époque pré-révolutionnaire étaient menées par de petites armées de métier. Elles étaient menées de façon à isoler l'armée aussi rigoureusement que possible de la population civile (approvisionnements à partir de dépôts, crainte de désertion, etc.). Ce n'est pas pour rien que Frédéric II déclare que la guerre doit être menée de telle sorte que la population civile dans son ensemble ne la remarque pas. « Le calme est le premier devoir du citoyen » était la devise des guerres de l'absolutisme.

Cela change d'un seul coup avec la Révolution française. Dans sa lutte défensive contre la coalition des monarchies absolues, la République française fut contrainte de créer des armées de masse. La différence qualitative entre armée mercenaire et armée de masse concerne précisément leurs rapports avec la masse de la population. Si, au lieu de recruter de petits contingents de déclassés pour une armée de mercenaires ou de les y incorporer de force, on doit créer une armée de masse, alors il faut exposer clairement aux masses par la propagande le contenu et le but de la guerre. Cela ne se produit pas seulement en France même, du temps de la défense de la Révolution et des guerres offensives ultérieures. Les autres états également, s'ils en viennent à la création d'armées de masse, sont contraints de recourir à ce moyen. (Qu'on songe au rôle de la littérature et de la philosophie allemandes dans cette propagande après la bataille d'Iéna). Cette propagande ne peut se limiter à la guerre individuelle, isolée. Elle doit révéler le contenu social, les conditions préalables et les circonstances historiques de la lutte, associer la guerre à la vie totale et aux possibilités de développement de la nation. Cela suffit pour indiquer l'importance de la défense des conquêtes révolutionnaires en France et la liaison entre la création de l'armée de masse et des réformes politiques et sociales en Allemagne et dans d'autres pays.

La vie intérieure d'une nation est liée à l'armée moderne de masse d'une tout autre manière qu'elle pouvait l'être avec les armées absolutistes de la période précédente. En France la barrière sociale entre l'officier noble et les hommes de troupe disparaît : l'accès aux plus hauts postes de l'armée est ouvert à tous et l'on sait communément que cette barrière est tombée directement du fait de la Révolution. Et même dans les pays en lutte contre la Révolution il est inévitable que certaines brèches au moins aient été ouvertes dans les barrières sociales. Il suffit de lire les écrits de Gneisenau pour voir à quel point ces réformes furent en relation évidente avec la nouvelle situation historique créée par la Révolution française. En outre la guerre devait inévitablement détruire l'ancienne séparation entre l'armée et le peuple. Il est impossible d'assurer par des dépôts la subsistance des armées de masse. Puisqu'elles s'entretiennent au moyen de la réquisition, il est inévitable qu'elles entrent en liaison directe et ininterrompue avec le peuple du pays où la guerre est menée. Bien entendu, cette liaison consiste très souvent en rapines et pillages. Mais néanmoins pas toujours. Et l'on ne doit pas oublier que les guerres de la Révolution et, dans une certaine mesure, celles de Napoléon ont été menées consciemment comme des guerres de propagande.

En définitive, l'énorme expansion quantitative de la guerre joue un rôle qualitativement nouveau, apportant avec elle un élargissement extraordinaire de l'horizon. Tandis que les guerres des armées mercenaires de l'absolutisme consistaient surtout en petites manœuvres autour de forteresses, etc., désormais toute l'Europe devient un théâtre de guerre. Des paysans français combattent d'abord en Égypte, puis en Italie, puis en Russie ; des troupes auxiliaires allemandes et italiennes prennent part à la campagne de Russie ; des troupes allemandes et russes occupent Paris après la défaite de Napoléon, etc. Ce dont auparavant seuls des individus isolés, le plus souvent d'esprit aventureux, faisaient l'expérience, à savoir une connaissance de l'Europe ou du moins de certaines parties de l'Europe, devient en cette période l'expérience de masse de centaines de milliers, de millions de gens.

Il en résulte la possibilité concrète pour des hommes de comprendre leur propre existence comme quelque chose d'historiquement conditionné, de voir dans l'histoire quelque chose qui affecte profondément leurs vies quotidiennes et qui les concerne immédiatement. Il est inutile de parler ici des transformations sociales en France même. C'est un fait tout bonnement évident : à quel point les grands et rapides changements de cette période ont troublé la vie économique et culturelle de la nation entière. Mais il faut indiquer que les armées de la Révolution et plus tard aussi celles de Napoléon ont liquidé totalement ou partiellement les survivances du féodalisme en de très nombreux endroits où elles ont fait des conquêtes, par exemple en Rhénanie et en Italie du nord. Le contraste social et culturel de la Rhénanie avec le reste de l'Allemagne, qui est encore très sensible à la Révolution de Quarante-Huit, est un legs de la période napoléonienne. Et de larges masses avaient conscience de la connexion entre ces bouleversements sociaux et la Révolution française. Indiquons-en ici encore quelques reflets littéraires : outre les souvenirs de jeunesse de Heine, il est très instructif de lire les premiers chapitres de la *Chartreuse de Parme* de Stendhal, pour voir quelle impression durable a suscité la domination française en Italie septentrionale.

Il est dans la nature de la révolution bourgeoise, si elle est sérieusement menée jusqu'au bout, que le sentiment national devienne la propriété des plus larges masses. En France c'est seulement à la suite de la Révolution et de la domination napoléonienne que le sentiment national est devenu l'expérience vécue et la propriété de la paysannerie, des couches inférieures de la petite bourgeoisie, etc. Pour la première fois, elles ont éprouvé le sentiment que la France était leur propre pays, la patrie qu'elles s'étaient elles-mêmes créée.

Mais l'éveil du sentiment national et par là du sentiment et de la compréhension pour l'histoire nationale ne se produit pas seulement en France même. Les guerres napoléoniennes suscitaient partout une vague du sentiment national, de la résistance nationale aux conquêtes napoléoniennes, une expérience vécue d'enthousiasme pour l'indépendance nationale. Bien sûr, ces mouvements sont le plus souvent, comme le dit Marx, un mélange de « régénération et de réaction ». Ainsi en Espagne, en Allemagne, etc. La lutte pour l'indépendance de la Pologne, la flambée soudaine du sentiment national polonais est par contre, dans sa tendance principale, progressiste. Mais quelle que soit la combinaison de « régénération et de réaction » dans les mouvements nationaux particuliers, il est clair que ces mouvements, qui ont été de véritables mouvements de masse, devaient faire pénétrer le sens de l'histoire, l'expérience vécue de l'histoire dans de larges masses. L'appel à l'indépendance nationale et au caractère national est nécessairement lié à une résurrection de l'histoire nationale, à des souvenirs du passé, à la grandeur passée, aux moments de honte nationale, que cela aboutisse à des idéologies progressistes ou réactionnaires.

Ainsi, dans cette expérience de masse de l'histoire, d'une part l'élément national se lie aux problèmes de la transformation sociale, et d'autre part des milieux toujours plus étendus prennent conscience de ce lien de l'histoire nationale avec l'histoire mondiale. Cette conscience croissante du caractère historique de l'évolution commence aussi à influencer le jugement porté sur les conditions économiques et les luttes de classes. Au XVIIIe siècle, ce sont surtout des critiques isolés du capitalisme naissant, gens d'esprit et portés au paradoxe, qui ont comparé l'exploitation des travailleurs par le capital avec les formes d'exploitation de périodes précédentes, pour démasquer le capitalisme comme la forme la plus inhumaine (Linguet). Dans la lutte idéologique contre la Révolution française, une telle comparaison, assurément peu profonde au point de vue économique, réactionnaire de tendance, entre la société avant et après la Révolution ou, sur une plus grande échelle, entre le capitalisme et le féodalisme, devient le cri de guerre du romantisme légitimiste. L'inhumanité du capitalisme, le chaos de la concurrence, la destruction des petits par les grands, la dégradation de la civilisation par le fait que toutes choses deviennent des marchandises, tout cela est mis en contraste d'une manière généralement réactionnaire avec l'idylle sociale du Moyen Age, considéré comme une période de coopération pacifique entre toutes les classes, comme un âge de croissance organique de la civilisation. Mais si dans ces écrits polémiques la tendance réactionnaire prédomine le plus souvent, on ne devrait pas oublier que c'est pendant cette période qu'apparaît la première notion du capitalisme en tant que période historiquement déterminée du développement de l'humanité, et cela non pas dans les œuvres des grands théoriciens du capitalisme, mais dans celles de leurs adversaires. Il suffit de mentionner ici Sismondi qui, malgré toute la confusion théorique de ses positions de principe sur des problèmes fondamentaux, a soulevé avec une grande clarté certaines questions particulières du développement économique. Qu'on songe seulement à sa définition selon laquelle dans l'Antiquité le prolétariat a vécu aux dépens de la société, tandis qu'à l'époque moderne la société vit aux dépens du prolétariat.

Il est déjà clair d'après ces remarques que les tendances vers un historicisme conscient atteignent leur sommet après la chute de Napoléon, à l'époque de la Restauration et de la Sainte-Alliance. Assurément, l'esprit de l'historicisme qui d'abord prévaut et devient officiel est réactionnaire et pseudo-historique par nature. L'interprétation de l'histoire, les écrits des publicistes et les belles-lettres du légitimisme développent l'esprit historique dans une opposition radicale au siècle des Lumières, aux idées de la Révolution française. L'idéal du légitimisme est de revenir aux circonstances pré-révolutionnaires, donc d'extirper de l'histoire le plus grand événement historique de l'époque.

Selon cette interprétation, l'histoire est une croissance silencieuse, imperceptible, naturelle, « organique », c'est-à-dire : un développement de la société qui est foncièrement une stagnation, qui ne change rien aux institutions légitimes, consacrées par l'usage, de la société et qui surtout ne change rien consciemment. L'activité de l'homme dans l'histoire doit être entièrement écartée.

L'école historique allemande du droit dénie même aux peuples le droit de se donner de nouvelles lois, elle veut abandonner les vieux droits coutumiers féodaux, si disparates, à leur « croissance organique ».

Ainsi donc, sous la bannière de l'historicisme, de la lutte contre l'esprit « abstrait », « non-historique » du siècle des Lumières, naît un peudo-historicisme, une idéologie de l'immobilisme, du retour au Moyen Age. Dans l'intérêt de ces buts politiques réactionnaires, le développement historique est impitoyablement infléchi. Et la fausseté intrinsèque de l'idéologie réactionnaire se trouve encore intensifiée par le fait que la Restauration en France est obligée pour des raisons économiques de transiger socialement avec le capitalisme qui s'est développé dans l'intervalle, voire même de s'appuyer en partie sur lui économiquement aussi bien que politiquement. (La situation des gouvernements réactionnaires en Prusse, Autriche, etc. est analogue). Sur cette base l'histoire est à récrire. Châteaubriand s'efforce de réviser l'histoire antique pour déprécier historiquement l'ancien idéal révolutionnaire de la période jacobine et napoléonienne. Lui et d'autres pseudo-historiens de la réaction donnent un tableau faussement idyllique de la société harmonieuse, insurpassée du Moyen Age. Cette interprétation historique du Moyen Age détermine la figuration de l'époque féodale dans le roman romantique de la Restauration.

En dépit de cette médiocrité idéologique du pseudo-historicisme légitimiste, il exerce une influence extraordinairement puissante. Assurément déformé et mensonger, il est néanmoins une expression historiquement nécessaire de la grande période de transformation qui s'instaure avec la Révolution française. Et le nouveau stade de développement qui commence précisément avec la Restauration contraint les défenseurs du progrès humain à se forger de nouvelles armes idéologiques. Nous avons vu que le siècle des Lumières a combattu avec une énergie impitoyable la légitimité historique et la continuité des survivances féodales. Nous avons vu également que le légitimisme post-révolutionnaire a regardé précisément leur conservation comme le contenu de l'histoire. Les défenseurs du progrès après la Révolution française devaient nécessairement parvenir à une conception qui prouverait la *nécessité historique* de la Révolution française, apporterait la preuve que celle-ci a été un point culminant d'un long et progressif développement historique et non pas un obscurcissement soudain de la conscience de l'humanité, non pas une « catastrophe naturelle » à la Cuvier dans l'histoire humaine et que c'était la seule voie ouverte au développement futur de l'humanité.

Mais cela signifie un grand changement de perspective dans

l'interprétation du progrès humain par comparaison au siècle des Lumières. On ne voit plus le progrès comme une lutte essentiellement non-historique entre la raison humaniste et le manque de raison féodalo-absolutiste. Selon la nouvelle interprétation, le caractère raisonnable du progrès humain se développe toujours plus vigoureusement à partir du conflit interne des forces sociales dans l'histoire elle-même ; selon cette interprétation, l'histoire elle-même est le support et le facteur de réalisation du progrès humain. Le fait le plus important est ici la conscience historique croissante du rôle décisif que joue dans le progrès humain la lutte des classes dans l'histoire. Le nouvel esprit de la littérature historique, qui est le plus nettement visible chez les historiens français importants de la Restauration, se concentre précisément sur cette question : démontrer historiquement que la société bourgeoise moderne est issue des luttes de classes entre noblesse et bourgeoisie, des luttes de classes qui ont fait fureur à travers tout le « Moyen Age idyllique » et dont la dernière étape décisive a été la grande Révolution française. De cet ordre d'idées surgit pour la première fois la tentative d'une division périodique rationnelle de l'histoire, en tant qu'essai de comprendre rationnellement et scientifiquement la nature historique du présent et de sa genèse. Le premier essai sur une grande échelle d'une telle division périodique avait déjà été entrepris par Condorcet au milieu de la Révolution française, dans son principal ouvrage historico-philosophique. Ces idées sont développées davantage et scientifiquement organisées pendant la Restauration. A vrai dire, dans les œuvres des grands utopistes, la division périodique de l'histoire transcende déjà l'horizon de la société bourgeoise. Et si cette transition, ce pas au-delà du capitalisme suit encore des voies excentriques, sa base scientifique historico-critique est pourtant liée, en particulier chez Fourier, à une critique destructrice des contradictions de la société bourgeoise. Chez Fourier, en dépit de toute la nature fantaisiste de ses idées sur le socialisme, sur les voies menant au socialisme, le tableau du capitalisme est montré avec une clarté si accablante dans tout son aspect contradictoire que l'idée de la nature transitoire de cette société apparaît déjà sous une forme tangible et concrète devant nous.

Cette nouvelle phase dans la défense historique du progrès humain a trouvé son expression historique dans la philosophie de Hegel. Comme nous l'avons vu, la question historique centrale était de prouver la nécessité de la Révolution française, de montrer que la révolution et le développement historique ne sont pas opposés comme le soutenaient les apologistes du légitimisme féodal. La philosophie de Hegel fournit la base philosophique à cette conception de l'histoire ; la découverte par Hegel de la loi universelle de transformation de la quantité en qualité est, considérée historiquement, une méthodologie philosophique pour l'idée que les révolutions constituent des éléments nécessaires, organiques de l'évolution et que sans une telle « ligne nodale des proportions » une véritable évolution est impossible dans la réalité et impensable philosophiquement.

Sur cette base, la conception de l'homme du siècle des Lumières est par suite élevée à un niveau philosophique supérieur. Le plus grand obstacle à la compréhension de l'histoire gisait dans le fait que le siècle des Lumières avait conçu comme inaltérable la nature de l'homme. Ainsi, tout changement au cours de l'histoire, dans des cas extrêmes, avait signifié seulement un changement de costume et, en général, simplement une alternative de hauts et de bas au point de vue moral du même être humain. La philosophie hégélienne tire toutes les conséquences du nouvel historicisme progressiste. Elle voit l'homme comme un produit de lui-même et de sa propre activité dans l'histoire. Et même si ce processus historique semble encore, d'une manière idéaliste, se tenir sur la tête, même si le facteur de ce processus est mystifié en un « esprit du monde », Hegel conçoit néanmoins cet esprit du monde comme l'incarnation de la dialectique du développement historique. « Ainsi l'esprit s'oppose à lui-même (dans l'histoire, G. L.), il doit se surmonter comme l'obstacle réellement hostile à son propre dessein : l'évolution... est dans l'esprit... une lutte dure et incessante contre soi-même. Ce que l'esprit veut, c'est réaliser son propre concept, mais il se le dissimule, est fier et plein de jouissance de soi dans cette aliénation de lui-même... Avec la forme spirituelle il en est autrement (que dans la nature, G. L.) ; ici, le changement se produit non seulement à la surface mais dans le concept. C'est le concept même qui est rectifié. » Hegel donne ici une caractérisation, certes idéaliste et abstraite mais pertinente, du changement idéologique qui a eu lieu de son temps. La pensée de l'époque antérieure oscillait d'une manière antinomique entre une conception fataliste de tous les événements sociaux et une surestimation des possibilités d'intervention consciente dans le développement social. Mais dans un cas comme dans l'autre, on se figurait les principes comme « supra-historiques », comme provenant de l'essence « éternelle » de la « raison ». Hegel voit au contraire dans l'histoire un processus qui, d'une part, est impulsé par les forces motrices intrinsèques de l'histoire et qui, d'autre part, étend son influence à tous les phénomènes de la vie humaine, y compris la pensée. Il voit toute la vie de l'humanité comme un grand processus historique.

Ainsi est né, d'une manière aussi bien concrètement historique

que philosophique, un nouvel humanisme et un nouveau concept du progrès. Un humanisme qui veut préserver les conquêtes de la Révolution française comme une base impérissable du futur développement humain, qui conçoit la Révolution française (et d'une façon générale toutes les révolutions dans l'histoire) comme un élément indispensable du progrès humain. Assurément ce nouvel humanisme historique est également un produit de son temps et n'en peut dépasser les limites, sauf sous une forme fantaisiste, comme l'ont fait les grands utopistes. Les humanistes bourgeois importants de cette période se trouvent dans une situation paradoxale ; certes ils comprennent la nécessité des révolutions dans le passé et y voient le fondement de tout ce qui est raisonnable et digne d'approbation dans le présent, néanmoins ils interprètent le développement futur comme une évolution pacifique sur la base de ces conquêtes. Comme M. Lifschitz le montre fort justement dans son article sur l'esthétique de Hegel, il cherchent ce qui est positif dans le nouvel ordre mondial créé par la Révolution française et ne croient pas que pour la réalisation finale de ces faits positifs une nouvelle révolution soit nécessaire.

Cette conception de la dernière grande période intellectuelle et artistique de l'humanisme bourgeois n'a rien à voir avec l'apologie stérile et plate du capitalisme qui s'instaure plus tard (et dans une certaine mesure simultanément). Elle se fonde sur une étude impitoyablement véridique et la révélation de toutes les contradictions du progrès. Elle ne recule devant aucune critique du présent. Et même si elle ne peut consciemment dépasser l'horizon intellectuel de son temps, cependant l'expérience sans cesse accablante des contradictions de sa propre situation historique jette une ombre profonde sur toute la conception de l'histoire. Ce sentiment — contraire à la conception consciemment philosophique et historique, qui proclame un progrès continuel et pacifique — de vivre un dernier épanouissement intellectuel, bref et sans retour, de l'humanité s'exprime chez les plus grands représentants de cette période d'une manière très diverse, en rapport avec le caractère inconscient de ce sentiment. Cependant, pour la même raison, l'accent émotionnel est très semblable. Qu'on songe à la théorie du « renoncement » de Goethe âgé, au « hibou de Minerve » de Hegel, qui prend son vol seulement à l'aube, aux sentiments de fin du monde de Balzac, etc. C'est la Révolution de Quarante-Huit qui, pour la première fois, a placé les survivants de cette époque devant l'alternative d'avoir à reconnaître la perspective offerte par la nouvelle période de l'évolution humaine et de l'approuver, même avec une tragique division intérieure, comme Heine, ou s'abaisser au rang d'apologistes du capitalisme en déclin, ainsi que Marx l'a démontré immédiatement après la Révolution de Quarante-Huit d'une manière critique à propos de personnages aussi importants que Guizot et Carlyle.

II. Walter Scott

Telle fut la base historique sur laquelle est né le roman historique de Walter Scott. Mais on ne doit à aucun instant concevoir cette connexion dans le sens idéaliste de l' « histoire de l'esprit ». Celle-ci proposerait des hypothèses subtiles pour montrer par exemple sur quelles voies détournées les idées hégéliennes sont parvenues jusqu'à Scott, ou bien chez quel écrivain oublié on pourrait trouver les sources communes de l'historicisme de Scott et Hegel. Il est certain que Walter Scott n'a pas connu la philosophie hégélienne et s'il l'avait rencontrée, il n'en aurait probablement pas compris un mot. La nouvelle conception historique des grands historiens de la Restauration apparaît même plus tard que ses œuvres et en est influencée dans la façon de poser certains problèmes. Le dépistage philosophico-philologique à la mode des « influences » est aussi infructueux pour écrire l'histoire que le vieux dépistage philologique des effets exercés par les écrivains les uns sur les autres. A propos de Scott, en particulier, ce fut la mode de citer une longue série d'écrivains de second et de troisième ordre (Radcliffe, etc.), qui étaient censés avoir été d'importants précurseurs littéraires de Scott. Tout cela ne nous fait point avancer d'un pas vers la compréhension de ce qui était *nouveau* dans l'art de Scott, c'est-à-dire dans son roman historique.

Nous avons essayé d'ébaucher le cadre général de ces transformations économiques et politiques qui se sont produites dans toute l'Europe à la suite de la Révolution française ; nous avons esquissé leurs conséquences économiques dans les remarques précédentes. Ces événements, ce bouleversement de l'existence et de la conscience des hommes dans toute l'Europe constituent le fondement économique et idéologique pour la genèse du roman historique de Walter Scott. Le témoignage biographique des cas individuels qui permirent à Scott de prendre conscience de ces courants n'offre rien d'important à l'histoire réelle de la genèse du roman historique. D'autant moins que Scott se range parmi les grands écrivains dont la profondeur se manifeste surtout dans leur œuvre, une profondeur qu'ils ne comprennent souvent pas eux-mêmes, parce qu'elle a jailli, dans un conflit avec leurs conceptions et préjugés personnels, de la maîtrise véritablement réaliste de leur matière.

Le roman historique de Scott est la continuation directe du grand roman social réaliste du XVIIIe siècle. Les études de Scott sur ces écrivains, en général peu approfondies au point de vue théorique, révèlent une connaissance très intense, une étude très détaillée de cette littérature. Pourtant son œuvre, par comparaison avec la leur, signifie quelque chose d'entièrement nouveau. Pouchkine écrit de lui : «...L'influence de Walter Scott se fait sentir dans tous les domaines de la littérature de son époque. La nouvelle école des historiens français s'est formée sous l'influence du romancier écossais. Il leur a montré des sources entièrement nouvelles qui étaient jusqu'alors inconnues malgré l'existence du drame historique créé par Shakespeare et Gœthe... » Et Balzac fait ressortir dans sa critique de la *Chartreuse de Parme* de Stendhal les nouveaux traits artistiques que le roman de Scott a introduits dans la littérature épique : la vaste peinture des mœurs et des circonstances des événements, le caractère dramatique de l'action et, en rapport étroit avec ceci, le rôle nouveau et important du dialogue dans le roman.

Ce n'est pas par hasard que ce nouveau type de roman a justement pris naissance en Angleterre. Nous avons déjà indiqué en traitant de la littérature du XVIIIe siècle d'importants traits réalistes du roman anglais de cette époque et nous les avons décrits comme des conséquences nécessaires du caractère post-révolutionnaire du développement de l'Angleterre d'alors par contraste avec la France et l'Allemagne. Maintenant, dans une période où toute l'Europe, y compris ses classes progressistes et leurs idéologues, est dominée — temporairement — par une idéologie post-révolutionnaire, ces traits en Angleterre doivent ressortir avec une netteté toute particulière. Car l'Angleterre est devenue désormais, une fois de plus, pour la plupart des idéologues continentaux, le pays type du développement, certes dans un autre sens qu'au XVIIIe siècle. A cette époque le fait que les libertés bourgeoises eussent été effectivement réalisées servait de modèle aux partisans occidentaux des Lumières. Désormais, l'Angleterre apparaît aux yeux des idéologues historiques du progrès comme l'exemple classique du développement historique dans leur sens. Le fait que l'Angleterre avait au XVIIe siècle disputé par les armes sa révolution bourgeoise et était passée ensuite par un développement pacifique et ascendant, durant des siècles, sur la base des acquisitions de la révolution bourgeoise, montrait en elle l'exemple-modèle pratique pour la nouvelle interprétation historique. La « glorieuse révolution de 1688 », également, se présentait inévitablement comme un idéal aux bourgeois idéalistes qui combattaient la Restauration au nom du progrès.

Mais par ailleurs, les écrivains honnêtes, observateurs clairvoyants des faits du développement social, tels que Walter Scott, devaient voir que ce développement pacifique a été pacifique seulement en tant qu'idéal d'une conception de l'histoire, seulement dans la vue à vol d'oiseau d'une philosophie de l'histoire. Le caractère organique du développement anglais est seulement une résultante, qui se compose des éléments d'incessantes luttes de classes et leur solution sanglante par des soulèvements plus ou moins importants, réussis ou manqués. Les énormes transformations politiques et sociales des décennies précédentes ont éveillé en Angleterre aussi le sentiment de l'histoire, la prise de conscience du développement historique.

La stabilité relative du développement anglais pendant cette période orageuse, par comparaison avec celui du continent, a rendu possible de canaliser artistiquement ce sentiment historique nouvellement éveillé sous une forme grandiose, épique et objective. Cette objectivité est encore accentuée par le conservatisme de Walter Scott. Sa vision du monde le rattache très étroitement à celles des couches de la société qui ont été précipitées dans la ruine par la révolution industrielle et le rapide développement du capitalisme. Scott ne se range ni parmi les admirateurs enthousiastes de ce développement, ni parmi ses accusateurs pathétiques et passionnés. Il essaie en étudiant d'une manière approfondie tout le développement anglais de trouver pour lui-même un « milieu » entre les extrêmes opposés. Il trouve dans l'histoire anglaise cette consolation que les plus violentes vicissitudes de la lutte des classes se sont finalement apaisées dans un glorieux « juste milieu ». Ainsi de la lutte des Saxons et des Normands est né le peuple anglais, ni saxon, ni normand ; de même, la sanglante guerre des Deux Roses a donné naissance à l'illustre règne de la Maison des Tudors, en particulier celui de la reine Élisabeth ; et les luttes de classes qui sont apparues dans la révolution de Cromwell ont finalement trouvé un compromis dans l'Angleterre d'aujourd'hui à la suite de la « Glorieuse Révolution », après de longues périodes de fluctuations et bien des guerres civiles.

La conception de l'histoire anglaise dans les romans de Walter Scott fournit ainsi une perspective (bien que non explicite) du développement futur tel que le conçoit leur auteur. Et il n'est pas difficile de voir que cette perspective s'apparente beaucoup au « positivisme » résigné que nous avons observé chez les grands penseurs, érudits et écrivains de cette période sur le continent. Walter Scott se range parmi ces honnêtes Tories de l'Angleterre d'alors, qui ne trouvent d'excuse à rien dans le développement du capitalisme, qui non seulement voient clairement, mais aussi sympathisent profondément avec la misère infinie du peuple qu'entraîne l'effondrement de la vieille Angleterre, mais qui, précisément à cause de leur conservatisme, ne manifestent aucune opposition violente aux aspects du nouveau développement répudiés par eux. Walter Scott parle très rarement du présent. Il ne soulève pas dans ses romans les questions sociales de l'Angleterre contemporaine, la lutte de classes entre bourgeoisie et prolétariat qui commence à s'intensifier. Dans la mesure où il est capable de répondre à ces questions pour lui-même, il le fait par le biais de la figuration littéraire des plus importantes étapes de toute l'histoire d'Angleterre.

Paradoxalement, la grandeur de Scott est étroitement liée à son conservatisme souvent borné. Il cherche la « voie moyenne » entre les extrêmes et s'efforce de démontrer artistiquement la réalité historique de cette voie par la figuration des grandes crises de l'histoire anglaise. Cette tendance fondamentale s'exprime aussitôt dans la manière dont il invente l'intrigue et choisit la figure centrale Le « héros » de Scott est toujours un gentleman anglais plus ou moins médiocre, moyen. Il possède généralement un certain degré, jamais éminent, de sagesse pratique, une certaine fermeté et une certaine bienséance morale, qui va même jusqu'à l'aptitude au sacrifice de soi, mais ne devient jamais une passion impétueuse, n'est jamais un dévouement enthousiaste à une grande cause. Non seulement les Waverley, Morton, Osbaldiston, etc. sont de tels représentants corrects, décents, moyens de la petite noblesse anglaise, mais aussi Ivanhoe, le chevalier « romantique » du Moyen Age.

Ce choix du héros a été vivement critiqué par la critique postérieure, Taine par exemple ; elle y a vu un symptôme de la médiocrité de Walter Scott lui-même en tant qu'artiste. C'est justement le contraire qui est vrai. Le fait qu'il construit ses romans autour d'un héros « moyen », seulement correct et jamais héroïque, est la preuve la plus évidente des dons épiques exceptionnels et révolutionnaires de Walter Scott, bien que sur le plan psychologique et biographique ses préjugés personnels, imbus de l'esprit conservateur de la petite noblesse, aient joué un grand rôle dans le choix de ce héros.

Ce qui s'exprime ici, avant tout, c'est une renonciation au romantisme, un dépassement du romantisme, un plus grand développement des traditions réalistes de la période des Lumières. Par opposition à la prose dégradante, qui nivelle tout, du capitalisme en voie de développement, le « héros démoniaque » fait son apparition, même dans les œuvres d'écrivains politiquement et idéologiquement progressistes, qu'on a souvent et injustement traités de romantiques. Ce type de héros, tel qu'il apparaît en particulier dans la poésie de Byron, est l'expression littéraire de l'excentricité sociale et la superfluité des talents humains les meilleurs et les plus sincères dans cette période de prose, une protestation lyrique contre la domination de cette prose. Mais c'est une chose de reconnaître les racines historiques, voire même la nécessité et la justification historiques de cette protestation, c'en est une autre d'en faire un absolu lyrique et subjectiviste, qui ne saurait aucunement mener à une grande création littéraire objective. Les auteurs réalistes d'une période un peu plus tardive qui ont figuré ce type, tels Pouchkine ou Stendhal, ont dépassé le byronisme autrement que Scott et sous une forme supérieure. Ils ont interprété le problème de l'excentricité de ce type d'une manière socio-historique, objective-épique : c'est-à-dire qu'ils ont vu historiquement le présent et ont révélé toutes les déterminations sociales de la tragédie (ou tragi-comédie) de cette protestation. La critique de Scott et sa récusation de ce type n'atteignent pas une telle profondeur. Sa reconnaissance ou plutôt son sentiment de l'excentricité de ce type ne le conduit pas jusqu'à l'éliminer du domaine de la figuration historique. Il s'efforce de figurer les luttes et les antagonismes de l'histoire au moyen de personnages qui, dans leur psychologie et dans leur destin, restent toujours des représentants de courants sociaux et de forces historiques. Scott étend aussi cette façon de voir aux processus du déclassement, qu'il considère toujours socialement et non individuellement. Sa compréhension des problèmes du présent n'est pas assez profonde pour qu'il puisse résoudre cette question en ce qui concerne les processus de déclassement qui affectent le présent. C'est pourquoi il évite ce sujet et conserve dans sa figuration la grande objectivité historique du véritable auteur épique.

Pour cette raison déjà, il est complètement faux de voir en Walter Scott un écrivain romantique, à moins de vouloir étendre le concept de romantisme jusqu'à embrasser toute la grande littérature du premier tiers du XIXe siècle. Mais alors, la physionomie du romantisme au sens propre, restreint, s'estompe. Et ce fait est d'une grande importance pour comprendre Scott. Car les thèmes historiques de ses romans sont très proches de ceux des romantiques proprement dits. Mais nous verrons par la suite que l'interprétation de ces thèmes par Scott est entièrement opposée à celle des romantiques et aussi corrélativement le genre de sa figuration. Ce contraste se manifeste, en premier lieu, immédiatement, dans la composition de ses romans — avec le héros médiocre, prosaïque, comme figure centrale.

Il va de soi que le philistinisme conservateur de Walter Scott apparaît également ici. Déjà, Balzac, son grand admirateur et continuateur, a été choqué par ce philistinisme anglais. Il dit, par exemple, qu'à très peu d'exceptions près, toutes les héroïnes de Walter Scott représentent le même type de femme anglaise bourgeoisement correcte, normale, qu'il n'y a pas de place dans ces romans pour les tragédies et les comédies intéressantes et complexes de l'amour et du mariage. Balzac a raison dans sa critique et elle s'applique bien au-delà du domaine qu'il souligne. Scott ne possède pas la dialectique psychologique grandiose et profonde des caractères, qui distingue le roman de la dernière grande période du développement bourgeois. A vrai dire, il n'atteint même pas cette hauteur où s'est juché le roman bourgeois de la seconde moitié du XVIIIe siècle avec Rousseau, Choderlos de Laclos et avec *Werther* de Gœthe. Ses plus grands successeurs dans le roman historique l'ont aussi bien surpassé à cet égard par la profondeur et la poésie de leur caractérisation. Mais le changement que Walter Scott effectue dans l'histoire de la littérature mondiale est indépendant de cette limitation de son horizon humain et poétique. La grandeur de Scott réside dans son aptitude à donner une incarnation humaine vivante à des types historico-sociaux. Les traits typiquement humains dans lesquels deviennent tangibles de grands courants historiques n'ont jamais été figurés avant Scott avec cette magnificence, cette franchise et cette vigueur. Et surtout jamais auparavant cette sorte de figuration n'avait été consciemment mise au centre de la représentation de la réalité.

Cela concerne aussi ses héros moyens. Ils sont insurpassés dans leur figuration des traits décents aussi bien que bornés de la « classe moyenne » anglaise. Et en tant que figures centrales ils fournissent un instrument parfait à la manière qu'a Scott de présenter certains stades critiques de transition de l'histoire. C'est le grand critique russe Bélinski qui a le plus clairement reconnu ce fait. Il analyse plusieurs romans de Walter Scott précisément par rapport au fait que la majorité des personnages secondaires sont plus intéressants et plus importants que le médiocre héros principal. Mais il prend vivement position contre les reproches qu'on a soulevés à ce propos contre Scott. « Il doit en être ainsi dans une œuvre de caractère purement épique, où le principal personnage sert uniquement de centre extérieur autour duquel les événements se développent et où il peut seulement se distinguer par des qualités humaines générales qui méritent notre sympathie humaine, car le héros de l'épopée est la vie même et non pas l'individu humain. Dans l'épopée, l'individu est, pour ainsi dire, assujetti à l'événement ; l'événement éclipse la personnalité humaine par sa grandeur et son importance, détournant d'elle notre attention par l'intérêt, la diversité et la multiplicité de ses images. »

Bélinski a parfaitement raison de souligner le caractère purement épique des romans de Walter Scott. Dans toute l'histoire du roman il n'y a guère d'œuvres — à l'exception peut-être de celles de Cooper et Tolstoï — qui se rapprochent autant du caractère de l'ancienne épopée. Ce fait, comme nous le verrons, est très étroitement lié à la nature des thèmes historiques de Scott. Et il n'est pas lié à son intérêt pour l'histoire en général, mais à la nature spécifique de ses thèmes historiques, avec son choix des périodes, des couches de la société qui incarnent la vieille activité épique de l'homme, le vieil aspect épique du caractère directement social et spontanément public de la vie. C'est ce qui fait de Walter Scott un grand auteur épique de l'« âge des héros », l'âge dans lequel et à partir duquel la véritable épopée — au sens de Vico et Hegel — se développe. Ce caractère authentiquement épique des thèmes et de la façon de créer de Walter Scott est, comme nous le montrerons, très étroitement lié au caractère populaire de son art.

Néanmoins, les œuvres de Scott ne sont nullement des tentatives modernes d'animer artificiellement d'une vie nouvelle les anciennes épopées, mais de réels et authentiques romans. Même si ses thèmes sont très souvent tirés de l'« âge des héros », de l'enfance de l'humanité, l'esprit de sa création est pourtant déjà celui de la maturité, l'âge de la prose triomphante. Cette différence doit déjà être soulignée parce qu'elle est intimement associée à la composition des romans de Scott, à la conception de leur « héros ». Le héros de Scott est à sa manière tout aussi typique de ce genre qu'Achille et Ulysse étaient des héros typiques de la véritable épopée. La différence entre les deux types de héros illustre très nettement la différence fondamentale entre l'épopée et le roman, surtout dans un cas où le roman se rapproche le plus de l'épopée. Les héros de l'épopée sont, comme le dit Hegel, « des individus totaux qui concentrent brillamment en eux-mêmes ce qui est autrement dispersé dans le caractère national et en ceci ils restent des caractères grands, libres et noblement humains ». Par là, « ces figures principales acquièrent le droit d'être placées en tête et de voir l'événement principal en liaison avec leur individualité ». Les principales figures des romans de Walter Scott sont aussi des caractères nationalement typiques, mais dans le sens de la moyenne vertueuse plutôt que de la supériorité éminente et globale. Cette dernière caractérise les héros nationaux de la conception poétique de la vie, la première ceux de la conception prosaïque.

Il est facile de discerner comment ces conceptions opposées du héros proviennent des exigences fondamentales de l'épopée et du roman. Achille n'est pas seulement du point de vue de la composition la figure centrale de l'épopée, mais il dépasse aussi d'une tête tous ses partenaires, il est réellement le soleil autour duquel tournent les planètes. Les héros de Scott, en tant que figures centrales du roman, ont une fonction entièrement opposée. C'est leur rôle de mettre en contact les extrêmes dont la lutte remplit le roman, dont le heurt exprime artistiquement une grande crise dans la société. A travers l'intrigue, au centre de laquelle se tient le héros, un terrain neutre est recherché et trouvé, sur lequel les forces sociales extrêmes qui s'opposent peuvent être amenées à établir entre elles des relations humaines.

Le don d'invention de Scott, manifestement simple et pourtant grandiose et inépuisable, se trouve en général, surtout de nos jours, trop peu apprécié, bien que Gœthe, Balzac et Pouchkine aient reconnu sa grandeur. Walter Scott représente dans ses roman de grandes crises de la vie historique. En conséquence, des forces sociales ennemies, qui veulent s'anéantir mutuellement, se heurtent partout. Comme les représentants de ces forces en lutte sont toujours des partisans passionnés de leurs tendances, il s'ensuit le danger que leur lutte ne devienne un tableau purement extérieur de leur destruction réciproque qui ne puisse éveiller la sympathie et la complicité humaines du lecteur. Ici apparaît l'importance du héros médiocre dans la composition. Scott choisit toujours ses figures principales de telle sorte qu'elles puissent, du fait de leur caractère et de leur destin, entrer en contact humain avec les deux camps. Le destin approprié d'un tel héros médiocre, qui dans la grande crise de son temps ne s'associe passionnément à aucun des camps en lutte, peut fournir un lien de ce genre sans forcer la composition. Prenons l'exemple le plus connu. Waverley est un noble campagnard anglais, d'une famille qui est pour les Stuarts, sans aller plus loin que sympathiser tranquillement d'une manière politiquement inefficace. Lors de son séjour en Écosse en tant qu'officier anglais, Waverley, par suite d'amitiés personnelles et de difficultés amoureuses, entre dans le camp des partisans en révolte des Stuarts. Par suite de ses anciennes relations de famille et du caractère de sa participation au soulèvement, qui lui permet de combattre bravement, mais jamais de devenir un partisan fanatique, ses relations avec le parti hanovrien sont maintenues. Ainsi le destin de Waverley se trouve très propre à créer une intrigue qui non seulement nous donne un tableau vivant de la lutte des deux partis, mais aussi nous rend humainement proches les représentants importants des deux partis.

Cette manière de composer n'est pas le résultat d'une « recherche formelle », d'une « maîtrise » ingénieuse, elle provient plutôt des aspects grandioses aussi bien que limités de la personnalité littéraire de Walter Scott. En premier lieu la conception de Scott de l'histoire anglaise est, comme nous l'avons vu, celle d'une « voie moyenne » qui passe à travers la lutte des extrêmes. Les figures centrales du type Waverley représentent pour Scott la constance séculaire du développement anglais au milieu des plus terribles crises. Mais en second lieu, Scott, le grand réaliste, voit clairement qu'il n'y a jamais eu dans l'histoire de guerre civile qui eût été violente au point de faire de toute la population sans exception des partisans fanatiques de l'un des camps en lutte. De larges fractions du peuple se sont toujours tenues entre les camps avec des sympathies constantes ou fluctuantes pour l'un ou l'autre parti. Et précisément ces sympathies et fluctuations ont souvent joué un rôle déterminant pour l'issue réelle de la crise. En outre, la vie quotidienne de la nation continue au milieu de la plus terrible guerre civile. Elle doit déjà forcément continuer au sens économique, car autrement le peuple irait à sa perte et mourrait de faim. Mais elle continue aussi à tout autre point de vue et ce maintien de la vie quotidienne est une base réelle et importante de la continuité du développement culturel. Assurément, la continuation de la vie quotidienne ne signifie certainement pas que la vie, la pensée et l'expérience vécue de ces masses populaires, participant ou non passionnément à la guerre civile, puissent rester insensibles à la crise historique. La continuité est toujours en même temps une croissance, un développement. Les « héros moyens » de Walter Scott représentent aussi cet aspect de la vie populaire, du développement historique.

Mais l'importance artistique de cette façon de composer a encore d'autres et très importantes conséquences. Par exemple, ce qui peut paraître paradoxal au lecteur prisonnier des traditions présentes du roman historique, mais qui est pourtant vrai, c'est le fait que l'incomparable aptitude de Walter Scott à recréer les grandes figures de l'histoire était due précisément à cet aspect de sa composition. Dans toute l'œuvre de Scott nous rencontrons les personnalités les plus importantes de l'histoire anglaise et même française : Richard Cœur de Lion, Louis XI, Élisabeth, Marie Stuart, Cromwell, etc. Toutes ces figures apparaissent chez Scott dans leur véritable grandeur historique. Pourtant Scott n'est jamais inspiré par le sentiment d'un culte du héros romantiquement décoratif à la Carlyle. Pour lui, la grande personnalité historique est le représentant d'un mouvement important, significatif, qui embrasse de larges fractions du peuple. Il est grand parce que sa passion personnelle, son objectif personnel coïncide avec ce grand courant historique, parce qu'il résume en lui-même les apsects positifs et négatifs d'un tel mouvement, parce qu'il est l'expression la plus claire, le porte-drapeau de ces aspirations populaires, en bien comme en mal.

Pour cette raison Scott ne montre jamais l'évolution d'une telle personnalité. Bien plutôt, il nous la présente toujours achevée. Achevée, mais non sans la plus soigneuse préparation. Cette préparation, cependant, n'est pas personnelle et psychologique, mais objective, socio-historique. Autrement dit : Scott, en révélant les conditions réelles de la vie, la crise réellement croissante dans la vie du peuple, montre tous les problèmes de la vie populaire qui conduisent à la crise historique présentée par lui. Et quand il a fait de nous des sympathisants et des participants compréhensifs de cette crise, quand nous comprenons exactement pour quelles raisons la crise a surgi, pour quelles raisons la nation s'est divisée en deux camps, et quand nous avons vu l'attitude des différentes couches de la population envers cette crise — c'est alors seulement que le grand héros historique entre en scène dans le roman. Il peut donc, il doit même, être achevé, en un sens psychologique, quand il apparaît devant nous, car il apparaît pour remplir sa mission historique dans la crise. Mais le lecteur n'a jamais l'impression de quelque chose de rigidement achevé, car les luttes sociales, largement dépeintes, qui précèdent l'apparition du héros, montrent précisément comment, à un tel moment, précisément un tel héros devait surgir pour résoudre précisément de tels problèmes.

Scott, bien entendu, n'utilise pas cette forme de figuration seulement pour les personnages représentatifs, historiquement attestés et communément connus. Au contraire. Dans les romans les plus importants de Scott, ce sont des personnages historiquement inconnus, semi-historiques ou absolument non historiques qui jouent ce rôle de premier plan. Qu'on songe à Vich Ian Vohr dans *Waverley*, à Burley dans *Old Mortality*, à Cedric et Robin Hood dans *Ivanhoe*, à Rob Roy, etc. Eux aussi sont des figures historiques monumentales, créées selon les mêmes principes artistiques que les figures historiques familières. En vérité, le caractère populaire de l'art historique de Scott se manifeste dans le fait que ces figures de dirigeants qui sont directement mêlées à la vie du peuple acquièrent le plus souvent une grandeur historique encore plus grande que celle des figures centrales connues de l'histoire.

Mais quel rapport y a-t-il entre la réussite de Scott dans la figuration de la grandeur historique d'un personnage historiquement important et le rôle mineur que ce dernier joue dans la composition ? Balzac a compris ce secret de la composition de Scott. Les romans de Scott, a-t-il dit, sont allés vers les grands héros de la même manière que l'histoire quand elle a requis leur apparition. Le lecteur a donc l'expérience de la genèse historique des figures historiques importantes et la tâche de l'écrivain consiste à les faire désormais agir de telle sorte qu'elles apparaissent comme de véritables représentants de ces crises historiques.

Scott fait ainsi résulter ses figures importantes de l'essence de l'époque, il n'explique jamais l'époque à partir de ses grands représentants, comme l'ont fait les adeptes romantiques du culte des héros. C'est pourquoi, elles ne peuvent jamais être des figures centrales de l'action. Car l'essence de l'époque ne peut apparaître comme un vaste tableau aux aspects multiples que si se trouvent figurés la vie quotidienne du peuple, les joies et les peines, les crises et les embarras de l'homme moyen. Le personnage important, historiquement dirigeant, qui résume un courant historique, le résume nécessairement à un certain niveau d'abstraction. Scott, en montrant au préalable l'enchevêtrement compliqué de la vie populaire elle-même, a figuré au préalable son essence, dont le personnage historiquement dirigeant doit donner la forme abstraite, la généralisation intellectuelle, la concentration dans un fait historique.

La manière de composer de Scott montre ici un parallèle très intéressant à la philosophie hégélienne de l'histoire. Pour Hegel aussi, « l'individu mondialement historique » se développe sur la large base du monde des « individus qui entretiennent ». « Les individus qui entretiennent », c'est chez Hegel la caractéristique globale des hommes de la « société bourgeoise ». la caractéristique de sa propre reproduction par l'activité de ces individus. La base est formée par l'activité personnelle, privée, égoïste des êtres humains individuels. En elle et par elle s'affirme ce qui est socialement général. Dans cette activité « l'entretien de la vie morale » se développe. Mais Hegel ne se représente pas la société seulement dans le sens d'une telle reproduction de soi-même, comme quelque chose de stagnant ; la société se tient aussi au milieu du courant de l'histoire. Ici le nouveau s'oppose à l'ancien avec hostilité, le changement est « lié à une dépréciation, démolition, destruction du mode précédent de la réalité ». Il se produit de grandes collisions historiques dans lesquelles certes les « individus mondialement historiques » sont les facteurs conscients du progrès historique (de l'« esprit », selon Hegel), mais seulement dans ce sens qu'ils procurent conscience et orientation claire au mouvement déjà existant de la société. Il est nécessaire de souligner particulièrement cet aspect de la conception hégélienne de l'histoire, car c'est ici, malgré son idéalisme, malgré sa surestimation du rôle des « individus mondialement historiques », que ressort vivement le contraste avec le culte romantique du héros. Selon Hegel, la fonction de l'individu mondialement historique est de dire aux hommes ce qu'ils veulent.« C'est » dit Hegel, « l'esprit caché qui frappe à la porte du présent, qui est encore souterrain, non encore parvenu à une existence contemporaine et veut se donner issue, pour qui le monde contemporain est seulement une coque contenant un noyau différent de l'ancien ».

Le génie historique jamais égalé de Walter Scott se manifeste dans les caractéristiques individuelles qu'il donne à ses personnages historiquement dirigeants, de telle sorte qu'ils résument réellement en eux les aspects marquants positifs et négatifs du mouvement considéré. Cette solidarité sociale et historique entre dirigeant et dirigés est différenciée chez Scott avec une subtilité extraordinaire. Le fanatisme héroïque, rectiligne, intrépide de Burley marque le point culminant sur le plan humain de la révolte des Puritains écossais à l'époque de la Restauration des Stuarts, tout comme chez Vich Ian Vohr la combinaison particulière, aventureuse, de manières courtoises françaises et d'esprit patriarcal de clan représente les aspects réactionnaires (et pourtant intimement liés à certaines fractions arriérées du peuple écossais) des tentatives de Restauration des Stuarts après la « Glorieuse Révolution ».

Cette interaction étroite, cette unité profonde entre les représentants historiques d'un mouvement populaire et le mouvement populaire lui-même se trouve encore accentuée chez Scott dans la composition par l'intensification des événements et leur compression dramatique. Ici encore la forme classique du récit doit être protégée contre les préjugés modernes. On croit communément aujourd'hui, parce que l'épopée présente une forme plus extensive et plus large que le drame, que la pure extension, la succession à la manière d'une chronique et la juxtaposition de tous les événements d'une période constituent l'essence de l'art épique. Pourtant, même chez Homère, ce n'est pas le cas. Qu'on songe à la composition de l'*Iliade*. Le poème commence sur une situation extrêmement dramatique : le conflit entre Achille et Agamemnon. Et le véritable récit se compose seulement des événements qui sont la conséquence directe de ce conflit, à savoir les événements qui remontent à la mort d'Hector. Déjà l'esthétique antique a reconnu ici un principe conscient de composition. Avec la naissance du roman social moderne la nécessité d'une telle intensification de l'action épique est encore devenue plus pressante. Car les relations réciproques entre la psychologie des hommes et les circonstances économiques et morales de leurs vies sont devenues si complexes qu'il faut une large description de ces circonstances, une large figuration de ces relations réciproques pour faire apparaître les hommes comme des enfants concrets de leur temps. Ce n'est pas un hasard si le développement de la conscience historique chez Walter Scott l'a poussé précisément vers cette sorte de forme. Pour ressusciter des époques anciennes, depuis longtemps disparues, et nous permettre de les revivre, il a dû décrire cette relation réciproque concrète entre l'homme et son milieu social de la manière la plus large. L'inclusion de l'élément dramatique dans le roman, la concentration des événements, la plus grande importance du dialogue, c'est-à-dire du débat direct dans la conversation des contraires qui se heurtent, sont intimement liés à la tentative de figurer la réalité historique telle qu'elle était réellement, de sorte qu'elle pût être humainement authentique et pourtant susceptible d'être revécue par le lecteur postérieur. Il s'agit d'une concentration de la caractérisation. Seuls des gâcheurs ont soutenu (et soutiennent encore aujourd'hui) que la caractérisation historique de gens et de situations consiste à accumuler des traits isolés, historiquement caractéristiques. Walter Scott n'a jamais sous-estimé l'importance de tels éléments pittos resques, descriptifs. Il les a même tant utilisés que des critique- superficiels y ont vu précisément l'essentiel de son art. Mais pour Scott la caractérisation hitorique du lieu et du temps, l'« ici et maintenant » historique est quelque chose de bien plus profond. Pour lui cela veut dire que certaines crises dans les destinées personnelles d'une série d'êtres humains coïncident et s'entrelacent avec le contexte déterminant d'une crise historique. C'est précisément pour cette raison que sa manière de figurer la crise historique n'est jamais abstraite, la division de la nation en partis en lutte passe toujours ici au centre des relations humaines les plus étroites. Parents et enfants, amoureux et amoureuses, vieux amis, etc. s'opposent mutuellement en adversaires, ou bien la nécessité d'un tel affrontement introduit profondément la collision dans la vie personnelle. Mais ce sont toujours des groupes de gens en rapport et en liaison réciproque qui subissent ce destin ; et ce n'est jamais l'affaire d'une catastrophe isolée, mais d'une chaîne de catastrophes, où la solution de chacune donne naissance à un nouveau conflit. Ainsi la profonde compréhension du facteur historique dans la vie humaine exige une concentration dramatique de la structure épique.

Les grands écrivains du XVIIIe siècle ont composé bien plus librement. Ils pouvaient le faire, parce qu'ils considéraient les mœurs de leur temps comme allant de soi et pouvaient en présumer un effet immédiat et évident sur leurs lecteurs. Mais n'oublions pas que ceci concerne la structure générale et non pas la manière de figurer les moments et les événements individuels. Ces écrivains savaient aussi très bien que ce n'était pas la plénitude extensive de la description qui importait, l'énumération des éléments constitutifs d'un objet, ou la plénitude extensive de cette série d'événements qui compose la vie d'une personne, mais le fait de dégager les déterminations humaines et sociales essentielles. *Wilhelm Meister* de Gœthe est conçu d'une manière beaucoup moins dramatique que les romans de Scott et de Balzac qui sont venus après. Mais les événements individuels de sa longue intrigue montrent une tendance très marquée dans le sens de l'intensification. La relation de Wilhelm Meister avec le théâtre de Serlo, par exemple, se concentre presque entièrement autour du problème de la représentation d'Hamlet. Chez Gœthe aussi, il n'est pas question d'une description complète d'un théâtre, d'une chronique complète des événements dans le théâtre de Serlo.

La concentration dramatique et l'intensification des événements chez Walter Scott n'est donc nullement une innovation radicale. C'est uniquement une récapitulation particulière et une extension des plus importants principes artistiques de la période précédente du développement. Mais parce que Scott a accompli cette extension à un grand tournant historique, en accord avec les besoins réels du temps, cela signifie un tournant dans l'histoire du roman. Car précisément dans le roman historique la tentation est extraordinairement grande de reproduire entièrement la totalité des choses. On est bien près de croire que seule une telle complétude peut garantir la fidélité historique. Mais c'est une illusion, sur laquelle Balzac, en particulier, a attiré l'attention dans ses écrits critiques, avec beaucoup de perspicacité et de clarté. Dans un compte rendu du roman de Latouche complètement oublié : *Léo*, il dit :

« Le véritable roman se réduit à deux cents pages dans lesquelles il y a deux cents événements. Rien ne trahit plus l'impuissance d'un auteur que l'entassement des faits... Le talent éclate dans la peinture des causes qui engendrent les faits, dans les mystères du cœur humain dont les mouvements sont négligés par les historiens. Les personnages d'un roman sont tenus à déployer plus de raison que les personnages historiques. Ceux-ci demandent à vivre, ceux-là ont vécu. L'existence des uns n'a pas besoin de preuves, quelque bizarres qu'aient été leurs actes ; tandis que l'existence des autres doit être appuyée par un consentement unanime. »

Il est clair que plus une période historique et les conditions d'existence de ses acteurs sont éloignées, plus l'action doit se concentrer sur l'objectif de présenter d'une manière claire et plastique devant nous ces conditions d'existence, pour que nous ne regardions pas la psychologie particulière et l'éthique qui en résultent comme une curiosité historique, mais pour que nous puissions les revivre comme une phase du développement de l'humanité qui nous concerne et nous émeut.

Il n'importe donc pas dans le roman historique de répéter le récit des grands événements historiques, mais de ressusciter poétiquement les êtres humains qui ont figuré dans ces événements. Il importe de nous faire revivre les mobiles sociaux et humains qui ont conduit les hommes à penser, sentir et agir précisément comme ils l'ont fait dans la réalité historique. Et c'est une loi de la figuration littéraire, qui paraît au premier abord paradoxale, mais ensuite tout à fait évidente, que pour rendre sensibles ces mobiles sociaux et humains de conduite, les événements extérieurement insignifiants, les circonstances mineures — vues de l'extérieur — sont plus appropriés que les grands drames de l'histoire mondiale. Balzac, dans sa critique de la *Chartreuse de Parme* de Stendhal, a consacré au génie de celui-ci un éloge enthousiaste, parce qu'il avait entrepris une représentation grandiose de la vie de Cour dans le cadre d'un petit état italien. Balzac souligne que dans les luttes insignifiantes à la Cour de Parme se manifestent tous les conflits sociaux et spirituels qui se sont déroulés, par exemple, dans les grandes luttes autour de Mazarin et Richelieu. Et ces luttes, selon Balzac, peuvent être mieux figurées littérairement de cette manière, parce que le contenu politique des intrigues de Parme peut être facilement embrassé dans son ensemble, se transpose directement en action, et parce que les réflexes de l'âme humaine peuvent s'y révéler avec une évidence immédiate, tandis que la représentation des grands problèmes politiques qui ont formé la substance des intrigues autour de Mazarin ou de Richelieu constituerait un lourd poids mort dans un roman.

Balzac explique jusque dans le plus petit détail ses idées sur la manière épique de traiter l'histoire. Il critique entre autres un roman d'Eugène Sue, qui a pour thème le soulèvement des Cévennes sous Louis XIV. Sue a donné une description détaillée de toute la campagne, combat par combat, avec un moderne dilettantisme. Balzac s'élève alors avec la plus grande vigueur contre cette entreprise :

« Il est impossible à l'art littéraire de peintre les faits militaires au-delà d'une certaine étendue. Présenter à l'esprit les montagnes des Cévennes et le bas Languedoc, y faire manœuvrer des troupes, expliquer des batailles, Walter Scott et Cooper ont trouvé pareille tâche au-dessus de leurs forces ; ils n'ont jamais tenté de faire une campagne en littérature, ils se sont contentés de donner, sur un faible échantillon, l'esprit de deux masses de combattants. Encore les escarmouches qu'ils ont essayé de peindre ont-elles nécessité de longues préparations. »

Car ce serait une erreur de croire que Tolstoï, par exemple, ait réellement dépeint les guerres napoléoniennes *in extenso*. Il donne parfois quelques épisodes de la guerre, extraits en raison de leur importance et leur signification particulière pour l'évolution humaine de ses personnages principaux. Son génie de romancier historique réside dans son aptitude à choisir et figurer ces épisodes de telle sorte que tout l'état d'esprit de l'armée russe et par elle du peuple russe s'y trouve exprimé d'une manière vigoureuse. Là où il essaie de traiter les vastes problèmes politiques et stratégiques de la guerre, par exemple dans sa description de Napoléon, il s'abandonne à des effusions historico-philosophiques, et il ne le fait pas seulement parce qu'il attribue à Napoléon une attitude historiquement fausse, parce qu'il ne le comprend pas historiquement, mais aussi pour des motifs littéraires. Tolstoï était un bien trop grand écrivain pour pouvoir offrir un succédané de littérature. Là où sa matière dépassait les possibilités de la création littéraire, il a abandonné radicalement les moyens d'expression de la littérature et essayé de dominer son sujet avec des moyens intellectuels. Par là précisément il fournit une preuve pratique de la correction de l'analyse du roman de Scott par Balzac et de sa critique de Sue.

Il importe donc pour le roman historique de *démontrer* par des moyens *artistiques* que les circonstances et les personnages historiques ont existé précisément de telle ou telle manière. Ce qu'on a appelé chez Scott très superficiellement l'« authenticité de la couleur locale », c'est en réalité cette démonstration artistique de la réalité historique. C'est la figuration de la large base que constituent les événements historiques dans leur enchevêtrement et leur complexité, dans leurs multiples interactions avec les personnages. La différence entre individus « qui entretiennent » et individus « mondialement historiques » est exprimée dans ce rapport vivant avec la base existentielle des événements. Les premiers ressentent les moindres oscillations de cette base existentielle comme des bouleversements directs de leur vie individuelle, les autres rassemblent les traits essentiels des événements en motifs pour leurs propres actions et pour influencer et guider les actions des masses. Plus les individus « qui entretiennent » sont proches de la terre et moins ils sont appelés à un rôle historique dirigeant, plus se font sentir distinctement et tangiblement dans leur vie quotidienne et leurs réactions psychiques directes les ébranlements de la base existentielle. Certes de telles réactions deviennent facilement unilatérales et même fausses. Mais la composition du tableau d'ensemble historique dépend précisément d'une action réciproque riche, nuancée, graduelle entre les différents degrés de réaction à l'ébranlement de la base existentielle. Elle doit révéler artistiquement la connexion entre la spontanéité pleine de vie des masses et la conscience historique des personnalités dirigeantes.

De tels rapports sont d'une importance décisive pour la connaissance de l'histoire. Les dirigeants politiques réellement grands du peuple se distinguent précisément par une sagacité extraordinaire pour comprendre ces réactions spontanées. Leur génie se manifeste dans la rapidité extraordinaire avec laquelle ils sont capables de percevoir dans des réactions minimes et insignifiantes le changement d'humeur du peuple ou d'une classe et de généraliser le rapport entre cet état d'esprit et le cours objectif des événements. Cette aptitude à percevoir et généraliser constitue la base de ce que les dirigeants ont coutume de nommer « enseignement par les masses ». Lénine, dans sa brochure : « Les Bolcheviks garderont-ils le pouvoir d'État ? », décrit un cas fort instructif de cette interaction. Après l'échec de l'insurrection en juillet 1917 du prolétariat de Pétrograd, Lénine est contraint de vivre dans l'illégalité chez des travailleurs d'un faubourg. Il décrit la préparation du repas de midi. « La ménagère apporte le pain. Le chef de famille dit : « Regarde donc cet excellent pain. Ils n'osent pas nous donner du mauvais pain maintenant ». Lénine ajoute : « Je fus surpris par cette estimation dans un esprit de classe de l'insurrection de juillet. Mes pensées avaient tourné autour de la signification politique des événements... Comme quelqu'un qui n'avait jamais connu le besoin, je n'avais jamais pensé au pain... La pensée suit un chemin singulièrement compliqué et enchevêtré pour parvenir par l'analyse politique à ce qui est à la base de tout, la lutte de classes pour le pain ».

Ici nous pouvons voir une telle interaction dans un relief grandiose. Le travailleur de Pétrograd réagit spontanément avec une conscience de classe aux événements des journées de juillet. Lénine trouve avec la plus grande finesse un enseignement dans ces réactions et les met à profit avec une rapidité et une précision remarquables pour consolider, motiver et propager la perspective politique correcte.

Ce serait, bien entendu, historiquement faux si dans des romans qui traitent du Moyen Age, du XVIIe ou du XVIIIe siècles on découvrait des interactions de ce genre. En outre de telles interactions ne pouvaient être perceptibles aux fondateurs classiques du roman historique. Cet exemple devait seulement illustrer la structure générale de l'interaction. Mais bien que tous les héros de l'histoire figurée par Walter Scott aient agi avec une « fausse prise de conscience », celle-ci n'est jamais un schéma ni dans son contenu, ni dans sa psychologie. La différence, à la fois dans le contenu historique et dans la psychologie, entre la spontanéité proche de la vie et l'aptitude à généraliser, qui existe à part des nécessités immédiates de gagner sa vie, se présente dans tout le cours de l'histoire. Et c'est la tâche du romancier historique de figurer cette interaction concrète, conformément aux circonstances historiques concrètes de l'époque représentée, aussi richement que possible. Et c'est précisément une des plus grandes forces de Walter Scott.

La richesse de couleurs et la variété du monde historique de Walter Scott est une conséquence de la multiplicité de ces actions réciproques entre les individus et l'unité de l'existence sociale, qui est pourtant le principe dominant de toute cette richesse. Le problème de composition déjà discuté, le fait que les grandes figures historiques, les dirigeants des classes et partis en lutte, sont seulement des personnages secondaires dans le récit, prend maintenant un nouvel aspect. Walter Scott ne stylise pas ces figures, ne les met pas sur un piédestal romantique ; il les décrit comme des êtres humains avec des vertus et des faiblessss, de bonnes et de mauvaises qualités. Et pourtant elles ne produisent jamais une impression médiocre. Avec toutes leurs faiblesses elles apparaissent historiquement imposantes. La première raison en est, bien entendu, la profonde compréhension de Scott pour le caractère particulier des diverses périodes de l'histoire. Mais le fait qu'il puisse ainsi combiner la grandeur historique avec d'authentiques qualités humaines dans les personnages qu'il figure dépend de sa façon de composer.

La grande figure historique, en tant que personnage secondaire, peut en effet vivre totalement comme un être humain, déployer librement toutes ses qualités humaines, grandioses et mesquines, dans l'action. Toutefois, sa place dans l'action est telle qu'elle peut seulement agir et s'exprimer dans des situations historiquement importantes. Elle parvient ainsi à une expression variée et totale de sa personnalité, mais seulement dans la mesure où cette personnalité est liée aux grands événements de l'histoire. Otto Ludwig dit avec finesse du Rob Roy de Scott : « Il peut apparaître d'autant plus important, parce que nous ne suivons pas sa vie pas à pas, parce que nous le voyons seulement à des moments où il est *important* ; il nous surprend par son omniprésence, il se montre toujours dans les plus intéressantes attitudes. »

Ces remarques non seulement caractérisent avec exactitude la méthode de composition de Scott, mais indiquent aussi les lois générales de la figuration : la manière de représenter des personnages importants. Ici, il y a de profondes différences entre épopée et roman. Le caractère totalement national des thèmes principaux de l'épopée, la relation entre individu et nation à l'âge des héros exigent que dans l'épopée le plus important personnage occupe la position centrale, tandis que dans le roman historique il n'est nécessairement qu'une figure secondaire.

Cependant, le choix de situation, noté par Otto Ludwig, où la figure dirigeante apparaît seulement à des moments importants s'applique aussi *mutatis mutandis* à l'épopée. Hölderlin l'a reconnu, justement et profondément, à propos d'Achille. Il dit : « On s'est souvent demandé pourquoi Homère qui, somme toute, voulait chanter la colère d'Achille, ne le fait presque jamais apparaître, etc. Il ne voulait pas profaner le divin jeune homme dans le tumulte devant Troie. L'idéal ne doit pas se banaliser dans le quotidien. Et il ne pouvait vraiment pas le chanter plus magnifiquement et plus tendrement qu'en le retirant en arrière, de sorte que chaque perte des Grecs depuis le jour où l'Unique manque dans l'armée rappelle sa supériorité sur toute la foule magnifique des seigneurs et des serviteurs, et les rares moments où le poète le fait apparaître devant nous sont mis d'autant plus en relief par son absence. »

Il n'est pas trop difficile de voir les facteurs communs ici. Puisque tout art narratif entre inévitablement dans les petits détails et même les détails mesquins de la vie, le héros devrait forcément, s'il se tenait sans interruption au premier plan, se trouver rabaissé au niveau général de la vie figurée. Dans ce cas, seule une stylisation forcée pourrait alors établir la distance souhaitée et nécessaire entre lui et les autres personnages. Mais cette sorte de stylisation va à l'encontre d'une authentique poésie épique, qui cherche toujours à donner l'impression de refléter la vie telle qu'elle est normalement, *comme un tout*. C'est précisément un des nombreux charmes impérissables des épopées homériques, tandis que la prétendue épopée littéraire, qui presque continuellement stylise la distance entre le héros et le monde environnant, en rehaussant artificiellement la figure centrale, est, du point de vue épique, sans vie et factice, rhétorique et lyrique. Chez Homère un Achille a toujours le même naturel et le même simplicité humaine que tout autre personnage. Homère le met en relief par des moyens authentiquement épiques, c'est-à-dire qui sont à la fois artistiques et conformes à la nature : il crée des situations où le significatif émerge dans une certaine mesure « spontanément », des situations où le héros se trouve mis naturellement, « spontanément », sur un piédestal par l'effet de contraste qui résulte de sa propre absence.

Toutes ces fonctions épiques générales sont présentes aussi chez Scott. Mais, comme nous l'avons vu, dans le roman historique la relation de l' « individu mondialement historique » avec le monde où il agit est tout autre que dans l'ancien poème épique. Les traits importants ici ne sont pas les suprêmes manifestations d'un ordre du monde essentiellement sans changement, mais au contraire l'accentuation la plus marquée de tendances sociales au sein d'une crise historique. En outre, le roman historique figure un monde socialement beaucoup plus différencié que l'ancienne épopée. Et avec la division et l'opposition croissantes des classes, le rôle représentatif des « individus mondialement historiques », qui résument les traits les plus importants d'une société, prend une tout autre signification.

Les antagonismes dans les anciennes épopées sont en majorité nationaux. Les grands adversaires nationaux, disons : Achille et Hector, représentent socialement, et par conséquent aussi moralement, des conditions très analogues, la latitude morale de leurs activités est à peu près la même, pour l'un d'eux les préalables humains des actes de l'autre sont assez clairs, etc. Il en va tout autrement dans le monde du roman historique. Ici, l' « individu mondialement historique », même considéré socialement, est un *parti*, un représentant d'*une* des multiples classes et couches en lutte. Il doit pourtant remplir sa fonction de sommet et de couronnement d'un tel monde artistique, ainsi il doit — d'une manière très compliquée, très peu directe — rendre visibles directement ou indirectement les traits progressistes généraux de toute la société, de toute l'époque. Ces conditions préalables compliquées de son rôle représentatif sont figurées chez Scott au moyen de cette vaste préhistoire qui annonce partout son apparition, et la nécessité de cette préhistoire suffirait à elle seule pour faire de lui un personnage secondaire de l'action dans le sens déjà indiqué.

Donc, il ne s'agit pas ici non plus, comme le lecteur a pu s'en rendre compte d'après ce qui a été dit précédemment, d'une habileté technique de Scott, mais de l'expression artistique en matière de composition de son sentiment historique de la vie. Son admiration pour les grandes personnalités de l'histoire en tant que facteurs décisifs du processus historique le conduit à cette façon de composer. En renouvelant avec originalité les vieilles lois de la poésie épique, il trouve pour le roman historique le seul moyen possible de refléter adéquatement la réalité historique sans rendre romantiquement monumentales les figures importantes de l'histoire, ni les rabaisser psychologiquement au niveau inférieur du menu fretin. Ainsi, Scott humanise ses héros historiques, en évitant ce que Hegel appelle la psychologie du valet, c'est-à-dire l'analyse détaillée de petites particularités humaines qui n'ont rien à voir avec la mission historique de la personne concernée.

Mais cette façon de composer ne signifie nullement que les personnages historiques de Scott ne soient pas individualisés jusque dans leurs plus petites particularités humaines. Ils ne sont jamais de simples représentants de courants historiques, d'idées, etc. Le grand art de Scott est précisément d'individualiser ses héros historiques de telle sorte que certains traits purement individuels, tout à fait particuliers de leur caractère, soient mis dans une relation très complexe, très vivante avec l'époque où ils vivent, avec le courant qu'ils représentent et qu'ils s'efforcent de mener à la victoire. Scott représente simultanément la nécessité historique de cette individualité particulière et le rôle individuel qu'elle joue dans l'histoire. De ce rapport particulier résulte non seulement le fait de savoir si la lutte doit se terminer par la victoire ou la défaite, mais aussi le caractère historique particulier de la victoire ou de la défaite, sa valeur historique particulière, son timbre de classe.

Un des plus grands exploits descriptifs de la littérature mondiale est, par exemple, la façon dont sont concentrés dans le personnage de Marie Stuart tous les traits qui, dès le début, condamnent à l'échec son coup d'état et sa fuite. On peut déjà le pressentir dans la composition et la conduite de ses partisans, qui préparent le coup d'état, longtemps avant qu'elle ne soit elle-même montrée aux lecteurs. Sa propre conduite rend ce sentiment encore plus conscient et la défaite elle-même n'est que la réalisation de ce qu'on avait longuement attendu. Avec une égale maîtrise, mais des moyens techniques tout différents, Scott montre la supériorité et la diplomatie victorieuse du roi de France, Louis XI. Au début, le contraste social et humain entre le roi et sa suite, qui a conservé le plus souvent des sentiments féodaux et chevaleresques, n'apparaît que dans de petites escarmouches. Ensuite, pendant toute l'action intermédiaire du roman, le roi disparaît de la scène. Il a astucieusement chargé le héros principal, le correct et chevaleresque Quentin Durward, d'une tâche dangereuse, voire insoluble. Et c'est à la fin seulement qu'il fait sa réapparition dans ce qui paraît être, extérieurement, une situation absolument sans issue, comme prisonnier dans le camp du duc de Bourgogne, féodal et chevaleresque, aventurier et politiquement stupide. Là, par le simple usage de la raison et de la ruse, il extorque de tels avantages que le lecteur est convaincu, malgré le résultat nul sur lequel se termine le roman, de la victoire historique finale du principe qu'il soutient. Ces interactions complexes et pourtant sans équivoque entre les représentants des différentes classes, entre le « haut » et le « bas » de la société, créent cette atmosphère historique incomparablement fidèle qui, dans chaque roman de Scott, ressuscite une période non seulement dans son contenu historique et social, mais avec ses aspects humains et sentimentaux, son arôme et sa résonance particulière.

Cette authenticité de l'atmosphère historique que nous pouvons revivre chez Scott repose sur le caractère populaire de son art. Ce caractère populaire a toujours rencontré une incompréhension croissante au cours de la décadence littéraire et culturelle. Taine affirme déjà d'une manière complètement erronée que l'art de Scott propage des conceptions féodales. Cette théorie fausse a été reprise entièrement et encore développée par la sociologie vulgaire, avec cette seule différence que Scott était désormais conçu comme le poète non pas du monde féodal, mais des marchands et colonisateurs anglais, de l'impérialisme anglais d'alors. De telles « théories » du roman historique — édifiées dans le but d'élever une muraille de Chine entre le passé classique et le présent, pour ainsi nier à la Trotsky le caractère socialiste de notre culture actuelle — ne voient en Scott que le barde de marchands colonisateurs.

C'est précisément le contraire qui est vrai. Et cela a été clairement reconnu par les contemporains immédiats et les successeurs de Scott. George Sand a dit de lui à juste titre : « Il est le poète du paysan, du soldat, du proscrit, de l'artisan. » Car, nous l'avons vu, Scott décrit les grandes transformations de l'histoire comme des transformations de la vie populaire. Il commence toujours par décrire comment d'importants changements historiques affectent la vie quotidienne, l'effet des changements matériels et psychiques sur le peuple qui, n'en comprenant pas les causes, réagit directement et violemment. Partant de cette seule base, il décrit les courants compliqués, idéologiques et moraux auxquels de tels changements inévitablement donnent naissance. Le caractère populaire de l'art de Scott ne consiste donc pas dans une figuration exclusive des classes opprimées et exploitées. Ce serait une interprétation étroite de ce caractère populaire. Comme tout grand écrivain populaire, Walter Scott vise à figurer la totalité de la vie nationale dans son interaction complexe du « haut » et du « bas » ; son vigoureux caractère populaire se manifeste dans le fait que le « bas » est considéré comme la base matérielle et l'explication artistique de ce qui arrive en « haut ».

Dans *Ivanhoé*, Scott figure ainsi le problème central de l'Angleterre médiévale, l'opposition entre Saxons et Normands. Il met très clairement en évidence le fait que cette opposition est avant tout celle des serfs saxons et des seigneurs normands. Mais, d'une manière correctement historique, il ne s'en tient pas à cette opposition. Il sait qu'une fraction de la noblesse saxonne, bien que limitée matériellement et frustrée de sa puissance politique, est encore en possession de ses privilèges aristocratiques et que ce fait fournit le centre idéologique et politique de la résistance nationale des Saxons aux Normands. Mais, comme un grand peintre de la vie nationale historique, Scott voit et montre avec un relief éminent que d'importantes fractions de la noblesse saxonne sombrent dans l'apathie et l'inertie, que d'autres encore attendent seulement l'occasion de réaliser un compromis avec les fractions les plus modérées de la noblesse normande, dont le représentant est Richard Cœur-de-Lion. Ainsi, quand Bélinski dit avec raison qu'Ivanhoe, le héros de ce roman, qui est également un noble, partisan de ce compromis, est éclipsé par les personnages secondaires, ce problème de forme du roman historique a un contenu historique et politique, un contenu populaire très clair. Car, bien qu'une des figures qui éclipsent Ivanhoé soit son père, le noble saxon Cédric, brave et ascétique, les plus importantes de ces figures sont les serfs de ce dernier, Gurth et Wamba, et surtout le dirigeant de la résistance armée contre la domination normande, le légendaire héros populaire Robin Hood. L'interaction du « haut » et du « bas », dont l'ensemble constitue la totalité de la vie populaire, se manifeste précisément dans le fait que si pour l'essentiel les tendances historiques du « haut » reçoivent une expression plus distincte et plus généralisée, nous trouvons le véritable héroïsme dans la lutte des antagonismes historiques, à peu d'exceptions près, en « bas ».

Le tableau de la vie populaire est tracé exactement de la même manière dans les autres romans. Certes, dans *Waverley*, Vich Ian Vohr est le héros tragique qui finit sur l'échafaud à cause de sa fidélité envers les Stuarts. Pourtant, nous ne trouvons pas l'héroïsme véritable, humainement émouvant, non problématique, chez ce personnage, en définitive ambitieux, d'aventurier, mais parmi ses partisans dans le clan écossais. Une des plus grandes figurations d'un héroïsme simple et sans phrases est la proposition d'Evan Dhu, membre du même clan que Vich Ian Vohr, au jugement où ils sont tous deux condamnés à mort : Evan Dhu, à qui le tribunal ferait volontiers grâce, suggère que lui et quelques autres membres du clan soient exécutés en échange de la libération de leur chef.

Dans des traits comme ceux-ci, l'unité chez Walter Scott de l'esprit populaire et de la profonde compréhension de l'authenticité historique ressort nettement. L'authenticité historique signifie pour lui la qualité de la vie intérieure, de la morale, de l'héroïsme, de l'aptitude au sacrifice, de la fermeté, etc., particulière à une époque donnée. Voilà ce qui, à propos de l'authenticité historique de Walter Scott, est important, impérissable et — pour l'histoire de la littérature — ce qui fait date, non pas la prétendue « couleur locale » des descriptions, dont on parle souvent, qui est seulement un de ses nombreux moyens artistiques auxiliaires et qui ne pourrait jamais à elle seule ressusciter l'esprit d'une époque. Les grandes qualités humaines, aussi bien que les vices et les limitations des héros de Scott, se développent à partir d'une base historique clairement décrite de leur existence. Ce n'est ni par l'analyse, ni par l'explication psychologique de leurs idées que Scott nous familiarise avec les caractères historiques particuliers de la vie intérieure d'une époque, mais par une ample figuration de l'existence, en montrant comment pensées, sentiments, modes de conduite proviennent de cette base.

Cela est toujours exposé avec maîtrise dans le cours d'une action intéressante. Ainsi Waverley fait connaissance pour la première fois avec les gens du clan, par suite d'une transaction entre le clan et un propriétaire écossais à l'occasion d'un vol de bétail. Ils lui sont encore aussi incompréhensibles que pour le lecteur. Il passe alors un plus long temps au sein du clan, apprend à connaître en détail la vie quotidienne des gens du clan, leurs habitudes, leurs joies et leurs pensées. Quand ensuite le clan part en guerre et Waverley avec lui, il est, ainsi que le lecteur, déjà familiarisé avec l'existence particulière et la conscience de ces hommes vivant encore dans une société gentilice. Lorsque, dans la première bataille contre les troupes royales, Waverley désire sauver un soldat anglais blessé, qui est issu de son propre domaine, les gens du clan protestent d'abord contre cette assistance à un ennemi. C'est seulement lorsqu'ils se rendent compte que l'Anglais blessé appartient au clan de Waverley qu'ils lui portent secours et honorent Waverley comme un chef prévoyant. L'effet entraînant de l'héroïsme d'Evan Dhu est seulement possible sur la base de ce vaste déploiement du caractère matériel et moral de la vie de clan. Et d'une manière tout à fait analogue on fait l'expérience chez Scott d'autres formes de l'héroïsme des temps passés, par exemple l'héroïsme des Puritains, etc.

Le grand but artistique de Scott, en figurant des crises historiques de la vie populaire, est de montrer la *grandeur humaine* qui se trouve libérée par un tel ébranlement de toute la vie populaire en ses représentants importants. Il ne fait aucun doute que — consciemment ou inconsciemment — c'est l'expérience de la Révolution française qui a suscité cette tendance dans la littérature. Elle apparaît déjà, très sporadiquement, il est vrai, dans la période qui a préparé directement la Révolution, d'une manière particulièrement significative dans le personnage goethéen de Klärchen d'*Egmont*. Mais cet héroïsme, si l'occasion en est la Révolution des Pays-Bas, est néanmoins suscité directement par l'amour de Klärchen pour Egmont. Après la Révolution française, Goethe lui-même a trouvé une expression encore plus purement humaine pour cette tendance dans sa figure de Dorothée. Des qualités simples et fortes, décidées et héroïques, naissent en elle à la suite des événements de la Révolution Française et du destin qui frappe son entourage immédiat du fait de ces événements. Le grand art épique de Goethe se montre dans sa façon de marquer l'héroïsme de Dorothée. Il apparaît en complet accord avec son caractère simple et franc : une qualité qui a toujours été dormante en elle comme une potentialité et qui est appelée à la vie par les grands événements du temps. Mais cet héroïsme n'est pas une chose qui entraîne un changement définitif de sa vie, de sa psychologie. Quand la nécessité objective de la conduite héroïque est passée, Dorothée retourne à la vie quotidienne.

Que Walter Scott ait ou non connu ces œuvres de Gœthe, et jusqu'à quel point, c'est tout à fait secondaire : sans aucun doute il continue et développe cette tendance de Gœthe. Tous ses romans sont remplis de tels destins, de cette flamblée d'un grand et pourtant modeste héroïsme chez des enfants du peuple, simples, apparemment médiocres. Le développement de la tendance goethéenne consiste en premier lieu dans le fait que Walter Scott met en relief beaucoup plus fortement que Gœthe le caractère historique de l'héroïsme, la qualité historique particulière de la grandeur humaine qui s'y manifeste. Gœthe esquisse les traits généraux des mouvements populaires, tant de la Révolution néerlandaise que de la Révolution française, avec une extraordinaire fidélité à la vie. Néanmoins, tandis que les figures secondaires d'*Egmont* présentent des traits historiques contemporains très définis, tandis que Klärchen aussi, dans chaque réaction provoquée par son amour idyllique pour Egmont, reste l'enfant de sa classe et de son peuple, son élan héroïque manque d'un caractère historique défini et accentué. Il est conforme à la vie et véridique, car il montre la grandeur humaine au sein de circonstances historiques données, il résulte organiquement de la psychologie de Klärchen, mais sa qualité particulière n'est pas caractérisée historiquement. Il en est de même pour la caractérisation de Dorothée. Dans aucune de ces figures, le poète n'utilise des traits spécifiquement socio-historiques quand il en vient à figurer positivement son élan héroïque. Dans les deux cas, Gœthe fait ressortir ces traits dans le préambule de la description (et dans le cas de Dorothée aussi par la suite). Néanmoins, ils servent uniquement de cadre à l'élan héroïque et ne lui donnent pas de couleur historique.

Il en va autrement chez Walter Scott. Cette tendance apparaît le plus clairement dans *The Heart of Midlothian.* Ici Scott a créé sa figure de femme la plus importante avec le personnage de la jeune paysanne puritaine Jeanie Deans. Les événements mettent la fille d'un soldat révolutionnaire de l'armée de Cromwell devant un terrible dilemme. Sa sœur est accusée d'infanticide ; selon les lois inhumaines du pays, la preuve qu'elle avait gardé sa grossesse secrète est suffisante pour la condamner à mort. Mais elle a été forcée de le faire, sans avoir perpétré l'infanticide. Jeanie pourrait sauver sa sœur en se parjurant. Mais malgré son intense affection pour sa sœur, malgré une compassion infinie pour son destin, la conscience puritaine triomphe chez elle, et elle déclare la vérité. Sa sœur est condamnée à mort. Alors, la jeune paysanne, sans instruction, ignorante du monde, dépourvue d'argent, part à pied à Londres pour obtenir du roi la grâce de sa sœur. L'histoire de ces conflits intérieurs et de cette lutte pour sauver la sœur montrent la riche humanité et le simple héroïsme d'un être humain réellement grand. Néanmoins, Scott donne de son héroïne un portrait dans lequel les traits du puritanisme borné et de la paysannerie écossaise ne s'estompent à aucun moment et font même sans cesse ressortir le caractère spécifique du naïf et grand héroïsme de cette figure populaire.

Après avoir réalisé avec succès son dessein, Jeanie Deans retourne à la vie quotidienne et jamais il ne s'ensuit de nouveau un élan dans sa vie qui décèlerait la présence de telles forces. Scott trace cette étape finale avec une minutie un peu trop prononcée et empreinte de philistinisme, tandis que Gœthe qui vise à la beauté de lignes, à la perfection classique, se contente d'indiquer que la vie héroïque de Dorothée est terminée et qu'elle aussi doit désormais croupir dans la simple vie quotidienne.

Dans les deux cas, il s'agit d'une nécessité de la forme épique. Mais dans les deux cas, cette exigence de forme exprime une profonde vérité humaine et historique. L'important pour ces grands écrivains c'est de révéler artistiquement les énormes potentialités d'héroïsme humain qui existent toujours à l'état latent dans le peuple et qui, à chaque grande occasion, à chaque profond bouleversement de la vie sociale ou même de la vie la plus personnelle, apparaissent « soudain » avec une force colossale à la surface. La grandeur des périodes de crise de l'humanité repose dans une large mesure sur le fait que de telles forces cachées sommeillent toujours et partout dans le peuple et qu'elles n'attendent que l'occasion de se manifester. La nécessité épique d'une récession de telles figures après qu'elles ont accompli leur mission héroïque souligne justement le caractère général de ce phénomène. Ni Gœthe dans le cas de Dorothée, ni Walter Scott dans le cas de Jeanie Deans n'ont voulu montrer des êtres humains d'exception, un talent éminent, qui surgit du peuple pour prendre la direction d'un mouvement populaire (Scott dessine de tels personnages en Robin Hood et Rob Roy). Au contraire, ils voulaient montrer que les possibilités d'un tel élan humain, d'un tel héroïsme sont répandues dans les masses populaires, que d'innombrables gens vivent tranquillement leur vie sans élan jusqu'à la fin, parce qu'ils n'ont rencontré aucune occasion qui ait pu susciter une telle tension de leurs forces. Les révolutions sont précisément les grandes périodes de l'humanité parce qu'en elles et par elles de tels rapides essors des capacités humaines sont largement répandus.

Par ce type de figuration humaine et historique Scott rend vivante l'histoire. Ainsi qu'on l'a montré, il présente l'histoire comme une série de grandes crises. Sa présentation du développement historique, en premier lieu celui de l'Angleterre et de l'Écosse, est une suite ininterrompue de telles crises révolutionnaires. Ainsi la tendance principale de Scott dans tous ses romans — et qui en fait dans un certain sens une sorte de cycle — est de représenter et de défendre le progrès, ce progrès chez lui est cependant toujours un processus plein de contradictions, dont l'énergie motrice et la base matérielle est la contradiction vivante des forces historiques en conflit, l'antagonisme des classes et des nations.

Scott affirme ce progrès. C'est un patriote, il est fier du développement de son peuple. Cela est absolument nécessaire pour la création d'un véritable roman historique, rapprochant de nous le passé et nous permettant de le revivre dans sa vérité et sa réalité. Sans une relation sentie avec le présent, une figuration de l'histoire est impossible. Mais cette relation, dans le cas d'un art historique réellement grand, ne consiste pas à faire allusion aux événements contemporains — une pratique que Pouchkine a cruellement ridiculisée dans l'œuvre des imitateurs incompétents de Walter Scott — mais à faire revivre le passé comme la préhistoire du présent, à donner une vie poétique à des forces historiques sociales et humaines qui, au cours d'une longue évolution, ont fait de notre vie actuelle ce qu'elle est et l'ont rendue telle que nous la vivons. Hegel dit :

« L'historique est nôtre seulement à partir du moment où nous pouvons regarder le présent en général comme une conséquence de ces événements dans la chaîne desquels les caractères ou les actions représentées constituent un maillon essentiel... Car l'art n'existe pas pour un petit cercle fermé de privilégiés de la culture, mais pour la nation dans son ensemble. Ce qui est valable pour l'œuvre d'art en général trouve aussi son application à l'aspect extérieur de la réalité historique représentée. Lui aussi doit donc nous être rendu clair et accessible sans une érudition étendue, de telle sorte que nous, qui appartenons à notre temps et à notre peuple, nous puissions nous y trouver à l'aise et ne pas être obligés de rester en arrêt devant lui comme devant quelque monde étranger et inintelligible. »

Le patriotisme de Scott est la condition préalable de ce rapport vivant avec le passé. Mais seuls des sociologues vulgaires peuvent voir dans ce patriotisme une glorification des marchands exploiteurs. Gœthe a eu une compréhension infiniment plus profonde et plus véridique de cette relation de Walter Scott avec l'histoire anglaise. Dans un entretien avec Eckermann, il en vient à parler de *Rob Roy* de Scott, un roman dont la figure principale, d'une manière assez intéressante, est un héros du peuple écossais, un mélange particulier de rebelle, de voleur de bétail et de contrebandier — donc un exemple significatif de l' « équivalent social » de Scott. Gœthe dit de ce roman : « Ici assurément, tout est grand : sujet, contenu, caractères, façon de traiter... Mais on voit ce qu'est l'histoire anglaise et ce que cela signifie quand un tel héritage échoit à un poète de valeur. » Gœthe sent donc nettement ce qui constitue la fierté de Scott à propos de l'histoire anglaise : d'une part, assurément, la croissance graduelle de la force et de la grandeur nationales, dont Scott veut illustrer dans sa « voie moyenne » la continuité ; mais d'autre part, et inséparablement, les crises de cette croissance, les extrêmes dont la lutte a eu comme résultat final cette « voie moyenne » et qu'on ne pourrait jamais éloigner du tableau de la grandeur nationale sans lui enlever précisément toute sa grandeur, sa richesse, son contenu.

Scott voit et figure le chemin compliqué et enchevêtré qui avait mené à la grandeur nationale de l'Angleterre et à la formation du caractère national. En tant que petit aristocrate calme et conservateur, il affirme naturellement ce résultat, et la nécessité de ce résultat est le fondement sur lequel il se tient. Mais la vision artistique du monde de Scott n'en reste nullement là. Scott voit le champ infini de ruines, d'existences anéanties, d'efforts humains anéantis ou d'héroïsme gaspillé, de formations sociales détruites, etc., qui ont été les conditions préalables de ce résultat final.

Sans aucun doute, il y a ici une certaine contradiction entre les vues complexes, directement politiques de Scott et son tableau artistique du monde. Lui aussi, comme tant de grands réalistes, tels que Balzac ou Tolstoï, est devenu un grand réaliste en dépit de ses propres conceptions politico-sociales. Chez lui aussi, on peut constater la « victoire du réalisme » dont parle Engels sur ses conceptions personnelles, politico-sociales. Sir Walter Scott, le petit aristocrate écossais, affirme sans plus cette évolution avec une calme rationalité. L'écrivain Scott, par contre, incarne le sentiment du poète romain Lucain : « *Victrix causa diis placuit, sed victa Catoni* » (la cause victorieuse a plu aux dieux, mais la vaincue à Caton).

Il serait faux, cependant, d'interpréter ce contraste par trop rigidement et sans conciliations : c'est-à-dire, de voir dans la calme affirmation de la réalité anglaise, du « chemin moyen » du développement anglais, quelque chose de purement négatif, quelque chose qui n'aurait pu que gêner le développement du grand art historique de Scott. Au contraire, nous devons voir que ce grand art historique est issu précisément de l'interaction, de l'interpénétration dialectique de ces deux aspects de la personnalité de Scott. C'est précisément à cause de son caractère que Scott n'est pas devenu un romantique, un glorificateur ou un élégiaque des temps passés. Et c'est pour cette raison qu'il a pu figurer objectivement la ruine des formations sociales passées, malgré toute sa sympathie humaine, toute sa sensibilité artistique à l'égard des qualités magnifiques, héroïques, qu'elles renfermaient. Objectivement, avec un grand sens historique et artistique, il a vu d'un seul regard leurs qualités éminentes et la nécessité historique de leur déclin.

Mais cette objectivité n'exalte que la vraie poésie du passé. Nous avons vu que dans le tableau de l'histoire de Walter Scott, contrairement à l'opinion erronée des critiques postérieurs, les représentants officiels des classes autrefois dominantes ne jouent nullement le rôle principal. Parmi les personnages aristocratiques de ses romans — si l'on fait abstraction des corrects « héros moyens », qu'on peut appeler seulement d'une manière très conditionnelle héros positifs — il y a très peu de personnages dessinés positivement. Au contraire, Scott montre très souvent d'une manière humoristique, satirique ou tragique, la faiblesse et la déchéance humaine et morale des couches supérieures. Le prétendant dans *Waverley*, Marie Stuart dans *The Abbot*, même le Prince de Galles dans *The Fair Maid of Perth* montrent certes des traits humainement attirants et séduisants, mais la tendance principale de leur figuration est de montrer leur inaptitude à remplir leurs missions historiques. La poésie de l'objectivité historique de Scott consiste alors en ce qu'il nous fait partager les raisons objectives, historiques et sociales de cette inaptitude personnelle par l'atmosphère de l'ensemble, sans analyse pédante. En outre, dans toute une série de personnages, Scott marque les aspects brutaux de l'autorité aristocratique (par ex. le Templier dans *Waverley*, etc.) aussi bien que l'inaptitude déjà comique de la noblesse de Cour, séparée toujours davantage de la vie nationale, à faire face aux problèmes de l'époque. Les quelques personnages positifs sont rendus positifs le plus souvent par le simple accomplissement du devoir et les bonnes manières. Seuls quelques grands champions du progrès historique, notamment Louis XI, acquièrent une figure historique monumentale.

Dans la plupart des cas où des figures aristocratiques jouent un rôle entièrement positif ou problématique, ce fait repose sur leur liaison avec le peuple, qui prend le plus souvent la forme de relations patriarcales vivantes ou du moins non encore éteintes (par ex. dans le cas du Duc d'Argyle dans *The Heart of Midlothian*). La vie véritable de la réalité historique chez Scott est constituée par la vie du peuple lui-même. En tant que petit aristocrate anglais, qui est lié fortement à la bourgeoisie par la tradition et les habitudes individuelles de vie, Scott a une profonde sympathie pour l'assurance provocante du bourgeois médiéval anglo-écossais, du paysan indépendant et libre. Dans la figure de Henry Gow en particulier (*The Fair Maid of Perth*), il donne un beau tableau de ce courage et de cette assurance du bourgeois médiéval. Henry Gow, en tant que combattant, est au moins l'égal de chaque chevalier, mais il décline fièrement l'offre du Comte Douglas de l'armer chevalier, il est bourgeois et veut vivre et mourir en bourgeois libre.

Dans toute l'œuvre de Scott nous trouvons de merveilleuses scènes et figures tirées de la vie des serfs et des paysans libres, de la destinée des bannis de la société, des contrebandiers, voleurs, soldats professionnels, déserteurs, etc. Mais c'est son inoubliable figuration des survivants de la société gentilice, des clans écossais, qui constitue la poésie essentielle de sa figuration du passé. Ici apparaît déjà dans la matière et le thème un si puissant élément de la période héroïque de l'humanité, que les romans de Scott à leur sommet se rapprochent directement des anciennes épopées. Scott y manifeste un puissant talent pour découvrir et ressusciter ce passé depuis longtemps évanoui. Certes le XVIIIe siècle a déjà aimé et goûté la poésie de la vie primitive. Et dans la vague d'enthousiasme pour Homère, dans la substitution d'Homère à Virgile comme modèle, il y a sans aucun doute un pressentiment naissant de cette période d'enfance de l'humanité. Des penseurs importants comme Ferguson ont même vu la parenté des héros homériques avec les Indiens d'Amérique. Néanmoins, cette prédilection est restée abstraite et moralisante d'esprit. Scott, le premier, a réellement ressuscité cette période en nous introduisant dans la vie quotidienne des clans, en figurant sur cette base réelle à la fois la grandeur exceptionnelle, restée inégalée, de cet état de choses primitif et la nécessité interne de son déclin tragique.

De cette manière, en faisant vivre ces principes objectivement poétiques qui sont à la base de la poésie de la vie populaire et de l'histoire, Scott est devenu le grand poète des époques passées, le peintre réellement populaire de l'histoire. Heine a clairement reconnu cette qualité de la poésie de Scott et il a vu aussi que sa force consiste précisément dans cette présentation de la vie populaire, dans le fait que les événements et les personnages de l'histoire officiellement grands ne reçoivent pas une position centrale. Il dit : « Les romans de Walter Scott reproduisent parfois l'esprit de l'histoire anglaise bien plus fidèlement que Hume. » Les historiens et les philosophes de l'histoire importants de cette période, les Thierry et

Hegel, aspirent à une semblable conception de l'histoire. Mais chez eux elle ne va pas plus loin qu'une demande, une énonciation théorique de cette nécessité. Car dans la théorie de l'histoire et la manière de l'écrire, seul le matérialisme historique est capable de dégager intellectuellement cette base de l'histoire, de montrer ce que fut réellement cette période d'enfance de l'humanité. Mais ce qui chez Morgan, Marx et Engels a été élaboré et démontré avec une clarté théorique et historique, cela vit et s'anime sous une forme poétique dans les meilleurs romans historiques de Walter Scott. Pour cette raison, Heine fait très justement ressortir cet aspect de Walter Scott, son aspect populaire : « Étrange lubie du peuple! Il demande son histoire de la main du poète et non pas de la main de l'historien. Il ne demande pas le compte-rendu fidèle de faits nus, mais que ces faits soient de nouveau dissous dans la poésie originelle dont ils sont issus. »

Nous le répétons : cette poésie est objectivement liée au déclin nécessaire de la société gentilice. Nous faisons l'expérience dans les divers romans de Scott des étapes individuelles de ce déclin dans tout son caractère concret et sa différenciation. Scott n'a pas voulu faire de ses romans, dans le sens pédant de *Ahnen (Nos ancêtres)* de Gustave Freytag, un cycle cohérent. Mais, relativement au destin des clans, cette grande connexion historique, l'inexorable nécessité de cette tragédie du clan, se détache avec un relief énorme — ne serait-ce que parce que leurs destins naissent toujours d'une interaction vivante avec le monde socio-historique qui les entoure. Ils ne sont jamais présentés à l'état indépendant ou isolé, mais toujours dans le contexte d'une crise générale de la vie populaire écossaise ou anglo-écossaise. Le chaîne de ces crises s'étend depuis les premières grandes luttes de la bourgeoisie écossaise naissante avec la noblesse et de la tentative de la royauté d'utiliser ces luttes pour renforcer le pouvoir central (*The Fair Maid of Perth* — fin du XIVe siècle), jusqu'aux dernières tentatives des Stuarts pour faire tourner en arrière la roue de l'histoire et restaurer l'absolutisme périmé dans une Angleterre déjà fort avancée sur la voie du capitalisme (*Rob Roy* — fin du XVIIIe siècle).

Les clans y sont, par nécessité historique, toujours ceux qu'on exploite, berne, trompe. Leurs qualités historiques mêmes, qui prennent naissance dans le caractère primitif de leur existence sociale, en font le jouet des représentants humainement bien inférieurs des forces dominantes du stade donné de la civilisation. Ce qu'Engels montre scientifiquement : comment la civilisation réalise des choses dépassant les possibilités de l'ancienne société gentilice, Scott, lui, le figure. En particulier, il figure le contraste, dans le domaine humain, qu'Engels met en relief par l'analyse, de cet échec inévitable de la société gentilice en face de la civilisation : « Mais elle les a réalisées en mettant en mouvement les plus bas instincts et passions dans l'homme et en les développant aux dépens de toutes ses autres dispositions. »

Dès que la monarchie absolue apparaît comme une force au sein des luttes de classes de l'époque féodale, elle exploite impitoyablement les dissensions sans importance des clans, les poussant jusqu'à leur massacre mutuel. L'extermination mutuelle de tous les hommes des deux clans en état de porter les armes, qui constitue l'action du premier des romans nommés ci-dessus, est assurément sous cette forme grossière un cas d'exception, dont seul le grand art de Scott a pu extraire ce qui est typique. Mais Scott peut le faire seulement parce que, à une échelle spontanée, plus isolée et plus épisodique, cette inaptitude des clans à défendre leurs intérêts communs contre la noblesse ou la bourgeoisie et le gaspillage de toutes leurs énergies, dans l'étroitesse locale de telles petites luttes, sont un résultat inévitable de la vie de clan. La garde du corps du roi de France, Louis XI, se compose déjà de membres des anciens clans qui ont été éparpillés plus ou moins par la force et réduits à leurs propres ressources (*Quentin Durward*). Et les partis dans les guerres civiles postérieures, le Parlement aussi bien que les Stuarts, exploitent déjà massivement et impitoyablement les combattants courageux et dévoués du clan comme chair à canon dans des buts politiques qui sont complètement étrangers aux clans (*A Legend of Montrose*, *Waverley*, *Rob Roy*).

Avec la répression du soulèvement de 1745 — dépeinte dans *Waverley* — le véritable déclin de la société gentilice en Écosse commence, dit Engels. Quelques décennies plus tard (dans *Rob Roy*), nous voyons les clans déjà dans un état de complète dissolution économique. Un personnage de ce roman, Jarvie, le rusé commerçant et bailli de Glasgow, voit clairement que c'est devenu une nécessité économique pour les clans de livrer leurs batailles désespérées et sans espoir pour le compte des Stuarts. Ils ne peuvent plus subsister sur la base de leur économie primitive. Ils ont une population en excès constamment armée et bien aguerrie qu'ils ne peuvent plus employer à un usage normal, qui est forcée de recourir au pillage et pour laquelle un soulèvement de ce genre est la seule issue à une situation désespérée. Ainsi se manifeste déjà un élément de la dissolution, du déclassement à ses débuts, qui n'était pas encore sensible dans le tableau de clan de *Waverley*.

Une fois de plus on doit admirer la présentation de l'histoire extraordinairement réaliste de Walter Scott, son habileté à traduire ces nouveaux éléments de la transformation économique et sociale dans des destins humains, dans une psychologie modifiée des personnages. Son authentique sentiment populaire se montre ici de deux façons. D'une part, il fait ressortir ces traits de déclassement avec un implacable réalisme, en particulier dans la conduite romantique et aventureuse de Rob Roy lui-même, qui par là se distingue très nettement, sur le plan historique, de la simplicité primitive des chefs de clan des périodes antérieures. Mais d'autre part, il décrit ce déclin des clans avec tout son véritable héroïsme populaire. En dépit des tendances au déclassement, le personnage de Rob Roy résume en lui les magnifiques qualités humaines des anciens héros de clan. Le déclin de la société gentilice est chez Scott une tragédie héroïque, non pas une misérable dégradation.

Ainsi Scott devient un grand poète de l'histoire, parce qu'il a un sentiment plus profond, plus authentique et plus différencié de la nécessité historique, que tout autre écrivain avant lui. La nécessité historique dans ses romans est de la sorte la plus rigoureuse, la plus implacable. Pourtant elle n'est pas un destin régissant les hommes de l'au-delà, mais l'interaction complexe des circonstances historiques concrètes dans leur processus de transformation, dans leur interaction avec les êtres humains concrets, qui ont grandi dans ces circonstances, ont été influencés par elles d'une manière très variable, et qui agissent individuellement suivant leurs passions personnelles. La nécessité historique est donc dans la figuration de Scott toujours une résultante, jamais un préalable ; elle est la tragique atmosphère de la période et non l'objet des réflexions de l'écrivain.

Cela ne veut pas dire, bien entendu, que les personnages de Walter Scott ne font aucune réflexion sur leurs buts et leurs tâches. Mais ce sont les réflexions de gens agissant dans des circonstances concrètes. Et l'atmosphère de la nécessité historique naît précisément de la dialectique très subtilement figurée entre la puissance et l'impuissance du discernement juste dans des circonstances historiques concrètes. Dans *A Legend of Montrose*, Scott figure un épisode écossais de la grande Révolution anglaise. Aussi bien l'armée du Parlement que les Royalistes essaient de gagner à leur cause les clans belliqueux. Leurs instruments sont les deux grands chefs, Argyle et Montrose. Or, il est extraordinairement intéressant qu'il existe dans ce camp un petit chef qui voit très clairement comment le fait de se joindre soit au roi soit au Parlement signifie inévitablement en fin de compte, dans un cas comme dans l'autre, sa propre ruine. Mais sa perspicacité est vouée à l'impuissance dès l'origine par l'adhésion du clan aux grands chefs. La guerre entre Argyle et Montrose commence.

Cette même nécessité interne cependant, qui a favorisé ici le plan de Montrose, impose d'étroites limites de clan à sa réalisation.

Montrose a battu son adversaire et voudrait maintenant se tourner contre les ennemis anglais du roi ; une colonne armée avec des forces fraîches pourrait même changer le cours de la guerre en Angleterre. Mais cela est objectivement impossible. Avec une armée composée de membres de clans on peut seulement mener une guerre écossaise de clans. Les partisans de Montrose se jettent au feu pour lui, mais leur conviction que le véritable ennemi n'est pas le Parlement, mais le groupe hostile de clans conduit par Argyle, ne se laisse ébranler par aucune persuasion ni soumettre par aucune autorité, si illimitée que puisse être l'autorité de Montrose tant qu'il se meut dans le cadre de l'idéologie de clan. Et l'un des traits subtils et historiquement supérieurs de la caractérisation de Scott, c'est qu'il ne permet pas une résolution purement extérieure de cette opposition. Montrose est certes un aristocrate, un royaliste convaincu, un chef d'armée aux capacités importantes, un homme de grandes ambitions politiques, mais il est pourtant intérieurement un chef de clan. La façon de penser des gens du clan l'affectent aussi intérieurement ; la nécessité, extérieure et intérieure, lui fait abandonner ses grands plans et dilapider ses forces dans une petite guerre de clan contre Argyle.

En figurant cette grande nécessité historique qui s'affirme par les agissements passionnés des individus, mais souvent contre leur psychologie individuelle, en montrant comment cette nécessité a ses racines dans la base réelle, sociale et économique, de la vie populaire, Scott manifeste sa *fidélité historique*. En regard de cette authentique reproduction des composants réels de la nécessité historique, il importe peu, somme toute, que des détails individuels, des faits individuels soient historiquement justes ou non. Bien entendu, Walter Scott est particulièrement fort et authentique en ce qui concerne ces détails. Mais il ne l'est jamais avec l'esprit d'antiquaire ou le sens exotique d'écrivains postérieurs. Les détails ne sont pour Scott qu'un moyen pour atteindre à la fidélité historique ici décrite, pour rendre concrètement sensible la nécessité historique d'une situation concrète. Cette fidélité historique est chez Scott précisément la vérité de la psychologie historique de ses personnages, l'authentique *hic et nunc* (ici et maintenant) de leurs mobiles intérieurs et de leur comportement.

Scott conserve cette fidélité historique dans la conception humaine et morale de ses personnages. Les réactions les plus discordantes, les plus divergentes, à des événements déterminés se produisent toujours, dans ses romans réussis, dans le cadre de la dialectique objective d'une crise historique déterminée. En ce sens, il ne crée jamais de figures excentriques, de figures qui, par leur psychologie, échappent à l'atmosphère du temps. Ceci mériterait une analyse détaillée à l'aide d'exemples marquants. Nous voulons simplement mentionner brièvement la sœur de Jeanie Deans, Effie. Apparemment, elle forme le contraste psychologique et moral le plus vif avec son père et sa sœur. Mais Scott indique avec une grande subtilité comment ce contraste est né précisément de l'opposition contre le caractère foncièrement paysan et puritain de la famille, comment une série de circonstances dans son éducation ont fourni les occasions de ce développement exceptionnel et comment, néanmoins, elle a gardé beaucoup de traits psychologiques qui, même durant sa crise tragique et son ascension sociale ultérieure, ont conservé ce qui était commun à la société et l'époque où elle vivait. Ce genre de figuration montre que Scott, dans un contraste très marqué avec le développement du roman historique postérieur à 1848, ne modernise jamais la psychologie de ses personnages.

Cette modernisation n'est assurément pas une nouvelle « conquête » du roman historique après 1848. C'est le faux héritage dont Walter Scott a précisément triomphé. Et la lutte entre la vérité historique de la psychologie et la modernisation psychologique des personnages historiques forme le problème central sur lequel les esprits étaient divisés du temps de Scott, aussi. Nous en viendrons à traiter en détail de ce problème dans les pages suivantes. Notons seulement ici que, si les romans pseudo-historiques du XVIIe et du XVIIIe siècle comparaient simplement avec naïveté la vie sentimentale du passé et celle du présent, dans le cas de Chateaubriand et du romantisme allemand naît une tendance différente et plus dangereuse de modernisation. Car les romantiques allemands, en particulier, attachent une importance extraordinaire à la fidélité historique de tous les détails. Ils découvrent le charme pittoresque du Moyen Age et le reproduisent avec une précision « nazarénienne » (1) : tout, depuis le catholicisme médiéval jusqu'aux meubles anciens, est reproduit avec une exactitude d'artisan-expert, laquelle souvent devient une simple pédanterie décorative. Les êtres humains, cependant, qui agissent dans ce monde pittoresque, ont la psychologie d'un romantique tourmenté ou celle d'un apologiste nouvellement converti de la Sainte-Alliance.

Cette caricature décorative de la fidélité historique a été fermement rejetée en Allemagne par les grands représentants du progrès de la littérature et de la culture, Gœthe et Hegel. Le roman historique de Walter Scott est le vivant contraire de ces tendances nouvelles à un faux historicisme qui est en même temps une modernisation non artistique du passé. Mais la fidélité au passé signifie-

(1) *Note du trad.:* Les peintres nazaréniens, école allemande de peinture du XIXe siècle.

t-elle une reproduction à la manière d'une chronique, naturaliste, du passé. Assurément non. Et les grands contemporains allemands de Scott, Gœthe et Hegel, ont énoncé ce problème avec une grande clarté théorique. Gœthe soulève cette question dans une discussion de la tragédie historique *Adelchi* de Manzoni. Il écrit : « Nous déclarons pour sa défense ce qui peut paraître paradoxal : que toute poésie, en fait, se meut dans des anachronismes. Quel que soit le passé que nous évoquions, pour le déclamer à notre manière devant nos contemporains, nous devons attribuer à l'événement ancien un plus haut développement qu'il n'en eut en fait... L'*Iliade* et l'*Odyssée*, tous les tragiques, et ce qui nous est resté de véritable poésie, vit et respire seulement dans des anachronismes. A toutes les conditions on prête l'esprit moderne, car c'est seulement ainsi qu'on peut les voir et même, en vérité, supporter de les voir. »

A quel point ces déclarations de Gœthe ont directement influencé l'esthétique de Hegel, nous ne le savons pas. En tout cas Hegel en généralisant la conception esthétique du problème parle déjà d'un *anachronisme nécessaire* de l'art. Mais ses déclarations à propos de la concrétisation et de la dialectique historique du problème vont naturellement beaucoup plus loin que celles de Gœthe et énoncent théoriquement les principes qui ont déterminé la pratique historique de Scott. Hegel discute le nécessaire anachronisme de la manière suivante :

> « La substance interne de ce qui est représenté reste la culture développée en représentant et déployant cet élé tiel rend nécessaire un changement dans l'expression et l dernier. »

Cette formulation paraît assez proche de celle de Gœ réalité elle en est une extension. Car Hegel interprète tion du présent au passé d'une manière plus concrètem que que Gœthe. Pour Gœthe, il s'agit essentiellement l'éclosion de principes universellement humains et hu partir de la base concrète de l'histoire. Il souhaite t cette base historique de telle sorte qu'elle permette cet tout en conservant l'essentiel de la vérité historique. (voyons ici à notre analyse antérieure de la figuration de D Klärchen.) Hegel, par contre, interprète cette relation historiquement. Il est d'avis que l' « anachronisme né pourrait dériver organiquement de la matière historique, figuré est clairement reconnu et vécu par des écrivains d comme la *préhistoire nécessaire* du présent. Dans ce cas, intensification requise — dans les modes d'expression, la co etc. — est celle qui peut clarifier et souligner ce rapport métamorphose des événements, des coutumes, etc., du passé consiste simplement dans le fait que l'auteur permet à ces tendances, qui ont été déjà vivantes et actives dans le passé et qui dans la réalité historique ont conduit au présent (mais dont les contemporains de ces événements, naturellement, n'ont pas vu l'importance, qui s'est révélée par la suite), d'émerger avec tout ce poids qu'elles possèdent en termes objectifs, historiques, pour le produit de ce passé, c'est-à-dire le présent.

Ces idées de Hegel esquissent les limites esthétiques des thèmes historiques. Car, dans l'énoncé ultérieur de ses pensées, Hegel oppose l'anachronisme nécessaire des poèmes homériques et des tragiques grecs à l'élaboration médiévale, chevaleresque et féodale du *Nibelungenlied.* « Cette refonte prend des formes toutes différentes quand des attitudes et des idées d'un développement *postérieur* de la conscience religieuse et morale sont transposées dans une époque ou une nation dont toute la conception du monde *contredit* de telles idées modernes. » La modernisation naît donc d'une nécessité esthétique et historique chaque fois que cette relation vivante entre le passé et le présent est absente ou créée seulement de force. (Nous aurons beaucoup à dire sur ce problème de la modernisation de l'histoire dans les chapitres suivants.)

Il y a, bien entendu, une énorme différence historique, qui se reflète aussi esthétiquement, entre l'inconscience naïve et l'indifférence avec lesquelles le poète du *Nibelungenlied* a refaçonné les légendes d'époques gentilices selon les idées féodalo-chrétiennes et l'apologétique outrée avec laquelle les romantiques réactionnaires ont transporté les principes du légitimisme dans le Moyen Age, dont ils font une idylle sociale ayant pour héros des déclassés décadents.

Scott a mis en pratique l' « anachronisme nécessaire » de Gœthe et Hegel sûrement sans connaître leurs réflexions. D'autant plus important, par conséquent, est cet accord du poète et du penseur progressistes importants de cette période avec ses principes de création. En particulier si l'on considère qu'il a été tout à fait conscient de ces principes au point de vue artistique, même s'il ne leur a pas donné une base philosophique. Il écrit sur cette question dans l'avant-propos à *Ivanhoe* :

« Il est vrai que je ne puis ni ne veux prétendre à une exactitude parfaite même en matière de costume extérieur, encore bien moins sur les points plus importants de la langue et des manières. Mais la même raison qui m'empêche d'écrire le dialogue de cette œuvre en anglo-saxon ou en français normand, et qui m'interdit de faire imprimer cet écrit avec les caractères de Caxton ou Wynken de Worde, m'empêche d'essayer de me confiner dans les limites de la période où se situe mon histoire. Il est nécessaire pour susciter un intérêt quelconque que le sujet choisi soit en quelque sorte *traduit* dans les manières et la langue de l'époque où nous vivons... Il est vrai que cette licence a ses propres limites ; l'auteur ne doit rien introduire d'incompatible avec les manières de l'époque. »

La fidélité artistique de Scott envers l'histoire est une extension et une application à l'histoire des principes de création des grands écrivains réalistes anglais du XVIIIe siècle. Et cela non seulement dans le sens d'un élargissement thématique, d'une assimilation des thèmes historiques à la grande tradition du réalisme, mais dans le sens de la figuration historique des hommes et des événements. Ce qui, par exemple, était seulement latent chez Fielding devient chez Scott l'âme de la création littéraire. L' « anachronisme nécessaire » de Scott consiste donc simplement dans le fait qu'il permet à ses personnages d'exprimer des sentiments et des idées à propos des rapports historiques réels, avec une clarté et une netteté qui eussent été impossibles aux hommes et aux femmes réels de l'époque. Mais le contenu de ces sentiments et de ces idées, la relation de ces sentiments et de ces idées avec leur objet réel est toujours historiquement et socialement juste. Cette expression de pensées et de sentiments ne dépasse pas la conscience de l'époque plus qu'il n'est absolument nécessaire pour élucider le rapport historique donné, et Scott donne en même temps à cette expression le timbre, la couleur, la cadence de l'époque, de la classe, etc.

III. Le roman historique en lutte avec le romantisme

L'art de Walter Scott exprime, comme nous l'avons vu, la tendance progressiste essentielle de cette période, la défense historique du progrès, d'une manière artistiquement parfaite. Et Scott est devenu en fait l'un des écrivains les plus populaires et les plus lus de son époque, à une échelle internationale. L'influence qu'il a exercée sur toute la littérature européenne du temps est incommensurable. Les écrivains les plus importants de cette époque, depuis Pouchkine jusqu'à Balzac, sont entraînés sur de nouvelles voies dans leur œuvre par ce nouveau type de figuration historique. Mais ce serait une erreur de croire que la grande vague des romans historiques dans la première moitié du XIXe siècle se développe réellement à partir des principes de Scott. Nous avons vu déjà que la conception historique du romantisme a été diamétralement opposée à celle de Walter Scott. Et cela bien entendu ne suffit pas pour caractériser exhaustivement les tendances du roman historique. Nous mentionnerons seulement deux courants importants : d'une part le romantisme libéral, qui dans sa vision du monde et sa forme a beaucoup de choses en commun avec la base originelle du romantisme, avec la lutte idéologique contre la Révolution française, mais qui, néanmoins, sur ce fondement contradictoire et incertain, soutient l'idéologie d'un progrès modéré ; d'autre part, le courant représenté par des écrivains importants qui — comme par exemple Gœthe et Stendhal — ont conservé intactes une grande partie des conceptions héritées du XVIIIe siècle et dont l'humanisme jusqu'à la fin comporte de puissants éléments de la philosophie des Lumières. Notre tâche ici ne peut être, bien entendu, d'esquisser même dans ses grandes lignes la lutte de ces tendances. Nous voulons seulement analyser brièvement quelques exemples représentatifs. Nous ferons allusion à des écrivains qui sont importants soit parce qu'ils influencent directement le développement ultérieur, soit parce qu'ils font contraste à ce développement et possèdent de ce fait, tout comme Scott, une grande actualité dans la crise présente du roman historique.

Nous pouvons ne pas tenir compte dans cette récapitulation des contemporains et successeurs anglais de Scott. Scott n'a trouvé qu'un seul digne successeur de langue anglaise, qui a pris à sa charge et même développé certains principes qui sont à la base de son choix de thèmes et de sa manière de créer, l'Américain Cooper. Dans son immortel cycle des romans de *Bas-de-Cuir*, Cooper pose au centre de la figuration un important thème de Walter Scott : le déclin de la société gentilice. Par rapport au développement historique de l'Amérique du Nord ce thème reçoit un aspect entièrement nouveau. Chez Scott il s'agit d'un développement chargé de luttes, durant des siècles, des différentes formes sous lesquelles les survivants de la société gentilice se sont adaptés au système féodal et plus tard au capitalisme naissant, du lent déclin, riche en crises, de cette formation gentilice. En Amérique le contraste s'est trouvé présenté bien plus brutalement et directement par l'histoire elle-même : le capitalisme colonisateur de France et d'Angleterre détruit physiquement et moralement la société gentilice des Indiens qui depuis des millénaires avait prospéré presque sans changement.

La concentration de Cooper sur ce problème, sur le déclin physique et la désorganisation morale des tribus indiennes donne à ses romans une vaste perspective historique. Mais le caractère univoque et rectiligne du contraste social signifie un appauvrissement de son monde artistique par comparaison à celui de Scott. Ce fait ressort chez Cooper en particulier dans la figuration des Anglais et des Français, qui dans leur immense majorité sont représentés schématiquement avec une psychologie superficielle et un humour monotone et forcé. Balzac a vivement critiqué cette faiblesse de Cooper, qu'il tenait par ailleurs pour un digne successeur de Scott. La source de cette faiblesse, à mon avis, gît dans le fait que les Européens individuels qui apparaissent sporadiquement dans les romans de Cooper mènent une vie bien plus isolée que les seigneurs féodaux et les bourgeois citadins de Scott, sans avoir entre eux des échanges sociaux vivants et réciproques.

L'intérêt artistique de Cooper se concentre sur la figuration de la société gentilice tragiquement déclinante des Peaux-Rouges. Avec une authentique grandeur épique Cooper sépare les deux processus du tragique déclin et du déclassement humain et moral. Il concentre les traits tragiques et émouvants du déclin sur quelques grandes figures survivantes de la tribu des Delawares, tandis que les symptômes de la désagrégation morale des Indiens sont représentés amplement et en détail dans les tribus hostiles. Cela simplifie évidemment sa figuration, mais lui donne en même temps par endroits une grandeur presque épique.

Cependant, la plus grande réalisation artistique de Cooper est son développement particulier du « héros moyen » de Scott. La figure principale de ces romans est le chasseur anglais illettré, simple et décent, Nathaniel Bumppo, un des pionniers de la colonisation en Amérique qui, néanmoins, comme un homme simple issu du peuple, un Anglais d'esprit puritain, est profondément attiré par la grandeur humaine des Indiens et contracte des liens humains indissolubles avec les survivants des Delawares. Il est vrai que son attitude morale dans l'ensemble reste celle d'un Européen, mais son amour effréné de la liberté, son attirance pour une vie simple et humaine le rapprochent davantage de ces Indiens que des colonisateurs européens, dont il fait lui-même partie en principe. Dans cette figure simple, populaire, qui peut seulement vivre sa propre tragédie sur le plan affectif, mais non la comprendre, Cooper représente l'immense tragédie historique de ces premiers colonisateurs qui, pour préserver leur liberté, ont émigré d'Angleterre en Amérique et détruisent pourtant eux-mêmes cette liberté en Amérique par leur propre activité. Maxime Gorki a bien exprimé cette tragédie : « En tant qu'explorateur des forêts et des steppes du Nouveau Monde », il y fraie de nouvelles voies pour des gens qui, plus tard, le condamneront comme criminel, parce qu'il a outrepassé leurs lois mercenaires et, pour son sens de la liberté, inintelligibles. Toute sa vie il a inconsciemment servi la grande cause de l'expansion géographique de la civilisation matérielle dans le pays des sauvages et s'est trouvé incapable de vivre dans les conditions de cette civilisation pour laquelle il a frayé les premiers chemins ». Gorki montre ici très bien comment une grande tragédie historique, voire mondialement historique, pouvait être figurée par le destin d'un homme moyen issu du peuple. Cooper montre qu'une telle tragédie est rendue artistiquement bien plus émouvante si elle est figurée dans un milieu où les oppositions économiques directes et les oppositions morales se développent organiquement à partir des problèmes quotidiens. La tragédie est ici magnifiquement liée au déclin tragique de la société gentilice, et l'une des grandes contradictions du mouvement de l'humanité vers le progrès se trouve ainsi incarnée d'une manière merveilleuse et tragique.

Cette conception des contradictions du progrès humain est un produit de l'ère post-révolutionnaire. Nous avons déjà cité la remarque de Pouchkine où il indique clairement et consciemment que la figuration de l'histoire par Scott signifie une nouvelle époque, même par rapport à Shakespeare et Gœthe. On peut le plus clairement étudier cette nouvelle situation historique chez Gœthe lui-même. Gœthe fut jusqu'à la fin de sa vie un partisan passionné du progrès dans tous les domaines. Jusqu'à la fin de sa vie, il suivit avec attention et intelligence les nouveaux phénomènes de la littérature. Il étudia et critiqua en détail non seulement Scott et Manzoni, mais aussi, presqu'aux derniers jours de sa vie, les premières grandes œuvres de Stendhal et Balzac.

Néanmoins la relation de Gœthe avec Scott est problématique et l'influence de Scott sur la méthode de création de Gœthe n'est pas du tout décisive. Dans la figuration du *hic et nunc* historique, dans la préservation de la psychologie historique des personnages jusque dans les moments suprêmes de leur vie, Gœthe reste toujours un auteur de la période antérieure à Scott. Il ne nous est pas possible d'analyser ici les diverses déclarations de Gœthe sur Scott, leur évolution et leur contradiction. Il suffit de mentionner cette contradiction. Nous avons déjà cité un commentaire enthousiaste de Gœthe sur *Rob Roy* : on pourrait encore citer toute une série de ces commentaires. Dans ses entretiens avec le Chancelier von Müller, Gœthe met une fois Byron bien au-dessus de Scott et dit de ce denier : « J'ai lu deux romans de Walter Scott et sais maintenant ce qu'il veut et peut faire. Il m'amusera toujours, mais je ne peux rien apprendre de lui. »

Assurément, la déclaration à Eckermann que nous avons citée auparavant date d'une période postérieure, de sorte qu'on serait en droit de supposer que Gœthe a révisé plus tard son opinion sur Scott. Mais les œuvres décisives de Gœthe à la fin de sa vie ne montrent nulle trace d'une influence de la nouvelle conception historique des hommes et des événements. L'horizon social du Gœthe âgé devient toujours plus vaste, sa pénétration dans la dialectique tragique de la vie bourgeoise moderne toujours plus profonde, mais dans la mesure où il s'agit de la concrétisation historique de l'espace et du lieu, d'une psychologie historique approfondie, il ne va jamais au-delà du stade atteint dans sa maturité. Le caractère historique d'œuvres comme *Egmont* reste à cet égard le sommet de sa production. En vérité, même à l'époque de sa collaboration avec Schiller, il a encore une forte tendance à figurer de grands événements actuels selon leur pur caractère historique ; il voudrait trouver pour leur quintessence sociale et humaine un cadre artistiquement concret, sans être lié à une quelconque époque historique concrète. On peut voir clairement sous différents aspects cette tradition modifiée de l'époque des lumières dans *Reineke Fuchs* (*Renard le Goupil*) et *Die natürliche Tochter* (*La Fille naturelle*). Et les grands événements sociaux et historiques qui entrent, par exemple, dans *Wilhelm Meister* (guerre, etc.) sont délibérément maintenus tout à fait abstraits, plus abstraits encore que chez Fielding ou Smollett, par exemple. Gœthe suit ici davantage la tradition française que l'anglaise. Toutes ces tendances artistiques, qui se sont élaborées chez Gœthe avant la période de Walter Scott, sont conservées et même se renforcent encore dans sa période de vieillesse (*Affinités électives*, *Faust II*). Une forte tradition de Lessing reste vivante chez Gœthe, même lorsqu'il fait la critique des nouveaux événements, comme nous le verrons.

L'œuvre de Gœthe appartient donc essentiellement au stade antérieur à Scott de la concrétisation de l'histoire. Néanmoins, nous avons vu aussi que Gœthe a reconnu certaines conditions régissant la genèse du roman historique et ses thèmes, plus clairement que n'importe lequel de ses contemporains allemands. Il a vu justement l'importance de l'histoire continue, et pour la génération présente : glorieuse, de l'Angleterre. Cette base réelle du roman historique manque dans plusieurs pays d'Europe, surtout en Allemagne et en Italie.

Dans les années 1840, suite à un compte-rendu critique de ses drames fait par Willibald Alexis, Hebbel écrit très vivement et d'un ton catégorique sur cette relation : « Il est tout à fait exact que nous autres Allemands n'avons pas de rapport avec l'histoire de notre peuple... Mais quelle en est la raison ? Parce que cette histoire a été *sans résultat*, car nous ne pouvons pas nous considérer comme des produits de son développement organique, comme les Français et les Anglais par ex., car ce que nous devons assurément nommer notre histoire n'est pas l'histoire de notre *vie* mais l'histoire de notre *maladie*, qui jusqu'à présent n'a pas encore atteint son point de crise ». Et à propos de l'échec inévitable des écrivains allemands qui ont traité des thèmes concernant les Hohenstauffen, il dit avec une brutale grossièreté que ces empereurs « n'avaient pas d'autre rapport avec l'Allemagne » que celui du « ver solitaire à l'estomac ». De cette situation résultent inévitablement des thèmes qui sont ou bien fortuits, ou bien même faux, si les auteurs ne sont pas capables de faire précisément de cette condition critique, de ce caractère fragmentaire, cette tragédie de leur propre histoire, le centre de leur description.

En Allemagne les conditions idéologiques pour une telle interprétation n'existaient pas. Le seul ouvrage qui se rapproche d'un récit historique de grande classe, dans lequel des éléments et des pressentiments de cet état tragique de crise sont inconsciemment et instinctivement présents : *Michel Kohlaas* de Kleist, est resté un épisode isolé, non seulement dans la littérature allemande, mais aussi dans l'œvre de l'auteur lui-même. Comme Gœthe avant lui dans *Gœtz von Berlichingen*, Kleist, avec un véritable sentiment historique, remonte jusqu'à une grande crise dans l'histoire allemande, l'époque de la Réforme. Dans les deux ouvrages le conflit naît du heurt entre l'indépendance médiévale de l'individu (dont la psychologie et la moralité proviennent d'une « période héroïque » au sens de Vico et Hegel) et la justice abstraite de la forme étatique moderne du féodalisme alors naissante. Et cela est caractéristique du jugement porté sur l'évolution allemande tant par Gœthe jeune que par Kleist : selon ce jugement, la continuation démocratique de la Réforme, c. à d. la guerre des Paysans, se dérobe au tableau d'ensemble ou n'apparaît que sous la forme d'une tendance négative. En dépit de toutes les vues conservatrices politiques et sociales de Kleist, ses *Nouvelles* montrent clairement les traces idéologiques de la transformation historique qui s'est déroulée depuis le drame de jeunesse de Gœthe. Tandis que chez celui-ci la Réforme, y compris Luther, montre exclusivement un aspect progressiste, la libération de l'ascèse et de la contrainte médiévales, chez Kleist leurs tendances problématiques, voire expressément négatives, apparaissent au premier plan, ainsi que leur liaison avec l'absolutisme des petits Etats et deviennent des facteurs décisifs dans le conflit central.

La position unique que ses *Nouvelles* occupent dans la littérature historique allemande est due pour une bonne part au fait de continuer — intuitivement — à concrétiser les problèmes réels de l'histoire allemande. Ce caractère unique se manifeste (*mutatis mutandis* : comme chez Gœthe) dans le fait que ce pas important vers une compréhension artistique de l'histoire allemande puisse n'avoir également aucune suite dans toute l'œuvre de Kleist. Gœthe, certes, tire consciemment toutes les conclusions nécessaires de cette situation : à l'exception des Actes I et IV de la seconde partie de *Faust*, où le motif de Götz, convenablement corrigé, réapparaît — faisant contraste maintenant avec les expériences historiques enrichies et approfondies de Gœthe —, il ne revient plus jamais au thème de l'histoire allemande. Kleist, par contre, incorpore les données les plus diverses de l'histoire allemande dans son œuvre dramatique. Mais sa manière de les aborder ne montre aucune trace du progressisme central de *Kolhaas* ; pour une part elle est épisodique, traitant la base historique simplement comme un prétexte à exprimer des expériences purement personnelles, subjectives, et pour une autre part elle donne des réponses réactionnaires à d'importantes questions de l'histoire. (Les deux séries de motifs s'entrecroisent le plus souvent ; qu'on songe à la promenade somnambulique de Homburg). Les deux cas si vivement opposés de Gœthe et de Kleist indiquent donc avec une forte évidence la pauvreté de l'histoire allemande que nous avons signalée plus haut.

La ligne dominante de la littérature historique en Allemagne fut celle de la réaction romantique, la glorification apologétique du Moyen Age. Cette littérature a commencé avec Novalis, Wackenroder et Tieck, longtemps avant Walter Scott. L'influence de Walter Scott ici fut tout au plus de renforcer la tendance à donner un caractère plus réaliste au détail, tendance qui se manifeste dans la production ultérieure d'Arnim et de Tieck. Mais il n'a pas produit et ne pouvait pas produire un changement réel. Cela, principalement pour des raisons politiques et idéologiques ; car il est clair d'après ce qu'on a déjà dit, que le romantisme réactionnaire ne pouvait pas s'assimiler et appliquer ce qui était le plus important dans les moyens de composition et de caractérisation de Scott. Les romantiques réactionnaires pouvaient, dans le meilleur des cas, apprendre de Scott de petites choses superficielles.

La situation ne vaut guère mieux en ce qui concerne le romantisme libéral et libéralisant ultérieur. Tieck s'est affranchi dans son développement ultérieur de maintes lubies de sa première période. Et ses contes ultérieurs se situent, au moins quant à leur tendance, à un niveau essentiellement plus élevé que les premiers ; en particulier, le grand fragment *Der Aufruhr in den Cevennen* (*La Révolte dans les Cévennes*). Mais ici encore, Tieck fut incapable de s'assimiler quoi que ce fût d'essentiel de Walter Scott. Toute la composition de cet ouvrage émane des idées religieuses du dernier soulèvement huguenot en France. L'action réelle est constituée par les débats religieux, les formes bizarres de la croyance mystique, les problèmes purement moraux du comportement (cruauté ou douceur), les conversions religieuses, etc. Du fait que la rébellion a son fondement dans la vie, des problèmes vitaux du peuple lui-même, il n'est question à peu près nulle part. La vie du peuple est seulement une matière assez abstraite d'illustration pour des conflits spirituels et moraux, qui se déroulent « en haut » dans un monde isolé.

Le seul écrivain allemand dont on peut dire avec quelque raison qu'il défend les traditions de Walter Scott est Willibald Alexis. C'est un véritable conteur avec un talent réel pour ce qui est historiquement authentique dans les mœurs et les sentiments des hommes. Chez lui l'histoire est bien plus que costume et décor, elle détermine réellement la vie, la pensée, le sentiment et la conduite de ses personnages. En conséquence le monde médiéval de Willibald Alexis est bien loin de l'idylle du romantisme réactionnaire. Mais c'est précisément chez ce réaliste doué et clairvoyant que l'étroitesse du thème allemand se fait sentir le plus fortement. Ses romans souffrent du caractère historiquement misérable de l'histoire prussienne, de la médiocrité objective des luttes entre noblesse, Couronne et bourgeoisie en Prusse. Justement parce qu'Alexis est un véritable réaliste historique, ces traits mesquins ressortent fortement chez lui dans l'action et la caractérisation et privent ses ouvrages, qui voient juste et sont bien exposés, de cette universalité et de cette puissance de persuasion que possédaient ceux de Walter Scott. En dépit de son talent il ne fait que croupir dans la chronique des faits locaux. Gutzkow l'a très tôt reconnu. Et un admirateur d'Alexis aussi sincère que Theodor Fontane s'associe sans réserve à ce jugement. Il cite cette phrase de Gutzkow : « Mais que pour toute l'Allemagne... l'histoire locale de la Marche (de Brandebourg) dût se transformer en histoire du Reich, cela ne peut jamais être qu'un rêve ». Fontane résume ainsi cette idée : « Quelle fut donc l'importance ou la médiocrité de la signification historique et politique des événements décrits dans ce roman ? Peut-être pas tout à fait insignifiante, mais certainement pas très importante non plus, et aucun effort ne parviendra à faire de la Marche cette Terre Promise que devait être dès le début l'Allemagne pour ceux qui savent voir avec pénétration. Cette idée, pourtant, circule à travers tous les romans, tandis qu'en fait l'Électorat de Brandebourg était un simple appendice au Reich et la gloire provinciale de nos villes, pour tout ce qui concerne richesse, puissance et culture, s'est évanouie en regard de l'Allemagne proprement dite, en regard des villes du Reich et de la Hanse. »

En Italie aussi les thèmes historiques étaient pareillement défavorables. Mais en Italie Scott a trouvé un successeur qui — certes dans une œuvre unique, isolée — a développé ses tendances avec une magnifique originalité et surpassé Scott lui-même à maint égard. Nous voulons parler, bien entendu, de *I Promessi Sposi* de Manzoni.

Walter Scott lui-même a reconnu la grandeur de Manzoni. Lorsqu'à Milan Manzoni lui dit qu'il était son disciple, Scott répondit que dans ce cas l'œuvre de Manzoni était son meilleur ouvrage. Mais c'est un fait très caractéristique que, si Scott a pu écrire une quantité de romans sur l'histoire anglaise et écossaise, Manzoni s'est limité à cet unique chef-d'œuvre. Ce n'est certainement pas dû à une limitation du talent individuel de Manzoni. Son génie inventif de conteur, sa puissance d'imagination pour représenter les caractères des classes sociales les plus diverses, son sentiment de l'authenticité historique dans la vie intérieure et extérieure sont au moins égaux à ceux de Scott. En vérité, dans la diversité et la profondeur de la caractérisation, dans la façon dont il épuise toutes les possibilités au point de vue de la psychologie personnelle de grandes collisions tragiques, Manzoni est même supérieur à Scott. Comme créateur d'individus, il est un plus grand artiste que Scott.

En artiste vraiment grand, il a aussi découvert un thème qui lui a permis de triompher du caractère objectivement défavorable de l'histoire italienne et de créer un véritable roman historique pouvant susciter une vive agitation dans le présent et être senti par les contemporains comme la représentation de leur propre préhistoire. Il rejette à l'arrière-plan les grands événements historiques encore plus que Scott lui-même, bien qu'il les retrace dans une atmosphère historiquement concrète, ainsi que Scott le lui a appris. Mais son thème fondamental est beaucoup moins une crise historique donnée, concrète, de l'histoire nationale, comme c'est toujours le cas chez Scott, que bien plutôt le condition critique de la vie entière du peuple italien par suite de la fragmentation de l'Italie, par suite du caractère féodal et réactionnaire conservé par les parties fragmentées du pays en raison de leurs incessantes petites guerres mutuelles et leur dépendance à l'égard de l'intervention des grandes puissances étrangères. Manzoni ne décrit directement qu'un seul épisode de la vie populaire italienne : l'amour, la séparation et la réunion d'un jeune paysan et d'une jeune paysanne. Mais la présentation qu'il en fait le transforme en une tragédie générale du peuple italien dans son état de dégradation et de fragmentation nationales. Sans jamais abandonner le cadre concret du temps et du lieu, de la psychologie des personnages conditionnée par l'époque et la classe, ce destin du couple amoureux de Manzoni devient la tragédie du peuple italien en général.

Du fait de cette conception grandiose et historiquement profonde, Manzoni crée un roman dans lequel l'aspect humain se manifeste avec plus de force encore que chez son maître. Mais la nature intrinsèque de son thème fait comprendre que ce devait être un unique roman, qu'il n'aurait pu être répété que dans un mauvais sens. Walter Scott ne se répète jamais dans ses romans réussis, car l'histoire elle-même, la représentation de la crise particulière produit toujours quelque chose de nouveau. L'histoire italienne n'a pas fourni au génie de Manzoni cette variété inépuisable de sujets. Manzoni montre sa sagesse artistique en s'engageant dans l'unique voie qui pouvait mener à une grande conception de l'histoire italienne et se rendant compte en même temps qu'une seule réalisation parfaite était ici possible.

Mais cela naturellement a eu aussi des conséquences pour le roman lui-même. Nous avons souligné ces traits humains et poétiques de Manzoni par lesquels il surpasse Scott à certains égards. Mais la manque de ce grand substrat historique que Gœthe admirait chez Scott ne peut limiter son effet seulement aux sujets. Il a aussi des conséquences artistiques intrinsèques : l'absence de cette atmosphère mondialement historique qu'on peut percevoir chez Scott, même quand il s'étend sur la description de petites luttes de clan, se manifeste chez Manzoni dans un certain caractère limité de l'horizon humain de ses personnages. Malgré toute l'authenticité humaine et historique, malgré toute la profondeur psychologique que leur attribue l'auteur, les personnages de Manzoni ne peuvent s'élever jusqu'à ces hauteurs historiquement typiques qui forment le sommet des ouvrages de Scott. Comparé au drame héroïque de Jeanie Deans ou de Rébecca de Scott, le destin de Lucia n'est en fait rien de plus qu'une idylle menacée de l'extérieur, tandis qu'une inévitable mesquinerie s'attache aux personnages négatifs du roman : leur caractère négatif est incapable de révéler dialectiquement les limites historiques de toute la période et par là aussi les limites des personnages positifs, comme le fait par exemple le Chevalier du Temple dans *Ivanhoe.*

La situation en ce qui concerne les possibilités du roman historique est tout à fait différente dans le pays le plus arriéré de l'époque, la Russie. En dépit de l'arriération économique, politique et culturelle, l'absolutisme tsariste a ici créé l'unité nationale et l'a défendue contre les ennemis étrangers. Pour cette raison, les représentants éminents du tsarisme pouvaient servir de caractères dans un roman historique, en particulier s'ils ont été en même temps des partisans de l'introduction de la civilisation occidentale en Russie. Et le présent, bien que fort éloigné dans le temps, bien que poursuivant des buts sociaux, politiques et culturels tout à fait différents, pouvait sentir dans un tel ouvrage sa propre préhistoire, la base réelle de sa propre existence. Il n'y a dans tout le cours de l'histoire russe, au point de vue national, rien de la médiocrité des circonstances qu'on trouve dans l'histoire allemande ou italienne. Ce grand style historique de la vie nationale donne aussi aux grandes luttes de classes un arrière-plan historique important, des dimensions historiques importantes. Les soulèvements historiques de Pougatchev et Stenka Razin ont une grandeur historique tragique que peu de soulèvements paysans ont eue à cette échelle en Europe Occidentale. Seule la guerre allemande des Paysans les surpasse en grandeur historique tragique, comme moment du destin du peuple allemand où le relèvement national, l'établissement de l'unité nationale, est apparu au moins comme perspective à l'horizon, pour sombrer, certes, tragiquement quand le soulèvement fut étouffé.

Ce n'est pas non plus un hasard si en Russie le changement révolutionnaire apporté par Walter Scott dans la figuration de l'histoire fut compris peut-être plus rapidement et plus profondément que partout ailleurs en Europe. Pouchkine et, plus tard, Bélinski donnent — avec Balzac — l'analyse la plus juste et la plus pénétrante des nouveaux principes de la littérature historique de Scott. Pouchkine, en particulier, comprend clairement et sans erreur dès le premier moment l'opposition diamétrale entre Scott et le roman pseudo-historique des Romantiques français. Il engage très vivement la lutte contre toute forme de modernisation de la figuration historique, contre l'affectation de rapprocher le passé du présent en exhibant sous un costume historique des allusions particulières à des phénomènes contemporains, de sorte que les personnages en dépit de leur costume conservent des sensibilités modernes. « Les héroïnes reçoivent leur éducation chez Madame Campan et les hommes d'État du XVIe siècle lisent le *Times* ou le *Journal des Débats* ». Pouchkine combat aussi l'affectation romantique chez Vigny et Victor Hugo de placer de « grands hommes » au centre de leurs descriptions historiques et de les caractériser par des anecdotes historiquement attestées ou même inventées. Ainsi il donne une caractéristique ironique et foudroyante du personnage de Milton dans *Cromwell* de Hugo et *Cinq-Mars* de Vigny. Il met ici très vivement en contraste la creuse théâtralité romantique et la simplicité profonde et authentique de Walter Scott.

Le roman historique de Pouchkine, *La Fille du Capitaine*, et son fragment de roman, *Le Nègre de Pierre le Grand*, révèlent une très profonde étude des principes de composition de Walter Scott. Assurément, Pouchkine n'est jamais un simple disciple de Scott. Car son étude de Scott, son assimilation des principes de composition de celui-ci n'est pas du tout en premier lieu une simple question de forme. Au contraire, la grande influence de Walter Scott sur Pouchkine repose avant tout sur le fait qu'il renforce la tendance populaire déjà présente chez Pouchkine. Si donc Pouchkine compose ses romans historiques de la même manière que Walter

Scott, c'est-à-dire avec un « héros moyen » comme personnage principal, tandis que la figure historiquement importante ne fait qu'une apparition épisodique dans le récit, cette analogie de composition naît d'une affinité dans leur attitude envers la vie. Pouchkine, comme Scott, voulait dépeindre dans ses romans historiques des phases critiques, importantes, de la vie populaire. Pour lui aussi le bouleversement dans la vie matérielle et morale du peuple n'était pas seulement le point de départ, mais aussi le thème central de la figuration. Pour lui aussi, le grand homme dans l'histoire n'était pas isolé, n'était pas important en soi ou à cause de quelque « grandeur » psychologique énigmatique, mais comme représentant d'importants courants dans la vie populaire. Sur cette base Pouchkine, avec une authenticité historique et une véracité humaine merveilleuses, campe en Pougatchev et Pierre le Grand des figures historiques inoubliables. Et la base historique de cette grandeur est aussi chez lui la description des traits décisifs de la vie populaire dans leur complexité et leur intrication historiques réelles. Pouchkine suit aussi Scott en introduisant ses « héros moyens » dans de grands conflits humains pendant la crise historique, et en leur imposant des épreuves et des tâches extraordinaires, pour montrer comment dans ces situations critiques ils s'élèvent au-dessus de leur médiocrité antérieure, pour mettre en évidence les qualités humainement vraies et authentiques qu'ils possèdent ainsi que le peuple.

Mais Pouchkine n'est nullement un simple disciple de Scott. Il crée un roman historique d'un type esthétiquement plus élevé que celui de son maître. Ce n'est pas sans raison que nous insistons sur le mot « esthétiquement ». Car dans l'interprétation de l'histoire elle-même, Pouchkine suit la voie de Scott ; il applique la méthode de ce dernier à l'histoire russe. Mais comme Manzoni, bien que d'une manière différente (compte tenu de la personnalité des deux écrivains et de la différence entre leurs deux pays), il surpasse Scott dans la figuration artistique des êtres humains, dans la mise en forme esthétique du récit.

Car si génial que soit Scott en esquissant les grandes lignes historiques de son récit ou la psychologie profonde socio-historique de ses personnages, comme artiste il lui arrive souvent d'être inférieur à lui-même. A ce propos je ne pense pas seulement à la caractérisation souvent banale et conventionnelle de ses personnages principaux, mais surtout à l'élaboration artistique finale de chaque détail, au minutieux effort de révélation des beautés humaines dissimulées dans les actions et réactions individuelles de ses personnages. En de telles matières, Walter Scott est souvent — à l'échelle d'un Gœthe ou d'un Pouchkine — quelque peu léger et superficiel. Son regard génial lui permet de déceler dans les événements historiques une profusion presque infinie de traits historiquement et socialement justes, humainement importants. Mais il se contente souvent de reproduire ce qu'il voit sous une forme épique clairement disposée et agréable, en prenant un plaisir spontané à conter, mais il ne va pas plus loin du point de vue artistique. (Que derrière cette spontanéité géniale il y ait une connaissance historique réelle et profonde, une importante expérience de la vie, etc., cela n'a pas besoin, croyons nous, d'être encore souligné plus particulièrement.)

Mais Pouchkine va au-delà de ce stade qui consiste à voir et à élaborer la réalité. Il n'est pas seulement un poète qui a du monde une vision riche et juste — Walter Scott aussi — mais en même temps et surtout un artiste, un poète-artiste, comme l'a dit Bélinski. Il serait pourtant très superficiel d'interpréter ce caractère artistique de Pouchkine uniquement dans le sens du travail artistique, de l'effort sans répit vers la beauté (ou même, comme cela se produit parfois aujourd'hui, dans le sens de l'esthétisme moderne). Le désir intense de beauté, de perfection artistique est chez Pouchkine bien plus profond et plus humain. Il y a chez Pouchkine une fois encore la présence d'une « pure humanité », mais contrairement à celle de Gœthe elle n'appartient pas à une période antérieure à Scott de l'interprétation historique. Car elle n'abandonne à aucun moment ce qui est historiquement conditionné, ce qui est déterminé par l'époque et la classe, et pourtant par sa ligne esthétiquement claire et simple, par la restriction classique du récit et de la psychologie à ce qui est humainement nécessaire (en conservant l'aspect historiquement concret), elle élève tout événement dans la sphère de la beauté. Cette beauté chez Pouchkine n'est pas un principe purement esthétique ou même d' « esthétisme ». Elle ne procède pas d'exigences abstraites de forme, elle ne repose pas sur une séparation du poète et de la vie, mais elle est au contraire l'expression du lien très profond et ferme du poète avec la vie. La particularité du développement russe a rendu possible ce stade intermédiaire, unique, classique, dans l'art moderne un art au niveau idéologique de tout le développement européen antérieur, un art qui a, dans son contenu, pleinement absorbé la problématique de la vie, sans pourtant être contraint de détruire sa pureté artistique de ligne, sa beauté, à cause de cette problématique, ou pour l'amour de la beauté, de se détourner de la vie.

La période pouchkinienne a été bientôt relayée dans toute la littérature russe par d'autres courants. Dans sa figuration de la beauté Pouchkine reste un solitaire, et pas seulement dans la littérature russe. Son grand contemporain, plus jeune, Gogol, aborde le roman historique tout autrement que lui. Le grand récit historique de Gogol, *Tarass Boulba*, continue de développer le thème le plus important dans la production de Scott : la figuration du déclin tragique des sociétés pré-capitalistes, le déclin de l'ordre gentilice. Le récit de Gogol introduit deux nouveaux éléments dans le thème, ou plutôt, il souligne certains aspects du thème plus vivement que Scott. Surtout, le thème fondamental, la lutte entre les Cosaques et les Polonais, est plus national, plus unifié, plus épique de caractère que les thèmes de Scott. Gogol découvre la possibilité de cette figuration plus grandiose, plus épique, dans la réalité historique elle-même, car ses Cosaques peuvent apparaître et agir d'une manière plus indépendante et plus unifiée que les clans écossais, qui chez Scott sont enserrés dans une civilisation plus avancée et ne furent jamais objectivement qu'un jouet dans les luttes de classes décisives de l'Angleterre et de l'Écosse. Il en résulte une ampleur de thème grandiose, parfois presque homérique, avec un caractère d'épopée nationale et dont Gogol sait pleinement utiliser en grand artiste toutes les possibilités.

Mais il est néanmoins un écrivain moderne qui comprend parfaitement la nécessité tragique du déclin du monde cosaque. Il figure cette nécessité d'une manière très originale en insérant une catastrophe tragique, presque dramatiquement concentrée, dans la grandiose composition épique de l'ensemble : la tragédie d'un des fils du héros principal qui, par amour pour une jeune aristocrate polonaise, devient traître à son peuple. Déjà Bélinski a remarqué que le motif est ici plus dramatique que ce n'est généralement le cas chez Scott. Et pourtant cette intensification de l'élément dramatique n'abolit pas le caractère épique grandiose de l'ensemble. Gogol, avec la sobriété de lignes d'un véritable maître, sait insérer organiquement cet épisode tragique dans l'ensemble et néanmoins faire sentir qu'il ne s'agit pas d'un cas individuel, mais du problème fondamental de la contagion d'une société primitive par une civilisation plus développée qui l'environne, d'une tragédie du déclin nécessaire de toute cette formation.

Les luttes intellectuelles décisives autour du roman historique, les pas décisifs dans son développement ultérieur, ont lieu pourtant en France, bien que dans la littérature française de cette époque on n'ait écrit aucun roman historique qui montrât une extension des tendances de Scott analogue à celle qu'on trouve dans les romans de Manzoni, Pouchkine, Cooper ou Gogol. Mais, d'une part le roman historique du romantisme en France est apparu sous des aspects plus importants qu'ailleurs en Europe et la formulation théorique du roman historique romantique est d'un niveau plus fondamental que dans les autres pays. Ce n'est pas un hasard, mais la conséquence nécessaire du fait que pendant la Restauration en France la lutte pour une interprétation progressiste ou réactionnaire de l'histoire fut, bien plus directement que n'importe où ailleurs, le problème social et politique central.

Nous ne pouvons bien entendu exposer cette lutte *in-extenso.* Nous prendrons seulement le manifeste théorique le plus important du courant romantique dans le roman historique, afin de mettre clairement en lumière les différences. Nous analyserons l'étude d'Alfred de Vigny *Sur la Vérité dans l'Art*, qui a paru comme préface à son roman *Cinq-Mars.*

Vigny part du fait de l'extraordinaire popularité du roman historique et de la préoccupation pour l'histoire en général. Il interprète ce phénomène entièrement dans le sens romantique, disant : « Nous avons tous les yeux attachés sur nos Chroniques, comme si, parvenus à la virilité en marchant vers de plus grandes choses, nous nous arrêtions un moment pour nous *rendre compte de notre jeunesse et de ses erreurs* » (souligné par moi, G. L.). Cette explication est politiquement et idéologiquement d'une importance exceptionnelle. Car Vigny exprime ici avec une grande franchise le but de l'histoire romantique : la maturité à laquelle la France est parvenue à la suite des luttes révolutionnaires permet un coup d'œil rétrospectif sur les erreurs de l'histoire. La préoccupation de l'histoire sert à découvrir ces erreurs afin de les éviter à l'avenir. Pour Vigny, bien entendu, la Révolution française surtout est une erreur de ce genre. Mais Vigny, comme tant de légitimistes français, voit l'histoire avec suffisamment de clarté pour considérer la Révolution non pas comme un événement isolé, soudain, mais plutôt comme la conséquence finale des « erreurs de jeunesse » du développement français ; la destruction de l'indépendance de la noblesse par la monarchie absolue, le progrès de la puissance de la bourgeoisie et en même temps du capitalisme. Et il remonte dans son roman jusqu'à l'époque de Richelieu pour révéler artistiquement les sources historiques de cette « erreur ». Dans l'établissement du fait lui-même, il n'y a pas d'opposition inconciliable entre Vigny et les idéologues progressistes. Balzac regarde Catherine de Médicis comme le précurseur de Robespierre et de Marat, et Heine réunit une fois avec esprit Richelieu, Robespierre et Rothschild comme les trois révolutionnaires de la société française. Le principe romantique, pseudo-historique chez Vigny consiste « simplement » dans le fait qu'il voit ici une « erreur » de l'histoire, à laquelle on puisse remédier par un juste discernement. Ainsi il fait partie de ces idéologues bornés du temps de la Restauration, qui ne voient pas comment, sous couvert de rétablir l'autorité légitime de la monarchie et de la noblesse, le capitalisme français, qui s'est instauré violemment avec Thermidor, est en train de prendre son essor. (C'est une marque essentielle du génie de Balzac qu'il ait reconnu pleinement cette réalité économique de la période de la Restauration et l'ait figurée dans toute sa complexité.)

Cette interprétation de l'histoire moderne comme un long chemin conduisant à l'« erreur » de la Révolution n'est, bien entendu, pas seulement un jugement sur le contenu social de ce développement, mais renferme en soi toute la méthodologie de la façon d'aborder l'histoire, toute la question de la subjectivité ou de l'objectivité de l'histoire. Vigny, comme tout écrivain authentique ne se contente pas des faits immédiats, empiriquement donnés. Mais il n'approfondit pas ces faits pour surprendre leurs liaisons internes et ensuite trouver une histoire et des personnages qui pourraient mieux exprimer cette liaison interne que ce qu'on trouve en premier lieu. Il aborde les faits de l'histoire avec un *a priori* subjectiviste, moral, dont le contenu est précisément le légitimisme. Il dit à propos des faits de l'histoire : « Il leur manque toujours un enchaînement palpable et visible, qui puisse amener sans divergence à une conclusion morale. » Ainsi la déficience des faits historiques consiste, selon Vigny, en ce qu'ils ne peuvent offrir aucun appui suffisamment évident aux vérités morales de l'auteur. De ce point de vue Vigny proclame la liberté pour l'écrivain de transformer les faits historiques et les agents de l'histoire. Cette liberté de l'imagination artistique consiste à « faire céder parfois la réalité des faits à l'Idée que chacun d'eux (*des personnages historiques*, *G. L.*) doit représenter aux yeux de la postérité ».

De cette façon prend naissance chez Vigny un subjectivisme marqué envers l'histoire, qui va parfois jusqu'à dire que le monde extérieur est fondamentalement inconnaissable. Vigny dit de l'homme : « il ne lui est pas donné de voir autre chose que lui-même ». Le fait que Vigny ne tire pas toutes les conclusions de cette conception subjectiviste à l'extrême modifie très peu ses conséquences, puisque les principes de l'objectivité dans lesquels il cherche un appui sont pour leur part purement irrationnels et mystiques. Car à quoi sert-il qu'il ajoute que Dieu seul peut comprendre la totalité de l'histoire ? A quoi sert-il qu'il suppose une activité inconsciente de l'imagination populaire dans l'adaptation de l'histoire, si cette activité ne consiste en rien de plus que de donner naissance à des on-dit ou des anecdotes historiques comme celle à propos de l'exécution de Louis XVI, où l'on aurait dit : « Fils de saint Louis, montez au ciel ! » ? Car par cette prétendue activité de l'imagination populaire, la réalité historique est convertie en une série incohérente de fictions. C'est, selon Vigny, un processus valable : « Le fait adopté est toujours mieux composé que le vrai..., c'est que l'*humanité entière* a besoin que ses destinées soient pour elle-même une suite de leçons. »

Étant donnés ces principes, il est tout à fait compréhensible que Vigny soit un adversaire fondamental de la composition du roman historique à la manière de Scott : « Je crus aussi ne pas devoir imiter ces étrangers (*il s'agit de Walter Scott, G. L.*), qui, dans leurs tableaux, montrent à peine à l'horizon les hommes dominants de leur histoire ; je plaçai les nôtres sur le devant de la scène, je les fis principaux acteurs de cette tragédie... » La pratique artistique de Vigny se montre en parfait accord avec cette théorie. Les grandes figures historiques de l'époque sont effectivement les héros de ses romans, et en accord avec l'« activité de l'imagination populaire », elles sont représentées au moyen d'une série d'anecdotes pittoresques et accompagnées de réflexions morales. La modernisation décorative de l'histoire sert à illustrer une tendance politique et morale d'actualité. Nous avons eu recours à ce texte de Vigny parce qu'il contient l'expression la plus vivante des tendances spécifiques du romantisme dans le roman historique. Mais Victor Hugo, incomparablement plus important au point de vue humain et artistique, construit ses romans historiques essentiellement d'après le même principe de subjectivisation décorative et de moralisation de l'histoire, même longtemps après avoir rompu avec les principes politiques du légitimisme réactionnaire et être devenu le dirigeant littéraire et idéologique de mouvements libéraux d'opposition. Sa critique de *Quentin Durward* de Scott est extrêmement caractéristique de son attitude envers ces problèmes. En tant que grand homme et grand écrivain, son attitude envers Scott est naturellement plus positive que celle de Vigny. En vérité il voit très clairement les tendances réalistes modernes de l'art de Scott. Mais précisément ce grand aspect, réaliste, du roman historique de Scott, il le tient pour le principe même qui doit être surmonté par sa propre pratique, par la pratique du romantisme :

> « Après le roman pittoresque, mais prosaïque, de Walter Scott, il restera un autre roman à créer, plus beau et plus complet encore selon nous. C'est le roman à la fois drame et épopée, pittoresque mais poétique, réel mais idéal, vrai mais grand, qui enchâssera Walter Scott dans Homère.»

Il est évident pour quiconque connaît les romans historiques de Victor Hugo qu'il ne donne pas seulement ici une critique de Scott, mais qu'il esquisse un programme de sa propre activité littéraire.

En rejetant la « prose » de Scott, il renonce à la seule véritable façon d'approcher de la grandeur épique, la représentation fidèle des circonstances populaires et des mouvements populaires, des crises dans la vie populaire qui contiennent les éléments immanents de la grandeur épique. Par comparaison, la « poétisation » romantique de la réalité historique est toujours un appauvrissement de cette poésie particulière, spécifique, réelle, de la vie historique. Victor Hugo va bien au-delà des buts réactionnaires de ses contemporains romantiques. Mais il conserve leur subjectivisme moralisant avec un contenu politique et social modifié. Pour lui aussi, l'histoire se transforme en une série de leçons morales pour le présent. Il est très caractéristique qu'il change précisément cet ouvrage de Scott, un modèle de la présentation objective des forces historiques en lutte, par son interprétation, en une fable moralisante qui doit démontrer la supériorité de la vertu sur le vice.

Bien entendu, il y a aussi dans la France de l'époque de fortes tendances antiromantiques. Mais ce n'est pas toujours que ces tendances s'intègrent directement et simplement à la nouvelle conception de l'histoire et avec elle au développement du nouveau roman historique. En France plus qu'en tout autre pays la tradition de la période des Lumières est restée puissante et vivante. C'est la France qui a offert la plus vive résistance idéologique à l'obscurantisme romantique, c'est elle qui a défendu le plus énergiquement les traditions du XVIIIe siècle et avec elles celles de la Révolution, contre les prétentions du romantisme de la Restauration. (Ces traditions en France sont très puissantes et multiples. Comme la période des Lumières a eu son aile aristocratique et courtisane, ces tendances sont actives aussi dans le romantisme, ainsi que Marx l'avait noté en ce qui concerne Chateaubriand; le lecteur trouvera dans le non-historicisme de Vigny maints éléments de ce genre, modifiés, de la période des Lumières.) Bien entendu, les représentants importants des traditions de la philosophie des Lumières n'ont pas manqué d'être affectés par la nouvelle situation et ses tâches. Pour cette raison leur lutte contre la réaction a dû être plus consciemment historique que les conceptions des anciens représentants des Lumières. Néanmoins, leur conception a gardé soit de forts éléments d'une conception unilinéaire du progrès humain, soit des tendances à un scepticisme général envers la « rationalité » de l'histoire.

Les plus importants représentants de la continuation des traditions des Lumières pendant cette période sont Stendhal et Prosper Mérimée. Nous pouvons seulement examiner ici leurs vues quant au problème du roman historique. Mérimée a clairement exposé ses vues dans la préface à son roman historique : *Chronique du règne de Charles IX*, ainsi que dans un chapitre de ce roman, dans un dialogue entre auteur et lecteur. Il prend position de la manière la plus vive contre la conception romantique du roman historique, selon laquelle les grandes figures de l'histoire doivent servir de héros principaux. Il relègue cette tâche dans le domaine de l'histoire proprement dite. Il raille le lecteur qui, conformément aux traditions romantiques, demande que Charles IX ou Catherine de Médicis soient empreints d'un caractère démoniaque dans tous leurs traits personnels. Ainsi le lecteur, dans le dialogue, demande à propos de Catherine : « ... faites-lui dire quelques mots un peu plus remarquables. Elle vient de faire empoisonner Jeanne d'Albret, au moins le bruit en a couru, et cela doit paraître. » L'auteur répond : « Point du tout ; car si cela paraissait, où serait cette dissimulation si célèbre ? » Par ces remarques et d'autres semblables, Mérimée raille très justement la tendance des romantiques à statufier et déshumaniser les personnages historiques.

Nous avons donc ici une très sérieuse tentative de continuer le roman historique sur la base de l'exploration sans parti pris de la vie réelle du passé. Le contraste avec le romantisme réactionnaire est en tous points évident. Assurément, le contraste avec les conventions classiques est tout aussi marqué, aussi bien avec la façon rhétorique et idéalisante de présenter les héros historiques qu'avec les traditions de forme qui empêchent de rendre fidèlement la vie historique. Cette opposition a rendu possible l'alliance littéraire momentanée entre Mérimée et ses amis et une fraction des romantiques. Mais leur hostilité commune aux limitations du classicisme, leur vive critique commune de celui-ci ne sauraient éclipser les contradictions internes entre les alliés.

Ni non plus les contradictions idéologiques et littéraires dans le camp progressiste, les façons diverses de concevoir l'histoire, de l'adapter littérairement, de l'utiliser pour la défense du progrès contre la réaction. Nous avons déjà mentionné le fait que Mérimée et ses amis s'enracinaient dans les traditions du siècle des Lumières. Par rapport au roman historique ce fait a le désavantage de laisser le dualisme entre la réalité empirique et les lois générales, abstraites non résolu, tant au point de vue idéologique qu'artistique. C'est-à-dire : Mérimée veut tirer de l'histoire des enseignements généraux, valables pour tous les temps (y compris le présent), mais il les tire directement de l'observation intense et détaillée des faits empiriques de l'histoire ; il ne les tire pas de ces modifications spécifiques, concrètes, des lois de la vie, de la structure de la société, des rapports des hommes entre eux, etc., où Walter

Scott (certes inconscient de la portée générale, méthodologique, de ses découvertes) avait puisé le réalisme de ses tableaux historiques. Mérimée est donc plus empirique que Scott, s'attachant davantage aux traits individuels et aux détails ; en même temps, il tire plus directement des conclusions générales à partir des données historiques.

L'empirisme se montre aussi dans la manière dont Mérimée présente les événements historiques. Au lieu de les envisager du point de vue lointain du narrateur d'aujourd'hui comme des étapes individuelles dans la préhistoire du présent, comme le faisait Scott, il vise bien plutôt la proximité étroite et la familiarité de l'observateur contemporain des événements, qui peut surprendre les détails accidentels et fugitifs. Vitet, le compagnon d'armes et l'ami du jeune Mérimée, dont les séquences de scènes historiques ont fortement influencé en particulier la *Jacquerie* de Mérimée, exprime très clairement cette intention dans une préface : « Je me suis imaginé que je me promenais dans Paris au mois de mai 1588, pendant l'orageuse journée des Barricades et pendant les jours qui la précédèrent, que j'entrais tour à tour dans les salons du Louvre, dans ceux de l'hôtel de Guise, dans les cabarets, dans les églises, dans les logis des bourgeois ligueurs, politiques ou huguenots, et chaque fois qu'une scène pittoresque, un tableau de mœurs, un trait de caractère sont venus s'offrir à mes yeux, j'ai essayé d'en reproduire l'image en esquissant une scène. On sent qu'il n'a pu résulter de là qu'une suite de portraits, ou pour parler comme les peintres, d'*études*, de *croquis*, qui n'ont pas le droit d'aspirer à un autre mérite que celui de la ressemblance. »

Vitet a fait ces remarques eu égard à ses scènes dramatiques tirées de l'histoire. Nous discuterons plus tard les conséquences de telles vues pour le drame historique — et la *Jacquerie* de Mérimée représente une tentative dans ce sens. Le roman historique de Mérimée suit directement ces essais dramatiques, mais montre une concentration plus grande, plus consciemment stylistique. Cette concentration toutefois s'applique essentiellement à l'expression purement littéraire et n'indique pas un mouvement réel vers la conception classique du roman historique. La concentration de Mérimée est ici celle qui caractérise une nouvelle, une anecdote. Il dit dans sa préface que nous avons déjà citée : « Je n'aime dans l'histoire que les anecdotes et parmi les anecdotes je préfère celles où j'imagine trouver une peinture vraie des mœurs et des caractères d'une époque donnée. » Pour cette raison, des mémoires lui offrent plus de ressources que des ouvrages historiques, car ils sont des entretiens intimes entre auteur et lecteurs et donnent par conséquent un tableau de l'époque qui a toute la proximité, toute l'intimité de l'observation directe, où Mérimée (comme Vitet) voit le facteur décisif dans la présentation de l'histoire.

Ainsi la conception de Mérimée n'est pas la reconnaissance de l'enchevêtrement concret et complexe du processus historique lui-même. Il dépouille de leur héroïsme les personnages historiques dirigeants, mais ce faisant il rend privé le cours de l'histoire. En figurant dans son roman le destin purement privé des êtres humains moyens, il vise à présenter d'une manière réaliste les mœurs de l'époque. Et dans le détail il réussit admirablement. Son récit, pourtant, a deux faiblesses, toutes deux en rapports très étroits avec son attitude sceptique inspirée de la philosophie des Lumières. D'abord, les événements privés ne sont pas assez étroitement liés à la vie réelle du peuple ; aux moments essentiels ils se trouvent trop confinés dans les sphères sociales supérieures. Ainsi, tout en donnant une description psychologique subtile des mœurs de ces classes, ils ne réussissent pas à montrer leur rapport avec les problèmes réels, décisifs, du peuple. De ce fait, les questions idéologiques décisives de l'époque, surtout l'opposition du protestantisme et du catholicisme, apparaissent comme des problèmes purement idéologiques et ce caractère est encore souligné davantage par l'attitude sceptique, anti-religieuse, de l'auteur qui apparaît clairement dans le cours de l'action. En second lieu et en étroite connexion avec ceci, il n'y a pas de lien véritablement organique entre le grand événement historique que Mérimée veut représenter — la nuit de la Saint-Barthélémy — et les destins privés des héros principaux. La nuit de la Saint-Barthélémy a ici un peu le caractère d'une « catastrophe naturelle » à la Cuvier ; le fait qu'elle devait arriver et arriver ainsi n'est pas montré par Mérimée comme une nécessité historique.

Derrière le scepticisme de Mérimée se dissimule un profond mépris de la société bourgeoise de la Restauration qui est issue de la « période héroïque » de la philosophie des Lumières et de la Révolution. D'où la comparaison ironique entre le présent et le passé dans la peinture de mœurs de Mérimée, qui est assurément si différente de la comparaison romantique. Mérimée dit dans sa préface : « Il est curieux, ce me semble, de comparer ces mœurs avec les nôtres, et d'observer dans ces dernières la décadence des passions énergiques au profit de la tranquillité et peut être du bonheur ».

Ici l'étroit rapport entre la conception de l'histoire de Mérimée et celle de Stendhal est clairement visible. Dans la littérature française, Stendhal est le dernier grand représentant des idéaux héroïques du siècle des Lumières et de la Révolution. Sa critique du présent, sa présentation du passé reposent essentiellement sur cet effet de contraste critique entre les deux grandes phases de la société bourgeoise. La nature implacable de cette critique a ses racines dans l'expérience vivante de la période héroïque passée et dans la croyance inébranlable — en dépit de tout scepticisme — que le développement de l'histoire conduira pourtant à un renouveau de cette grande période. Ainsi la passion et la justesse de la critique du présent par Stendhal se lient de la manière la plus étroite à la limitation, qui est celle de la philosophie des Lumières, de sa conception de l'histoire, à son inaptitude à reconnaître la fin de la « période héroïque » du développement bourgeois comme une nécessité historique. Ce fait est la source d'un certain psychologisme abstrait dans ses importantes figurations historiques ; une admiration de la grande passion, indomptable et héroïque, en soi et pour soi. D'où sa tendance à abstraire de circonstances héroïques une essence extrêmement générale et à les présenter sous cette forme générale. Mais le principal résultat de cette attitude est de concentrer ses énergies sur une critique du présent. Le contact de Stendhal avec les problèmes historiques de l'époque produit moins un nouveau roman historique qu'un développement du roman de critique sociale du XVIIIe siècle, avec certains éléments du nouvel historicisme élaborés comme moyen d'intensifier et d'enrichir ses traits réalistes.

Cette continuation du roman historique dans le sens d'une conception consciemment historique du présent est la grande réalisation de son éminent contemporain, Balzac. Balzac est l'écrivain qui développe de la manière la plus consciente la formidable impulsion que le roman a reçue de Scott, et de cette façon il crée le type nouveau, jusqu'alors inconnu, du roman réaliste.

L'influence de Scott sur Balzac est extrêmement forte. En vérité, on peut dire que la forme spécifique du roman balzacien est née au cours d'un règlement de comptes idéologique et artistique avec Walter Scott. Nous pensons moins ici aux romans historiques que Balzac a écrits ou en tout cas projetés au début de sa carrière, bien que le roman de jeunesse de Balzac : *Le dernier Chouan*, malgré l'histoire d'amour un peu trop romanesque qui en constitue le centre, représente une digne continuation de Walter Scott dans la figuration de la vie populaire. Chez Balzac ce ne sont ni les chefs aristocratiques du soulèvement paysan, ni un groupe de dirigeants de la France républicaine qui se tiennent au centre de l'action, mais d'une part le peuple primitif, arriéré, superstitieux et fanatique de la Bretagne et d'autre part le simple soldat profondément convaincu, tout naturellement héroïque, de la République. Le roman est conçu entièrement dans l'esprit de Walter Scott, même si parfois Balzac surpasse son maître dans la figuration héroïque de telles scènes, en mettant en évidence le caractère désespéré du soulèvement contre-révolutionnaire, précisément à partir de ce contraste social et humain des classes en lutte de part et d'autre. Il montre avec un réalisme extraordinaire l'avidité égoïste et la dégénérescence morale des dirigeants aristocratiques de la contre-révolution, parmi lesquels de vieux aristocrates qui soutiennent réellement avec conviction la cause du roi font figure de phénomènes. Et il ne s'agit pas là chez Balzac — tout comme dans *Redgauntlet* de Scott, où l'on doit manifestement chercher le modèle de ces scènes — d'un simple tableau de mœurs historique. Bien plutôt, cette dégradation morale, cette absence complète de dévouement désintéressé à sa propre cause, vise à rendre sensible la cause de la défaite, le symptôme d'une lutte historiquement perdue et rétrograde. En outre Balzac montre — de nouveau tout comme Scott à propos des clans — que les paysans de Bretagne sont certes très adaptés à la guérilla dans leurs montagnes, mais en dépit de leur courage farouche et de leur astuce au pillage ils sont incapables de s'opposer avec succès aux armées régulières de la République. Et surtout, il montre le courage inébranlable des Républicains dans des situations défavorables impliquant des tragédies personnelles ; leur supériorité humaine, simple et pleine d'humour, qui jaillit de la profonde conviction que combattre pour la bonne cause de la Révolution c'est combattre pour la cause du peuple lui-même.

Cet exemple suffirait déjà pour illustrer la profondeur de l'influence exercée par Scott sur Balzac. Balzac non seulement s'est exprimé lui-même à diverses reprises d'une manière théorique sur cette relation, mais dans les *Illusions perdues* il a représenté artistiquement cette influence et la tendance qui devait supplanter le roman historique de Scott. Dans les conversations de Lucien de Rubempré avec d'Arthez sur le roman historique du premier, Balzac traite le grand problème de sa propre période de transition : le projet de présenter l'histoire française moderne sous la forme d'un cycle cohérent de romans qui incarnerait la nécessité historique de la genèse de la France nouvelle. Dans l'avant-propos à la *Comédie Humaine*, l'idée de cycle apparaît déjà sous la forme d'une critique prudente et pleine de compréhension de la conception de Scott. Balzac voit dans l'insuffisance de cohésion cyclique des romans de Scott une insuffisance de système chez son grand prédécesseur. Cette critique, jointe à cette autre selon laquelle Scott serait trop primitif dans la représentation des passions, parce qu'il serait prisonnier de l'hypocrisie anglaise, est le moment esthétique formel où Balzac passe de la description de l'*histoire passée* à la figuration du *présent comme histoire*.

Balzac lui-même, dans une de ses préfaces, s'est exprimé clairement sur l'aspect thématique de ce changement :

« Le seul roman possible dans le passé, Walter Scott l'a épuisé. C'est la lutte du serf ou de la bourgeoisie contre la noblesse, de la noblesse contre le clergé, de la noblesse et du clergé contre la royauté. »

Les circonstances représentées sont ici relativement simples, ce sont des circonstances de condition :

« Aujourd'hui l'égalité a produit en France des nuances infinies. Jadis la caste donnait à chacun une physionomie qui dominait l'individu; aujourd'hui l'individu ne tient sa physionomie que de lui-même. »

La plus profonde expérience de Balzac fut la nécessité du processus historique, la nécessité historique pour le présent d'être ce qu'il était, bien qu'il ait vu plus clairement que quiconque avant lui le réseau infini de hasards qui forme la condition préalable de cette nécessité. Ce n'est pas un hasard si son premier roman historique important ne remonte pas plus loin dans le passé que la grande Révolution. L'impulsion de Scott a rendu consciente sa tendance à décrire la nécessité historique du passé. Et ainsi Balzac eut pour tâche de présenter cette section de l'histoire de France qui va de 1789 à 1848, dans ses rapports historiques. Ce n'est qu'occasionnellement qu'il remonte à des époques plus anciennes. Le grand projet originel de présenter sous une forme suivie, en partant des luttes de classes du Moyen Age, ce développement de la genèse de la monarchie absolue et de la société bourgeoise en France jusqu'au présent, recule de plus en plus derrière ce thème central, derrière la figuration du dernier acte décisif de cette grande tragédie.

Le caractère unifié de la conception sociale et historique qui a fait naître esthétiquement chez Balzac l'idée de cycle, était seulement réalisable avec cette concentration dans le temps. Le plan juvénile conçu par d'Arthez d'un cycle de romans historiques aurait pu être réalisé seulement d'une manière pédante ; la continuité des personnages prenant part à l'action n'aurait pu être qu'une continuité de familles. Ainsi il en serait résulté un cycle dans le genre de Zola ou même d'*Ahnen (Ancêtres)* de Gustav Freytag, et nullement dans la manière libre, grandiose et nécessaire de la *Comédie Humaine*. Car la liaison entre les romans individuels d'un tel cycle n'aurait pu être une liaison organique et vivante, réellement dépendante de l'action. La structure de la *Comédie Humaine* montre précisément combien peu la famille et la liaison des familles suffit à figurer de tels liens, même si la durée temporelle du cycle embrasse plusieurs générations. Avec la transformation extrêmement radicale d'important groupes sociaux au cours du développement historique (destruction et extinction de la vieille noblesse dans les luttes de classes du Moyen Age, élimination des vieilles familles patriciennes dans les villes durant l'essor naissant du capitalisme, etc.), les romans individuels auraient dû faire usage d'un matériel humain très élaboré et souvent très peu typique, socialement, pour conserver la continuité familiale des fils, petits-fils, etc.

Mais le dernier acte de quelque cinquante ans figuré par Balzac est entièrement animé du grand esprit historique de son prédécesseur. Cependant Balzac dépasse Scott non seulement dans la psychologie plus libre et plus différenciée des passions, comme il en exprime l'intention sous forme de programme, mais aussi dans la concrétude historique. La compression des événements historiquement décrits dans une période relativement courte, pleine de grands changements qui se succèdent rapidement, contraint Balzac à caractériser en particulier presque chaque année du développement, à donner à des phases tout à fait courtes une atmosphère historique particulière, tandis que Walter Scott pouvait se contenter de présenter avec fidélité historique le caractère général d'une plus longue époque. (Qu'on songe par exemple à l'atmosphère étouffante qui précède le coup d'État projeté par Charles X dans *Splendeurs et Misères des Courtisanes*).

Cette extension du roman historique en une représentation historique du présent, cette extension de la figuration de sa préhistoire en figuration de l'histoire personnellement vécue, a bien entendu, en définitive, des causes non pas esthétiques, mais sociales et historiques. Scott a vécu personnellement dans une période de l'histoire anglaise où le développement progressiste de la société bourgeoise semblait assuré et il a donc eu la possibilité de considérer rétrospectivement les crises et les luttes de sa préhistoire avec un calme épique. La grande expérience de jeunesse de Balzac est précisément celle du caractère volcanique des forces sociales, dissimulé sous le calme apparent de la période de la Restauration. Il a reconnu avec une plus grande clarté que tous ses contemporains littéraires la profonde contradiction entre les tentatives de restauration féodalo-absolutiste et les forces rapidement croissantes du capitalisme. Le moment où il renonce à son projet de présenter l'histoire française à la manière de Walter Scott, pour figurer l'histoire du présent, coïncide à peu près et nullement par hasard avec la Révolution de juillet 1830. Car dans la Révolution de Juillet les antagonismes ont fait explosion et leur équilibre apparent sous la « monarchie bourgeoise » de Louis-Philippe était si instable que le caractère contradictoire et vacillant de toute la structure sociale devait inévitablement former le centre de la conception balzacienne de l'histoire. L'orientation historique vers la nécessité du progrès, la défense historique du progrès contre la réaction romantique, se termine pour l'essentiel avec la Révolution de Juillet : pour les plus grands esprits de l'Europe le problème central devient désormais la connaissance et la figuration de la problématique historique de la société bourgeoise elle-même. Ce n'est pas un hasard, par ex., si la Révolution de Juillet a donné en même temps le premier signal de la dissociation de la plus grande philosophie historique de cette période, le système hégélien.

Ainsi, avec Balzac le roman historique, qui chez Scott était issu du roman social anglais, revient à la description de la société contemporaine. L'âge du roman historique classique est donc terminé. Mais cela ne signifie nullement que le roman historique classique devienne un épisode terminé dans l'histoire de la littérature, n'ayant plus de ce fait qu'un intérêt historique. Tout au contraire, le sommet atteint avec Balzac par le roman du présent contemporain s'explique seulement comme une continuation de ce stade de développement, comme son élévation à un degré supérieur. Au moment où la conscience historique qui caractérise la conception balzacienne du présent s'affaiblit à la suite des luttes de classes de 1848, c'est alors que commence le déclin du roman social réaliste.

Le caractère normatif de cette transition du roman historique de Scott à l'histoire artistique de la société bourgeoise est souligné encore une fois par sa répétition dans l'évolution de Tolstoï. Nous avons exposé dans d'autres contextes (Cf. « Le réalisme russe dans la littérature mondiale », Berlin, 1953) les problèmes complexes suscités dans l'œuvre de Tolstoï par le fait qu'il est contemporain — et contemporain fortement influencé — du réalisme européen occidental après 1848 et qu'il vit en même temps dans un pays où la révolution bourgeoise commence seulement de se développer lentement pendant sa longue vie. En ce qui concerne la question que nous traitons ici, il suffit de mentionner que Tolstoï, le puissant peintre de la période de transformation de la Russie depuis l'émancipation paysanne de 1861 jusqu'à la révolution de 1905, se retourne d'abord vers les grands problèmes historiques qui ont formé la préhistoire de cette transformation et ont créé ses conditions préalables au point de vue social. En figurant en premier lieu les guerres napoléoniennes, il agissait avec autant de conséquence que Balzac auparavant, qui cherchait — inconsciemment — dans la description de la Révolution française les fondements sociaux de sa *Comédie Humaine.*

Et sans pousser trop loin le parallèle — car cela conduit inévitablement à des inexactitudes et des exagérations — il est très caractéristique que les deux grands écrivains soient remontés à l'origine encore plus profondément dans le passé, qu'ils aient été tous deux attirés par les grandes phases initiales de l'histoire lors desquelles s'est instauré le développement moderne de leur pays : Balzac par

Catherine de Médicis, Tolstoï par Pierre le Grand. Pourtant, Balzac n'a écrit qu'un essai intéressant et important sur Catherine de Médicis, et Tolstoï s'en est tenu même à des ébauches et des fragments. Car la pression puissante des problèmes contemporains était trop grande pour que l'un ou l'autre ait pu s'attarder longtemps sur la préhistoire de ces questions.

Là, bien entendu, prend fin le parallèle au point de vue littéraire A vrai dire, il était seulement destiné à mettre en évidence dans la carrière de ces deux plus grands représentants d'époques de transition de grands peuples la nécessité sociale qui les a poussés d'abord vers le roman historique de type classique, puis les en a écartés de nouveau. Artistiquement *Guerre et Paix* occupe une tout autre position dans la carrière de Tolstoï que le *Dernier Chouan* dans celle de Balzac, et il n'est pas possible non plus de les comparer au point de vue du mérite littéraire, tant l'œuvre de Tolstoï se situe à un rang élevé dans toute l'histoire du roman historique.

Appeler *Guerre et Paix* un roman historique de type classique, cela montre combien il est important de ne pas prendre cette expression dans un sens étroit d'histoire littéraire ou de forme artistique. Au contraire d'importants écrivains comme Pouchkine, Manzoni ou Balzac, on ne peut déceler directement chez Tolstoï aucune sorte d'influence littéraire de Scott. Et pour autant que je sache, Tolstoï n'a jamais étudié Scott très en détail. Il a créé un roman historique d'un caractère absolument particulier à partir des conditions réelles de la vie dans cette période de transition et c'est seulement en termes des principes de création *les plus généraux et ultimes* qu'il constitue un renouveau génial et un développement du type classique à la Scott, dans le roman historique.

Cet ultime principe unificateur est celui du *caractère populaire.* Outre Balzac et Stendhal, Tolstoï a tenu en très haute estime Flaubert et Maupassant. Mais les traits réels et décisifs de son art remontent à la période classique du réalisme bourgeois, car les ressorts sociaux et idéologiques de sa personnalité tirent leur force d'une liaison profonde avec les problèmes centraux de la vie nationale dans une grande époque de transition et son art a encore pour thème central le caractère contradictoirement progressiste de cette période de transition.

Guerre et Paix est l'épopée moderne de la vie populaire d'une manière encore plus décisive que l'œuvre de Scott ou de Manzoni. La peinture de la vie populaire est encore plus large, plus colorée, plus riche en personnages. L'insistance sur la vie populaire en tant que base réelle des événements historiques est plus consciente. En vérité, cette sorte de présentation reçoit même chez Tolstoï un accent polémique qu'elle n'avait pas et ne pouvait encore avoir chez les premiers classiques du roman historique. Ceux-ci figuraient surtout la connexion des faits ; les événements historiques émergeaient comme les points culminants des forces contradictoires en lutte de la vie populaire. (C'est une conséquence du développement historique particulier de l'Italie, le fait que certains événements historiques furent présentés par Manzoni d'une manière purement négative comme des troubles de la vie populaire). Chez Tolstoï la contradiction entre les protagonistes de l'histoire et les forces vivantes de la vie populaire occupe une position centrale. Il montre que ceux qui, en dépit des grands événements au premier plan de l'histoire, continuent à mener leur vie normale, privée et égoïste, font réellement progresser la véritable développement (inconscient, inconnu), tandis que les « héros » consciemment agissants de l'histoire sont des marionnettes ridicules et malfaisantes.

Cette conception fondamentale de l'histoire détermine la grandeur et les limites de l'œuvre de Tolstoï. La vie individuelle des êtres humains se déploie avec une richesse et une animation à peine égalées auparavant dans la littérature mondiale. Mais si elle est impressionnée, si ses sympathies peuvent être excitées par les événements du premier plan, elle n'est jamais entièrement absorbée par ces événements. La concrétude historique des sentiments et des pensées, l'authenticité historique de la qualité particulière de la réaction au monde extérieur dans les actes et les souffrances se tient ici à un niveau magnifiquement élevé. Mais précisément l'idée tolstoïenne fondamentale que ces efforts individuels agissant spontanément (inconscients de leur importance et de leurs conséquences, constituant ensemble des forces populaires également spontanées), que ces efforts mettent réellement en mouvement le cours de l'histoire, cette idée demeure problématique.

Nous avons déjà dit que Tolstoï a réussi à créer dans le personnage de Koutousov un véritable héros populaire : un homme qui est important parce qu'il *veut* n'être rien d'autre et rien de plus qu'un simple organe, collectif, exécutif, de ces forces populaires. Ses qualités les plus personnelles, les plus intimes, se concentrent admirablement — précisément parce qu'elles sont souvent contradictoires, et même paradoxales — autour de cette source de sa grandeur sociale. Sa popularité « en bas », sa position de désaccord « en haut » s'expliquent toujours d'une manière vive et frappante par cette situation. Mais pour Tolstoï le contenu nécessaire de cette grandeur est : passivité, une attente qui laisse agir l'histoire elle-même, le mouvement spontané du peuple, le cours spontané des choses, et ne veut pas gêner le libre effet de ces forces en s'y immisçant.

Cette conception du héros historique « positif » montre à quel point se sont accentués les antagonismes de classes — même dans la Russie tsariste — depuis le temps de Walter Scott. C'est la grandeur de Tolstoï de n'avoir aucune confiance dans les « personnalités dirigeantes » de l'histoire, qu'il s'agisse de réactionnaires avoués ou de libéraux. Mais c'est une limite — la limite de la révolte alors croissante des masses — le fait que cette méfiance historiquement justifiée se borne à une méfiance passive envers toute action historique consciente, le fait que Tolstoï méconnaisse entièrement le mouvement de démocratie révolutionnaire qui déjà commence à son époque. Cette méconnaissance du rôle de l'action consciente dans le peuple lui-même conduit Tolstoï à une négation extrême et abstraite de l'importance de l'action consciente chez les exploiteurs aussi. Son exagération abstraite ne réside pas dans sa critique et sa récusation du contenu social de ces actions, mais dans le fait de leur dénier absolument toute importance. Ce n'est pas un hasard si chez les meilleurs êtres humains que Tolstoï figure ici, un mouvement se dessine vers le décembrisme ; ce n'est pas un hasard si Tolstoï a nourri longtemps le projet d'un roman décembriste, mais ce n'est pas non plus un hasard si cela reste seulement un mouvement vers le décembrisme et si le roman décembriste ne fut jamais achevé.

Cet aspect contradictoire, à double face, de la figuration par Tolstoï de la vie populaire marque déjà un déplacement du passé vers le présent. *Guerre et Paix*, en figurant largement la vie économique et morale du peuple, a soulevé le grand problème tolstoïen de la question paysanne, du rapport que les différentes classes, couches sociales et individus ont avec cette question. *Anna Karénine* présente les mêmes problèmes après l'émancipation paysanne, quand les antagonismes sont encore intensifiés : le présent est figuré d'une manière si historiquement concrète que le roman surpasse toute la littérature russe antérieure comme la figuration par Balzac du capitalisme français a surpassé ses prédécesseurs. Avec *Guerre et Paix* Tolstoï est devenu « son propre Walter Scott ». Mais *Guerre et Paix* est tout autant issu du roman social réaliste antérieur que la figuration de l'histoire par Walter Scott est issue du réalisme anglais de critique sociale du XVIIIe siècle.

Chapitre II

ROMAN HISTORIQUE ET DRAME HISTORIQUE

Nos exposés précédents peuvent soulever la question suivante : étant donnée la base historique du nouvel historicisme en art, pourquoi ce dernier devait-il produire le roman historique et non pas le drame historique ?

La réponse à cette question exige un examen sérieux et détaillé du rapport des deux genres avec l'histoire. La première chose dont on se rend compte, c'est que des drames historiques réellement historiques et pleinement artistiques ont existé longtemps avant cette période, tandis que la plupart des prétendus romans historiques du XVIIe et du XVIIIe siècles n'ont aucune importance ni comme reflets de la réalité historique, ni comme art. Même si nous faisons abstraction du classicisme français et de la plus grande partie du drame espagnol, il est évident que Shakespeare tout comme certains de ses contemporains ont créé de véritables et importants drames historiques — qu'on songe à *Edward II* de Marlowe, *Perkin Warbeck* de Ford, etc. En outre se produit à la fin du XVIIIe siècle le second grand épanouissement du drame historique dans l'œuvre de jeunesse et la période de Weimar de Gœthe et Schiller. Tous ces drames ne sont pas seulement d'un niveau artistique incomparablement plus élevé que celui des prétendus précurseurs du roman historique classique, mais sont aussi historiques en un sens tout à fait différent, profond et authentique. Par contre, on doit aussi signaler le fait que le nouvel art historique commençant avec Walter Scott ne produit que très rarement des œuvres réellement importantes dans le domaine du drame : surtout *Boris Godounov* de Pouchkine, les drames de Manzoni, etc. Le nouvel épanouissement artistique de la conception historique de la réalité se concentre dans le roman et aussi dans la nouvelle longue.

Pour comprendre cette inégalité de développement on doit approfondir la différence entre le rapport avec l'histoire du drame et du roman. Cette question se complique du fait qu'à l'époque moderne une action réciproque extraordinairement forte s'est produite entre le drame et le roman. Certes il existe des rapports étroits entre la grande épopée et la tragédie ; ce n'est point par hasard qu'Aristote a déjà fait remarquer cette affinité. Mais dans l'Antiquité l'épopée homérique et la tragédie classique appartiennent nettement à des époques différentes et, si apparentées qu'elles puissent être dans certaines questions assurément fondamentales pour le contenu et la forme, elles suivent néanmoins des voies nettement différentes quant à la forme qu'elles revêtent. La croissance historique des antagonismes sociaux dans la vie produit la tragédie en tant que genre pour la figuration du conflit.

Cette relation historique et formelle se modifie assez fortement à l'époque moderne. L'épanouissement du drame précède le grand développement du roman, en dépit de Cervantès et Rabelais, en dépit de l'influence nullement insignifiante de l'art italien de la nouvelle sur le drame de la Renaissance. Par contre le drame moderne — y compris celui de la Renaissance, même Shakespeare — a dès le début certaines tendances stylistiques qui le rapprochent du roman dans une mesure croissante au cours du développement. Et inversement : l'élément dramatique dans le roman moderne, en particulier chez Scott et Balzac, naît certes en premier lieu de nécessités historiques et sociales concrètes de l'époque, mais il n'est pas sans subir l'influence artistique du développement antérieur du drame. Le drame shakespearien en particulier, comme Mikhail Lifschitz l'a justement fait ressortir dans la discussion sur la théorie du roman, a exercé une influence décisive sur le développement du roman moderne. Ce lien entre Scott et Shakespeare fut déjà clairement reconnu par Friedrich Hebbel, qui a vu en Scott le successeur moderne de Shakespeare. « De Shakespeare ce qui a repris vie en Angleterre s'est manifesté chez Walter Scott... car il joignait l'instinct le plus admirable de toutes les circonstances historiques à la pénétration psychologique la plus subtile dans chaque particularité individuelle et la compréhension la plus lucide du moment de transition dans lequel les mobiles généraux et particuliers coïncident, et c'est à la réunion de ces trois qualités que la baguette magique de Prospéro a dû sa toute-puissance et son irrésistibilité. »

Mais cette intrication vaste et complexe des deux genres — qui après tout ne se sont pas développés en vase clos, métaphysiquement séparés l'un de l'autre — ne devrait pas masquer les divisions fondamentales entre eux. On doit aussi se reporter aux différences capitales de forme entre le drame et le roman, découvrir leur source dans la vie elle-même, pour saisir les différences de ces deux genres dans leur relation avec l'histoire. C'est seulement à partir de là que nous comprendrons les faits historiques dans le développement des deux genres — apparition, épanouissement, déclin, etc. — d'un point de vue historique aussi bien qu'esthétique.

I. Faits vitaux a la base de la division entre genres épique et dramatique

La tragédie comme la grande littérature épique — épopée et roman — présentent le monde objectif, *extérieur* ; elles ne présentent la vie intérieure de l'homme que dans la mesure où ses sentiments et ses pensées se manifestent dans des faits et des actions, dans une interaction visible avec la réalité objective, extérieure. C'est la ligne décisive de séparation entre genres épique et dramatique d'une part et genre lyrique d'autre part. De plus : la grande littérature épique et le drame donnent tous deux une *image totale* de la réalité objective. Ce fait les distingue aussi bien en ce qui concerne le contenu que la forme des autres genres épiques, dont la nouvelle en particulier a pris de l'importance dans le développement moderne. Epopée et roman se distinguent de toutes les autres variétés mineures du genre épique, précisément par cette idée de totalité : cette différence n'est pas une différence quantitative d'étendue, mais une différence qualitative du style artistique, de la forme artistique, une différence qui marque tous les facteurs particuliers de la figuration.

Pourtant il faut mentionner tout de suite la différence importante entre forme dramatique et forme épique : il ne peut exister dans le drame qu'*un* seul genre « total », il n'y a pas de forme dramatique qui corresponde à la nouvelle, la ballade, le conte, etc. Les pièces en un acte qui ont surgi de temps en temps et qui furent considérées à la fin du XIXe siècle comme un genre particulier manquent le plus souvent de véritables éléments dramatiques. Après que le drame fut devenu un récit composé d'une manière peu rigoureuse, dispersé dans le dialogue, on se trouva facilement amené à donner aussi aux plus courtes nouvelles cette forme de scènes dialoguées. Mais la question décisive, bien entendu, n'est pas simplement celle du format ; tout comme la différence entre roman et nouvelle n'est pas celle de l'étendue. Du point de vue de la figuration réellement dramatique de la vie, de courtes scènes dramatiques de Pouchkine sont des drames complets et achevés. Car leur brièveté d'étendue est celle de l'extrême concentration dramatique du contenu et de la perspective ; elle n'a rien à voir avec l'épisode moderne en forme de dialogue.

Nous n'avons à traiter ici que le problème de la tragédie. (Dans la comédie le problème est quelque peu différent pour des raisons qu'on ne saurait expliquer ici). Aristote souligne cette affinité entre épopée et tragédie quand il dit : « Celui, donc, qui est un juge des beautés et des défauts de la tragédie est assurément apte à juger aussi ceux de la poésie épique... »

La tragédie et la grande littérature épique élèvent donc toutes deux la prétention de figurer la totalité du processus de la vie. Dans les deux cas il est évident que cela peut être seulement un résultat de la structure artistique, de la concentration formelle sur le reflet artistique des traits les plus importants de la réalité objective. Car, bien entendu, on ne peut reproduire par la pensée la totalité réelle, substantielle, vaste et infinie de la vie que d'une manière relative.

Cette relativité, pourtant, acquiert une forme particulière dans le reflet artistique de la réalité. Car pour atteindre à l'art, ce reflet ne doit jamais se manifester comme relatif. Un reflet purement intellectuel de faits ou de lois de la réalité objective peut admettre ouvertement cette relativité, il doit même le faire, car si une forme de connaissance prétend être absolue, en ignorant le facteur dialectique de la reproduction purement relative, c'est-à-dire incomplète, de l'infinitude de la réalité objective, elle tend fatalement à être faussée, à produire une déformation du tableau qu'elle donne. Il en va tout autrement dans l'art. Bien entendu, aucun personnage littéraire ne peut contenir la richesse infinie et inépuisable de traits et de réactions que la vie elle-même comporte. Mais la nature de la création artistique consiste précisément dans le fait que cette image relative, incomplète produise l'effet de la vie elle-même, sous une forme encore rehaussée, intensifiée, plus vivante que dans la réalité objective.

Ce paradoxe général de l'art dans le reflet de la richesse infinie de la réalité objective apparaît sous une forme particulièrement accentuée dans les genres auxquels leur contenu et leur forme donnent nécessairement la prétention d'être l'image vivante de la totalité de la vie. Et c'est ce qui arrive dans le cas de la tragédie et de la grande littérature épique. Elles doivent leur effet profond, leur importance centrale et qui fait époque dans toute la vie culturelle de l'humanité, à leur aptitude à susciter ce sentiment chez un être réceptif. Si elles ne peuvent le faire, leur échec est total. Aucune authenticité naturaliste des manifestations individuelles de la vie, aucune « maîtrise » formaliste de la structure ou des effets individuels ne peut remplacer ce sentiment de la totalité de la vie.

Il est clair que la question immédiate est ici une question de forme Mais l'apparence absolue de l'image relative de la vie doit, bien entendu, trouver son fondement dans le contenu. Cela exige que soient réellement saisis les rapports normatifs essentiels et les plus importants de la vie dans la destinée de l'individu comme de la société. Mais il est tout aussi évident que la simple connaissance de ces rapports essentiels ne peut jamais suffire. Ces traits essentiels, ces normes les plus importantes de la vie doivent apparaître avec un nouveau caractère immédiat créé par l'art comme des traits et des rapports personnels uniques d'êtres humains concrets et de situations concrètes. Réaliser ce nouveau caractère immédiat de nature artistique, ré-individualiser ce qui est général dans l'homme et son destin, telle est précisément la mission de la forme artistique.

Le problème spécifique de la forme dans la grande littérature épique, et la tragédie est de donner ce caractère immédiat à la totalité de la vie, d'évoquer un monde d'illusion qui exige — même dans la plus vaste littérature épique — un nombre très limité d'hommes et de destins humains pour susciter le sentiment de la totalité de la vie.

L'esthétique de la période postérieure à 1848 a complètement perdu le sens des problèmes de forme pris dans ce sens large. Dans la mesure où elle ne rejette pas dans un esprit nihiliste et relativiste toute distinction entre les formes, elle les a simplement classées d'une manière extérieure, formaliste d'après les caractéristiques superficielles qui les particularisent. C'est surtout dans l'esthétique allemande classique qu'on trouve ces questions traitées vraiment à fond et quant à leur essence, bien qu'assurément le siècle des Lumières ait ouvert la voie en soulevant nombre d'importantes questions particulières.

On trouve dans l'esthétique de Hegel la définition la plus fondamentale et la plus profonde de la différence entre la façon de figurer la totalité dans la grande littérature épique et dans le drame. Hegel pose comme première exigence du monde que figure la grande littérature épique, celle de la « *totalité des objets* » qui est créée « pour mettre en rapport l'action particulière avec sa base substantielle ». Hegel souligne vivement et à juste titre qu'il ne s'agit jamais ici de l'autonomie du monde de l'objet. Si le poète épique rend celui-ci autonome, il perd toute valeur poétique. En poésie les choses sont importantes, intéressantes et attrayantes seulement en tant qu'objets de l'activité humaine, en tant qu'intermédiaires des relations entre les êtres humains et les destinées humaines. Néanmoins, dans la grande littérature épique elles ne sont jamais simplement un arrière-plan décoratif ou de simples instruments techniques pour diriger l'action, qui ne pourraient par eux-mêmes prétendre offrir un intérêt. Une œuvre épique qui présente seulement la vie intérieure de l'homme sans interaction vivante avec les objets formant son milieu social et historique doit forcément se dissoudre dans un vide artistique sans contours ni substance.

La vérité et la profondeur de cette définition de Hegel résident dans l'accent qui est mis sur l'interaction, sur le fait que la « totalité des objets » représentée par l'auteur épique est la totalité d'une phase de l'évolution historique de la société humaine ; et que la société humaine ne peut être représentée dans son intégralité si ses assises et le monde des choses l'environnant, qui constitue l'objet de son activité, ne sont pas aussi représentés. En conséquence les choses, parce qu'elles dépendent de l'activité de l'homme et sont en liaison permanente avec celle-ci, non seulement deviennent importantes et significatives, mais acquièrent précisément de ce fait leur autonomie artistique en tant qu'objets de la représentation. L'exigence que la grande littérature épique ait à figurer la « totalité des objets » signifie, au fond, l'exigence d'une image artistique de la société humaine ainsi qu'elle se produit et se reproduit dans le processus quotidien de la vie.

Le drame aussi, comme nous le savons déjà, cherche à figurer totalement le processus de la vie. Mais cette totalité est concentrée autour d'un centre solide, la collision dramatique. C'est une image artistique du système, si l'on peut dire, de ces aspirations humaines qui, dans leur mutuel conflit, prennent part à cette collision centrale. « L'action dramatique », dit Hegel, « repose donc essentiellement sur des actions qui se heurtent, et la véritable unité ne peut se fonder que sur le *mouvement total* (souligné par moi, G. L.), de telle sorte que selon la détermination des circonstances, des caractères et des buts particuliers la collision paraisse se conformer aux buts et aux caractères au point même d'annuler leur contradiction. La solution doit alors, comme l'action elle-même, être à la fois subjective et objective. »

Hegel oppose ainsi la « totalité du mouvement » dans le drame à la « totalité des objets » dans la grande littérature épique. Qu'est-ce que cela signifie par rapport à la forme épique et dramatique ? Essayons d'illustrer cette différence par un grand exemple historique. Shakespeare crée dans *King Lear* (*Le Roi Lear*) la plus grande et la plus émouvante tragédie de la dissolution de la famille en tant que communauté humaine qui soit connue dans la littérature mondiale. Personne ne peut quitter cet ouvrage sans avoir l'impression d'une totalité exhaustive. Mais par quels moyens cette impression de totalité est-elle obtenue ? Shakespeare figure dans les relations entre Lear et ses filles, Gloster et ses fils, les grands mouvements et tendances humains et moraux typiques, qui naissent sous une forme extrêmement accentuée du caractère de plus en plus problématique et de la dissolution de la famille féodale. Ces mouvements extrêmes et — du fait même de ce caractère extrême — typiques forment un système complètement clos, dont la dialectique épuise toutes les attitudes humaines possibles à l'égard de la collision. Il serait impossible d'ajouter encore un nouvel élément à ce système, une nouvelle tendance du mouvement, sans tomber dans une tautologie psychologique et morale. Cette richesse psychologique des personnes en conflit groupées autour de la collision, la totalité exhaustive avec laquelle, se complétant mutuellement, elles reflètent toutes les possibilités de cette collision, produit la « totalité du mouvement » dans ce drame.

Qu'est-ce donc pourtant qui n'y est pas inclus ? Il manque toute l'ambiance des relations de parents et d'enfants, l'assise matérielle de la famille, sa croissance, son déclin, etc. Qu'on veuille bien seulement comparer ce drame aux grands portraits de famille figurant la problématique de la famille d'une manière épique, par exemple les *Buddenbrooks* de Thomas Mann, *La Maison d'Artamanov* de Gorki. Quelle ampleur et quelle abondance ici des circonstances réelles de la vie de famille, quelle généralisation là des qualités morales purement humaines, les volontés qui peuvent être amenées à se heurter! Vraiment, il faut admirer l'art extraordinaire de généralisation dramatique de Shakespeare, puisqu'il incarne l'ancienne génération au seul moyen de Lear et Gloster. Eût-il pourvu soit Lear, soit Gloster, soit tous les deux, d'une femme — comme un poète épique eût absolument dû le faire — il lui aurait fallu affaiblir la concentration sur la collision (si le conflit avec les enfants avait produit un conflit entre les parents), ou bien la femme aurait été du point de vue dramatique une tautologie, elle aurait pu seulement faire l'effet d'un écho affaibli du mari. Il est caractéristique de l'atmosphère raréfiée de la généralisation dramatique que cette tragédie affecte nécessairement le spectateur comme un spectacle émouvant et que la question de l'absence des épouses tout bonnement ne se pose pas. Tandis que par exemple dans une œuvre épique correspondante, une telle situation avec deux destins parallèles de ce genre paraîtrait inévitablement trop subtile et exigerait une motivation particulière, si tant fût qu'elle pût être motivée d'une manière convaincante. On pourrait naturellement étendre cette analyse jusqu'à la figuration des plus intimes détails. Ce qui nous importe ici c'est de dégager le contraste dans ses traits généraux.

En concentrant le reflet de la vie sur un grand conflit, en groupant toutes les manifestations de la vie autour de ce conflit et en leur permettant de se donner cours seulement par rapport au conflit, le drame simplifie et généralise les attitudes possibles des hommes à l'égard des problèmes de leurs vies. La description est réduite à la représentation typique des attitudes les plus importantes et les plus caractéristiques des hommes, à ce qui est indispensable pour élaborer dynamiquement le développement dramatique du conflit, donc à ces *mouvements* sociaux, moraux et psychologiques chez les hommes, qui engendrent la collision et son dénouement. Toute figure, tout trait psychologique d'une figure, qui dépasse la nécessité dialectique de cette connexion, de la dynamique vivante de la collision, doit être nécessairement superflue du point de vue du drame. C'est pourquoi Hegel caractérise à juste titre une composition qui se résout de cette manière comme étant la « totalité du mouvement ».

Quelle que soit la richesse et l'ampleur de cet aspect typique, il dépend de la phase du développement historique à laquelle appartient le drame, et à l'intérieur de cette phase aussi de l'individualité de l'auteur dramatique.

Mais ce qui est le plus important c'est la dialectique interne de la collision elle-même qui, pour ainsi dire indépendamment de la conscience du dramaturge, circonscrit la « totalité du mouvement ». Prenons, par exemple, l'*Antigone* de Sophocle. Créon a donné l'ordre de ne pas laisser enterrer Polynice. Étant donnée cette situation, la collision dramatique nécessite l'existence de deux sœurs de Polynice, mais deux seulement. Si Antigone était l'unique sœur, son héroïque résistance à l'ordre du roi pourrait faire l'effet d'une réaction socialement moyenne, toute naturelle. La figure de sa sœur, Ismène, est absolument nécessaire pour montrer que l'action d'Antigone est certes une expression héroïque et naturelle d'une moralité antérieure qui a déjà péri, mais que dans les circonstances présentes du drame elle n'est plus une réaction spontanée et toute naturelle. Ismène condamne l'interdit de Créon tout comme Antigone, mais elle demande à sa sœur héroïque de se soumettre à la force, parce qu'elle est la plus faible. Il est, je crois, aussi évident que sans Ismène la tragédie d'Antigone ne serait pas convaincante, ne ferait pas l'effet d'une image artistique de la totalité socio-historique, et qu'une troisième sœur serait dramatiquement une pure tautologie.

Lessing a donc parfaitement raison dans sa polémique contre la tragédie classique en soulignant énergiquement que les principes de composition dramatique de Shakespeare sont fondamentalement les mêmes que ceux des Grecs. La différence entre les deux est d'ordre historique. Par suite de la complexité croissante et objective, socio-historique, des relations humaines, la structure de la collision dans la réalité elle-même est devenue plus complexe et multiforme. La composition de Shakespeare est un reflet tout aussi fidèle et grandiose de ce nouvel état de la réalité que l'était la tragédie d'Eschyle et de Sophocle pour l'état plus simple des choses dans l'ancienne Athènes. Ce changement historique signifie quelque chose de qualitativement nouveau chez Shakespeare en ce qui concerne la structure dramatique. La nouveauté, bien entendu, n'est pas un simple accroissement extérieur de richesse dans le monde qui est figuré. Au contraire, Shakespeare a inventé un système entièrement nouveau et original de mouvements sociaux et humains, typiques et divers, mais avec la diversité réduite à ce qui est typiquement nécessaire. C'est précisément parce que chez Shakespeare la nature la plus profonde du drame se construit sur les mêmes principes que chez les Grecs que sa forme dramatique a été nécessairement tout à fait différente.

La justesse et la profondeur de l'analyse de Lessing se révèle en particulier dans des exemples négatifs. Un préjugé largement répandu veut que la concentration extérieure de l'action, la réduction du nombre des personnages à quelques personnes, etc., représente une tendance purement dramatique, tandis que le changement varié et fréquent des scènes, le grand nombre des personnages etc., représenterait une tendance épique dans le drame. Cette conception est superficielle et erronée. Le caractère vraiment dramatique ou « romancé » d'un drame dépend de la solution du problème de la « totalité des mouvements » et non pas de caractéristiques purement formelles.

Prenons d'une part le mode de composition de la tragédie classique. Elle essaie de réaliser la fameuse unité de temps et de lieu. Les figures qui entrent en scène sont réduites à un minimum. Mais dans ce minimum il y a des personnages qui, sans exception, sont complètement superflus du point de vue dramatique, les fameux « confidents ». Alfieri, lui-même partisan de ce mode de composition, non seulement critique en théorie le rôle non dramatique de ces figures, mais les écarte pratiquement de ses drames. Cependant, quel en est le résultat ? Les héros d'Alfieri n'ont certes pas de « confidents », mais à leur place on trouve de longs monologues souvent tout à fait dépourvus de caractère dramatique. La critique d'Alfieri démasque un aspect pseudo-dramatique de la tragédie classique et le remplace par un motif ouvertement non dramatique. La véritable erreur de composition, qui est à la base de tout cet ensemble de problèmes, est le fait que ces écrivains ont rendu abstraite la collision d'une façon mécanique et brutale (cela se produit de différentes manières, pour différentes raisons historiques et individuelles, chez les divers représentants importants de cette tendance). Il en résulte que la dynamique vivante de la « totalité du mouvement » est perdue. Qu'on songe ici encore une fois à Shakespeare. Même ses héros les plus solitaires ne sont pas tout seuls. Cependant Horatio auprès d'Hamlet n'est pas un « confident », mais une force indépendante et nécessaire, une force impulsive de l'action totale. Sans le système de contrastes entre Hamlet, Horatio, Fortinbras et Laertes, la collision concrète de cette tragédie serait impensable. De même Mercutio et Benvolio dans *Roméo et Juliette* ont des fonctions indépendantes et nécessaires dans le contexte dramatique.

Le drame naturaliste peut servir de contre-exemple. Dans une composition qui est dramatique jusqu'à un certain point, comme par exemple dans *Die Weber* (*Les Tisserands*) de Hauptmann, la majorité des figures sont nécessaires au point de vue dramatique et représentent une composante vivante de la totalité concrète de l'insurrection des tisserands. Par contre, la plupart des drames naturalistes, mêmes ceux auxquels suffisent des personnages relativement peu nombreux et qui concentrent fortement leur action dans le temps et l'espace, comprennent toujours une série de figures qui servent seulement à illustrer le milieu social de l'action pour le spectateur. Chacune de ces figures, chacune de ces scènes « romance » le drame, car elle exprime un élément de cette « totalité des objets » qui est étranger par nature à l'objectif du drame.

Cette simplification paraît éloigner le drame de la vie et cet éloignement apparent a donné naissance à diverses fausses théories sur le drame : dans le passé les diverses théories justifiant la tragédie classique ; à notre époque les théories du caractère « conventionnel » de la forme dramatique, de l' « autonomie » du théâtre, etc. Ces dernières ne sont rien de plus que des réactions à l'échec nécessaire du naturalisme dans le drame et, tombant dans l'extrême opposé, elle se meuvent dans le même travers que le naturalisme lui-même.

Mais on doit concevoir cet « éloignement » même du drame comme un *fait de la vie*, comme un reflet artistique de ce que la vie aussi *est* objectivement à *certains moments* et ce que par conséquent elle *paraît nécessairement être.*

On peut tenir pour généralement admis que le thème central du drame est la collision de forces sociales à son point le plus extrême et le plus aigu. Il n'est besoin d'aucune perspicacité particulière pour voir la relation entre la collision sociale sous sa forme extrême et le bouleversement social, la révolution. Toute théorie authentique et profonde du tragique souligne en tant que caractéristique essentielle de la collision, d'une part la nécessité pour chacune des forces qui sont en conflit d'entrer en action, et d'autre part la nécessité du règlement par la force de cette collision. Mais si l'on traduit ces exigences formelles de la collision tragique dans le langage de la vie, on peut y voir les traits les plus extrêmement généralisés des transformations révolutionnaires de la vie elle-même réduits à la forme abstraite du mouvement.

Ce n'est sûrement pas un hasard si les grandes périodes d'épanouissement de la tragédie coïncident avec les grands bouleversements mondialement historiques de la société humaine. Déjà Hegel a vu — bien que sous une forme mystifiée — dans le conflit d'*Antigone* de Sophocle le heurt de ces forces sociales qui dans la réalité ont conduit à la destruction des formes primitives de la société et à la genèse de la « *polis* » grecque. L'analyse par Bachofen de l'*Orestie* d'Eschyle pousse certes encore plus loin que Hegel les tendances mystifiantes, mais elle formule pourtant ce conflit social plus concrètement que lui, c'est à dire comme une collision tragique entre l'ordre matriarcal qui se meurt et le nouvel ordre social du patriarcat. L'analyse pénétrante et profonde donnée par Engels de cette question dans l'*Origine de la famille* remet sur pied du point de vue matérialiste la théorie mystico-idéaliste de Bachofen. Elle établit d'une manière également claire au point de vue théorique et historique la nécessité de la connexion entre la genèse de la tragédie grecque et ce bouleversement mondialement historique dans l'histoire de l'humanité.

La situation est analogue en ce qui concerne le second épanouissement de la tragédie à l'époque de la Renaissance. Cette fois la collision mondialement historique entre le féodalisme mourant et la dernière société de classe qui naît alors dans la douleur fournit les conditions préalables de fond et de forme pour un nouvel essor du drame. Marx a énoncé d'une manière absolument sans équivoque ce rapport à propos du drame de la Renaissance. Il a aussi montré dans divers textes la nécessité sociale de la genèse et la fin de périodes tragiques. Ainsi dans l'introduction à sa *Contribution à la critique hégélienne de la philosophie du droit* (1844) il souligne l'élément de nécessité et le profond sentiment de justification qui naît de cette nécessité parmi la fraction mourante de la société, comme étant la condition préalable de la tragédie. « Aussi longtemps que l'*ancien régime* en tant qu'ordre existant a lutté contre un monde encore à venir, il y eut de son côté une erreur mondialement historique, mais non personnelle. C'est pourquoi sa chute fut tragique ».

Dans cet essai de jeunesse, comme plus tard dans *le Dix-huit Brumaire*, Marx donne une analyse pénétrante de ce qui explique pourquoi dans le cours de l'histoire certaines collisions sociales se transforment de tragiques conflits en objets de comédie. Et il est extrêmement intéressant et d'une importance fondamentale pour la théorie du drame que le résultat objectif des développements historiques étudiés par Marx consiste toujours en ce cas, dans le fait que la nécessité tragique d'agir se trouve annulée socialement et historiquement pour l'un des partis en lutte, celui qui s'oppose au progrès humain.

Mais on ne saurait limiter les faits vitaux qui sont à la base de la forme dramatique, d'une manière mécaniquement rigide, aux grandes révolutions historiques elles-mêmes. Cela signifierait un isolement intellectuel de la révolution par rapport aux tendances générales et permanentes de la vie sociale, ce serait changer une fois de plus le phénomène de la révolution en une sorte de « catastrophe naturelle » à la Cuvier. Par contre, on doit surtout noter que ce ne sont pas toutes les collisions sociales portant les germes d'une révolution qui ont conduit à des révolutions dans la réalité historique. Marx et Lénine ont montré à diverses reprises qu'il y a eu des situations objectivement révolutionnaires qui n'ont pas amené une explosion de la révolution, par suite du développement insuffisant du facteur subjectif. Qu'on songe à la fin des années 1850 et au début des années 1860 en Allemagne (l' « ère nouvelle » et le conflit constitutionnel qui s'y est joint en Prusse).

Mais cela est encore loin d'épuiser le problème des collisions sociales. Une véritable révolution populaire n'éclate jamais à la suite d'une seule révolution sociale isolée. La période préparatoire objective-historique des révolutions est remplie de toute une série de contradictions tragiques dans la vie elle-même. La maturation de la révolution montre ensuite toujours plus clairement le rapport objectif entre ces contradictions qui se produisent parfois isolément et les rassemble dans plusieurs questions centrales et décisives qui affectent l'activité des masses. De la même façon, certaines contradictions sociales peuvent continuer leur effet sans être résolues même après une révolution, ou encore surgir renforcées et accentuées à la suite de la révolution.

Tout cela a des conséquences très importantes pour la question qui nous intéresse ici. D'une part nous voyons l'important rapport dans la vie entre collision dramatique et bouleversement social. Et la conception de Marx et Engels sur le rapport entre épanouissement dramatique et révolution se vérifie pleinement ; car il est clair que la concentration socio-historique des contradictions de la vie exige d'être figurée dramatiquement. D'autre part nous voyons que la fidélité à la vie de la forme dramatique ne peut être en quelque sorte « localisée » d'une manière étroite et mécanique autour des grandes révolutions de l'histoire humaine. Il est vrai qu'une collision réellement dramatique réunit les traits humains et moraux d'une grande révolution sociale, mais puisque la description tend à figurer ce qui est essentiellement humain, le conflit concret ne doit pas forcément révéler d'une façon immédiate un bouleversement qui lui est sous-jacent. Celui-ci forme la base générale de la collision, mais la liaison de cette base avec la forme concrète de la collision peut être très complexe, avec de nombreux stades intermédiaires. Nous verrons plus tard que l'historicisme des drames les plus mûrs et les plus importants de Shakespeare se manifeste de cette manière. Le caractère contradictoire du développement social, l'intensification de ces contradictions jusqu'à la collision tragique est un fait *général* de la vie.

Ce caractère contradictoire de la vie ne cesse pas avec la résolution dans la société de l'antagonisme de classes, par la révolution socialiste victorieuse. Ce serait une conception tout à fait superficielle et non dialectique de la vie, de croire que dans le socialisme il y ait seulement la sérénité monotone d'une satisfaction personnelle sans problème, lutte ou conflit. Bien entendu, les collisions dramatiques reçoivent un aspect entièrement nouveau, puisqu'avec la disparition dans la société de l'antagonisme de classes, des contradictions antagonistes, la fin nécessairement tragique du héros dans le drame, pour donner un exemple, ne joue plus le même rôle qu'auparavant.

Mais aussi en ce qui concerne le drame de la société de classes, il est plus que superficiel de voir dans cette fin tragique exclusivement la destruction brutale de la vie humaine, d'y voir seulement quelque chose de « pessimiste », à quoi l'on opposerait alors dans notre drame un « optimisme » tout aussi platement conçu. On ne devrait jamais oublier que chez les auteurs dramatiques vraiment grands du passé la fin tragique a toujours libéré les plus grandes énergies humaines, le suprême héroïsme humain ; et cette exaltation de l'homme était possible seulement parce que le combat était mené jusqu'au bout. Certes, Antigone ou Roméo périssent tragiquement, mais Antigone mourante et Roméo mourant sont des êtres bien plus grands, plus riches et plus sublimes qu'ils ne l'étaient avant de se trouver entraînés dans le tourbillon de la tragédie.

Aujourd'hui il importe particulièrement de souligner cet aspect de la collision tragique pour voir comment la forme dramatique généralise un fait typique de la vie et le rend intensément vécu. Et cet aspect humain de la collision dramatique, qui n'est nullement lié d'une manière nécessaire à la fin tragique, est présent aussi, comme un fait de la vie dans la société socialiste et peut donc devenir la base d'une œuvre dramatique importante.

On doit donc discerner la vérité de la forme dramatique, garder très concrètement en vue le problème de la collision en tant que fait de la vie. Sans prétendre le moins du monde épuiser ce problème, dénombrons ici quelques faits typiques de la vie dont le reflet artistique prend nécessairement la forme dramatique.

Commençons avec le problème de la croisée des chemins dans la vie des individus et de la société. Dans la tragédie de Hebbel, *Hérode und Mariamne* (*Hérode et Mariamne*), l'héroïne dit au héros :

> « Tu as peut-être
> juste à présent Ton destin entre les mains
> et peux le diriger comme il Te plaît!
> A chaque homme vient le moment
> où le guide de son étoile
> lui passe les rênes. Le malheur, c'est
> qu'il ne connaît pas ce moment,
> ce peut être chaque instant qui passe! »

Seuls les partisans d'un fatalisme mécanique peuvent mettre en doute la réalité de tels « instants » dans la vie. La nécessité dans la vie sociale ne s'affirme pas seulement par des coïncidences mais aussi par de telles décisions d'hommes et de groupes humains. Bien entendu, ces décisions ne sont pas libres au sens d'un volontarisme idéaliste, elles ne représentent aucune indépendance humaine existant dans le vide. Mais dans ce qui est historiquement donné, le cadre nécessairement prescrit de toute activité humaine, de tels « instants » arrivent par nécessité justement en raison de la base contradictoire de tout développement socio-historique.

Nous avons mis entre guillemets le mot « instants » parce que, pris trop littéralement, il a un caractère fétichiste. Pourtant, c'est un trait essentiel de la réalité que cette croisée des chemins apparaisse continuellement et entraîne la possibilité et la nécessité d'une décision, de quelque côté qu'on se tourne. Mais d'abord un tel choix n'existe pas toujours, car il présuppose une certaine aggravation critique des circonstances sociales et personnelles, en second lieu la durée temporelle d'une telle possibilité de décision est toujours relativement limitée. Ce fait est bien connu de tous par expérience personnelle.

Les écrits de Lénine, en particulier ceux de l'époque intensément révolutionnaire, montrent quel rôle important de tels instants jouent dans l'histoire elle-même et combien leur durée est étroitement limitée dans le temps. Lorsque Lénine, après l'insurrection de juillet 1917, propose aux socialistes révolutionnaires et aux menchéviks la formation d'un gouvernement responsable envers les Soviets, il écrit : « A présent et seulement à présent, peut-être *pendant quelques jours seulement* ou le temps d'une ou deux semaines, il serait possible de former et de consolider un te gouvernement dans une paix parfaite. » L'importance politique de cette proposition dépasse le cadre de notre discussion. Nous avons cité un stratège et tacticien de la lutte des classes tel que Lénine simplement pour montrer que le fait de la « croisée des chemins », de l' « instant » de la décision, n'est pas quelque chose que des dramaturges idéalistes ont inventés et excessivement stylisé, ni une sorte d' « exigence de la forme dramatique » ainsi que l'ont altérée les théoriciens néo-classiques du drame à l'époque de l'impérialisme, mais un fait de la vie extrêmement important et se reproduisant continuellement, qui joue un rôle capital auss bien dans le destin de l'individu que dans celui des classes.

On pourrait brièvement caractériser ce deuxième groupe des faits de la vie par la formule : « ce qui demande compte » à quelqu'un de quelque chose. Qu'est-ce que cela signifie ? L'intrication causale de la vie est extraordinairement compliquée. Manifestement tout acte d'une personne ou d'un groupe de personnes influe sur leurs destins ultérieurs ; leur destin dépend dans une large mesure de la ligne d'action qu'elles adoptent dans des circonstances historiquement données. Mais dans la vie ces conséquences apparaissent souvent très lentement et toujours d'une manière inégale et contradictoire. Bien des gens finissent leur vie ou ont pris depuis longtemps une autre direction avant que les conséquences de leurs actes antérieurs ne les aient touchés sous une telle forme. Mais c'est un fait général et fréquent de la vie que ces conséquences nécessaires d'actes antérieurs, et en particulier de l'attitude générale envers la vie qui a inspiré ces actes, se concentrent avec tout leur poids dans la vie et l'individu doit alors rendre ses comptes. Ici encore le rapport entre les faits dramatiques de la vie et les crises révolutionnaires de la société est manifeste. Car, en particulier dans le cas de groupes sociaux, par ex. des partis, un tel règlement de comptes intervient le plus souvent en temps de crise. Les partis ont peu à peu cessé d'être de véritables représentants des intérêts de classe, pour la défense desquels ils ont été fondés et ils ont accumulé échec sur échec à ce point de vue sans avoir encouru de véritables conséquences. C'est alors que « soudain » il y a une crise sociale, et un parti hier puissant est « soudain » discrédité et abandonné sous les yeux de ses partisans antérieurs. L'histoire est remplie de tels faits, bien entendu non seulement en ce qui concerne les partis politiques au sens restreint. La grande Révolution française notamment est pleine de telles catastrophes qui sont déjà dramatiques dans la vie elle-même. Depuis le « soudain » effondrement de l'absolutisme le jour où la Bastille fut prise d'assaut, une chaîne de tels effondrements mène de la chute de la Gironde, des Dantonistes et Thermidor jusqu'à la chute de l'Empire napoléonien.

De tels moments ont déjà un caractère dramatique dans la vie elle-même. Il n'est pas étonnant, par conséquent, que « la demande de comptes » forme un des problèmes centraux du drame. Depuis « Œdipe » de Sophocle, qui fut pendant deux mille ans le modèle tragique de la création dramatique jusqu'à *La Mort de Danton* de Büchner, nous pouvons suivre ce problème comme un leitmotiv de la grande tragédie. Et c'est un fait particulièrement caractéristique de la création dramatique de ne pas décrire la lente et graduelle accumulation des conséquences, mais de prendre le plus souvent un intervalle de temps relativement court et décisif, ce moment dramatique de la vie elle-même où l'amoncellement des conséquences se transforme en actions. On a coutume, en partant de l'exemple formel d'*Œdipe*, de mettre en rapport cette sorte de drame avec la concentration classique des événements d'une part, et l'antique « idée de destin » d'autre part. Dans les deux cas cela ne correspond pas aux faits. Car par exemple le chef-d'œuvre de Büchner est conçu entièrement, quant à sa forme, dans le sens de Shakespeare et non des Grecs. Et pourtant la tragédie de Danton repose sur la même base. Ni le puissant tacticien de la victoire révolutionnaire, ni le politicien bourgeois vacillant qui se détourne de la poursuite de la révolution ne se tient au centre de l'œuvre. Tous ces faits dans la pièce de Büchner se sont produits depuis longtemps. Ce qu'il décrit avec une puissance dramatique incomparable, c'est comment Danton, le grand révolutionnaire, qui s'est détourné du peuple et de sa mission, est « appelé à rendre des comptes » pour avoir ainsi tourné le dos à l'histoire.

Allons plus loin. Lénine dit à diverses reprises que dans une situation déterminée où il faut agir on doit choisir parmi la série infinie des possibilités un maillon particulier de la chaîne et le saisir fermement pour tenir ainsi réellement en main la chaîne entière. Par là Lénine n'a pas seulement caractérisé un principe important de l'action politique, en particulier dans des périodes de changements nécessaires, mais en même temps un trait du comportement humain en général. Ou plutôt : un certain genre de comportement humain, un genre de réaction humaine à certains moments décisifs de la vie. Nous voulons seulement indiquer brièvement que l'acte de choisir et de saisir le maillon d'une chaîne est en étroite relation avec la croisée des chemins dont nous avons traité antérieurement. Mais nous voulons attirer l'attention sur le caractère spécifique de ce fait de la vie. Ce qui est spécifique dans le problème du maillon de la chaîne c'est avant tout l'importance donnée au maillon choisi qui est ainsi mis au centre. De ce fait la vie elle-même et pour ses propres fins se simplifie et se généralise. Cette simplification et cette généralisation donnent à la vie elle-même un caractère énergique, qui élabore des contrastes et les pousse à l'extrême.

Le fait de saisir le maillon de la chaîne n'a pas en soi besoin d'être lié à une collision ni d'en sortir, mais la concentration des problèmes de la vie autour d'un tel centre suscite dans la plupart des cas des collisions. Car, en somme, dans la vie de l'individu aussi la concentration ne se produit pas dans un vide, mais dans une interaction vivante avec les actes d'autres êtres humains. Et naturellement la concentration de ses propres actions autour d'un point décisif suscite aussi la concentration autour de ce point des forces personnelles et humaines qui sont opposées à soi. Assurément cet effet du maillon de la chaîne est particulièrement visible dans la vie politique. Quand un tel problème surgit et occupe le centre de la vie politique, la nature souvent amorphe des tendances et des courants divers acquiert une physionomie distincte et nettement caractérisée de toutes parts. Qu'on songe seulement à la différenciation extraordinairement forte des divers points de vue suscités par les grands discours de Lénine lors de l'introduction de la N. E. P. *Mutatis mutandis*, ce problème joue dans la vie de l'individu un problème analogue.

Enfin, soulevons un autre problème étroitement lié à cette question : la profonde liaison intime d'un homme avec son œuvre. Même dans la vie purement personnelle, il en résulte des collisions, des conflits dramatiques et des embarras. Car quelque centrale que puisse être la position occupée par l'œuvre de sa vie dans tous les efforts d'un être humain, il n'y a personne chez qui et pour qui d'autres forces de la vie ne soient pas d'une importance décisive. Plus est profond d'une part le dévouement d'une personne à l'œuvre de sa vie, plus d'autre part elle est un authentique être humain, c'est-à-dire plus sont nombreux et profonds les fils qui la relient à la vie, aux divers courants de la vie, d'autant plus dramatique sera cette collision.

Mais l'attachement d'une personne à l'œuvre de sa vie n'est pas toujours, même dans les cas les plus rares, uniquement une affaire personnelle. Si l'œuvre en question appartient au domaine de l'art ou de la science, elle peut superficiellement et psychologiquement présenter cette apparence. Mais si cette œuvre est directement liée à la vie sociale, alors il se produit un ensemble de complications qui présentent par nature et directement un caractère social.

Ceci nous ramène au problème que nous avons déjà traité dan

la première partie, le problème des individus « mondialement historiques » au sens de Hegel. Alors nous avons commencé par traiter du processus historique lui-même et nous avons examiné le rôle que jouent ces individus « mondialement historiques » dans sa figuration épique. Nous en sommes venus à conclure que leur importance historique se trouvait mieux exprimée sous une forme épique si, du point de vue de la composition, ils jouent des rôles secondaires dans le récit. Maintenant nous abordons le problème sous un angle différent, à partir de la vie intérieure de l'individu. Nous voyons comment une profonde liaison intime de la personne avec la société et avec ses tâches dans cette société tend vers le type de l'« individu mondialement historique », dans lequel aussi bien la liaison intime de l'individu avec sa tâche sociale, son absorption dans cette tâche, que l'importance en ampleur et en intensité de cette tâche paraissent portés à leur comble. Hegel dit au sujet de ce rapport : « Les grands hommes de l'histoire sont ceux dont les propres buts particuliers embrassent le substantiel, qui est la volonté de l'esprit du monde. C'est ce qui constitue leur véritable puissance... »

Si nous avons déjà vu dans le dévouement personnel absolu à une œuvre une dramatisation de la vie dans la vie même, il est clair que ce cas suprême d'une telle liaison intime représente aussi un sommet dramatique, à la fois dans la vie et dans l'art. Dans la vie aussi cette unité personnelle fondamentale entre l'individu, l'œuvre de sa vie et le contenu social de cette œuvre accentue la concentration de cette sphère de la vie, dans laquelle « l'individu mondialement historique » fait son apparition, autour des collisions significatives qui sont matériellement liées à la réalisation de cette œuvre de sa vie. L'« individu mondialement historique » a un caractère dramatique. Il est destiné par la vie elle-même à devenir le héros, la figure centrale du drame.

Car la collision sociale, en tant que centre du drame, autour duquel tout tourne et auquel se rapportent tous les éléments composants de la « totalité du mouvement », exige que soient figurés des êtres humains qui dans leurs passions personnelles représentent directement ces forces dont le heurt constitue le contenu matériel de la collision. Il est clair que plus une personne est un « individu mondialement historique » au sens de Hegel, c'est-à-dire : plus ses passions personnelles se concentrent sur le contenu de la collision et s'y confondent, plus cette personne est appropriée à être le héros principal, la figure centrale du drame. Cette vérité de la forme dramatique est aussi, comme nous l'avons vu, une vérité de la vie et non pas une subtilité formelle.

Pour cette raison, on ne doit jamais l'expliquer en un sens trop mécanique. Par exemple maints théoriciens de la tragédie classique et leurs imitateurs modernes néo-classiques considèrent que seules les grandes figures de l'histoire — ou du mythe — seraient appropriées à fournir des héros du drame. Pour la vie et pour son reflet artistique : le drame, il n'est pas question d'une représentation formelle et décorative, mais d'une convergence objective de forces, de la concentration réelle, personnelle, d'une force sociale qui entre en collision.

Hebbel fait un jour une belle et spirituelle comparaison entre la tragédie et une horloge dont les aiguilles en tournant indiquent successivement les grandes crises historiques, et il ajoute : « Peu importe si les aiguilles de l'horloge sont en or ou en cuivre et cela ne fait rien si une action importante en soi, c'est-à-dire symbollique, se produit dans une sphère inférieure ou socialement supérieure. » Hebbel a écrit ces mots dans la préface à sa tragédie bourgeoise *Maria-Magdalena*, pour défendre théoriquement cet ouvrage. Et ses arguments sont tout à fait justifiés. Des personnages comme le paysan, Pedro Crespo, dans *Le Juge de Zaloméa* de Calderon, les figures bourgeoises dans *Emilia Galotti*, *Kabbale und Liebe* (*Intrigue et Amour*), *Orage* d'Ostrovski et dans la tragédie de Hebbel sont aussi en ce sens des « individus mondialement historiques ». Le fait que le conflit intellectuel concret, qui est traité dans ce drame, n'a pas de vastes dimensions historiques, c'est-à-dire ne décide pas directement du destin de nations ou de classes, n'y change rien. Ce qui est important dans ces pièces c'est que le contenu social interne de la collision en fait un événement décisif, socialement et historiquement ; c'est aussi que les héros de telles pièces présentent en eux-mêmes cette combinaison de la passion individuelle et du contenu social de la collision, qui caractérise les « individus mondialement historiques ». C'est l'absence de ces deux éléments dramatiques de la vie qui rend la plupart des pièces bourgeoises — et malheureusement aussi prolétariennes — si banales, ennuyeuses et insignifiantes. L'aspect défavorable du sujet tient surtout à la difficulté de développer dramatiquement le caractère mondialement historique du conflit et du héros sans stylisation, sans introduire des éléments faussement grandioses. Le drame moderne dans la période de déclin général du réalisme suit la ligne de moindre résistance. C'est-à-dire qu'il accommode ses moyens artistiques aux aspects les plus insignifiants de sa matière, aux moments les plus prosaïques de la vie quotidienne. Ainsi la terne banalité de la vie devient artistiquement le thème qui est figuré ; elle souligne précisément les aspects du sujet qui sont défavorables pour le drame. On produit des pièces qui du point de vue dramatique se situent à un niveau inférieur à la vie qu'elle figurent.

Répétons-le : nous n'avons mentionné ici que quelques exemples significatifs tirés du grand nombre de « faits vitaux » dont le drame est le reflet concentré et artistiquement conscient, épuisant toutes les possibilités de cette concentration. Les lois formelles du drame proviennent de la matière de la vie, dont la forme est le reflet artistique le plus universel et suprêmement généralisé. C'est pourquoi les grands écrivains de différentes époques créent des drames d'un type tout à fait différent. Mais, justement pour cette raison, les mêmes normes intrinsèques de forme sont en vigueur dans ces œuvres d'art très diverses : les lois du mouvement de la vie elle-même, dont les drames sont des images artistiques. Les lois du reflet artistique sont donc en vigueur et le drame est une véritable œuvre d'art si ces lois sont appliquées et observées.

Toute théorie du drame qui, bien qu'inconsciemment, comme l'esthétique idéaliste d'époques antérieures, n'a pas pour point de départ ces faits de la vie, mais des problèmes de « stylisation » dramatique, de quelque nature qu'ils soient, se fourvoie inévitablement dans le formalisme. Car de telles théories ne voient pas que le prétendu « éloignement de la vie » de la forme dramatique est seulement une expression accentuée et concentrée de certaines tendances de la vie elle-même. Le fait de mal interpréter ce phénomène, c'est-à-dire de partir de cette distance formelle entre l'expression dramatique et les formes générales et moyennes sous lesquelles la vie quotidienne se manifeste, produit non seulement une fausse théorie, mais aussi une fausse pratique dramatique, dénature non seulement la forme du drame, mais aussi son contenu social et humain.

Maints critiques de la tragédie classique, depuis Saint-Evremond jusqu'à Voltaire, ont éprouvé quelque malaise en présence même des plus grandes pièces de Corneille et de Racine. Ils ont senti une certaine abstraction, un éloignement de la vie, un manque de « naturel ». Mais, quoique la critique de Lessing soit très fondamentale et traite dans bien des cas les problèmes de forme les plus importants, c'est Manzoni qui le premier a mis le doigt sur le point le plus faible de la tragédie classique. Nous citons ici sa critique parce qu'il en résulte très clairement que la tâche de la concentration dramatique est de refléter correctement les faits réels de la vie, les tendances réelles de la vie, parce qu'elle montre très distinctement l'effet déformant de la concentration formelle sur le contenu humain du drame.

Toute sa vie, Manzoni a lutté contre les exigences formelles de l'unité de temps et de lieu. Il y a vu des obstacles insurmontables pour la tâche de son temps, la réalisation du drame historique. Mais, comme son grand contemporain Pouchkine, il ne les combat ni au nom du « naturel », ni au nom de la vraisemblance ou de l'invraisemblance. Il part bien plutôt du fait que les personnages et leurs passions sont inévitablement déformés par la concentration de la durée de l'action en vingt-quatre heures. « Il était nécessaire, par conséquent, d'appeler cette volonté plus rapidement à la vie, en exagérant les passions, en les dénaturant. Pour qu'un personnage en vienne à une décision définitive dans l'espace de vingt-quatre heures, un tout autre degré de passion est requis que dans le cas de quelqu'un qui a lutté contre elle un mois durant. » Toutes nuances se trouvent de ce fait éliminées. « Les poètes tragiques en sont réduits à dépeindre seulement un petit nombre de passions déclarées et dominantes... Le théâtre est rempli de personnages fictifs agissant plutôt comme des types abstraits de passions déterminées que comme des êtres humains passionnés... D'où l'exagération, le ton conventionnel, l'uniformité des caractères tragiques... » La concentration dans le temps et le lieu oblige ces tragédiens à donner à tout prix aux causes une puissance plus grande que n'en auraient eue les causes réelles... Des chocs brutaux sont nécessaires, de terribles passions, des décisions précipitées... » Et Manzoni continue à montrer d'une manière convaincante comment la prédominance excessive du motif de l'amour, que d'autres critiques ont aussi combattue, se rattache à ces problèmes de forme et à leur effet de distorsion.

Bien entendu cette tendance à la distorsion dépend de causes directes socio-historiques. Mais la forme artistique n'est jamais une simple image mécanique de la vie sociale. Elle naît certes en tant que reflet de tendances sociales, mais dans ce cadre elle a sa propre dynamique, sa propre orientation qui la rapproche ou l'éloigne de ce qui est conforme à la vérité. Ainsi Manzoni, grand dramaturge et profond critique, a justement critiqué cet effet de distorsion d'une forme particulière en considérant les problèmes de la forme dramatique dans un étroit rapport avec ceux de la vie historique.

II. La particularité de la caractérisation dramatique

On pourrait ici assurément poser la question : admettons que tous ces faits de la vie, dont la forme dramatique, selon notre conception, est le reflet artistique, sont réels et importants — mais ne sont-ils pas des faits généraux de la vie ? Le genre épique ne doit-il pas aussi les refléter ? La question est absolument justifiée. Sous cette forme générale et par conséquent trop abstraite on peut même répondre par l'affirmative. En tant que faits généraux de la vie, ils doivent naturellement être figurés par toute littérature reflétant la vie. La question est seulement : quel rôle et quelle importance leur revient dans les différentes formes de la littérature ? Et ici nous devons concrétiser la question. Nous avons souligné ces faits dans tout l'ensemble de la vie, parce que, ainsi soulignés, ils forment justement les problèmes centraux du drame ; parce que dans le drame tout tourne autour du reflet de ces moments exaltés de la vie qui sont critiques ou engendrent des crises ; parce que c'est le centre d'où naît le parallélogramme de forces de la « totalité du mouvement » ; parce que le drame reflète la vie dans son aspect réellement exalté.

Bien entendu, tous ces faits de la vie apparaissent également dans le reflet épique de la réalité. La différence est « simplement » qu'ils occupent ici la position qui leur revient dans le processus *total* de la vie. Ils ne sont pas le centre autour duquel tout est groupé. En outre, puisque le drame figure ces moments exaltés de la vie, toutes les manifestations de la vie qui ne sont pas en rapport direct avec ceux-ci disparaissent de la représentation dramatique. Les forces impulsives de la vie ne sont représentées dans le drame que dans la mesure où elles mènent à ces conflits centraux, où elles sont elles-mêmes des forces motrices de ces collisions. Dans le genre épique, par contre, la vie apparaît dans toute son ampleur et sa plénitude. Les moments dramatiques suprêmes peuvent se présenter dans la vie, mais ils forment des cîmes auxquelles se rattachent non seulement une chaîne de montagnes mais aussi les collines et la plaine. Et de cette façon de refléter les choses il résulte naturellement de nouveaux aspects. Il est évident que les proportions « normales » de la vie sont observées bien plus strictement dans le genre épique que dans le genre dramatique, de sorte qu'il n'est pas surprenant que les problèmes de forme nouveaux et particuliers surgissent précisément dans le drame. Aristote déjà a vu clairement ce rapport. Après le passage que nous avons déjà cité où il parlait de la base commune à l'épopée et à la tragédie, il poursuit en ces termes : « Car ce qui fait partie de l'épopée existe aussi dans la tragédie, mais ce qui fait partie de la tragédie ne se trouve pas dans l'épopée ».

L'isolement de certains moments de la vie qui s'effectue dans le drame doit être nécessairement lui-même une forme sous laquelle la vie se manifeste pour pouvoir servir de base à la constitution d'une forme littéraire. Car la question que nous avons soulevée a encore un autre aspect, qui est important historiquement aussi bien qu'esthétiquement. Puisqu'il est clair que les faits de la vie reflétés par le drame peuvent et doivent être représentés aussi dans le genre épique, il semble également évident que ces faits se produisent *continuellement* dans la vie ; cela voudrait dire que la vie fournit sans cesse la possibilité d'un drame authentique et grand.

Ceci est pourtant en contradiction avec les données réelles du développement historique de la littérature. La forme dramatique n'a certes subi au cours de l'histoire aucun bouleversement aussi fondamental que la transformation de l'ancienne épopée en roman bourgeois moderne. La forme dramatique a un caractère bien plus persistant, ses lois essentielles sont mieux préservées dans ses divers modes de manifestations. Mais cette continuité s'affirme au sein d'un développement très discontinu, très décousu. Il est caractéristique de l'histoire du drame qu'elle ait connu des périodes d'épanouissement intense, relativement courtes, qui ont été précédées et suivies de longues périodes, durant des siècles, au cours desquelles on ne produisait rien ou à peu près rien qui eût quelque ressemblance avec le drame. Ce fait est d'autant plus frappant que la condition matérielle de la représentation du drame, la scène et le jeu des acteurs, montre un développement bien plus continu. D'autant plus intimement nous associons dans notre esprit le drame et la scène (du point de vue des lois intrinsèques de la forme dramatique), d'autant plus sérieusement nous devons soulever la question des raisons sociales et historiques de l'apparition discontinue du drame.

Le simple fait de cette discontinuité indique déjà que si les moments de la vie que nous avons énumérés sont reflétés dans le drame et forment la base de ses problèmes spécifiques de forme, néanmoins quelque chose doit y être ajouté ou, pour mieux dire, c'est la vie elle-même qui doit les produire d'une manière définie, spécifique, pour que leur représentation artistique adéquate revête la forme d'un véritable drame. Et la discontinuité du développement de la vie s'explique alors du fait que ces facteurs spécifiques additionnels dont la présence est nécessaire pour faire naître le véritable drame peuvent seulement se manifester dans des conditions sociales et historiques très particulières. Ils n'apportent donc rien de foncièrement nouveau aux faits de la vie que nous avons examinés. Mais ils contribuent à faire ressortir le caractère dramatique toujours inhérent à ces faits, d'une manière distincte, visible et adéquate.

La nécessité comme l'orientation et la nature d'une telle concrétisation peuvent être facilement expliquées au moyen de quelques exemples significatifs (positifs et négatifs). Ainsi, prenons le cas de ce que nous avons désigné auparavant par le terme « demande de comptes ». Ce motif apparaît dans la littérature sous les formes les plus diverses sans prendre nécessairement dans chaque cas un caractère réellement dramatique. Par exemple, dans les mystères du Moyen Age, qui sont construits extérieurement sur la base du dialogue et de la scène. Un thème y apparaît souvent (il a trouvé son expression la plus célèbre dans le mystère anglais *Everyman*), c'est celui de l'homme à qui la Mort, à son heure dernière, demande comptes de sa vie : à l'heure de la mort la faillite d'une vie mal conduite se révèle sous une forme résumée et condensée. En dépit du dialogue et de la construction scénique de ce mystère, en dépit de son motif qui est dramatique si on le considère dans l'abstrait, rien de dramatique n'apparaît ici à aucun instant. Pourquoi ? Parce que dans de telles conditions les conséquences de la « demande de comptes » ne peuvent être que purement intérieures, psychologiques et morales et ne sont pas susceptibles de se traduire en action et en lutte. La collision s'accomplit exclusivement dans l'âme du héros, sous la forme de crainte, repentir, lutte intérieure avec soi-même, etc. Son mode d'expression, par conséquent, ne peut être que lyrique ou didactique et rhétorique. En dépit de l'objectivation scénique, les collisions qui se produisent n'ont pas de caractère dramatique visible ; en dépit de la forme dialoguée, il ne s'ensuit aucune lutte dramatique entre deux forces sociales humaines. (Et il est intéressant d'observer avec quelle puissance le caractère intérieurement dramatique de ce motif se fait sentir lorsqu'une telle « demande de comptes » est figurée d'une manière épique, comme dans l'admirable nouvelle de Tolstoï : *La Mort d'Ivan Ilyitch.* Dans le mystère, avec sa forme extérieurement dramatique, la « demande de comptes » est si générale qu'elle ne peut être exprimée dans un cas dramatiquement individualisé. Le rapport de l'individualité du héros avec l'universalité du problème est celui d'un exemple, cité au hasard et remplaçable à volonté, avec une loi, et non pas la personnification dramatique d'une des forces qui entrent en collision.

Cette universalité abstraite des forces qui se heurtent ne prend pas nécessairement la forme d'une telle confrontation rigide de la vie et de la mort en général, d'un rapport religieux à la réalité. Au contraire, ce type spécial de figuration pseudodramatique est lié au féodalisme mourant et n'a trouvé depuis lors que quelques imitateurs et, fait assez significatif, seulement dans la décadence impérialiste.

Pourtant, le sens nouvellement éveillé de l'histoire a incité de nombreux écrivains à donner à leur création artistique une telle ampleur du détail empirique, des simples faits, que la nécessité historique ne pouvait de nouveau se manifester parmi leur abondance que sous une forme abstraite. Car toute force historique ou nécessité historique représentée dans le drame est abstraite au sens artistique, si elle ne s'incarne pas d'une manière adéquate et évidente dans des êtres humains concrets et des destinées humaines concrètes. Cela, le courant progressiste en littérature historique représenté par Mérimée, Vitet et leurs amis, par exemple, dont nous avons déjà traité, ne voulait pas et ne pouvait pas le faire. Ce qu'ils voulaient, selon le modèle mal compris des pièces historiques de Shakespeare, c'était créer un drame fondé sur une représentation étendue, vaste et complète du détail historique.

Vitet, le représentant le plus conséquent de cette tendance, a vu assez clairement la contradiction qu'elle présentait par rapport à la nature du drame. Il le dit expressément dans la préface à sa pièce historique *Les Barricades*, que nous avons déjà citée : « Toutefois ces scènes ne sont pas détachées les unes des autres : elles forment un tout ; il y a une action au développement de laquelle elles concourent ; mais cette action n'est là en quelque sorte que pour les faire naître et leur servir de lien. Si j'eusse voulu faire un drame au contraire, il eût fallu songer avant tout à la marche de l'action ; sacrifier, pour la rendre plus vive, la peinture d'une foule de détails et d'accessoires ; piquer la curiosité par des réticences ; *mettre en relief, aux dépens de la vérité, quelques personnages et quelques événements principaux, et ne faire voir les autres qu'en perspective* : j'ai préféré laisser les choses telles que je les trouvais, introduire dans mon premier plan tous les hommes et tous les événements à mesure qu'ils se présentaient, ne combinant rien, et ne me faisant pas faute d'interrompre souvent l'action par des digressions et des épisodes, ainsi que cela arrive dans la vie réelle. Je me suis résigné à exciter moins vivement l'intérêt pour copier avec plus d'exactitude. » (Les italiques sont de moi, G. L.)

Nous avons déjà vu que Mérimée n'est jamais allé aussi loin que Vitet, son ami et compagnon de lutte, dans l'attachement aux données empiriques de tous les faits historiques, dans le sacrifice conscient de la vérité poétique et dans la fidélité historique aux faits individuels. Néanmoins, sa pièce historique *La Jacquerie* est construite sur des principes très analogues. Son grand et durable mérite n'est pas seulement d'avoir été le premier à remonter au grand soulèvement paysan que les historiens avaient laissé tomber dans l'oubli et ainsi d'avoir opposé à la transfiguration idyllique du Moyen Age par les Romantiques une réplique tangible des plus vives et des plus violentes luttes de classes. Plus encore, Mérimée a donné un tableau authentique et artistiquement vivant de *toutes les classes* du Moyen Age en train de se décomposer ; pour les différentes classes il a trouvé et figuré des représentants importants et typiques ; il a présenté le heurt des différentes classes dans des situations aussi vivantes que typiques.

En dépit de cette figuration authentiquement poétique, qui allait bien au-delà de la simple fidélité historique à la Vitet aucun art dramatique irrésistible n'en est pourtant résulté. Charles Rémusat, un critique contemporain qui était proche du cercle de Mérimée à cette époque, a exposé les causes de cet échec avec des arguments judicieux. Après avoir traité en détail de tous les mérites de *La Jacquerie*, il en vient à parler de *Götz von Berlichingen* de Gœthe, qui donne également un large tableau d'époque de la vie de toutes les classes du Moyen Age en déclin et présente également un soulèvement paysan. Il voit dans les qualités humaines authentiques et profondes du personnage de Götz le secret de « sa grandeur poétique qui enchante et élève l'imagination », une caractérisation qui manque à tous les essais poétiques ultérieurs issus de semblables considérations formelles et visant à une semblable fidélité historique, même ceux de Mérimée. Rémusat donne ensuite une analyse détaillée de la figure de Götz dans toute sa richesse individuelle et il résume ainsi son jugement : « C'est l'homme le plus important de tous les temps avec la physionomie de son siècle. Ainsi dans le drame peuvent se réconcilier la poésie et l'histoire ; ainsi le génie peut s'élever jusqu'au grandiose sans abandonner la vérité. Par de telles œuvres ceux du théâtre moderne peuvent se conquérir une place à côté de l'ancien théâtre national. L'art serait incomplet et mensonger s'il ne reproduisait dans sa fiction tout ce que la nature admet et renferme, aussi bien et peut-être mieux que celle-ci. »

Peu importe en ce qui concerne l'objet de nos présentes considérations la valeur que nous pouvons attacher au personnage historique de Götz von Berlichingen et à la conception que Gœthe s'est faite de lui, peu importe si nous voyons en lui, comme Hegel, un des derniers représentants de l'« âge héroïque » ou, comme Marx, un « misérable drôle ». Car Hegel et Marx (ce dernier avec une insistance polémique contre Lasalle) sont d'accord sur le fait que Gœthe a réussi à créer un personnage dans lequel les traits individuels et personnels les plus profonds fusionnent avec l'authenticité historique et la vérité pour former une unité organique, inséparable, directement efficace. Et ceci aussi est le sens des remarques de Rémusat que nous avons citées. La destinée que Götz affronte par suite des circonstances historiques est ainsi non seulement appropriée en un sens général — c'est-à-dire, vue poétiquement, d'une manière abstraite, historique — mais, sans rien perdre de son caractère historique (au contraire en approfondissant et concrétisant ce caractère historique), elle est la destinée individuelle spécifique de Götz dans sa nature existentielle la plus totalement personnelle.

C'est pourquoi Manzoni, le plus important défenseur du drame historique à cette époque en Europe occidentale, voit d'une manière très conséquente son ressort essentiel dans cette individualisation des caractères et des destinées, et il oppose ce drame historique dans une vive polémique à la méthode abstraite du classicisme. Tout à fait à rebours de Vitet et de Mérimée, il affirme qu'il n'y a pas et ne peut y avoir de contradiction fondamentale entre la fidélité historique et l'individualisation dramatique. La tradition historique nous informe des faits et des tendances générales du développement. L'auteur dramatique n'a pas le droit d'y changer quelque chose. Mais il n'en a pas non plus de motif, s'il veut réellement donner à ses personnages une figure individualisée et vivante, car il trouvera pour cela dans les faits historiques ses indices et ses moyens les plus importants : plus il pénétrera profondément dans l'histoire, plus ce sera le cas. « Où donc le dramaturge peut-il trouver plus de ressources que dans ce que les hommes ont réellement fait ? Le poète trouve dans l'histoire un caractère imposant qui l'arrête et semble lui dire : observe-moi, je t'apprendrai quelque chose de nouveau sur la nature humaine ; le poète accepte l'invitation ; il veut faire le portrait du caractère ; où peut-il trouver des actions extérieures plus conformes à l'idée du personnage dont il essaie de faire le portrait que dans celles qu'il a réellement accomplies ? »

Mais que reste-t-il alors à faire au poète ? demande Manzoni. « Ce qu'il reste ? La poésie : oui la poésie. Car enfin, que nous donne l'histoire ? Des événements qui, pour ainsi dire, nous sont connus seulement de l'extérieur ; ce que les hommes ont fait : mais ce qu'ils ont pensé ; les sentiments qui ont accompagné leurs délibérations et leurs plans, leurs succès et leurs catastrophes ; les mots par lesquels ils ont essayé de faire valoir leurs passions et leurs volontés en regard d'autres passions et d'autres volontés, dans lesquels ils ont exprimé leur fureur, épanché leur tristesse, dans lesquels, bref, *ils ont révélé leur individualité* : tout cela l'histoire le passe presque sous silence ; et c'est justement le domaine de la poésie. »

La lutte du véritable drame historique avec les obstacles formés par ce qui constitue pour l'art l'apparence abstraite des choses dans l'histoire montre très clairement, dans des exemples positifs et négatifs, que *l'individualité du héros dramatique* est le point décisif. Tous les faits de la vie qui trouvent leur reflet adéquat dans la forme dramatique peuvent seulement se cristalliser conformément à leurs exigences internes si les forces qui entrent en collision, dont le heurt est causé par ces faits, sont d'une nature telle que leur lutte puisse se concentrer dans des personnes dont les physionomies individuelles et socio-historiques sont également évidentes.

Pour rendre pleinement compréhensible l'exactitude de cette concrétisation de nos remarques antérieures, il nous faut analyser encore quelques cas dans lesquels la présence de faits dramatiques de la vie ne conduit pas non plus à un véritable drame historique, bien que pour des raisons opposées. De cette façon seulement nous pourrons clairement esquisser le champ concret de ce reflet spécifiquement dramatique de la vie, de la genèse de la forme dramatique à partir de la nécessité intrinsèque des données de la vie qu'elle est appelée à figurer.

Prenons donc maintenant l'extrême opposé : les collisions qui sont fondées sur une même base émotionnelle, mais qui, bien qu'incarnées dans différents individus, ne possèdent pas l'universalité sociale. Chez Shakespeare, quand l'amour de Roméo et Juliette entre en conflit avec les circonstances sociales du féodalisme en déclin, des situations naissent, des changements psychiques se produisent, etc., auxquels chacun peut participer directement. Et plus les personnages principaux sont figurés individuellement, plus notre sentiment de sympathie est irrésistible. L'individualisation des principaux héros ne peut affaiblir, mais seulement renforcer le caractère universellement social de la collision. En fait, ici c'est précisément l'amour individuel qui se fait jour à travers les limites des inimitiés de familles féodales. Il est nécessaire de porter à l'extrême les passions pour donner à la collision sa grandeur tragique et rendre impossible, dès le début tout compromis, toute solution temporaire. L'effet de cette intensification des passions est nécessairement d'individualiser l'amour et ainsi de souligner les caractéristiques personnelles, subjectives, des personnages principaux. La profondeur poétique, la sagesse tragique de Shakespeare se révèlent ici dans l'unité inséparable, organique, entre l'extrême accentuation des caractéristiques individuelles, la subjectivité de la passion et l'universalité de la collision.

Mais ce n'est nullement le cas à propos de chaque passion, si irrésistible qu'elle puisse être subjectivement. John Ford, le jeune contemporain, extrêmement doué, de Shakespeare, a choisi la passion incestueuse d'un frère et d'une sœur comme tragique sujet de sa pièce *What a Pity She is a Whore* (*Quel dommage qu'elle soit une putain*). Ford n'a pas seulement un talent dramatique considérable, mais une aptitude particulière à figurer des passions extrêmes avec force et réalisme. Certaines scènes de cette pièce atteignent à une grandeur presque shakespearienne grâce à la simplicité, la franchise et l'authenticité avec lesquelles ces passions totales dominent la vie de ses héros. Mais l'impression dramatique qui résulte de l'ensemble reste néanmoins très problématique et indécise. Il ne nous est pas possible de sympathiser avec la passion de ses héros. Elle est et elle reste humainement étrangère à nous. L'auteur aussi ne semble pas être resté entièrement inconscient de la nature étrangère de cette passion. Car dramatiquement, en termes d'action, le caractère incestueux de la passion est chez lui seulement un accessoire pervers. Mais la véritable collision au point de vue dramatique naît simplement du heurt entre une passion quelconque et les circonstances extérieures ; la plupart des scènes, celles qui sont réellement dramatiques, seraient encore possibles (presque inchangées) s'il s'agissait d'un simple drame à propos de l'amour défendu et contrarié (pour n'importe quels motifs) ou de n'importe quel drame à propos de l'amour, du mariage et de l'adultère. Cet amour du frère et de la sœur est trop excentrique, trop subjectif, pour servir de base à une action dramatique. L'action prend refuge dans l'âme des héros dont la passion n'est ainsi opposée dramatiquement qu'à une défense en général, un obstacle en général, donc quelque chose d'absolument étranger, abstrait, par rapport à la passion.

Toute action, toute traduction en actes d'une collision exige un certain terrain commun entre les adversaires, même si cette « communauté » est celle d'une haine mortelle sur le plan social : exploiteur et exploité, oppresseur et opprimé peuvent avoir cette arène commune de leur lutte ; la perversion sexuelle, lorsqu'elle entre en conflit avec la société, ne dispose pas d'une telle arène. A une telle passion fait aussi défaut la justification relative, subjective, soit d'être enracinée dans l'ordre social du passé, soit d'anticiper l'avenir. La lutte de systèmes successifs de l'amour, du mariage, de la famille, etc., n'a par conséquent rien à voir avec la problématique de ce drame. Tous les conflits dans l'ancienne tragédie qui — selon une interprétation modernisée — sembleraient être « analogues » sont en réalité des heurts entre deux ordres sociaux.

On peut voir à quel point l'échec de Ford sur ce thème n'est guère un fait accidentel, car il fut un dramaturge très doué, en étudiant un autre exemple, plus récent, celui de *Myrrha* d'Alfiéri. Alfiéri est un auteur tragique qui approfondit les problèmes théoriques. Il dédaigne tout effet qui ne résulte pas directement de la nature tragique de son sujet donné. Ainsi, quand il choisit le thème de la perversion sexuelle — la passion fatale d'une fille pour son père —, il évite tous les effets généraux de l'amour défendu, tous les obstacles que cet amour essaie de surmonter. Il renonce à tous les moyens par lesquels Ford, avec son instinct dramatique spontané, a conféré à son sujet une action apparente, une tension apparente. Alfiéri veut réellement dramatiser la collision dans l'âme, dans la nature humaine, de la passion pervertie, incestueuse. Et ses intentions à cet égard sont pures et nobles : mais qu'en résulte-t-il dans la tragédie elle-même ? En bref : Alfiéri transforme le drame tout entier en un monologue contenu. Il dépeint son héroïne, très justement et dramatiquement, comme une personne sensible et d'un niveau moral élevé, épouvantée par sa propre passion et pourtant invinciblement soumise à elle, en dépit d'une héroïque résistance. Durant toute la pièce nous voyons cette noble créature lutter contre un destin sombre et inexprimé, prendre l'une après l'autre des résolutions insensées, pour ensevelir au fond d'elle-même, inexprimée et inconnue de tous, la passion dont nous avons seulement un obscur pressentiment et dont la nature n'est jamais révélée. Jusqu'à ce que finalement Myrrha, menacée par la malédiction du père qu'elle aime, se trahisse involontairement et mette fin à sa souffrance en se suicidant aussitôt après.

Alfiéri est supérieur à Ford du point de vue dramatique, dans la mesure où il donne une place centrale à la collision réelle, intérieurement tragique, des passions perverties et construit son action là-dessus et seulement là-dessus. Ce faisant, il révèle pourtant le caractère profondément anti-dramatique d'un tel thème. Le seul instant réellement dramatique dans sa pièce ne peut être à vrai dire que la confession finale de Myrrha. Mais la portée tragique de cette scène, à strictement parler, ne va pas plus loin qu'une confession à demi balbutiée de l'héroïne, l'exclamation d'horreur du père et le suicide de la fille. Tout le reste n'est rien qu'une préparation, un retard habilement ménagé.

Un conflit réellement dramatique doit pourtant contenir toute une chaîne de tels moments susceptibles de s'accentuer d'une manière ininterrompue et de permettre une riche variété de hauts et de bas dans la lutte extérieure des forces sociales qui entrent en collision. Mais cette fécondité d'un thème réellement dramatique dépend de la profondeur du lien qui unit intimement les personnes placées au centre du drame avec la collision concrète des forces socio-historiques, c'est-à-dire de la question de savoir si et de quelle manière ces caractères sont engagés avec toute leur personnalité dans le conflit. Si leur tragique passion coïncide en son centre avec le moment social décisif de la collision, alors, mais alors seulement leur personnalité peut acquérir un relief pleinement marqué et richement dramatique. Plus cette relation est vide, abstraite et périphérique, plus le héros dramatique doit faire l'expérience de son évolution en plus du drame proprement dit ; c'est-à-dire d'un point de vue artistique : lyriquement, épiquement, dialectiquement, théoriquement, etc.

La grandeur de la *caractérisation dramatique*, l'aptitude à faire *vivre dramatiquement* des caractères ne dépend pas seulement, par conséquent, de l'aptitude du dramaturge à caractériser en soi et pour soi, mais plutôt et même surtout du degré de la capacité qui lui est donnée, subjectivement et objectivement, de découvrir dans la réalité les caractères et les collisions pouvant correspondre à ces exigences intrinsèques de la forme dramatique.

Il est clair que ce n'est pas ici seulement une question de talent, mais en même temps un problème social. Car même le dramaturge le plus éminent ne peut inventer librement, comme il lui plaît, de telles intrigues (intrigue signifiant ici l'unité du caractère et de la collision). Il doit plutôt et Manzoni, en particulier, a bien raison de souligner ce fait, les *trouver*, les *découvrir* dans la société, dans l'histoire, dans la réalité objective.

Il est évident, pourtant, que non seulement le contenu social des collisions d'une époque est le produit de son développement économique, mais que les formes de ces collisions sont engendrées par les mêmes forces historico-sociales. Assurément ces dernières relations découlent bien moins directement de la base économique, des tendances économiques de la période. Mais tout ce que cela signifie pour notre question, c'est que le grand dramaturge trouve ici un champ d'action plus large pour son génie de découverte. Non pas qu'un degré quelconque de faculté imaginative puisse être en mesure éventuellement de combiner des formes de collision socialement non-existantes, de remplacer leurs qualités éventuellement défavorables au drame par d'autres favorables, librement conçues, sans détruire le caractère réaliste du drame. Le véritable génie dramatique se manifeste « seulement » par son aptitude à repérer dans l'enchevêtrement vaste et compliqué des formes empiriques celles où le contenu dramatique intrinsèque de la période peut se refléter adéquatement, conformément aux exigences de la forme dramatique.

En comparant Shakespeare et Ford nous avons insisté en substance sur la différence de leurs talents dramatiques. Mais rien qu'en substance, car avec le regroupement rapide des forces sociales pendant cette période la différence d'âge des deux dramaturges a signifié aussi un changement du milieu social ambiant. Examiner cette question en détail, même schématiquement, nous entraînerait hors du cadre de cette étude. Ce que nous avons voulu montrer ici, c'était que la possibilité de figurer les forces sociales qui entrent en collision sous une forme dramatique convenable, c'est-à-dire dans des personnalités pleinement développées, pleinement individualisées, n'est pas donnée automatiquement ou directement par une collision quelconque, mais qu'elle suppose des conditions subjectives et objectives très compliquées.

Nous continuons maintenant notre concrétisation du champ dans lequel le développement dramatique est possible pour ces faits de la vie qui, en quelque sorte, tendent au drame dans la vie elle-même. Dans nos remarques jusqu'à présent, où nous avons examiné les dangers pour un véritable drame de l'objectivité excessive et de la subjectivité exagérée des collisions, nous avons délibérément négligé de considérer à quel point les écrivains se sont efforcés avec succès de doter leurs caractères des moyens réels et appropriés de s'exprimer.

Cela est rigoureusement indispensable au drame. Mais son histoire montre que cet effort du dramaturge n'a pas toujours été poussé avec la même rigueur dans ce sens. Sous l'influence du développement naturaliste moderne, avec le balbutiement « naturel » habilement imité de ses figures scéniques, nous avons tendance à voir exclusivement ici l'origine du mode d'expression non dramatique. Ceci pourtant restreint la question, car il s'agit de l'expression *personnelle* de la figure dramatique. Elle doit donner une expression adéquate aux pensées, aux sentiments, aux expériences vécues, etc., qui l'amènent précisément à cette situation. Il est également dangereux du point de vue du drame, que l'expression dépasse la situation concrète et l'être humain concret en abstraction intellectuelle (comme il arrive souvent dans la tragédie classique ou parfois même dans l'œuvre de Schiller), ou bien qu'elle se limite à ce qui est d'usage courant dans la vie quotidienne en vertu d'un effort mal compris pour se rapprocher de la vie et rester fidèle à la vie.

Pour nous il ne s'agit pas ici en premier lieu de la langue, bien qu'évidemment le dialogue dramatique soit la forme concrète de tous ces problèmes. Ni chez Schiller, ni chez Gerhart Hauptmann, pour prendre deux cas absolument extrêmes, il ne peut être question d'une incapacité littéraire à exprimer convenablement par le langage ce qui constitue leur objectif artistique. Tous deux, bien entendu de manières très différentes et à des niveaux artistiques très différents, sont des maîtres du verbe ; ils peuvent tout ce qu'ils veulent en ce qui concerne la technique du langage. Mais, dans le cas de Schiller, ce qu'il veut dépasse l'individualité de ses figures dramatiques, caractérise quelque chose d'autre, de plus général que les personnages donnés qui agissent et souffrent. Dans le cas de Gerhart Hauptmann, de son côté, le dialogue exprime adéquatement ce qui situe « ici et maintenant » les personnages, mais il reste si totalement prisonnier de cet « ici et maintenant » qu'il tombe au-dessous du niveau de généralisation que doivent atteindre les figures du drame pour que leurs personnalités prennent le relief indispensable.

Le héros dramatique établit sans cesse le bilan de sa vie, les différentes étapes qui l'ont mené à la tragédie. Dans ses propos il doit donc toujours y avoir une tendance à généraliser et une réalisation intellectuelle, affective et linguistique de cette tendance. Mais, et c'est l'essentiel, cette généralisation ne doit jamais pouvoir se détacher de la personne concrète et de la situation concrète ; elle doit à tous égards être la généralisation des pensées, des sentiments, etc., de *cette* personne *précisément* dans *cette* situation *précisément*.

Cela signifie que le dialogue dramatique d'un bout à l'autre et en particulier à ses points culminants doit réaliser une concentration intellectuelle et une récapitulation dans lesquelles (sans préjudice du caractère profondément personnel du contenu et de la forme de ce qui est exprimé, voire précisément en raison de sa très haute intensification) tous les moments qui font du destin de cet être humain un *destin général*, doivent parvenir directement à se manifester. A ce point de vue aussi, Shakespeare est le sommet de l'histoire du drame. Qu'on songe, pour illustrer ce fait d'un unique exemple, aux paroles d'Othello quand Iago le persuade de l'infidélité de Desdémone. Il commence par une expression purement subjective de désillusion, de fureur, de vengeance, mais ses propos culminent en ces mots :

> Oh! maintenant à jamais
> Adieu le repos de l'âme! adieu le contentement!
> Adieu les bataillons empanachés et les vaillantes guerres
> Qui font de l'ambition une vertu! Oh! adieu!
> Adieu le coursier qui hennit, et la trompette stridente,
> Le tambour qui fait tressaillir le cœur, le fifre aigu,
> La bannière superbe, et tout ce qui fait
> L'orgueil, la pompe et l'appareil des nobles combats!
> Et vous, engins de mort, dont les rudes gosiers
> Imitent les formidables clameurs de Jupiter immortel,
> Adieu! le rôle d'Othello est fini!

Le pouvoir de tels mots, il va sans dire, ne relève pas uniquement de la langue. Il importe avant tout pour l'écrivain de créer des *êtres tels* et de les placer dans des situations telles qu'il en résulte « naturellement » des mots de cette sorte. J'ai parlé ailleurs en détail des conditions préalables, sociales et humaines, philosophiques et artistiques de cet usage du langage (cf. *La physionomie intellectuelle des personnages littéraires*, *Problèmes du réalisme*, Berlin 1955). Ici nous ne pouvons que mettre en évidence quelques facteurs importants et spéciaux concernant le drame.

Ceci nous amène aux très anciennes controverses à propos du drame : quelle doit être la nature de ses héros et leurs relations avec les gens dans la vie quotidienne ? Cette question a déjà joué un rôle dans l'Antiquité. Elle forme un thème essentiel de la discussion satirique entre Eschyle et Euripide dans les *Grenouilles* d'Aristophane. Euripide le loue pour avoir introduit dans le drame la vie privée et ses mœurs quotidiennes, et il décrit cela comme une entreprise très hardie. C'est précisément ce point ainsi que les questions formelles et linguistiques qui s'y rattachent qui constitue le thème principal de l'attaque d'Eschyle contre son art. Les discussions théoriques de la période de la tragédie classique reviennent aussi toujours à ces questions. Le fond du débat ici se ramène à savoir si vraiment seuls des rois, des généraux, etc. peuvent être des héros de tragédie et quelles sont les véritables raisons de cette « règle ». Ensuite, la naissance du drame bourgeois conduit à soulever cette question sous une forme nouvelle, à savoir si une personne du « tiers état » peut fournir un héros de tragédie.

Toutes ces discussions au sujet du drame, bien sûr, proviennent directement des luttes de classes des époques concernées. Mais le fait qu'une tendance ou une autre puisse devenir artistiquement féconde est le résultat d'influences très compliquées, exercées par les assises sociales de la genèse et du développement du drame sur ses possibilités de forme et de contenu. Le moteur, la force impulsive primordiale sont les forces sociales ; mais le champ de leur réalisation se trouve limité par les règles de la forme dramatique.

Auparavant, en parlant du drame bourgeois, nous avons effleuré le problème de l'« individu mondialement historique » en tant qu'héros nécessaire du drame. Ici, traitant des conditions préalables, sociales et humaines, de l'expression dramatique adéquate — c'est-à-dire, ni trop élevée ni trop basse, ni trop abstraite ni trop subjective — nous devons encore une fois revenir à cette question. Le fait que le concept du héros dramatique et celui de l'« individu mondialement historique » soient proches ne signifie nullement, bien entendu, qu'ils soient identiques. Il existe aussi des figures extrêmement importantes dans l'histoire, dont la vie n'offre aucune sorte de possibilité pour le drame, tout comme il y a des héros dramatiques qu'on peut appeler « individus mondialement historiques » seulement en ce sens étendu et figuré que nous avons établi dans nos remarques sur le drame bourgeois.

Mais malgré toutes ces réserves nous devons tenir fermement aux facteurs suivants qui sont convergents. En premier lieu la grandeur historique du traitement artistique de la collision. Dans le drame comme dans la littérature épique elle ne se confond nullement avec l'importance historique extérieure des événements représèntés. Le plus grand événement historique peut faire l'effet d'être entièrement vide et irréel dans le drame, tandis que des événements moins importants, tels que peut-être il n'y en a jamais eu dans l'histoire, peuvent donner l'impression de la fin d'une époque, de la naissance d'un nouveau monde. Il suffit de penser aux grandes tragédies de Shakespeare, *Hamlet* ou *Lear*, pour voir clairement à quel point un tel destin personnel peut susciter l'impression d'un grand changement historique.

L'exemple des grandes tragédies de Shakespeare est particulièrement instructif, parce que ce caractère *spécifiquement dramatique* des changements historiques, de l'*historicisme dramatique*, s'y manifeste clairement. En véritable dramaturge, Shakespeare ne se soucie guère de peindre un tableau détaillé des circonstances historiques et sociales. Il caractérise l'époque par ses acteurs. C'est-à-dire : tous les traits d'un caractère, depuis les passions décisives jusqu'aux réactions « intimes », insignifiantes et subtiles, mais encore sensibles dramatiquement, sont colorés par l'époque. Pas nécessairement en un sens large, universellement historique ou épique, mais certes dans le sens du conditionnement historique de la collision ; son essence doit forcément résulter des facteurs spécifiques de l'époque.

Assurément, cette historicité est celle d'une époque. Qu'on songe à notre exemple précédent de *Roméo et Juliette*. Sa couleur locale et historique est celle de l'Italie à la fin du Moyen Age. Mais il serait tout à fait erroné de chercher dans cette tragédie le type de concrétisation du lieu et du temps que nous trouvons chez Scott et qui donne à ses romans leur incomparable esprit historique. Parfois le lieu et le temps sont plus concrets chez Shakespeare et davantage encore chez les grands dramaturges postérieurs tels Gœthe ou Pouchkine. Mais, d'une part, cette possibilité même révèle une particularité importante du drame, le fait qu'il peut se passer d'une telle concrétude dans certaines circonstances et que son absence ne supprime pas l'historicisme dramatique. D'autre part, le drame postérieur et plus concret s'efforce aussi de caractériser les traits les plus généraux d'une époque, et d'une manière beaucoup plus directe que le roman historique, en dépassant bien davantage les aspects particuliers des phases individuelles et le caractère complexe, capillaire, des tendances.

Sous un angle différent nous voyons que cette conception historique grandiose d'une époque est seulement possible si tous les facteurs caractéristiques de l'époque ont été entièrement et organiquement assimilés dans les caractères, de telle sorte qu'ils constituent des facteurs de leur propre comportement personnel. Et nous pouvons voir ici d'une manière particulièrement claire la similitude, que Lessing a établie avec sagacité, entre les anciens tragiques et Shakespeare en ce qui concerne les principes ultimes de leur création. Les uns comme l'autre réduisent le monde de l'action humaine à des relations pures et directes des êtres humains entre eux. Le rôle intermédiaire qu'y jouent les choses, les institutions, etc., est limité à un minimum ; elles apparaissent comme de simples accessoires, comme un simple arrière-plan, etc., et ne jouent absolument aucun rôle dramatique ; elles n'ont d'importance qu'indirectement quand leur rôle médiateur est absolument indispensable pour clarifier les relations humaines. (La grande littérature épique, non plus, ne fétichise jamais les relations des êtres humains. Mais elle figure leurs relations mutuelles *avec* ces médiations, et même en les mettant largement à contribution.) La richesse et la profondeur de la caractérisation et des situations dans le drame servent à cette fin : créer des personnages qui dans leur personnalité achevée peuvent comporter et révéler la plénitude d'un tel monde.

Hegel a attiré l'attention sur le caractère plastique des héros du drame. Chez lui ce n'est pas une simple comparaison, mais une partie de sa philosophie historique de l'art : la conception de l'art plastique et de la tragédie en tant qu'arts de premier plan dans l'Antiquité, par contraste avec la peinture et le roman, arts de l'époque moderne. Il y a un certain parti-pris idéaliste dans cette conception, mais ce ne n'est pas le lieu d'en discuter. Ce qui nous importe ici, c'est bien plutôt de saisir la profonde vérité esthétique de ce parallèle entre l'art plastique et le drame. Tous deux sont des formes d'art dans lesquelles le monde de l'homme est réalisé exclusivement par la figuration de l'homme lui-même. Et il faut comprendre comment d'une telle « réduction » à l'homme naît une représentation enrichie du monde de l'homme dans son ensemble. Dans ces remarques nous avons essayé d'indiquer comment on parvient à réaliser cette expression plastique de l'homme sur le plan dramatique, son individualisation dramatique, qui est en même temps un historicisme dramatique. Les conditions sociales d'une telle conception et figuration de l'homme, de son individualisation sous une telle forme, sont celles du véritable drame.

La définition hégélienne des « individus mondialement historiques », à savoir que leurs « propres buts particuliers embrassent le substantiel, qui est la volonté de l'esprit du monde » est donc bien près de caractériser le héros dramatique. Il faut seulement traduire toute la mystique de l'« esprit » en réalité matérialiste, historique, et concevoir aussi *directe* que possible cette coïncidence de la personnalité du héros avec l'essence historique de la collision. Ce caractère direct est ici le facteur décisif. Les figures historiques fidèlement dessinées d'un Vitet ou d'un Mérimée, même si elles concordent avec les faits, n'atteignent jamais au pathétique dramatique de l'histoire mondiale, parce que ce caractère direct leur fait défaut, tandis que le paysan de Calderon, Pedro Crespo, ou les petits bourgeois de Schiller dans *Kabale und Liebe* (*Intrigue et Amour*) sont pénétrés entièrement de ce pathétique historique au milieu de la mesquine réalité quotidienne qui les entoure. Il est sans doute inutile d'indiquer encore des exemples d'un ordre supérieur, tels que Roméo, Hamlet ou Lear.

Qu'on songe — pour résumer tout l'état de la question à l'aide d'un exemple négatif — à un dramaturge moderne aussi important que Friedrich Hebbel. Sa Judith libère le peuple juif opprimé en tuant le chef de ses ennemis : Holopherne. Pour accomplir cet héroïque exploit national, le salut de son peuple, elle doit cependant sacrifier son honneur de femme, se donner à Holopherne. Ici se présente sans aucun doute une collision authentiquement tragique. Hebbel fait dire à son héroïne avant qu'elle ne se décide à aller chez Holopherne : « Si tu (le Dieu des Juifs, G. L.) mets un péché entre moi et mon acte, qui suis-je pour me quereller avec toi là-dessus, pour me dérober à toi ! » Mais la tragédie entre Judith et Holopherne évolue ensuite tout à fait différemment. Après que Judith a tué Holopherne, le dialogue suivant, très caractéristique, s'engage entre elle et sa compagne, Mirza :

« JUDITH : Pourquoi suis-je venue? La misère de mon peuple m'a poussée ici, la famine menaçante, la pensée de cette mère qui s'est ouvert le poignet pour donner à boire à son enfant languissant. Oh, maintenant je suis de nouveau en paix avec moi-même. J'avais oublié tout cela en pensant à moi-même !

MIRZA : Tu l'avais oublié. Ce n'était donc pas cela qui te poussait quand tu as plongé ta main dans le sang !

JUDITH (*lentement, anéantie*) : Non, — non, tu as raison, ce n'était pas cela — ce n'est rien que la pensée de moi-même qui m'a poussée. Oh, quelle confusion j'éprouve ! Mon peuple est délivré, pourtant si une pierre avait fracassé Holopherne — ils auraient eu plus de reconnaissance pour la pierre que pour moi ! »

Et après son retour à Béthulie, entourée par l'allégresse du peuple reconnaissant qu'elle a sauvé, elle dit :

« Oui, j'ai tué le premier et dernier homme de la terre, de sorte que tu (à un individu) peux mener paître tes moutons en paix, que toi (à un deuxième) tu peux planter tes choux et toi (à un troisième) tu peux exercer ton métier et engendrer des enfants qui te ressemblent ! »

La figure de Judith est esquissée par Hebbel avec une réelle maîtrise psychologique ; la structure scénique et dramatique de la tragédie est puissamment construite ; la langue (à part quelques emphases) est forte, expressive, dramatiquement alerte. Et cependant c'est précisément l'individualisation dramatique qui manque aux paroles tragiques de Judith. Sa mission historique dans la vie du peuple est seulement une occasion fortuite qui sert de point de départ à son destin personnel, tragique, de femme, et inversement le salut du peuple juif n'est pas quelque chose qui se développe organiquement à partir de la propre vie de celui-ci, du point de vue du peuple il est également fortuit.

De *tels* hasards annulent le dramatique. Shakespeare traite les liaisons accidentelles des faits isolés avec une nonchalance souveraine. (Qu'on songe au tragique dénouement de *Roméo et Juliette*). En dramaturge né, il a su que la nécessité dramatique ne dépend pas plus de l'absence de lacunes dans les liaisons causales particulières qu'elle n'est annulée par les contingences particulières de l'action. La nécessité dramatique, la force suprême de persuasion du drame dépend précisément de l'accord intrinsèque (brièvement analysé tout à l'heure) entre le caractère (avec sa passion dominante qui suscite le drame) et l'essence socio-historique de la collision. Si ce rapport existe, alors toute contingence particulière, comme à la fin de *Roméo et Juliette*, se produit dans une «*atmosphère de nécessité*», son aspect fortuit s'en trouve alors dramatiquement effacé. Par contre, si cette nécessité produite par la convergence dramatique du caractère et de la collision n'existe pas, comme c'est le cas dans *Judith* de Hebbel, si bien combinée que soit la motivation causale, elle paraît alors pure subtilité d'argumentation, et au lieu de renforcer l'impression tragique, elle la rend plutôt froide.

Cette convergence du caractère et de la collision est la base la plus fondamentale du drame. Mais plus elle est profondément élaborée, *plus* son effet est *direct*. Nous avons employé à dessein l'expression « atmosphère de nécessité », voulant décrire la nature organique, directe, de cette connexion entre le caractère et la collision, qui est bien éloignée de toute sophistication. Le destin contre lequel lutte le héros du drame lui vient autant « de l'extérieur » que « de l'intérieur ». Son caractère, pour ainsi dire, le « prédestine » justement à cette collision. Car aucune collision n'est en soi inéluctable pour l'individu. La majorité des cas dans la vie où se produit une collision socio-historique ne sont pas résolus sous une forme dramatique. C'est seulement quand la collision concerne un être humain comme Antigone, Roméo ou Lear que naît le drame. Voilà ce que veut dire Eschyle d'Aristophane, quand il proteste contre la conception d'Œdipe exprimée dans le prologue d'Euripide à *Antigone*, à savoir qu'Œdipe était tout d'abord heureux et qu'il est devenu ensuite le plus malheureux des mortels. Il ne l'est pas devenu, dit Eschyle, il n'a jamais cessé de l'être.

Ce serait, bien sûr, une dangereuse exagération de prendre trop à la lettre cette saillie polémique et de l'étendre trop loin. Eschyle proteste ici, à juste titre, contre le caractère extérieur de la conception d'Euripide, par où la destinée d'Œdipe devient un « destin » au sens d'une fatalité inéluctable. La majorité des héros des tragédies vraiment grandes ne sont en aucune façon inévitablement condamnés rien qu'à cause de leur caractère. Ils ne sont en aucune façon, pour employer une tournure moderne, « des êtres problématiques ». Pensons à Antigone, Roméo, Lear, Othello, Egmont, etc. Leur essence dramatique ne peut se trouver libérée que par la rencontre d'une collision concrète dans laquelle se manifeste la convergence, que nous avons brièvement décrite, de leur caractère avec cette collision *déterminée*. Mais il n'entrent pas, somme toute, en contact avec une collision qui pourrait incarner, pour ainsi dire fortuitement, un principe général abstrait du tragique, comme le pensent bien des théoriciens du XVIIIe siècle.

Il s'ensuit que la collision dramatique et son issue tragique n'ont pas besoin d'être conçus en un sens abstraitement pessimiste. Il serait naturellement absurde de nier abstraitement les éléments pessimistes dans le drame qui nous est donné par l'histoire de la société de classe. L'horreur des conflits dans la société de classe, le fait que pour la plupart des gens ils sont manifestement sans solution est sans aucun doute *un* motif, et certes non dénué d'importance, dans la genèse du drame. Mais il n'est nullement le motif suprême. Tout drame réellement grand exprime, au milieu de l'horreur qu'inspire la perte inévitable des meilleurs représentants de la société humaine, au milieu de la destruction mutuelle, apparemment inéluctable, des hommes, une *affirmation de la vie*. C'est une *glorification de la grandeur humaine*. L'homme, dans sa lutte avec les pouvoirs objectivement plus puissants du monde extérieur social, dans l'extrême tension de toutes ses forces en ce combat inégal, révèle d'importantes qualités qui autrement seraient demeurées cachées. La collision élève le héros dramatique à une grandeur dont auparavant il ne soupçonnait pas en lui-même la possibilité et dont la réalisation produit l'effet entraînant et exaltant du drame.

On doit souligner particulièrement cet aspect du drame, car les théories bourgeoises, en particulier celles qui sont devenues dominantes dans la dernière moitié du dix-neuvième siècle, mettent toujours unilatéralement au premier plan les aspects pessimistes et notre polémique contre elles se contente souvent d'opposer scolastiquement à ce pessimisme abstrait et décadent un optimisme abstrait et superficiel.

En réalité la théorie unilatéralement pessimiste du drame est étroitement liée à la destruction de son historicisme spécifique, de l'unité directe entre l'être humain et l'acte, entre le caractère et la collision. Schopenhauer, le fondateur de ces théories, résume comme suit la nature de la tragédie : « le fait que le but de cette suprême réalisation poétique soit la représentation de l'aspect terrible de la vie, que la souffrance indicible, la détresse de l'humanité, le triomphe du mal, le règne plein de dérision du hasard et la chute irrémédiable des justes et des innocents nous soient ici présentés ». Ainsi Schopenhauer réduit la collision concrète, socio-historique, à une *occasion* plus ou moins fortuite qui simplement déclenche la « tragédie universellement humaine » (l'inanité de la vie en général). Il exprime ici philosophiquement une tendance qui, depuis le milieu du siècle précédent, acquiert toujours plus d'importance dans la littérature dramatique et conduit toujours plus sûrement à la dissolution de la forme dramatique, à la désintégration de ses éléments réellement dramatiques.

Nous avons vu ces tendances dissolvantes à l'œuvre dans le drame d'un écrivain aussi exceptionnellement doué que Friedrich Hebbel. Nous avons vu que de ce fait le centre même de l'unité dramatique, l'unité du héros et de la collision, était affectée en premier lieu. Il en résulte pour l'expression dramatique le dilemme suivant : les traits les plus profondément personnels et caractéristiques du personnage principal n'ont aucun rapport intrinsèque et organique avec la collision concrète. Ils exigent, par conséquent, d'une part une ampleur relativement grande de l'exposé, pour devenir tant soit peu perceptibles et compréhensibles sur scène ; d'autre part, des moyens très compliqués sont nécessaires pour qu'on puisse établir un lien entre la problématique intérieure, psychologique, du héros et la collision socio-historique. (La Judith de Hebbel, par exemple, est une veuve, qui est toutefois restée vierge dans le mariage. La psychologie complexe résultant de cette situation singulière forme dans le drame le pont donnant accès à son acte tragique). Ces tendances ont un effet épique. Elles sont un facteur important dans le développement que nous avons appelé la « romancisation du drame ».

Mais l'établissement compliqué et ultérieur des rapports psychologiques entre héros et collision socio-historique ne suffit pas pour le drame. Chez presque tous les dramaturges doués, qui sont pourtant défaillants sur le point décisif, il est encore complété par une extase lyrique aux grands moments, en particulier à la fin. Le contenu de telles extases peut être très variable. Mais la plupart du temps elles prennent la forme d'un aperçu lyrique et psychologique de la nécessité de l'effondrement tragique. Cette sorte de lyrisme subjectif est une tentative pour remplacer et reconstituer, postérieurement et artificiellement, l'unité dramatique objective qui fait défaut. Et il est clair que plus les dramaturges ont rompu cette unité, moins leur collision et leur conception des caractères est naturellement historique, plus l'aspect général de la connexion dans leur œuvre se rapproche des idées de Schopenhauer, d'autant plus grand est l'abîme séparant la psychologie subjective de l'universalité du destin et d'autant plus indispensable l'extase lyrique comme substitut de l'élément dramatique.

Ce n'est pas un hasard si Schopenhauer a vu lui-même dans l'opéra *Norma* le modèle de la tragédie. Ce n'est pas un hasard non plus, si son élève Richard Wagner a essayé au moyen de la musique de venir à bout des problèmes qui sont l'écueil du drame moderne. Mais son drame musical est seulement un cas-limite du drame moderne dans son ensemble. Divers bon observateurs, en dernier lieu Thomas Mann, ont vu clairement combien le drame musical wagnérien est apparenté de près, par exemple, au drame en prose d'Ibsen.

Nous croyons avoir ainsi donné la concrétisation souhaitée des tendances de la vie, énumérées antérieurement, qui mènent au drame. Sans prétendre être complet du point de vue historique ou systématique, ce qui serait possible seulement dans une dramaturgie traitée en détail, il nous semble pourtant que la personnification spécifiquement dramatique de ces faits de la vie est désormais claire pour nous. Ils sont incarnés dans la personnalité pleinement développée, dramatiquement mise en relief, de l' « individu mondialement historique », figuré de telle façon qu'il ne trouve pas seulement une expression immédiate et complète de sa personnalité dans l'acte suscité par la collision, mais trace également le bilan général, social, historique et humain de la collision, sans perdre ni même affaiblir son caractère immédiat et personnel.

La question dramatique décisive est ici de savoir si une personne peut s'exprimer immédiatement et complètement par un acte. La littérature épique sous toutes ses formes présente la croissance des événements, le changement progressif ou la révélation progressive des gens qui y participent, elle s'efforce donc d'atteindre et d'éveiller au maximum cette convergence de l'homme et de l'acte dans la totalité de l'œuvre et c'est pourquoi elle la figure *au maximum en tant que tendance.* Au contraire, la forme dramatique exige une évidence immédiate et directe de cette coïncidence à chaque étape du cours qu'elle suit.

Pour donner un tableau historique concret des faits de la vie tendant vers le drame, il nous faudrait donc examiner les conditions socio-historiques des périodes particulières et voir si et de quelle manière leur structure économique, la nature de leurs luttes de classe, etc., est favorable ou défavorable à une telle réalisation vraiment dramatique de ces faits de la vie.

Si les conditions préalables font défaut dans la vie sociale pour que ces tendances dramatiques s'élèvent jusqu'au véritable drame, alors elles se feront jour dans d'autres directions. D'une part elles rendront problématique la forme dramatique, d'autre part elles introduiront des éléments dramatiques dans d'autres formes littéraires. Ces deux courants sont particulièrement visibles dans la littérature du dix-neuvième siècle. Gœthe et Schiller furent les premiers à établir l'influence réciproque de la forme épique et dramatique comme étant la caractéristique essentielle de la littérature moderne (cf. mon essai sur la correspondance entre Gœthe et Schiller, *Gœthe und seine Zeit*, Berlin, 1955). Ensuite Balzac, se référant particulièrement à Walter Scott comme l'initiateur, a mis en évidence que le caractère dramatique est le signe distinctif du nouveau type de roman par contraste avec les types antérieurs. Cette pénétration de l'élément dramatique a été extraordinairement féconde pour le roman moderne. Non seulement elle a rendu son action plus mouvementée, sa caractérisation plus riche et plus profonde, mais elle a en outre créé une forme convenable de reflet littéraire pour les manifestations spécifiquement modernes de la vie dans une société bourgeoise développée : pour les drames tragiques (et tragi-comiques) de la vie, qui sont dramatiques dans la vie même, mais apparaissent sous une forme non-dramatique, parce qu'ils seraient incompréhensibles et impossibles à figurer autrement qu'avec des distorsions, sans leurs mouvements capillaires petits et même minimes de progression.

Ces mêmes forces sociales ne pouvaient pourtant manquer d'exercer une influence très dangereuse sur le drame. Car plus un dramaturge est important, plus il est intimement lié à la vie de son temps, moins il sera enclin à faire violence en considération de la forme dramatique aux importantes manifestations de la vie qui sont en liaison étroite avec la psychologie de ses héros et la nature de ses collisions. Inévitablement, ces tendances ont renforcé toujours davantage la « romancisation » du drame. Maxime Gorki, le plus grand écrivain de notre époque, a souligné énergiquement ces facteurs dans une autocritique d'une âpreté tout à fait injuste à l'égard d'un grand nombre de ses pièces :

> « J'ai écrit près de vingt pièces et elles sont toutes des scènes plus ou moins faiblement reliées, dans lesquelles l'intrigue n'est nullement soutenue et les caractères sont insuffisamment développés, confus et peu réussis. Un drame doit tenir à son action, strictement et d'un bout à l'autre ; à cette condition seulement, il peut servir à susciter des émotions d'actualité. »

La tendance, défavorable au drame, de notre époque est ici caractérisée avec rigueur et pertinence. Pour montrer clairement à quel point cette critique est foncièrement juste — en dehors de l'exagération de son aspect autocritique —, rappelons la scène décisive dans une des meilleures pièces du dramaturge représentatif de la seconde moitié du dix-neuvième siècle : *Rosmersholm* d'Henrik Ibsen. Rébecca West aime Rosmer. Elle souhaite écarter tout obstacle qui les sépare ; c'est pourquoi elle persuade sa femme à demi folle, Beate, de se suicider. Mais sa vie commune avec Rosmer a éveillé et purifié ses instincts moraux : elle sent désormais que son acte est un obstacle insurmontable entre elle et l'homme qu'elle aime. Maintenant que ce changement l'amène à s'expliquer et se confesser, cela se passe ainsi :

« RÉBECCA (*avec véhémence*) : Vous croyez donc que je me comportais et agissais avec une détermination froide et avisée ! A cette époque je n'étais pas encore ce que je suis aujourd'hui quand je me trouve devant vous en train de raconter. Et puis, il y a deux sortes de volontés en nous, je pense. Je voulais écarter Beate ! Par n'importe quel moyen. Mais je ne croyais pourtant pas que cela irait jusque-là. A chaque pas que je me sentais poussée à faire en avant, il me semblait entendre quelque chose qui criait en moi : Pas plus loin maintenant ! Pas un pas de plus ! Et cependant je ne *pouvais* pas m'arrêter. Il *fallait* absolument que j'aille encore un petit peu plus loin. Rien qu'un tout petit peu encore. — Et encore un peu plus — et toujours un peu plus encore. — Et cela est arrivé. — C'est ainsi que de telles choses se produisent. »

Ici Ibsen, avec l'impassible sincérité d'un grand écrivain, dit pourquoi *Rosmersholm* ne pouvait pas *devenir un véritable drame*. Tout ce qu'une intelligence artistique bien équilibrée pouvait tirer de cette matière, Ibsen l'a accompli. Mais au moment décisif il apparaît que le drame proprement dit : la lutte, la collision tragique et la conversion de Rébecca West, en ce qui concerne le sujet, la structure, l'action, la psychologie des personnages, est un roman, dont Ibsen a revêtu le dernier chapitre de la forme extérieure du drame avec une grande maîtrise dans la conduite des scènes et le dialogue. Malgré tout, la base de la pièce reste naturellement celle d'un roman, certes rempli de tout le drame non dramatique de la vie bourgeoise moderne. En tant que drame, *Rosmersholm* est par conséquent problématique et fragmentaire ; en tant que tableau de l'époque il est authentique et fidèle à la réalité.

Dans le cas d'Ibsen, comme dans celui de Hebbel auquel nous avons fait allusion auparavant, ce qui nous intéresse c'est seulement leurs aspects typiques et symptomatiques. Les différentes manières pour le roman et le drame de refléter les moments dramatiques de la vie, qui apparaissent chez Ibsen et Hebbel, nous ramènent à un problème central de notre étude : la façon de figurer l' « individu mondialement historique » dans le drame et le roman.

Nous avons déjà discuté en détail pourquoi les classiques du roman historique ont toujours représenté les grandes figures de l'histoire comme des personnages mineurs. Nos observations présentes montrent à nouveau que le drame, par sa nature même, exige qu'ils tiennent dans la composition le rôle central. Ces deux types opposés de composition tirent leur origine du même sentiment de l'historicité authentique, de la véritable grandeur historique ; tous deux s'efforcent de bien saisir sous une forme artistique convenable ce qui est humainement et historiquement *significatif* dans les figures importantes de notre développement.

L'analyse très schématique de la forme dramatique que nous avons donnée jusqu'à présent montre comment le but de celle-ci est sans cesse de faire ressortir immédiatement et visiblement tout ce qui est significatif dans l'homme et ses actes, comment les exigences essentielle de sa réalisation sont concentrées dans une unité plastique, repliée sur elle-même, du héros et de l'action. Mais l' « individu mondialement historique » est déjà caractérisé dans la réalité par la tendance à une telle unité.

Puisque le drame concentre les moments décisifs d'une crise socio-historique dans la collision, il doit nécessairement être composé de telle sorte que ce qui détermine le groupement des figures depuis le centre jusqu'à la périphérie est le degré auquel elles sont impliquées dans la collision. Et puisque la réunion des moments essentiels d'une telle crise dans le sens de la collision se réalise en faisant vigoureusement ressortir leur importance humaine et historique, cet arrangement de la composition doit en même temps créer une hiérarchie dramatique. Pas dans un sens grossier et schématique selon lequel la figure centrale d'une pièce devrait nécessairement être le « plus grand personnage » à tout égard concevable ou à partir de quelque point de vue abstrait. Le héros du drame est supérieur à son entourage bien plutôt en vertu de sa liaison plus intime avec les problèmes de la collision, avec la crise historique concrète. C'est la façon dont celle-ci est choisie et figurée, la manière selon laquelle la passion du héros est liée à cette force, qui détermine si l'importance formelle attribuée aux caractères par les moyens de représentation du drame est chargée d'un contenu réel et véritable, historique et humain. Mais pour mettre en valeur ce contenu social, les tendances formelles qui fournissent la structure du drame sont, comme nous l'avons vu, indispensables ; c'est à dire, celles qui font ressortir les facteurs importants du complexe global de la réalité, les concentrent et créent à partir de leur enchaînement une image de la vie à un niveau plus élevé.

Il en va tout autrement dans la littérature épique. Les facteurs importants sont ici figurés comme des parties, comme des éléments d'une totalité plus large, plus étendue, compréhensive. Nous voyons leur genèse très compliquée et leur disparition, leur connexion inséparable avec la lente et confuse croissance de la vie populaire, l'interaction capillaire du petit et du grand, de l'insignifiant et de l'important. Nous avons montré auparavant comment les qualités importantes au point de vue historique et humain des « individus mondialement historiques » se développent chez les classiques du roman à partir de ces rapports compliqués. Nous avons aussi montré — en relation avec les importantes remarques de Balzac et Otto Ludwig — qu'un type tout à fait particulier de composition est nécessaire ici, pour que le significatif ne soit pas submergé dans l'infini de la vie, étant rabaissé au niveau de la moyenne par le détail forcément souvent mesquin, et que l'authenticité et la richesse de la réalité sociale ne soient pas non plus perdus du fait d'une stylisation artificielle, du fait d'une exaltation exagérée de la vie.

Car le roman n'exige nullement d'une manière absolue de figurer des êtres importants dans des situations importantes. Dans certaines circonstantes il peut tout à fait s'en dispenser ou il peut présenter les personnes importantes sous une forme qui donne à leurs traits une expression purement intérieure et morale, de sorte que le contraste figuré entre la banalité mesquine de la vie et cette importance purement intensive de la personne, cette disproportion entre la personne et l'action, entre l'intérieur et l'extérieur, devient le charme propre du roman.

Le roman historique ne se distingue pas foncièrement du roman en général et ce qui concerne ces possibilités et ces moyens ; il ne constitue en aucune manière un genre ou sous-genre particulier. Son problème spécifique, la figuration de la grandeur humaine dans l'histoire passée, doit être résolu au sein des conditions générales du roman. Et celles-ci, comme la pratique des auteurs classiques nous l'a prouvé, fournissent tout ce qui est nécessaire pour accomplir cette tâche avec succès. Car la forme du roman n'exclut nullement la possibilité de figurer des personnages importants dans des situations importantes. Elle peut dans certaines circonstances atteindre la perfection sans eux ; mais leur figuration y est aussi possible. Il importe seulement d'inventer une intrigue dans laquelle ces situations importantes deviennent des parties nécessaires, organiques d'une action totale beaucoup plus vaste et plus riche ; et une action qui soit conduite de telle sorte que sa propre logique interne la pousse vers de telles situations comme vers son véritable accomplissement. En outre, la figure de l'« individu mondialement historique » doit être conçue pour qu'elle apparaisse dans des situations de ce genre, et seulement de ce genre, par sa propre nécessité interne. Nous récrivons ici en d'autres termes et dans un autre ordre d'idées ce que nous avons déjà dit auparavant, à savoir que l'« individu mondialement historique » est nécessairement dans le roman historique une figure secondaire.

Les types de composition diamétralement opposés dans le drame et le roman proviennent ainsi d'une intention artistique semblable à propos de l' « individu mondialement historique » : celle de voir son importance et sa grandeur artistiquement et non pas nous gratifier de lieux communs au sujet de ses qualités « trop humaines ». Mais cette intention semblable est réalisée avec des moyens artistiques très différents, et, comme dans tout art, cette différence formelle recèle une teneur très fondamentale. La tâche intéressante et difficile du roman historique consiste à représenter ce qu'il y a d'important dans l' « individu mondialement historique » de façon à ne négliger aucun des facteurs complexes, capillaires, du développement dans toute la société de l'époque, et pour qu'au contraire les traits importants de l' « individu mondialement historique » non seulement proviennent organiquement de ce développement, mais en même temps l'expliquent, le rendent conscient et l'élèvent à un niveau supérieur. Ce qui dans le drame historique est nécessairement supposé : la mission du héros (le héros apporte lui-même par sa conduite dans la pièce la preuve ultérieure qu'il a cette mission et qu'il en est digne), cela dans le roman historique se trouve largement étalé et développé progressivement, par degrés. Balzac, comme nous l'avons montré, fait remarquer à très juste titre que dans le roman historique classique l' « individu mondialement historique » est une figure secondaire, mais qu'en outre dans la plupart des cas il apparaît seulement quand l'action est près d'atteindre son apogée. Son apparition est préparée par un vaste tableau d'époque qui nous permet de percevoir, revivre et comprendre ce caractère spécifique de son importance.

Dans l'action, le facteur et le centre de cette description de l'époque est le héros « moyen » du roman historique. Ce sont précisément les traits sociaux et humains bannissant de telles figures du drame ou ne leur permettant de jouer qu'un rôle subordonné, épisodique, qui les qualifient pour occuper une position centrale dans le roman historique. Car la relative imprécision des contours de leur personnalité, l'absence de grandes passions qui les amèneraient à des prises de position décisives, partiales, leur contact avec chacun des deux camps hostiles en conflit, etc., les rendent particulièrement appropriées pour exprimer convenablement dans leur propre destin la ramification compliquée des événements dans un roman. Otto Ludwig fut peut-être le premier à reconnaître clairement cette différence entre le drame et le roman qu'il a illustrée très exactement par quelques exemples. « Ceci est la différence principale entre le héros du roman et le héros dramatique. Si l'on s'imaginait *Lear* comme un roman, alors Edgar en aurait sans doute été le héros... Si, par contre, on voulait faire de *Rob Roy* un drame, alors Rob Roy lui-même en aurait été le héros, mais l'histoire aurait été très modifiée, Franz Osbaldiston totalement supprimé. De même dans *Waverley* Vich Ian Vohr serait le héros tragique et dans l'*Antiquaire* la comtesse Glenallen. »

III. Le problème du caractère public

Il semble que nous nous trouvons de nouveau en présence d'un problème formel, un problème de composition, mais ici encore le forme n'est en réalité qu'un reflet artistiquement généralisé de faits de la vie qui se répètent régulièrement. Du point de vue du fond, la différence que nous avons établie jusqu'à présent s'explique par le *caractère public* du drame. La littérature épique, assurément, était aussi un art public à son origine historique. C'est sûrement une des raisons pour lesquelles le contraste formel entre l'épopée et le drame dans l'Antiquité était moindre qu'entre le roman et le drame (en dépit de la plus grande influence mutuelle de ceux-ci). Mais ce caractère public de l'ancienne épopée grecque est le même que celui de toute vie dans une société primitive. Et ce caractère public devait nécessairement disparaître avec le développement plus poussé de la société. Si nous retenons la définition de l'épopée comme « totalité des objets » — et précisément l'épopée homérique fournit le fondement et la meilleure confirmation pratique de cette définition —, il est clair qu'un tel monde dans son ensemble peut conserver son caractère public seulement à un stade très primitif du développement social. Pensons aux exposés historiques d'Engels sur le caractère public par exemple de la tenue du ménage dans une société primitive et au fait que toutes les choses et toutes les fonctions qui se rattachent à l'entretien de la vie prennent nécessairement un caractère privé à un stade du développement déjà un peu plus élevé. Et n'oublions pas ici le rôle joué par le caractère public de ces phénomènes dans les épopées homériques.

Mais les facteurs dramatiques dans la vie sont tels que certaines parties indépendantes, élevées, du processus vital sont nécessairement publiques dans *toute* société. Encore cette division ne doit-elle pas être conçue avec pédanterie et en particulier elle ne doit jamais conduire à une classification des faits de la vie en publics et non publics, dramatiques et épiques. Presque chaque fait de la vie peut, sous certaines conditions, se manifester à un niveau suffisamment élevé pour acquérir un caractère public ; il a un aspect qui concerne le public *directement*, qui exige un public pour sa représentation. Ici précisément nous voyons très clairement la transformation de la quantité en qualité. Le conflit dramatique ne se distingue pas des autres événements de la vie par son contenu social, mais par la manière selon laquelle les contradictions s'avivent et le degré auquel elles le font. Cette accentuation produit alors une qualité nouvelle, originale.

Cette unité dans la diversité est indispensable pour que le drame ait un effet immédiat. Les spectateurs doivent faire l'expérience du conflit dramatique directement, sans explication particulière, autrement il n'aurait aucun effet. Il doit donc avoir bien des points communs avec les conflits normaux de la vie quotidienne. En même temps il doit représenter une qualité nouvelle et particulière, de sorte qu'à partir de ce fondement commun dans la vie il puisse exercer le vaste et profond effet du drame authentique sur la multitude publiquement assemblée. Les exemples de drames bourgeois importants que nous avons cités antérieurement, comme *Le Juge de Zalaméa*, *Kabale und Liebe* (*Intrigue et Amour*), etc., montrent le plus clairement cette transformation. Ils montrent que c'est précisément cette accentuation qui amène violemment devant le public ce qui est en soi un incident quotidien. Mais cela est encore un processus qui se produit avec une grande fréquence dans la vie elle-même. Le drame en tant qu'art de la vie publique présuppose donc le genre de thèmes et de traitement qui correspond à tous égards à ce niveau de généralisation et d'intensification.

Le caractère public du drame a une double nature. Pouchkine l'a déjà énoncé avec la plus grande clarté. Il dit tout d'abord à propos du drame : « Quel élément se déploie dans la tragédie ? Quel est son but ? L'homme et le peuple. Le destin de l'homme, le destin du peuple. » Et dans un étroit rapport avec cette définition, Pouchkine parle de l'origine publique et de l'effet public du drame. « Le drame est né sur une place publique, c'était un divertissement populaire. Le peuple, comme les enfants, exige une distraction, une action. Le drame lui paraît être un événement extraordinaire, véritable. Le peuple exige des sensations fortes — même une exécution est un spectacle pour lui. La tragédie a évoqué surtout des drames atroces, des souffrances exceptionnelles, même physiques (par exemple Philoctède, Œdipe, Lear). Mais l'habitude émousse les sensations, l'imagination s'habitue aux meurtres et aux exécutions et les regarde ensuite avec indifférence, tandis que dans la représentation des passions et les effusions de l'âme humaine il peut toujours trouver quelque chose de nouveau, quelque chose d'intéressant, de grand et d'instructif. Le drame est venu gouverner les passions et l'âme humaine. »

En établissant un lien entre ces deux aspects du caractère public du drame, Pouchkine atteint l'essence de celui-ci profondément et largement. Le drame traite de destins humains, il n'y a même aucun autre genre littéraire qui se concentre aussi exclusivement sur des destins d'êtres humains, et en particulier sur ceux qui résultent des relations antagoniques des hommes entre eux et de celles-ci seulement, sur lesquelles le drame met exclusivement l'accent. C'est pourquoi les destins humains sont conçus et représentés d'une manière si particulière. Tels, ils donnent une expression *directe* à des destinées générales, les destinées de nations entières, de classes entières, voire même d'époque entières. La haute généralisation de l'importance des êtres humains est liée inséparablement, à l'effet direct sur la masse. Gœthe a formulé ce rapport avec beaucoup de précision en ces termes : « Mais pour être exact, rien n'est théâtral que ce qui apparaît en même temps symbolique, une action importante qui en indique une autre encore plus importante. »

Nous avons vu quelle liaison étroite existe entre cette question du caractère public nécessaire du contenu du drame et la question de la forme. L'essence de l'effet dramatique est un effet *immédiat*, direct, sur une multitude. (Cette condition préalable sociale de la forme dramatique se trouve détruite et désagrégée par le développement capitaliste. D'une part naît un drame plus ou moins « purement littéraire », auquel font défaut ces caractéristiques nécessaire de la forme dramatique ou qui les inclut seulement sous une forme très atténuée. D'autre part naît un art pseudo-théâtral, sans substance, qui exploite avec une habileté formaliste les éléments de suspense dérivant du principe dramatique originel pour procurer un divertissement sans consistance à la classe dominante. Ainsi il y a ici, en un certain sens, un retour à la période initiale du théâtre indiquée par Pouchkine. Toutefois, ce qui était alors une rudesse primitive pouvant donner naissance avec le temps à un Calderon ou un Shakespeare n'est plus maintenant que la brutalité vide et raffinée qui amuse un public décadent). La dépendance réelle, immédiate, de la forme dramatique par rapport à l'effet immédiat sur les masses a des conséquences très profondes pour toute sa structure, pour l'organisation de tout son contenu dramatique, en un vif contraste avec les exigences formelles de toute grande œuvre épique, à qui fait défaut ce rapport *direct* avec la multitude, cette nécessité de l'effet immédiat sur la multitude.

En conclusion de sa longue discussion orale et écrite avec Schiller sur les caractéristiques communes et divergentes de la forme épique et dramatique, Gœthe résume ses vues dans un bref traité fondamental. Gœthe part ici d'une conception tout à fait générale de l'épique et du dramatique. Ainsi il ne considère pas théoriquement la nature particulière de la littérature épique moderne, la disparition du caractère public de la récitation. Mais même dans la description très généralisée que Gœthe donne de la récitation de la poésie épique par le rhapsode, une différence extrêmement importante entre les deux apparaît très clairement. Gœthe dit : « Leur différence essentielle gît... dans le fait que le poète épique représente l'événement comme *entièrement passé* et que le dramaturge le représente comme *entièrement présent* ».

Il est clair que ces deux sortes de relations avec un thème donné se rattachent très étroitement au caractère public de la récitation. L'aspect d'actualité comporte déjà en soi une relation directe avec l'auditeur. Pour assister à un événement décrit et conçu comme actuel, on doit être présent en personne, tandis que pour prendre connaissance d'un incident totalement passé, ni le caractère physique immédiat de la communication, ni par conséquent un public ne sont nécessaires. Nous voyons donc que, même si Gœthe, partant de la tradition classique, donne encore à la récitation épique un caractère public, la nature *accidentelle* de ce caractère, c'est à dire le fait qu'elle n'est pas irrévocablement liée à la forme épique, ressort clairement de ses remarques.

De cette antithèse il résulte d'autres différences importantes entre forme épique et dramatique. Nous mentionnerons seulement quelques-unes des plus importantes. La nécessité de l'effet immédiat du drame, la nécessité pour chaque phase de l'action et du développement des caractères d'être comprise et vécue immédiatement et simultanément avec les événements représentés, car dans le drame il n'y a aucun moment où le spectateur puisse réfléchir, faire une pause ou revenir sur le passé, etc., crée une plus grande rigueur de forme tant pour l'auteur que pour le destinataire de l'œuvre. Schiller résume clairement cette différence dans sa réponse à l'essai de Gœthe : « L'action du drame se déroule devant moi, tandis que je tourne moi-même autour de l'action de l'œuvre épique qui semble pour ainsi dire stationnaire. » Schiller poursuit en soulignant la plus grande liberté du lecteur de l'œuvre épique en comparaison du spectateur du drame.

A cette différence se rattache le champ défini et limité du drame par contraste avec l'extension presque sans limite et la variabilité de l'œuvre épique. Puisque le drame doit éveiller dans ce cadre l'impression d'une totalité, il s'ensuit que tous les traits qui apparaissent dans les caractères et l'action doivent être aussitôt compréhensibles, clairs et agissants et qu'ils doivent aussi en même temps être fortement concentrés. Le drame ne peut traiter les divers éléments et motifs, qui sont certes aussi dans l'œuvre épique objectivement liés l'un à l'autre, séparément au moyen de quelque division artistique du travail. Au romancier il est permis d'insérer des scènes, des récits, etc., qui ne font pas directement avancer l'action, mais qui narrent des faits passés et rendent ainsi compréhensibles une partie du présent et de l'avenir. Dans le drame véritable l'action doit progresser à chaque réplique. Même le récit du passé doit avoir pour fonction de stimuler le progrès de l'action. C'est pourquoi chaque réplique d'un drame véritable concentre toujours en soi toute une série de fonctions.

La figuration dramatique pousse l'homme plus vigoureusement au centre des choses que l'œuvre épique, en particulier l'homme en tant qu'être social et moral. Le drame figure ses personnages et ses actions exclusivement au moyen du dialogue ; seul l'intéresse artistiquement ce qui est viable en termes de dialogue. Dans la poésie épique, par contre, un rôle énorme est joué par l'être physique des hommes, par la nature qui les entoure, par les choses qui constituent le milieu où ils se meuvent, etc. ; l'homme est représenté dans l'interaction de tout cet ensemble complexe, ses traits sociaux et moraux formant seulement une partie, certes d'une importance décisive, de ce tout. Pour cette raison, il règne dans le drame une atmosphère plus spirituelle que dans l'œuvre épique. Ceci ne veut pas dire que les personnages et leurs relations soient idéalement stylisés, mais simplement que tout ce qui n'est pas un trait directement moral et social de l'individu peut seulement apparaître comme une condition préalable ou une cause de collision sociale et morale, que le monde de la nature ambiante et même le monde des objets formant l'entourage de l'individu peut seulement figurer comme arrière-plan ou comme moyen de liaison, et ceci en étant simplement esquissé. (La méconnaissance des lois intrinsèques du drame a produit ces derniers temps toute une mise en scène compliquée et vide utilisant des procédés épiques comme moyens de remplacement pour compenser l'insuffisance dramatique dans le théâtre.)

Tous ces facteurs de la concentration dramatique se manifestent avec une plus grande évidence dans le fait que le temps des événements dramatiques réellement représentés doit coïncider avec le temps de la représentation, tandis que dans l'œuvre épique un plus long intervalle de temps peut être justifié en quelques mots et parfois, inversement, l'auteur épique a le droit de faire durer un événement très court plus longtemps que cela ne se produirait dans la réalité. La célèbre exigence de l' « unité de temps » a ici, je crois, ses racines réelles. Assurément, les arguments sur lesquels cette exigence était fondée étaient le plus souvent faux et artificiels, mais nombre de ses opposants aussi sont passés à côté du véritable problème. Manzoni a combattu les « unités » de la tragédie classique au nom d'un drame historique réel encore à créer, mais il a aussi, à juste titre, lutté essentiellement pour imposer le droit du dramaturge à insérer tout intervalle de temps de son choix *entre* ses scènes réellement représentées.

Toutes ces différences entre le drame et l'œuvre épique apparaissent sous une forme condensée dans le jugement que nous avons cité auparavant de Gœthe au sujet de la nature symbolique des personnages dramatiques et l'unité du caractère immédiat et de l'importance typique à chaque moment de représentation dans le drame. L'unité de ces deux facteurs existe aussi, bien entendu, dans l'œuvre épique, mais elle y est beaucoup plus lâche. Dans le drame cette unité doit être continuellement réalisée et dans chaque phase aussitôt agissante, tandis que dans l'œuvre épique il suffit que cette unité s'affirme progressivement comme une tendance dans le cours de l'action d'ensemble. Ici encore nous pouvons percevoir nettement les conséquences formelles du caractère public du drame.

Il y a cependant deux malentendus à écarter. Nous avons établi un lien entre l'effet direct et immédiat du drame et le problème du caractère public. Mais cette immédiateté n'est-elle pas la caractéristique essentielle de tout art ? Bien entendu, oui. Bélinski a mis très justement la nécessité de la représentation directe et de l'effet immédiat au centre de sa théorie de l'art. Mais l'immédiateté du caractère public du drame, que nous avons soulignée, est quelque chose de particulier, quelque chose qui caractérise uniquement le drame *au sein* de l'immédiateté *générale* de toute littérature. Ces traits spéciaux de l'immédiateté du caractère public du drame surgissent d'une manière encore plus vive et plus accentuée au cours du développement historique. Avec le développement de la division du travail et la complication des relations sociales dans les sociétés de classes, une division entre ce qui est public et ce qui est privé s'effectue dans la vie elle-même. La littérature en tant que reflet de la vie ne peut pas ne pas reproduire ce processus. Mais cela n'affecte pas seulement les thèmes de la littérature qui traitent les problèmes humains issus de ce développement. Les formes de la littérature aussi, en tant que formes généralisées reflétant les traits constants et répétés de la vie, qui deviennent plus marqués avec le temps, ne peuvent rester à l'abri de ce processus.

Dans ce processus, pourtant, le drame et l'œuvre épique prennent des voies entièrement opposées. L'œuvre épique, en tant que reflet de la totalité extensive de la vie, de la « totalité des objets », doit s'adapter à ce processus. Le roman, en tant qu'« épopée bourgeoise », naît précisément comme un produit de la conséquence artistique avec laquelle toutes les conclusions ont été tirées, au point de vue formel également, des changements de la vie. (Le caractère artistique indécis de la prétendue « épopée littéraire » est dû notamment au fait que certains éléments formels de l'ancienne épopée étaient conservés à une époque où la réalité correspondant à celle-ci était déjà morte, au fait que ces éléments étaient appliqués à des sujets qui leur étaient étrangers et par conséquent utilisés d'une manière formaliste, parce qu'ils appartenaient à des types spécifiques reflétant d'une période passée du développement humain.)

Le drame est tout à fait différent. La forme dramatique existe ou périt avec le caractère public direct qui lui est spécifique. Elle doit donc ou bien disparaître de la vie ou, dans des circonstances défavorables, essayer de figurer à sa propre manière les éléments publics encore existants dans la vie sociale, mais en luttant avec une matière défavorable et pour ainsi dire contre le courant. Ces problèmes ont surgi avec une acuité particulière à la jonction du dix-huitième et du dix-neuvième siècles et ils se trouvent étroitement liés aux efforts de l'époque pour créer un grand drame historique. Les dramaturges importants de cette période ont profondément vécu les deux aspects du dilemme devant lequel ils se trouvaient, à la fois le caractère défavorable de la vie de leur temps (un sentiment qui affecte aussi la figuration des sujets historiques) et les nécessités de la forme dramatique.

Les discussions autour de ce qui semble un principe purement formel, la possibilité d'utiliser le chœur antique dans le drame moderne, montrent peut-être avec le plus de relief les facteurs sociaux qui sont devenus décisifs pour le drame. Dans la préface de sa tragédie *Die Braut von Messina* (*La Fiancée de Messine*) Schiller parle très clairement de ce problème. Il dit au sujet de l'emploi du chœur dans la tragédie antique : « Elle a trouvé le chœur dans la nature et l'a utilisé parce qu'elle l'a trouvé. Les actions et les destinées des héros et des rois sont déjà publiques par elles-mêmes et l'étaient encore plus aux époques simples, primitives. » La situation, selon Schiller, est toute différente pour l'écrivain moderne. La vie dans la société actuelle est devenue abstraite et privée. « Le poète doit rouvrir les palais, il doit faire sortir les tribunaux en plein air, il doit ériger de nouveau les statues des dieux, il doit restaurer tout ce qui est immédiat et qui a été aboli par les dispositions artificielles de la vie réelle... » Ce fut précisément à cette fin que Schiller introduisit le chœur dans *La Fiancée de Messine.*

Nous n'attachons pas d'importance à répéter ici le fait bien connu que cette utilisation du chœur par Schiller a abouti à une expérience formelle artificielle et à sa pièce la plus faible. Ce qui nous importe ici c'est le problème dans sa généralité. Schiller a senti très justement que la présence du chœur dans la tragédie grecque est issue spontanément des conditions socio-historiques de la vie grecque et que la question essentielle pour le dramaturge moderne est par contre de figurer tous les événements de telle sorte, d'élever toutes les manifestations de la vie à un niveau tel, que cela leur permette de tolérer la présence du chœur.

Dès que le quatrième mur de la scène ne fut plus rien d'autre que le plafond rendu transparent du *Diable Boiteux* de Lesage, le drame a cessé d'être réellement dramatique. Le spectateur du drame n'est pas fortuitement présent à quelque fortuit incident privé de la vie, il ne se tient pas aux écoutes de la vie privée de ses semblables par un trou de serrure agrandi, mais ce qui lui est présenté doit être un événement public quant à son contenu le plus profond, sa forme essentielle. La tâche difficile du dramaturge moderne consiste précisément à trouver de tels matériaux dans la vie et à les soumettre à un tel remaniement dramatique qu'ils puissent supporter, d'un bout à l'autre et dans ce sens, de prendre un caractère public. Et le dramaturge moderne doit combattre ici non seulement les éléments extérieurs de la société moderne, mais en même temps sa propre attitude envers la vie, qui est issue de la nature de cette société. Extrêmement caractéristiques de cette attitude sont les remarques de Grillparzer au sujet du chœur : « Inconvénients bien connus du chœur. Sa présence constante est le plus souvent gênante quand des secrets sont en cause. Le chœur a donné aux drames des Anciens un caractère public. Eh bien!, c'est peut-être tant pis. Pour ma part, je n'aimerais pas une institution qui m'obligerait à renoncer à tous les sentiments et situations qui ne supportent pas de prendre un caractère public ».

Longtemps avant la naissance du dit « théâtre de chambre » (*Kammerspiel*), Grillparzer exprime l'attitude sur laquelle celui-ci s'est fondé. Il le fait avec la franchise et la droiture d'un écrivain important. Mais il ne remarque pas — et ses successeurs bien plus médiocres le remarquent encore moins par la suite — que c'est justement la prédominance croissante de cette attitude qui fait du drame un produit artificiel, un objet d'expériences stériles, formalistes, que c'est justement cette évolution qui a rompu le contact vivant entre le drame et le peuple.

Nous n'avons pas ici attaché d'importance au problème du chœur lui-même, mais aux problèmes qui se trouvent derrière cette question. Les expériences avec le chœur sont très problématiques non seulement chez Schiller, mais aussi chez Manzoni. Mais ce problème révèle combien il est difficile de figurer le caractère public de la vie dans le drame moderne. Les grands dramaturges modernes de

Shakespeare à Pouchkine ont essayé de résoudre le problème au moyen de scènes de foule, et sans aucun doute c'est ici que se trouve la solution naturelle et saine. Assurément, il existe une différence fondamentale entre le chœur antique et la scène moderne de foule. Nous n'avons pas la possibilité d'analyser ce problème avec l'ampleur nécessaire. Indiquons seulement un facteur essentiel : le chœur antique est toujours présent, tandis que les scènes de foule ne sont plus que des facteurs isolés du drame. Les scènes les plus importantes entre les protagonistes se déroulent souvent en l'absence de ces témoins. Mais il s'en faut de beaucoup que cela signifie que ces scènes n'aient eu aucune relation avec la foule présente dans la pièce. Chez Shakespeare déjà il y a souvent une très vivante relation de ce genre. Qu'on pense seulement à la vive influence des sentiments populaires sur Brutus et Portia ou Brutus et Cassius. La nouvelle vague du drame historique a rendu ces relations encore plus intimes. Ainsi Schiller présente certes le camp de Wallenstein comme un simple prologue à sa tragédie, mais par rapport au drame intérieur c'est pourtant davantage qu'un prologue. Et dans le drame postérieur à Walter Scott ces relations se sont encore renforcées. De nouveau, prenons un exemple très caractéristique : mentionnons *La Mort de Danton* de Büchner et l'interaction qui s'y produit entre les scènes de foule et les scènes de la vie privée de Danton. Ces suites de scènes forment dans une certaine mesure une série de répliques, la question soulevée dans une scène recevant une réponse dans l'autre, etc.

Nous arrivons maintenant au second groupe de malentendus possibles à propos de l'immédiateté spécifique du drame. Comme nous le savons, cette immédiateté est celle de son caractère public. Et il paraît alors tomber sous le sens que les côtés de la vie moderne (et de l'histoire) qui sont publics nécessairement et directement, fournissent les matériaux les plus appropriés pour le drame : nous voulons dire la vie politique comme telle. Pourtant c'est un préjugé de croire que la vie politique telle qu'elle se présente puisse fournir la matière la plus appropriée au drame. Nous avons vu qu'accepter sans résistance les tendances qui rendent privées maintes importantes manifestations individuelles et sociales de la vie signifie l'autodestruction du drame sous la forme du « théâtre de chambre ». Mais ce développement du caractère privé du drame est seulement un aspect d'un processus dont l'autre aspect, inséparable, se manifeste dans l'abstraction toujours croissante, dans l'indépendance et l'autonomie en apparence toujours plus grande de la vie politique. Si donc la politique doit fournir une matière fructueuse pour le drame, il faut que l'auteur dramatique rompe la division, cette division dont Marx a montré le caractère spécieux, entre *citoyen* et *bourgeois* ; il faut qu'il révèle les fondements sociaux de la politique en figurant des destinées humaines vivantes, des destinées individuelles qui concentrent dans leur essence individuelle les traits typiques, représentatifs de ces relations. Au XVIIe siècle on a eu le drame pathétique et creux du « grand sujet historique et politique » (*Haupt- und Staatsaktion*) au XIXe siècle la « pièce à thèse » vide et déclamatoire.

Sur ce thème aussi Schiller s'est exprimé d'une manière instructive. A l'époque où il travaille à *Wallenstein*, il écrit à Körner : « La matière est... au plus haut point réfractaire à un tel dessein... au fond c'est une pièce à sujet politique et en ce qui concerne son utilisation poétique elle présente tous les inconvénients d'un thème politique : l'objet est invisible et abstrait, les moyens sont *médiocres* et *nombreux*, l'action est dispersée, la progression timide, l'intention beaucoup trop froide et aride (pour être à l'avantage du poète), car ce dessein n'est pas stimulé dans le sens de son accomplissement pour ainsi atteindre à la grandeur poétique ; car à la fin le projet n'échoue pourtant que par maladresse. La base sur laquelle Wallenstein fonde son entreprise est l'armée, pour moi par conséquent une étendue infinie que je suis incapable de me représenter concrètement et peux seulement imaginer au moyen d'un art ineffable. Je ne peux donc montrer ni l'objet sur lequel elle repose, ni ce qui cause sa ruine ; car c'est tout aussi bien l'état d'esprit de l'armée, de la Cour, de l'Empereur. »

Cette analyse nous paraît extraordinairement instructive. Surtout elle montre que les données politiques, pour le poète, sous leur forme directe, sont en quantité infinie et diffuse et ne peuvent être proprement figurées que par des moyens épiques. La stylisation dramatique consiste ici à sélectionner les facteurs très peu nombreux qui associent intrinsèquement la politique, sa base sociale et les passions humaines qui expriment cette base. Elle consiste à les concentrer sous une forme directe et tangible (rappelons encore une fois « le maillon de la chaîne »), qui pourtant ne réduise pas la profusion des tendances sociales opposées suscitant la collision politique. Une « stylisation » en ce sens, c'est-à-dire une limitation ou une restriction de la « totalité des mouvements », déformerait les données quant au fond et rendrait superficielle la collision. Mais il faut ici plus qu'une simple sélection de quelques facteurs ; la profusion infinie et dispersée des facteurs doit être concentrée autour de ceux qui représentent réellement tous les facteurs, toutes les forces impulsives de la collision politico-historique.

Particulièrement intéressantes et instructives sont les remarques de Schiller où il parle de l' « intention aride » de sa pièce et de la façon dont elle doit être maîtrisée poétiquement. Il a tout à fait raison quand il montre théoriquement que cette maîtrise de l'objectif poursuivi ne peut être atteinte qu'en allant jusqu'au bout des conséquences logiques de cette intention. Cela signifie que, si une telle collision est représentée sous une forme extrême et concentrée par un caractère particulier, il doit mettre en évidence précisément les fondements sociaux et humains de l' « intention aride » et que le fait d'aller jusqu'au bout dans cette voie, la révélation de ses déterminants spécifiques, doit abolir les aspects défavorables de la donnée. La pratique même de Schiller montre quelles difficultés il y a pour venir à bout d'un tel sujet à l'aide d' « ingrédients humains ». Ils restent des ingrédients et des garnitures et l' « aridité » des connexions politiques subsiste néanmoins. D'autre part rien ne vit dans le drame que ce qui se traduit en termes humains, directement sensibles. Si correcte que soit l'interprétation d'un conflit politique quant à son contenu, si subtilement combinée que soit une collision historique en termes de philosophie de l'histoire, sans cette traduction directe ils restent privés de vie. Et du point de vue de la destruction de la forme dramatique il est presque indifférent que cette absence de vie, produite par une présentation purement intellectuelle de connexions politico-historiques, revête un aspect de propagande ou mystique. Dans les deux cas, le plus récent développement du drame est encore une oscillation entre de faux extrêmes.

Shakespeare a montré d'une manière puissante comment de grandes collisions historiques peuvent être traduites en termes humains et pénétrées de vie dramatique. Dans ce contexte, il n'est pas sans intérêt de mentionner l'objection soulevée par Hegel contre *Macbeth*. Hegel trouve que la source de Shakespeare mentionne un titre juridique de Macbeth au trône d'Écosse et il déplore que Shakespeare ait laissé tomber ce motif. Il nous semble que ce motif est tout à fait superflu pour le problème de la décomposition de la société féodale et ses déchirements internes qui en résultent. Dans son cycle de drames à sujet historique, Shakespeare a donné d'innombrables exemples pour montrer l'usage entièrement arbitraire de tels titres juridiques dans la lutte de classes entre monarchie et féodalisme. Dans la description concrète de ces luttes anglaises il a assigné à ces motifs le rôle épisodique qui leur revient. *Macbeth*, en revanche, figure sous une forme concentrée la quintessence humaine de l'ascension et de la chute de Macbeth. Shakespeare montre ici les traits humains qui résultent nécessairement d'un tel contexte socio-historique, et il le fait avec une fidélité et une concision admirables. Et il a tout à fait raison de figurer cette essence humaine (socialement et historiquement conditionnée) et de ne pas charger son tracé avec des motifs insignifiants. Les règles formulées par Hegel auraient conduit à un drame du type de Hebbel et non à celui de Shakespeare.

Cependant, en général, Hegel a reconnu les nécessités du drame, à la fois en ce qui concerne le contenu historique et la forme dramatique, plus clairement que la plupart des théoriciens. Il met en garde à diverses reprises contre deux extrêmes dans la caractérisation : d'une part l'absorption d'un caractère dans l'expression de forces historiques abstraites, d'autre part le fait de tomber dans la psychologie humaine purement privée. Quand il demande que les personnages dramatiques aient du « pathétique » et s'efforce de distinguer le pathétique de la passion, il se trouve sur la bonne voie pour décrire la nature spécifique des caractères dans le drame. Il nomme le pathétique « une force dans l'âme qui se justifie en soi, un contenu essentiel de la raison » et invoque l' « amour fraternel sacré » d'Antigone et le fait qu'Oreste ne tue pas sa mère dans un violent accès d'émotion, mais que « le pathétique qui le pousse à agir est bien pesé et tout à fait réfléchi ». Cela ne signifie pas, bien entendu, que les héros de tragédie soient des êtres humains sans passion. Antigone et Oreste, aussi, ont leurs passions. L'insistance sur le pathétique signifie ici que le fait décisif est la coïncidence directe du grand thème historique, incarné dans la tâche concrète, avec la personnalité et la passion particulières du héros dramatique. En ce sens le héros d'un drame historique doit être un « individu mondialement historique ». Et c'est ce caractère même de son pathétique, la qualité même de sa passion qui n'est ni abstraitement générale, ni individuellement pathologique, qui rend possible la concentration de la personnalité sur le pathétique pour trouver une réponse directe parmi les masses. L'universalité concrète, la rationalité et le caractère direct de ce pathétique permettent au héros de susciter, directement et personnellement, des sentiments apparentés dans chaque individu de la masse.

IV. Comment est figurée la collision dans la littérature épique et dans le drame

Notre comparaison du roman et du drame montre que le mode de description du roman est *plus proche* de la vie, ou plutôt de l'apparence normale de la vie, que celui du drame. Mais, comme nous l'avons vu, le prétendu éloignement du drame par rapport à la vie ne signifie pas une « stylisation » formaliste, mais bien plutôt le reflet artistique d'une sorte particulière de faits vitaux. De même le caractère proche de la vie de la forme romanesque diffère de la simple copie de la réalité artistique ; le naturalisme n'est pas le style inné du roman. L'étendue du plus énorme roman est limitée. Même si l'on tient la *Comédie humaine* pour un seul roman, elle ne donne, dans toute son étendue, qu'une fraction infiniment petite de la réalité de son temps. Un reflet quantitativement adéquat de l'infini de la vie est tout à fait hors de question. Les écrivains naturalistes s'appliquent à un travail de Sysiphe, car non seulement ils perdent la totalité d'un reflet artistique du monde en ne figurant artistiquement qu'un extrait, un fragment incomplet en soi, mais même la plus grande accumulation naturaliste des détails ne saurait offrir la possibilité de reproduire adéquatement l'infini des qualités et des relations que possède en soi un seul objet de la réalité. Et le roman ne se donne certes pas pour tâche de reproduire fidèlement un simple extrait de la vie ; mais, en représentant une section limitée de la réalité, en dépit de toute la richesse du monde figuré, il veut évoquer la totalité du processus de développement social.

Les problèmes de forme du roman naissent ainsi du fait que tout reflet de la réalité objective est nécessairement relatif. Le roman a pour tâche d'évoquer directement la vie dans sa pleine extension, la complexité et l'intrication de ses voies de développement, l'incommensurabilité de son détail. C'est pourquoi le problème de la « totalité des objets », en tant que but de la grande littérature épique, que nous avons déjà soulevé à diverses reprises, doit être entendu en un sens très large ; c'est-à-dire que cet ensemble n'inclut pas seulement les objets inanimés, par lesquels se manifeste la vie sociale des hommes, mais aussi toutes les coutumes, institutions, habitudes, tous les usages, etc., caractéristiques d'une certaine phase de la société humaine et de la direction qu'elle prend. La société est le principal sujet du roman, c'est-à-dire : la vie sociale de l'homme dans son interaction continuelle avec la nature environnante, qui forme la base de l'activité sociale, et avec les différentes institutions ou coutumes qui s'interposent dans les relations entre les individus dans la vie sociale. Nous rappelons que dans le drame tous ces facteurs ne peuvent être figurés que sous une forme très abrégée, allusive, seulement dans la mesure où ils fournissent des occasions pour la manière d'agir sociale et morale des hommes. Les proportions dans le roman sont tout à fait différentes. Le monde du roman ne se présente pas seulement comme une occasion, mais comme un monde tout à fait concret, complexe et embrouillé, avec tous les détails de l'attitude et de la conduite humaines dans la société.

Mais il est clair que si ce monde doit évoquer une totalité, si un cercle restreint de gens et un groupe restreint d'« objets » doivent être figurés de telle sorte que le lecteur ait l'impression directe d'une société entière en mouvement, alors une certaine forme de concentration artistique est également nécessaire et toute simple copie de la réalité doit être résolument abandonnée. En conséquence, le roman comme le drame doit donner à chaque instant une place centrale à tout ce qui est typique dans les caractères, les circonstances, les scènes, etc. La seule différence est que le typique sera différemment constitué dans chaque cas. La relation de ce qui est particulier à l'individu avec le typique est conçue ici d'une façon plus compliquée, plus libre et plus relâchée que dans le drame. Tandis que le caractère dramatique doit être aussitôt et directement typique, bien entendu sans perdre son individualité, le caractère typique d'un personnage de roman n'est très souvent qu'une tendance qui s'affirme peu à peu, qui émerge à la surface seulement par degrés de l'ensemble, de l'interaction complexe d'êtres humains, de relations humaines, d'institutions, de choses, etc. Le roman, comme le drame, doit représenter la lutte des différentes classes, des couches, des partis et des tendances. Mais sa représentation est ici beaucoup moins concentrée et économe. Dans le drame tout doit servir à soutenir les principales attitudes possibles et se concentrer sur *une* collision centrale. Ainsi, dramatiquement, une tendance essentielle du comportement humain ne peut avoir de par sa nature même qu'un seul représentant ; toute duplication serait, comme nous l'avons vu, une tautologie artistique. (Bien entendu, cela ne doit pas s'entendre schématiquement. Quand Goethe dans son analyse d'*Hamlet* fait remarquer la grande subtilité avec laquelle Shakespeare a représenté dans le couple Rosenkrantz et Guildenstern le courtisan servile, sans caractère, il ne dément pas la loi générale de la stylisation artistique. Rosenkrantz et Guildenstern apparaissent toujours ensemble et ne constituent, du point de vue de la structure de l'action dramatique, qu'une seule figure.)

Le roman, par contre, ne nous donne pas l'essence concentrée d'une tendance particulière, mais, au contraire, la façon de naître et de s'éteindre d'une telle tendance, etc. Le caractère typique du personnage de roman, sa façon de représenter des tendances sociales, est pour cette raison bien plus compliqué. Le roman vise à représenter les divers aspects sous lesquels se manifeste une tendance sociale, ses diverses façons de s'affirmer, etc. Ce qui, par conséquent, serait une tautologie dans le drame est ici au contraire une forme indispensable pour dégager ce qui est réellement typique.

Cette particularité du roman a pour conséquence que la relation de l'individu avec le groupe social auquel il appartient et qu'il représente est beaucoup plus compliquée que dans le drame. Cette complication de la relation entre l'individu et la classe n'est toutefois pas un produit du développement de la littérature, au contraire le développement entier des formes littéraires, ici en particulier le roman, n'est rien de plus qu'un reflet du développement social lui-même. Marx a donné un tableau très précis de cette modification de la relation entre individu et classe dans le capitalisme. Il dit :

« ... au cours du développement historique et précisément parce que les rapports sociaux au sein de la division du travail sont inévitablement rendus indépendants, une différence surgit dans la vie de chaque individu entre ce qui est personnel et ce qui est impliqué dans une branche particulière du travail et des conditions qui s'y rapportent... Dans le rang social (et plus encore dans la lignée) ce fait est encore caché, par exemple un noble reste toujours un noble, un roturier toujours un roturier, indépendamment de ses autres circonstances, une qualité qui est inséparable de son individualité. La différence entre l'individu personnel et l'individu de classe, le caractère fortuit des conditions de vie de l'individu s'instaure seulement avec l'apparition de la classe qui est elle-même un produit de la bourgeoisie. La concurrence et la lutte des individus entre eux produit et développe pour la première fois ce caractère fortuit en tant que tel. C'est pourquoi, imaginairement, les individus sous la domination de la bourgeoisie sont plus libres qu'auparavant, car pour eux leurs conditions de vie sont fortuites ; en réalité, il sont naturellement moins libres, parce que beaucoup plus soumis au pouvoir matériel. »

Cela apparaît très clairement dans les figures de transition. Tandis que la collision dramatique sépare les acteurs en deux camps en lutte, dans le roman il est non seulement permis, mais absolument nécessaire que les caractères soient neutres ou indifférents à l'égard des questions centrales.

Il est évident que ce développement des relations entre individu et société est éminemment défavorable au mode de figuration du drame. En revanche il forme précisément l'élément vital du roman. Ce n'est pas un hasard si les caractéristiques particulières du roman sont apparues seulement après que de telles relations entre individu et classe se furent développées. Seul le non-historicisme absolument fruste de la sociologie vulgaire a pu être totalement aveugle à ces connexions et comprendre le « roman » grec ou persan dans le même genre que la forme spécifiquement moderne de l'« épopée bourgeoise ».

Pourtant, cette connexion étroite entre la forme romanesque et la structure spécifique de la société capitaliste ne signifie nullement que le roman puisse simplement refléter cette réalité comme elle se présente directement et empiriquement. Les naturalistes pour leur part ont été victimes de tels préjugés. Mais les champions classiques des formes anciennes, traditionnelles n'ont pas mieux compris les problèmes artistiques de la nouvelle situation, leur jugement de valeur a simplement été opposé. Ainsi Paul Ernst, par exemple, le chef de file théorique du néo-classicisme en Allemagne, nomme le roman un « demi-art ».

Nos précédentes remarques ont déjà montré qu'une telle conception du roman et de sa relation avec la réalité qu'il reflète est foncièrement fausse. En analysant le prétendu éloignement du drame par rapport à la vie, nous avons montré que c'est précisément un type spécifique de reflet artistique de faits très concrets de la vie. De même, nous devons maintenant indiquer quelques faits importants, généraux, de la vie, qui constituent la base de la forme dans le roman. Notre exposé a certes ici un but opposé. Là nous devions prouver que la stylisation apparente était un authentique reflet de la vie, ici nous devons montrer que le fait pour le roman d'être en apparence proche de la vie exige tout aussi impérativement que le drame une refonte de ses matériaux, assurément avec d'autres moyens qui correspondent à d'autres buts.

Commençons au point où le contraste entre roman et drame est le plus évident, le problème de la collision. Dans le roman il ne s'agit pas de représenter le dénouement violent d'une collision sous sa forme extrême et la plus aiguë. La tâche consiste bien plutôt à représenter la complexité, la multiplicité, l'intrication, l'« astuce » (Lénine) de ces voies qui produisent, dénouent ou émoussent de tels conflits dans la vie sociale. Et ceci nous amène à un fait très important de la vie réelle.

Si la collision tragique est une forme nécessaire de la vie sociale, elle l'est seulement dans des conditions et des circonstances très définies. C'est donc aussi un fait de la vie sociale que des conflits s'émoussent, s'enlisent, ne mènent à aucun dénouement clair et décisif aussi bien dans la vie personnelle des individus qu'à l'échelle de la société en général. Et ceci à un double point de vue : premièrement, il y a des phases déterminées dans la croissance de la société où le fait que les contradictions s'émoussent mutuellement constitue la forme typique de résolution des contradictions sociales ; en second lieu, même dans la période où les antagonismes sont portés à l'extrême dans la vie individuelle des hommes, tous les conflits ne se trouvent pas aggravés jusqu'au tragique. Or, puisque le roman vise à figurer la vie sociale dans toute son étendue, une collision menée jusqu'au bout peut seulement être un cas limite entre beaucoup d'autres. Dans certaines circonstances ce cas n'a pas du tout besoin de se produire, mais s'il est figuré, c'est alors seulement comme élément d'un système à multiples éléments. Les circonstances particulières, les heurts déterminés, qui produisent la collision seront montrés, mais comme des circonstances particulières parmi d'autres et qui n'ont nullement besoin de se dérouler dans une parfaite pureté.

S'il se trame donc dans le drame une action parallèle en tant que tragédie, elle sert à compléter et à souligner la ligne principale de la collision. Qu'on songe au parallèle déjà mentionné entre les destins de Lear et Gloster dans Shakespeare. Il en va tout autrement du roman. Tolstoï, par exemple, établit différentes intrigues parallèles au tragique destin de son Anna Karénine. Les couples Kitty-Levin, Darya-Oblonski sont seulement les grands compléments centraux du couple Anna-Wronski auquel ils font contraste ; il y a en outre bien d'autres intrigues parallèles, plus épisodiques. Ces intrigues, qui s'éclairent mutuellement, se complètent, mais dans un sens tout à fait opposé. Dans *Lear* le destin de Gloster souligne la tragique nécessité de ce qui arrive au héros principal. Dans *Anna Karénine*, les intrigues parallèles soulignent le fait que le destin de l'héroïne est bien un cas typique et nécessaire mais toutefois précisément un cas extrêmement individuel. Certes, ce destin révèle les contradictions internes du mariage bourgeois avec le maximum de puissance. Mais ce qui est montré, c'est d'abord que ces contradictions n'apparaissent pas toujours et partout dans ce même sens, qu'elles peuvent avoir aussi un contenu et une forme radicalement différents, et, en second lieu, que des types analogues de conflits conduiront au destin tragique d'Anna seulement dans des conditions sociales et individuelles très déterminées.

Nous voyons ici que ces parallèles et ces contrastes qui se complètent sont en relation bien plus étroite dans le drame que dans le roman. Dans le roman, pour justifier une intrigue parallèle et complémentaire, il suffit d'une simple affinité avec le problème social et humain fondamental, quelque lointaine qu'elle puisse paraître. Dans le drame, cette ressemblance générale ne suffit pas, le contenu, la tendance et la forme du problème soulevé doivent être visiblement en rapport dans les deux cas.

Cette différence apparaît peut-être encore plus clairement si l'on considère la façon dont sont traités les caractères qui se font contraste dans le drame et dans le roman. Qu'on songe à des groupes en contraste comme Hamlet-Laertes-Fortinbras dans Shakespeare ou Egmont-Oranien-Alba dans Gœthe. Qu'on compare les relations de ces personnages, la façon dont ils s'éclairent mutuellement, avec la façon dont les personnages principaux du *Père Goriot* de Balzac se complètent mutuellement. Balzac lui-même, dans ses écrits théoriques, fait ressortir que Goriot et Vautrin sont des figures parallèles et complémentaires ; le roman lui-même met en évidence les influences « pédagogiques » qui se complètent de la Vicomtesse de Beauséant et de Vautrin sur Rastignac ; en outre, Rastignac, du Marsay, de Trailles forment à leur tour une série de parallèles et de contrastes qui sont complétés par le groupe Vautrin, Nucingen, Taillefer, etc. Le fait important dans cette mise en opposition est que ce n'est pas nécessairement le trait principal de leur caractère ou l'essentiel de leur destinée qui leur donne ces fonctions, mais peut-être des facteurs fortuits, épisodiques, secondaires, qui précisément sont appropriés à faire naître et rendre effectifs de tels aspects complémentaires et de contraste dans un contexte déterminé.

Tout cela se rattache au caractère spécifique du roman que nous avons dégagé au début, le fait que le conflit n'est pas donné « en soi », mais apparaît dans ses connexions sociales objectives largement déployées, comme faisant partie d'un grand développement social. Nous pouvons apprendre beaucoup ici en comparant la composition de *King Lear* avec celle du *Père Goriot*, d'autant plus que manifestement l'œuvre de Balzac a été très fortement influencée par Shakespeare. Surtout, le destin « à la Lear » de Goriot est lui-même un épisode dans le roman, bien que très important. La remarque d'Otto Ludwig que nous avons citée antérieurement dans un contexte différent, selon laquelle si *Le Roi Lear* était transformé en roman Edgar serait le héros principal, se réalise ici avec certaines modifications. Car dans le destin de Rastignac se trouve également soulevé le problème des relations entre parents et enfants et la façon naturelle, naïvement égoïste, avec laquelle Rastignac exploite sa famille, présente une certaine analogie assurément atténuée, avec le comportement des filles de Goriot envers leur père. La différence la plus importante du point de vue de la composition est cependant que les relations avec la famille sont ici repoussées tout à fait à l'arrière-plan. Balzac fait seulement allusion à cet aspect de Rastignac ; ce qui est important pour lui c'est l'évolution que Rastignac lui-même subit lorsqu'il se trouve mis en contact avec les gens les plus divers et entraîné dans les relations humaines les plus diverses. Et il est intéressant d'observer que c'est précisément la plus grande envergure du roman, le fait que son objectif principal est le développement ample et progressif des caractères (par opposition à l'explosion dramatique d'attributs déjà présents dans un caractère), ce qui donne une plus grande concentration et une nouvelle accentuation du typique, qui devait nécessairement être bien étrangère à Shakespeare.

La remarque d'Otto Ludwig sur Edgar en tant que héros d'un roman de Lear est extrêmement subtile. Mais le génie de ce que Balzac a réalisé en pratique lui donne plus de profondeur et d'envergure. Car Rastignac n'est pas simplement une sorte d'Edgar, mais en est une variété inférieure qui, sous l'influence des circonstances, *se développe* en une forme plus faible, plus souple, moins scrupuleuse, moins extrême d'Edgar. Ou plutôt, il est tel, si nous considérons en soi le roman qui se développe *dans cette direction.* Le roman est aussi familier que le drame avec l'unité et le contraste des extrêmes et parfois les accentue d'une manière analogue. Mais il peut aussi présenter cette unité et ce contraste tout à fait différemment, par exemple là où l'interaction des extrêmes produit un nouveau développement, une nouvelle direction, inattendus à la surface. Le trait le plus important des romans vraiment grands consiste précisément dans la figuration de telles orientations. Ce n'est pas un état déterminé de la société qui est figuré, ou du moins c'est seulement en apparence qu'un état est figuré. Le plus important est de montrer comment la *direction* d'une tendance sociale devient visible dans les mouvements capillaires de la vie individuelle.

On saisit clairement ici un fait décisif de la vie, sous-jacent à la forme romanesque. Le drame a figuré les grandes convulsions, les tragiques effondrements d'un monde. A la fin de chacune des grandes tragédies de Shakespeare tout un monde s'effondre et nous nous trouvons à l'aube d'une époque entièrement nouvelle. Les grands romans de la littérature mondiale, en particulier ceux du XIXe siècle, figurent moins l'effondrement d'une société que son processus de décomposition, chacun embrassant une phase de ce processus. Même dans le roman le plus dramatique il n'est nullement nécessaire de faire allusion à l'effondrement social comme tel. Les objectifs visés sont pleinement atteints si l'on représente avec une force convaincante le cours irrésistible du développement socio-historique. L'objectif essentiel du roman est de représenter la direction dans laquelle la société se meut.

Pour certaines classes et dans certaines conditions ce mouvement peut sans doute être un mouvement ascendant. Mais même dans ce cas l'auteur épique conséquent montrera seulement la direction de ce mouvement ; il n'est nullement nécessaire pour lui de figurer la victoire finale du mouvement ascendant ou même un triomphe décisif. Pensons à l'exemple classique de *La Mère* de Gorki et comparons la progression irrésistible de ce chef-d'œuvre, qui figure intrinsèquement la victoire ultérieure, avec le sens dramatique du jugement final du vieux monde bourgeois dans le grand drame de Gorki, *Yegor Boulitchov.*

Nous en avons dit suffisamment, je crois, pour montrer qu'un nombre limité de caractères et de destins humains — nombreux pourtant en comparaison de l'économie du drame — doivent être spécialement choisis et groupés à la suite d'un vigoureux travail de remaniement artistique pour pouvoir donner une représentation claire de telles orientations du développement. Bien entendu, ces orientations existent dans la vie « en elles-mêmes ». Mais la collision dramatique est également présente « en soi » dans les collisions de la vie. L'adaptation artistique de la vie, la forme artistique du reflet de la réalité, consiste dans les deux cas à changer cet « en soi » en « pour nous », bien que par des moyens différents. Cela est contenu dans la matière du roman tout autant et tout aussi peu que dans celle du drame. Le roman aussi doit traduire des lois socio-historiques directement en caractères et en destinées qui paraissent uniquement individuels. L'unité nécessaire de l'apparence et de l'essence dans l'art, la complète émergence de l'essence en pure apparence n'exige pas moins un rejet du monde empirique tel qu'il se présente directement à l'état brut quand l'apparence et l'essence semblent très proches l'une de l'autre dans une matière donnée et quand elles sont visiblement éloignées. Les difficultés à surmonter dans le roman sont différentes de celles du drame, mais non moins grandes.

La différence des faits de la vie que ces deux genres reflètent dans leurs formes apparaissent très clairement dans le traitement différent de l'action. Dans son essai sur la littérature épique et dramatique que nous avons déjà cité, Gœthe a traité aussi des principes de cette question. Il analyse les différents motifs qui gouvernent l'action et en trouve certains qui sont communs à la fois à la littérature épique et au drame et d'autres qui constituent des caractéristiques particulières de l'un ou l'autre de ces genres. Ces motifs sont selon Gœthe : « 1°) Des motifs *progressifs*, qui accélèrent l'action ; le drame s'en sert par prédilection. 2°) des motifs *régressifs*, qui éloignent l'action de son but ; le poème épique s'en sert presque exclusivement. »

Pour comprendre la dernière déclaration de Gœthe, on doit particulièrement faire ressortir ce qui distingue les motifs *régressifs* et ceux qui sont précisément *retardateurs*. Les facteurs retardateurs pour Gœthe sont ceux « qui ralentissent l'allure ou accroissent la distance ; les deux genres littéraires s'en servent avec le plus grand profit ». On pourrait penser qu'il y a seulement une différence quantitative entre motifs retardateurs et motifs régressifs ; si le motif retardateur est rendu dominant, il deviendra *ipso facto* régressif. Une telle objection n'est pas tout à fait erronée, mais elle omet ce qui est qualitativement nouveau dans ce développement en apparence seulement quantitatif. La question est relativement simple et évidente dans le drame : le héros se précipite vers son but et combat violemment tous les obstacles qu'il rencontre sur sa voie ; l'action est un heurt incessant entre des motifs progressifs et retardateurs. Dans la grande littérature épique, cependant, le schéma de l'action est tout à fait opposé : ce sont précisément les motifs éloignant le héros de son but qui triomphent et ceci n'affecte pas seulement les circonstances extérieures ; ces motifs deviennent une force impulsive dans le héros lui-même. Pensons aux grandes épopées homériques. Quels motifs gouvernent l'action de l'*Iliade* ? Principalement la colère d'Achille et les événements qui s'ensuivent, motifs donc qui sans exception éloignent de plus en plus l'objectif qui est le sujet de l'*Iliade*, à savoir la prise de Troie. Qu'est-ce qui gouverne l'action de l'*Odyssée* ? La colère de Poséidon, qui s'efforce de faire obstacle au but épique de ce poème, le retour d'Ulysse.

Bien entendu, cette action régressive ne réussit nullement sans lutte. Non seulement le héros lui-même, mais aussi un groupe des autres partenaires s'efforce de réaliser l'objectif épique, et ils luttent sans interruption contre ce mouvement qui éloigne du but. Sans cette lutte, toute l'œuvre épique se perdrait dans une description purement circonstancielle. Cependant, cette sorte particulière d'action et sa prédominance se rattachent très étroitement à l'objectif artistique de la grande littérature épique, au caractère particulier des faits de la vie dont ces formes sont l'expression artistique.

Surtout il est aussitôt évident que la « totalité des objets » ne peut être développée au cours de l'action que dans le cadre d'une telle histoire. L'action dramatique progresse rapidement, et ses haltes, produites par des motifs retardateurs, sont seulement des points nodaux spécifiques et remarquables de ce mouvement vers son accentuation extrême, la collision. Mais pour figurer le milieu total de l'action, aussi bien la nature que la société, comme des étapes dans cette voie, comme des événements et des épisodes importants, et pour montrer tout cela en mouvement, l'action doit être fondée sur des motifs régressifs. Ce n'est pas par hasard que déjà dans l'*Odyssée* apparaît un motif qui devait devenir si important dans la littérature épique ultérieure, à savoir le voyage ou la pérégrination et ses obstacles. Cependant il est clair qu'un simple compte-rendu de voyage n'aboutirait jamais à un poème épique, mais à une description purement circonstancielle. C'est seulement parce que le « voyage » d'Ulysse est une lutte incessante contre une puissance plus forte que chaque pas le long de cette voie acquiert une importance captivante : pas une seule circonstance décrite n'est une simple circonstance, mais un événement réel, le résultat d'une action, la cause agissante d'un heurt ultérieur des forces en lutte.

De là naît une forme de l'action qui est tout à fait appropriée pour résoudre le problème stylistique fondamental de la littérature épique, traduire en activité humaine cette grande série de circonstances naturelles, d'institutions humaines, de mœurs, de coutumes, etc., qui toutes ensemble forment la « totalité des objets ». L'action dramatique se précipite à travers de telles « circonstances » ; elles fournissent simplement des occasions de manifester les forces morales et sociales qui exercent leur impulsion chez l'être humain. Ainsi il n'y a pas ici de difficulté spécifique de la création pour le drame. Mais puisque l'œuvre épique doit à la fois rendre ce monde de « choses » et de « circonstances » dans leur plénitude et leur plus large extension et qu'elle doit pourtant constamment le traduire en actions des hommes, elle a besoin d'un histoire qui conduise ses personnages à travers le monde entier au cours d'une lutte ininterrompue. C'est seulement au moyen d'incessants champs de batailles, de raisons de se battre, d'enjeux de la lutte, etc., que l'aspect mécaniquement circonstanciel des « choses » se trouve artistiquement surmonté ; le monde humain dans sa vaste extension apparaît comme un mouvement ininterrompu et vivant. En faisant allusion à Ulysse, nous avons souligné la supériorité de son adversaire. Ce facteur est à son tour d'une importance décisive pour la façon de peindre de la grande littérature épique. Aussi bien le drame que la grande littérature épique, pour donner une image fidèle de la vie humaine, doivent refléter correctement la dialectique de la liberté et de la nécessité. L'une et l'autre grandes formes reflètent donc la même dialectique de la vie. Mais elles insistent sur des aspects différents de la même connexion. Cette différence n'est qu'une expression de ces différents faits de la vie que les deux formes expriment et dont nous avons déjà parlé en détail.

Ces connexions font comprendre que l'initiative personnelle des caractères est bien plus importante dans le drame que dans l'œuvre épique. Même dans le drame antique, où une nécessité beaucoup plus stricte prédomine, il en est ainsi. Prenons *Œdipe* de Sophocle, une pièce qui a longtemps servi comme modèle des « drames fatalistes de la destinée ». Comment est-elle réellement construite ? Certainement, Œdipe est « appelé à rendre compte » à la fin de sa vie passée ; certainement, le thème principal de la pièce est la révélation d'événements depuis longtemps passés. Mais la voie qui y conduit est déterminée par l'initiative énergique et inlassable d'Œdipe lui-même. Certes, il est accablé par le passé, mais ce sont ses propres efforts qui ont mis en branle la pierre qui l'écrase. La « romancisation » de maints drames modernes apparaît d'une manière plus frappante par comparaison avec ce modèle classique. Il en est ainsi en particulier des drames de Schiller de la période de Weimar. Sa Marie Stuart, par exemple, est presque exclusivement l'objet de la lutte entre des forces historiques opposées, qui s'incarnent dans des figures secondaires. Sa place dans la pièce montre déjà de fortes tendances épiques.

Nous avons vu que déjà dans l'épopée classique la force impulsive de l'action n'est pas le héros épique, mais les forces de la nécessité incarnées dans les dieux. La grandeur du héros épique se manifeste seulement dans sa résistance héroïque ou tenace et rusée à ces forces. Ce caractère de la grande œuvre épique devient plus marqué dans le roman. La prédominance du motif régressif acquiert ainsi une importance encore plus grande. Car le sujet de l'épopée est une lutte de caractère national, qui de ce fait a nécessairement un objectif clair et défini. Le motif régressif domine l'histoire sous la forme d'une chaîne ininterrompue d'obstacles qui résistent à la réalisation de cet objectif.

La nouvelle relation entre individu et société, entre individu et classe, crée une nouvelle situation pour le roman moderne. C'est seulement très conditionnellement et dans des cas spéciaux que l'action individuelle a un objectif direct et social. En vérité, au cours de l'évolution, des romans de plus en plus importants prennent naissance, dont l'action n'a et ne peut avoir absolument aucun objectif concret. Déjà Don Quichotte veut seulement renouveler en général la chevalerie et partir à l'aventure. Mais on ne peut appeler cette intention un objectif dans le même sens que l'intention d'Ulysse de retourner dans sa patrie. Il en est de même en ce qui concerne d'importants romans comme *Tom Jones*, *Wilhelm Meister*, etc. Dans *Wilhelm Meister* la particularité du nouveau roman est même clairement exprimée dans la conclusion : le héros reconnaît qu'il est parvenu à quelque chose de tout à fait différent de ce dont il était parti en quête. Par là s'exprime clairement, en termes de contenu social, la fonction accrue du motif régressif. Tandis que la force des circonstances sociales se montre plus puissante que l'intention du héros et émerge triomphante de la lutte, la nécessité sociale s'affirme alors : les personnages agissent selon leurs inclinations et passions individuelles, mais le résultat de leurs actions est quelque chose de tout différent de ce qu'ils ont voulu.

Bien entendu, il n'y a pas de muraille de Chine entre l'épopée et le roman. D'une part il existe d'importants romans modernes qui renferment un objectif très défini. Il est vrai que lorsque ce but est atteint la nécessité sociale triomphe toujours. Ici encore se manifeste la sagesse de paroles finales de *Wilhelm Meister*, tandis que l'objectif national des anciennes épopées pouvait être convenablement réalisé, même s'il fallait surmonter de grands obstacles. Songeons, par exemple, à *Résurrection* de Tolstoï, où Nekhlioudov veut libérer Maslova ; il réussit, mais le but atteint paraît intérieurement et extérieurement tout autre qu'il n'était imaginé.

Ces transitions sont plus importantes en ce qui concerne le roman historique. Puisque la réalité sociale qu'il dépeint est plus proche du monde de l'épopée que de celui du roman moderne, il est évident que certains de ses motifs peuvent avoir une grande affinité avec l'ancienne épopée. Nous avons déjà fait observer en ce sens le caractère épique de l'art chez Walter Scott, Cooper ou Gogol. Mais, ici aussi, il y a une importante différence. L'ancienne épopée a montré cette phase historique de l'humanité dans son plein épanouissement. Le roman historique moderne voit cette période dans un lointain passé, c'est un état de l'humanité qui a disparu, et il le voit dans la tragique nécessité de sa ruine. C'est pourquoi la nécessité se trouve figurée dans le récit d'une manière bien plus compliquée et moins rectiligne que dans l'ancienne épopée, puisqu'il y a ici interaction avec des formations sociales différentes, plus développées. Des buts généraux épiques peuvent encore subsister, mais ils ont déjà un caractère particulier au sein du tableau d'ensemble de la société, ils ont donc perdu leur nature purement épique.

Le second cas important, l'existence de transitions entre épopée et roman, se rapporte à l'art du socialisme. Déjà au sein de la société capitaliste la lutte de classe du prolétariat donne naissance à des objectifs qui unissent directement l'individuel et le social. Ces objectifs ne peuvent jamais, bien sûr, être réalisés convenablement dans la société capitaliste, mais la littérature épique peut montrer leur mouvement univoque et rectiligne vers une réalisation future. Puisqu'une analyse des problèmes de forme que cela implique se situe en dehors du cadre de cette étude, nous pouvons nous contenter de mentionner *La Mère* de Gorki.

Dans les deux grandes formes, donc, la nécessité sociale doit triompher de la volonté et des passions des individus. Mais la nature de cette lutte et de la victoire sont entièrement différents dans le drame et le roman. En premier lieu parce que le drame et le roman reflètent chacun un aspect séparé du processus de la vie. Nous avons vu comment dans le roman la nécessité se manifeste d'une façon développée, compliquée, en s'affirmant progressivement à travers une série de hasards. Dans le drame, la même nécessité est figurée sous la forme de l'issue inévitable d'une grande collision sociale. Pour cette raison, le héros conserve un objectif précis dans le drame moderne aussi, du moins y a-t-il tendance à en être ainsi. Le héros tragique se précipite avec une détermination fatale vers son but, et sa réussite, son échec ou son effondrement, etc., révéleront le caractère nécessaire de la collision dramatique.

Cette analyse de la différence entre roman et drame nous ramène à notre définition antérieure. Les héros du drame sont « des individus mondialement historiques » (au sens correct, bien entendu, dans lequel ce concept s'applique au drame, comme Hegel l'a suggéré). La figure centrale du roman, par contre, se range tout aussi nécessairement parmi les « individus qui entretiennent ». (Ceci, également, au sens large, dialectique, dans lequel nous avons utilisé ce terme, c'est-à-dire que la reproduction propre de la société, ses tendances à se développer progressivement dans un mouvement d'ascension ou de déclin appartiennent aussi au concept d' « entretien ». L' « individu mondialement historique » peut seulement figurer en tant que personnage secondaire dans le roman, à cause de la complexité et de l'intrication de tout le processus historico-social. Le véritable héros ici est la vie elle-même ; les motifs régressifs, qui expriment des tendances nécessaires du développement, ont leur noyau caché dans les forces motrices générales de l'histoire. La grandeur historique de tels caractères se manifeste précisément dans leur interaction complexe, leurs connexions multiples avec les divers destins privés de la vie sociale, dans la totalité desquels se révèlent les tendances des destins nationaux. Dans le drame, ces forces historiques sont représentées directement par les antagonistes. Puisque le héros du drame unit dans sa personnalité les déterminations essentielles, sociales et morales, des forces qui produisent la collision, il est nécessairement — au sens large indiqué plus haut — un « individu mondialement historique ». Le drame retrace les grandes explosions et éruptions du processus historique. Son héros représente le sommet brillant au loin de ces grandes crises. Le roman représente plutôt ce qui arrive avant et après ces crises, en montrant la vaste interaction de la base populaire et du sommet visible.

Cette mise en évidence de facteurs différents, mais également effectifs, de la vie sociale a des conséquences profondes pour la relation de ces deux genres avec la réalité sociale. Le drame concentre la figuration des lois fondamentales du développement autour de la grande collision historique. La description de l'époque, des facteurs historiques spécifiques est pour le drame seulement un moyen de donner à la collision elle-même une expression claire et concrète. Le caractère historique du drame se concentre donc sur le caractère historique de la collision elle-même sous sa forme pure. Tout ce qui ne sera pas absorbé directement et complètement dans cette collision gênera ou même arrêtera le cours du drame.

Cela ne veut pas dire, évidemment, que la collision a un caractère « supra-historique », « universellement humain » dans l'abstrait, comme le Siècle des Lumières l'admettait encore en partie et comme maints théoriciens modernes réactionnaires du drame le proclament. Hebbel a vu clairement que même la forme pure de la collision, si on la conçoit correctement, est, dans son essence la plus profonde, historique. « La question est maintenant de savoir », dit Hebbel, « quelle est la relation du drame à l'histoire, et jusqu'à quel point il doit être historique ? J'entends dans la mesure où *il l'est déjà en soi* (souligné par moi, G. L.) et dans la mesure où l'art peut être tenu pour la plus haute forme de l'historiographie, car il est tout à fait incapable de représenter les processus de la vie les plus grandioses et les plus importants, sans révéler en même temps les crises historiques décisives, qui les évoquent et les conditionnent, le relâchement ou le raffermissement progressif des formes religieuses et politiques en tant que guides principaux et porteurs de toute culture, en un mot : l'atmosphère des époques. « Ces remarques de Hebbel, bien qu'exagérant encore certaines tendances idéalistes de Hegel, indiquent correctement ce qui constitue le noyau du caractère historique du drame. Hebbel est aussi sur la bonne voie quand, dans les exposés qui suivent, il élimine du domaine du drame les détails soi-disant d'époque décrivant des faits historiques particuliers. Pour le drame l'authenticité historique signifie : la vérité historique intrinsèque de la collision.

Pour le roman, par contre, la collision est seulement une partie de ce monde total qu'il a pour tâche de décrire. Le but du roman est de représenter une réalité sociale déterminée à une époque déterminée avec toute la couleur et toute l'atmosphère spécifique de cette époque. Tout le reste, les collisions comme les « individus mondialement historiques » qui y figurent ne sont que des moyens pour atteindre ce but. Puisque le roman figure la « totalité des objets », il doit aller jusque dans les petits détails de la vie quotidienne, dans le temps concret de l'action, il doit mettre en évidence ce qui est spécifique de cette époque dans l'interaction complexe de tous ces détails. Par conséquent l'historicité générale de la collision centrale, qui constitue le caractère historique du drame, ne suffit pas au roman. Il doit être historiquement authentique en tous points.

Résumons brièvement ces résultats : le roman est plus historique que le drame. Cela veut dire que la pénétration historique de toutes les manifestations de la vie qui sont figurées doit aller beaucoup plus loin en profondeur dans le roman que dans le drame. Le roman oppose à l'historicité générale de l'essence d'une collision l'historicité concrète de tous les détails.

De là vient que la possibilité de l' « anachronisme nécessaire » est incomparablement plus grande dans le drame que dans le roman. Pour représenter les facteurs les plus essentiels d'une collision historiquement authentique, il peut suffire de concevoir l'essence historique de la collision d'une manière profonde et authentiquement historique. Par là l'expression intensifiée intellectuellement qui est nécessaire au drame peut dépasser l'horizon réel de l'époque, tout en conservant la fidélité nécessaire envers l'histoire — si elle ne porte pas atteinte au contenu historique de la collision, mais au contraire l'intensifie.

Les limites de l' « anachronisme nécessaire » sont par contre bien plus étroites dans le roman. Nous avons déjà indiqué que le roman ne peut se passer de cet anachronisme. Mais puisque la nécessité historique dans le roman n'est pas simplement générale et quintessencielle, mais un processus tout à fait complexe et subtil, ce processus en tant que tel doit y occuper une place centrale. En conséquence le champ d'action de l' « anachronisme nécessaire » y est beaucoup plus limité que dans le drame. Bien entendu, la vaste figuration de la vie populaire avec tous ses aspects extérieurs y joue aussi un grand rôle. Mais le développement du roman moderne montre quel rôle bien peu décisif y joue l'authenticité des détails. Ceux-ci peuvent être représentés avec la méticulosité d'antiquaire la plus consciencieuse — et le roman dans son ensemble peut être cependant un anachronisme singulier, antihistorique d'une manière éclatante. Cela ne veut pas dire que l'authenticité du détail ne joue aucun rôle. Au contraire, elle est très importante. Mais elle acquiert son importance précisément du fait qu'elle est l'intermédiaire sensible de cette qualité spécifique, cette façon particulière qu'a la nécessité historique de s'affirmer à une époque déterminée, en un lieu particulier, parmi des relations de classes particulières, etc.

Nous sommes ainsi parvenus à un résultat apparemment paradoxal. Nous avons dit que la possibilité de l' « anachronisme nécessaire » était bien plus grande dans le drame et nous avons montré en même temps que le drame utilise d'authentiques héros historiques bien plus souvent que le roman. Nos remarques antérieures montrent sans doute assez clairement pourquoi le roman doit être fidèle à l'histoire en dépit de son héros librement inventé et de son action imaginée. La question de la fidélité du dramaturge à l'histoire, le fait qu'il soit ou non assujetti aux traits historiques de ses héros, a dominé par contre toutes les discussions théoriques sur l'histoire en tant que sujet de la littérature d'imagination. Comme nous traiterons en détail cette question dans le prochain chapitre, nous n'entrerons pas ici dans la dialectique du problème.

Pour l'instant mentionnons seulement un facteur important qui est propre à éclairer l'aspect formel de cette question. Nous avons mis en évidence comme différence essentielle entre le drame et la grande littérature épique le fait que le drame est par nature quelque chose qui a lieu dans le présent, un événement qui se déroule devant nous, tandis que la grande œuvre épique, également par nature, se présente comme quelque chose de déjà passé, un événement qui s'est déjà complètement déroulé.

Cela affecte les sujets historiques de la façon suivante : dans un roman il n'est nullement besoin d'une relation paradoxale entre le caractère historique d'un événement et la manière dont il est représenté. Bien que tout ce dont nous faisons l'expérience dans un roman historique doive nous concerner directement, pour avoir un effet artistique, néanmoins nous éprouvons tout cela comme *notre préhistoire*. Par contre, dans le drame historique « ce qui nous concerne » tient quelque peu du paradoxe. Nous devons vivre un événement depuis longtemps passé comme présent et se rapportant directement à nous. Si un simple intérêt d'antiquaire, le sentiment d'une simple curiosité peuvent anéantir l'effet du roman historique, l'expérience de simple préhistoire ne suffit pas pour que le drame produise une impression directe et entraînante. Ainsi, tandis que l'essence d'une collision doit rester historiquement authentique, le drame historique doit faire apparaître les traits dans les êtres humains et leurs destinées qui feront qu'un spectateur, séparé de ces événements par des siècles, se sente y participer directement. Le « *Tua res agitur* » (Cela vous concerne) du drame a une signification qualitativement autre que dans le roman. Il s'ensuit que le drame dégage chez tous les hommes les traits qui, au cours de l'histoire, ont été relativement les plus permanents, généraux et réguliers. Le drame, comme l'a dit un jour Otto Ludwig, a un caractère essentiellement « anthropologique ».

V. Esquisse du développement de l'historicisme dans le drame et la dramaturgie

C'est maintenant seulement que nous pouvons voir clairement et répondre à la question historique posée au début de ce chapitre : comment se fait-il qu'à une époque où la conscience historique était très insuffisamment développée ou presque inexistante, à une époque où les romans historiques étaient de véritables caricatures à la fois du roman et de l'histoire, il fut pourtant possible d'avoir de grands drames historiques ? Il s'agit ici, bien entendu, en premier lieu de Shakespeare et de quelques-uns de ses contemporains. Mais pas seulement d'eux, car quelques-unes des tragédies de Corneille ou Racine, de Calderon ou Lope de Vega, sont sans aucun doute des tragédies historiques qui ont une importance et un effet considérables. Aujourd'hui, c'est un fait bien connu déjà que cette vague de grand drame, et aussi de drame *historique*, est issue des crises et de l'effondrement du système féodal. Il est aussi bien connu — et immédiatement vérifiable pour quiconque lit les pièces historiques de Shakespeare — que les écrivains les plus notables de cette période ont eu de profonds aperçus des collisions les plus importantes de cette grande époque de transition. Chez Shakespeare, en particulier, toute une série des contradictions internes du féodalisme, conduisant nécessairement à sa dissolution, apparaissent avec la plus grande clarté.

Mais ce qui a intéressé ces écrivains — et surtout Shakespeare — ce fut moins la causalité complexe, réellement historique, qui amena nécessairement le déclin du féodalisme, que les collisions humaines issues nécessairement et typiquement des contradictions de ce déclin, que les types historiques puissants et intéressants de l'homme ancien, en déclin, du féodalisme et le type nouveau, en voie de croissance, du noble ou du souverain humaniste. Le cycle des pièces historiques de Shakespeare, en particulier, est rempli de collisions de ce genre. Avec une clarté géniale et beaucoup de discernement, Shakespeare considère cet enchevêtrement de contradictions, qui ont rempli le cours inégal de la crise fatale du féodalisme qui s'est poursuivie durant des siècles. Shakespeare ne simplifie jamais ce processus en le réduisant à un contraste mécanique entre l'« ancien » et le « nouveau ». Il voit le caractère humaniste triomphant du nouveau monde qui naît, mais il voit en même temps que ce nouveau monde a causé l'effondrement d'une société patriarcale humainement et moralement meilleure à maint égard et plus étroitement liée aux intérêts du peuple. Shakespeare voit le triomphe de l'humanisme, mais prévoit en même temps que ce nouveau monde qui vient sera celui de la domination de l'argent, de l'oppression et l'exploitation des masses, un monde d'égoïsme violemment déchaîné, d'avidité impitoyable, etc. En particulier, les types représentant la déchéance morale, sociale et humaine du féodalisme sont figurés dans ses pièces historiques avec une force et un réalisme incomparables et vivement opposés aux types de la noblesse ancienne, intérieurement encore non problématique et non corrompue. (Shakespeare éprouve une sympathie personnelle pour ce dernier type, parfois il l'idéalise, mais en grand poète au regard lucide il considère son déclin comme inévitable). Cette vision lucide des traits moraux de la société qui émergent lors de cette violente crise historique permet à Shakespeare de créer des drames historiques d'une grande authenticité et d'une grande fidélité historiques, bien qu'il n'ait pas encore fait l'expérience de l'histoire dans le sens du XIXe siècle, dans le sens de la conception que nous avons analysée chez Walter Scott.

Ceci, bien entendu, n'a rien à voir avec les innombrables petits anachronismes de fait dans l'œuvre de Shakespeare. L'authenticité historique, au sens du costume, des objets, etc., est toujours traitée par Shakespeare avec la licence souveraine d'un grand dramaturge, qui est profondément convaincu par instinct du caractère indifférent de petites particularités de ce genre en regard de l'exactitude de la grande collision. C'est pourquoi Shakespeare élève chaque conflit, même ceux de l'histoire anglaise avec lesquels il est familier, toujours à la hauteur de grandes oppositions typiquement humaines ; et celles-ci sont historiques seulement dans la mesure où Shakespeare assimile pleinement et directement d'une manière géniale, dans chaque type individuel, les traits les plus caractéristiques et centraux de la crise sociale. Des caractérisations comme celles de Richard II ou Richard III, des contrastes de caractère comme par exemple ceux d'Henri V et Percy Hotspur, reposent toujours sur cette base socio-historique merveilleusement observée. Leur effet dramatique est essentiellement moral, socialement et humainement, « anthropologique » : Shakespeare figure dans tous ces cas les traits les plus généraux, les plus normalisés de telles collisions et contradictions sociales.

De cette façon Shakespeare concentre les relations humaines décisives sur ces collisions historiques avec une force sans exemple avant et après lui. Avec l'insouciance du grand auteur tragique pour la soi-disant vraisemblance (que Pouchkine a toujours combattue passionnément dans ses récits théoriques), Shakespeare fait toujours émerger des luttes historiques de son temps cette pointe d'humanité, mais il lui donne à la fois une concentration et une généralité humaine si élevées que les oppositions acquièrent parfois une clarté et une intensité antiques. Cela fait presque l'effet d'un chœur antique quand, dans la troisième partie d'Henri VI, Shakespeare amène à se rencontrer sur le champ de bataille un fils qui a tué son père et un père qui a tué son fils et fait dire alors au premier :

« De Londres j'ai été recruté par le roi,
Mon père, vassal du comte de Warwick,
Recruté par lui, a pris parti pour York.
Et moi, qui lui dois la vie,
Je lui ai dérobé la sienne de mes propres mains. »

Ensuite :

« *Le fils* (qui a tué son père) :
Jamais fils fut-il si désolé de la mort de son père ?
Le père (qui a tué son fils) :
Jamais père fut-il si peiné de la mort de son fils ?
Le roi Henry :
Jamais roi fut-il si malheureux du désespoir de ses sujets ?
Votre chagrin est grand, mais le mien est encore dix fois plus grand. »

On pourrait signaler des traits analogues à tous les grands moments de ces drames. L'utilisation de l'histoire par Shakespeare vise à trouver et à figurer ces grandioses contradictions humaines dans le cadre réellement historique de la Guerre des Deux Roses. Il est historiquement fidèle et authentique parce que ces traits humains ont absorbé les éléments les plus essentiels de cette grande crise historique. Indiquons seulement un exemple, celui de la recherche en mariage de Richard III. Le contenu immédiat de cette scène est humain et moral, rien de plus que l'affrontement de deux volontés humaines. Mais ce caractère même de la scène figure avec une énorme évidence historique la magnifique énergie et le cynisme complètement amoral du personnage le plus important de cette période de dissolution, le dernier protagoniste tragique de la guerre civile des nobles.

Ce n'est pas un hasard si Shakespeare, au sommet de sa création littéraire, a abandonné ces sujets historiques au sens restreint. Il est néanmoins resté fidèle à l'histoire au sens dans lequel il l'a vécue, il a même produit de plus magnifiques tableaux de cette transition historique que dans ses « Chroniques royales ». Car dans les grandes tragédies de sa maturité (*Hamlet*, *Macbeth*, *Lear*, etc.) il a utilisé la matière anecdotique et légendaire des anciennes chroniques pour concentrer certains problèmes sociaux et moraux de cette crise de transition encore plus fortement que cela n'était possible lorsqu'il était lié aux événements de l'histoire anglaise. Ces grandes tragédies sont animées du même esprit historique que les drames historiques au sens restreint, à cela près qu'elles ne conservent rien de plus des événements extérieurs, des hauts et des bas accidentels (au point de vue dramatique) des luttes sociales dans l'histoire réelle, qu'il n'est indispensable pour en dégager le problème central de morale humaine. Pour cette raison, les grandes figures tragiques de la maturité de Shakespeare sont les types historiques les plus puissants de cette crise de transition. Précisément parce que Shakespeare pouvait procéder ici avec une plus grande concentration dramatique et une sorte de caractérisation plus « anthropologique » que dans les « histoires », ces grandes tragédies sont historiquement plus profondes et plus authentiques au sens shakespearien que celles-ci.

Il serait tout à fait erroné de voir dans cette adaptation par Shakespeare des données légendaires une « modernisation » au sens actuel. Il y a des critiques importants qui considèrent que les pièces romaines écrites en même temps que les grandes tragédies figurent des événements anglais et des caractères anglais et se contentent d'utiliser le monde antique comme costume. (Parfois nous trouvons de tels jugements même chez Gœthe.) Mais pour juger ces pièces, ce qui importe c'est précisément l'aspect généralisateur de la caractérisation de Shakespeare, l'ampleur et la profondeur extraordinaires de son coup d'œil pour juger les divers courants dont l'ensemble constitue la crise de la période considérée. Et le monde antique est une force morale sociale de cette période ; on n'a pas besoin de s'y reporter comme à un lointain passé. Ainsi quand Shakespeare figure Brutus, par exemple, il peut avoir présents à l'esprit les traits stoïques du républicanisme aristocratique de son temps sous une forme vivante et évidente. (Qu'on songe, par exemple, à l'ami de jeunesse de Montaigne, Étienne de la Boëtie.) Comme Shakespeare était familiarisé avec ce type et ses traits sociaux et humains les plus profonds, il pouvait adapter de l'histoire de Plutarque ces traits, que les deux périodes ont eu en commun, historiquement et « anthropologiquement ». Ainsi il n'introduit pas simplement l'esprit de son temps dans le monde antique, mais il donne vie à ces tragiques événements de l'Antiquité qui étaient fondés sur des expériences historico-morales intrinsèquement analogues à celles de son propre temps, de telle sorte que la forme généralisée du drame révèle les traits que les deux époques ont objectivement en commun.

Pour cette raison, les drames tirés de l'histoire romaine se rangent au point de vue du style dans la catégorie des grandes tragédies de la maturité de Shakespeare. Il concentre en elles les tendances à la crise les plus générales de son époque autour d'une collision importante qui présente une universalité et une profondeur typiques. Ici, le premier drame réellement historique atteint son apogée. Ce drame historique a dû son existence à la première crise de transition de la nouvelle société naissante.

La seconde vague du drame historique s'instaure, comme nous l'avons déjà montré, avec le *Siècle des Lumières* allemand (*Aufklärung*). Nous avons indiqué les causes socio-historiques qui ont conduit précisément en Allemagne à ce renforcement du sentiment historique. Ce développement commence avec *Götz von Berlichingen* de Gœthe, qui apparaît extérieurement comme une continuation des « pièces historiques » de Shakespeare. Mais cette parenté est plutôt extérieure. Gœthe n'atteint pas à la grande envergure dramatique des « pièces historiques » de Shakespeare. En revanche, Gœthe tend vers une fidélité et une authenticité dans le détail qui n'existe pas du tout chez Shakespeare. Un fort élément épique, une « totalité des objets » de caractère historique a été introduite dans le drame. Mais toute extension ultérieure de cette tendance était rendue impossible par la pauvreté des thèmes historiques allemands, comme Gœthe l'a reconnu lui-même plus tard. La continuation immédiate de cette forme de drame mène à la théâtralité vide des pièces de chevalerie. *Götz von Berlichingen* est, en un large sens historique, bien plus une anticipation des romans de Walter Scott qu'un épisode dans le développement du drame historique.

Néanmoins, un nouvel épanouissement du drame historique prend naissance chez Gœthe lui-même et en particulier chez Schiller. Il prend appui sur la grande période de crise qui prépare directement la Révolution française et sur la Révolution elle-même. Par suite de la dialectique interne de cette crise, ce drame a été plus fortement et plus consciemment historique que celui de Shakespeare. Les facteurs qu'il révèle de la réalité historique d'une période ne sont pas simplement ceux qui sont inséparablement liés aux traits moraux des personnages et sont complètement absorbés en eux, mais ils sont en même temps les traits socio-historiques très concrets d'une phase déterminée du développement. La représentation des crises qui précèdent la révolution des Pays-Bas dans *Egmont* et la guerre de Trente Ans dans *Wallenstein* présentent des caractéristiques *historiques déterminées* à un degré bien plus élevé que les drames historiques de Shakespeare. Et il ne s'agit plus désormais d'accumuler d'une manière épique les traits intéressants d'une époque, comme dans *Götz*, mais de communiquer aussi profondément que possible aux caractères eux-mêmes, à leur mode particulier de comportement et aux revirements particuliers de l'action la particularité spécifiquement historique d'une situation historique définie.

Ces caractéristiques historiques sont particulièrement profondes et justes dans *Egmont*. La divergence par rapport à la tendance épique de *Götz* est liée à la tentative de rapprocher le nouveau drame historique du type de drame créé par Shakespeare dans sa maturité. Gœthe et Schiller aspirent à ces sommets de la généralisation humaine des collisions, auxquels Shakespeare a atteint dans ces drames. Mais ils veulent y figurer une crise tout à fait concrète, historiquement réelle, du développement. Le style de *Macbeth*, *Lear*, etc., doit donc devenir le style dominant du drame historique. (Nous pouvons négliger certaines expériences classiques dans ce bref aperçu.)

Ces tendances, sans doute, intensifient l'historicisme du drame. Mais c'est aussi, incontestablement, un historicisme beaucoup plus divisé, plus problématique que celui de Shakespeare. Car Gœthe et Schiller ont abordé leurs données historiques d'une manière contradictoire, ce qui dans le cas de Schiller en particulier a conduit à de profondes discordances de style. En premier lieu, tous deux ont hérité de l'*Aufklärung* la tendance à figurer dans leurs œuvres ce qui est « universellement humain ». Bien des intentions polémiques et révolutionnaires de l'*Aufklärung* sont contenues dans cette tendance ; l' « universellement humain » est consciemment mis en jeu à l'encontre du particularisme de la société établie. Et en dépit de toutes les variations de la conception du monde de Gœthe et Schiller cette tendance est toujours demeurée vivante chez eux : pour eux l'essence de l'homme est quelque chose qu'on ne peut jamais pénétrer complètement et dont on ne peut rendre compte d'une manière exhaustive par son apparence socio-historique. En second lieu, pourtant, et par suite du développement de l'idéologie de l'*Aufklärung*, l'historicisme chez eux est énormément renforcé à la fin du XVIIIe siècle. Il n'est pas même nécessaire de mentionner les études historiques particulières de Schiller, car ces tendances à rendre ses sujets historiquement concrets ont déjà existé auparavant chez lui, et dans le cas de Gœthe cette tendance correspond à ses aspirations réalistes générales.

La tentative d'appliquer le style de Shakespeare dans sa maturité au drame historique ainsi conçu, est essentiellement une tentative de chercher un équilibre artistique entre ces tendances contradictoires. Nous avons déjà indiqué dans un autre contexte la solution de Gœthe à ce problème et sa position historique dans le développement d'ensemble. Schiller ne réussit pas à réaliser un tableau homogène. Bien qu'il étudie en détail le caractère historique des époques dont il traite, et les figure souvent dans des tableaux captivants et historiquement authentiques, en particulier dans sa période tardive, nombre de ses figures néanmoins, en devenant « universellement humaines », abandonnent cette réalité historique et deviennent, comme le dit Marx, les « porte-parole » de l'auteur, des émanations directes de son humanisme idéaliste.

Un nouveau degré plus élevé de l'historicisme dans le drame est dû au roman historique de Walter Scott. Assurément, cette phase ne se manifeste tout d'abord que dans quelques ouvrages remarquables, isolés, comme les drames de Manzoni et surtout *Boris Godounov* de Pouchkine. Pouchkine, nous l'avons vu, se rend compte très clairement du fait que l'apparition de Walter Scott indique une nouvelle période dans le drame historique, même par rapport à Gœthe. Et il sent avec une grande certitude que le seul moyen de s'exprimer pour cette nouvelle période, c'est de se rapprocher consciemment de Shakespeare ; que son caractère nouveau sera, en essayant d'unir le concret historique avec sa généralisation morale de caractère social, d'élaborer plus fortement la nécessité historique et les lois « anthropologiques » dans un esprit consciemment historique.

Par là Pouchkine se sépare des aspirations stylistiques de Gœthe et Schiller ; son modèle stylistique est une fois de plus les « pièces historiques » de Shakespeare, mais contrairement au jeune Gœthe, au lieu de rendre le drame plus épique, il le rend plus intrinsèquement dramatique. Ceci, il le fait principalement en soulignant la nécessité historique beaucoup plus fortement que Shakespeare lui-même. Assurément, dans cette tendance Pouchkine se trouve d'accord avec les aspirations de Gœthe et Schiller dans leur période de Weimar. Mais il les surpasse tous les deux, en particulier Schiller, en évitant toute abstraction formaliste dans sa façon de figurer la nécessité et il la laisse se développer organiquement à partir de sa figuration de la vie populaire. (Nous rappelons nos déclarations antérieures sur le chœur dans la tragédie.) Pouchkine crée de la sorte un cadre de la nécessité historique si strict qu'il peut, sans faire éclater ce cadre, figurer quelques scènes d'une puissance explosive shakespearienne, au moment où une grande personnalité historique atteint son terme. La hardiesse, le caractère concret, la vérité de la passion, la généralisation humaine dramatique de la scène dans laquelle le faux Démétrius se confesse à Marina, avec son brusque revirement à la fin, ne peuvent se trouver nulle part ailleurs que dans Shakespeare.

Un trait singulier de la nouvelle phase de l'historicisme se manifeste dans le fait que la concrétisation plus profonde des données historiques permet à Pouchkine (et à Manzoni) de rendre l'attitude de ses héros envers les problèmes socio-politiques plus profondément humaine, de leur donner directement une expression morale individuelle dramatique. Gœthe et surtout Schiller, par contre, furent obligés d'encastrer des motifs d'amour et d'amitié dans leurs drames historiques, pour créer un espace dans lequel les passions réellement humaines pouvaient se dépenser à fond. (Qu'on pense surtout à Max Piccolomini dans *Wallenstein.*) Le retrait relatif des motifs de ce genre chez Pouchkine, chez Manzoni et aussi chez le grand dramaturge allemand Georg Büchner, est extrêmement caractéristique de cette phase du développement ; c'est un fait des plus notables qu'à ces éléments pourrait se rattacher de nos jours un nouveau développement.

Mais ici nous devons souligner deux facteurs qui depuis lors se sont obscurcis. En premier lieu, le retrait des motifs humains « privés » ne signifie nullement leur élimination totale. Ils sont seulements réduits à ce qui est dramatiquement indispensable, ils sont présentés sous une forme très concentrée et dans la mesure où ils sont absolument nécessaires pour caractériser les grandes personnalités historiques dans leur relation aux problèmes de la vie populaire. De là vient que Dimitri, Boris Godounov, Carmagnola ou Danton sont figurés comme des héros historiques dont la vie personnelle souligne et rend compréhensibles les traits par lesquels ils sont devenus précisément ces « individus mondialement historiques » et qui causent tragiquement leur élévation et leur chute. Ainsi, par contraste avec le drame ultérieur, ce mode de figuration ne présente jamais la nécessité politico-historique sous une forme nue, fétichisée, mystifiée ou de pure propagande. La grandeur dramatique de cette période, surtout celle de Pouchkine, consiste dans le fait qu'il a réussi à traduire réellement les forces motrices sociohistoriques dans l'effet alterné des individus concrets en lutte.

En second lieu, la façon d'individualiser de Pouchkine et ses contemporains réellement grands n'a jamais rien de purement individuel, elle ne s'enlise jamais dans les détails historico-sociaux. Les fragments de la préface de Pouchkine à son drame montrent clairement à quel point c'est consciemment qu'il a soulevé le problème de la généralisation humaine de ses personnages historique. Par exemple, il met en évidence les traits communs de son Prétendant avec Henri IV et donne des indications d'une sagacité analogue sur ses intentions à propos de Marina, Chouiski, etc. Et c'est précisément en généralisant ses personnages et leur tragique destin qu'il a réussi d'une manière éclatante. Certes, le réalisme bien plus mesquin de la période qui suit Pouchkine n'a plus compris cette tendance et sa grande initiative est restée sans suite.

En Allemagne, la tentative ambitieuse de Georg Büchner a subi le même sort. Le drame dans la période suivante dégénère soit dans un raffinement psychologique poussé à l'excès des passions « privées » du héros dramatique, soit dans une mystification des nécessités historiques. Certes, les dramaturges historiques importants, notamment en Allemagne, s'efforcent de traduire convenablement sur le plan dramatique l'esprit des époques, mais en dépit d'une compréhension souvent profonde de ces problèmes ils ont toujours glissé dans quelque modernisation. (Cette problématique se manifeste très clairement chez l'important théoricien de la tragédie et tragédien doué, Friedrich Hebbel.) Nous avons vu que la nécessité pour le drame historique de prendre pour héros des « individus mondialement historiques » doit nécessairement faire émerger très tôt le problème de la fidélité aux faits historiques. Puisque la majorité de ces « individus mondialement historiques » sont de toute évidence des personnages historiques bien connus et puisque la forme dramatique exige nécessairement une transformation radicale de tout élément historiquement donné, la question s'est posée inévitablement dans la théorie du drame de savoir où commence la liberté du dramaturge vis-à-vis de ses matériaux historiques et jusqu'où elle peut aller sans annuler complètement le caractère historique d'une pièce.

La tragédie classique adopte une attitude assez empirique envers cette question; elle fait naïvement violence au passé. Corneille défend le point de vue selon lequel si les traits fondamentaux des événements historiques ou légendaires sont contraignants pour le poète, il est libre d'inventer les relations entre ces événements. La façon dont ils traitent concrètement ces questions montre très clairement combien peu ces auteurs dramatiques avaient de compréhension pour les sujets antiques qu'ils préféraient. Tandis que Shakespeare tire du passé uniquement des données qui ont une affinité vivante et objective avec les problèmes des grandes crises historiques de son temps, les thèmes de la tragédie classique sont, de ce point de vue, parfois arbitraires. Elle vise à figurer de grands exemples de la nécessité tragique. Elle entend les trouver dans l'histoire et la légende antiques. Mais il lui manque les conditions préalables pour comprendre les fondements réels de ces actions. C'est pourquoi elle doit attribuer à ses personnages une psychologie tout à fait étrangère aux données originelles, de sorte que la conservation des faits devient elle-même une pure formalité.

Il suffira peut-être de citer un exemple caractéristique. Corneille, dans ses traités théoriques sur la tragédie, analyse la façon dont l'*Orestie* pourrait être adaptée « au goût du temps ». Il est intéressant qu'il fasse exception du motif décisif socio-historique, à savoir : le fait qu'Oreste tue sa mère, c'est-à-dire le motif dans lequel précisément la lutte entre droit matriarcal et droit patriarcal apparaît comme une crise mondialement historique. Corneille propose comme solution qu'Oreste doive tuer sa mère *de facto*, puisque c'est ce que dit la légende, mais son intention devrait être seulement de tuer le séducteur de sa mère, Egiste, et le meurtre de sa mère serait seulement la conséquence d'un hasard malheureux dans cette lutte. On voit ici comment la conception de la fidélité aux données historiques tourne en caricature. Mais il ne s'agit nullement d'une attitude particulière à Corneille. Selon Condorcet, Voltaire se vante d'avoir, par son adaptation de ce même thème, rendu Clitemnestre « plus touchante » et Electre « moins barbare » qu'elles ne l'étaient chez les anciens dramaturges.

Des déclarations de ce genre montrent très clairement l'esprit non historique, voire anti-historique de cette période. Un abîme infranchissable paraît séparer cet antihistoricisme de la grande conception historique que nous trouvons dans le drame de Shakespeare. Le contraste est évident par lui-même et se reflète aussi dans la façon qu'a la tragédie classique de figurer les sujets les plus familiers. Mais le caractère naïvement brutal de ces formulations théoriques serait sans doute moins frappant si les dramaturges élisabéthains avaient fait des déclarations aussi abstraites au sujet de leur relation à l'histoire. La pratique dramatique de Shakespeare s'élève bien au-dessus de l'appréciation théorique générale de l'histoire de son époque. Cette supériorité a ses racines réelles dans les liens vivants entre l'art de Shakespeare et le peuple, par où il se trouvait aux prises avec les grands problèmes généraux du temps qui exigeaient d'être figurés. La tragédie classique par contre était un art de cour et comme tel beaucoup plus fortement sous l'influence de courants théoriques qui avaient perdu la compréhension de ces grands problèmes de la vie populaire et par suite aussi de tous les événements analogues de l'histoire qui y avaient trait. Pouchkine indique très justement dans ses remarques sur le drame que le dramaturge populaire a une bien plus grande liberté de mouvement en ce qui concerne à la fois le thème et le public, que le dramaturge de cour qui, soit en fait, soit dans son imagination, écrit pour un public socialement et culturellement supérieur à lui-même.

Pourtant, en dépit de cette conception problématique de la relation du drame à l'histoire, allant jusqu'à la caricature, on ne peut négliger le fait que ces écrivains ont cherché ce qui était réellement dramatique, un contact direct avec leur temps, le caractère directement public du drame. Ainsi, même dans leur façon de moderniser de force des thèmes historiquess il se trouve un élément de drame réel. Certes, souvent sous une forme inversée et déformée, à cause de la base sociale problématique de tout ce drame. Il est vrai que même cette attitude non historique, il ne faut pas se la représenter comme entièrement uniforme. Elle dépend beaucoup de la relation intrinsèque du thème concret donné avec les problèmes brûlants du présent. A cet égard les mythes antiques sont certainement un cas extrême d'incompréhension. Mais là où le caractère féodal du thème constitue un pont qui le relie au présent, comme dans *Le Cid*, ou bien quand l'histoire antique soulève des problèmes qui témoignent d'une certaine affinité avec les problèmes contemporains (pensons à *Cinna* de Corneille et, plus encore, à la figuration de Néron par Racine), un degré assez élevé d'historicisme dramatique peut encore être atteint. Un examen de ces nuances et à plus forte raison de leurs causes déborderait le cadre de cette étude.

En dépit de toutes les tendances contraires de ce genre, la ligne fondamentale de ces œuvres est non-historique ou supra-historique. Pour cette raison, la naissance du sentiment historique au cours du XVIIIe siècle a nécessairement accentué cet aspect problématique chez les dramaturges français. Le problème de l'authenticité et de la fidélité historiques pour Voltaire se pose seulement en ce qui concerne la fidélité à l'égard des faits historiques. Et puisqu'il reçoit les principes de l'art dramatique presque sans changement de ses prédécesseurs, les contradictions ressortent d'une manière encore plus marquée.

Quelle acuité présentait aux yeux des partisans des Lumières le contraste entre les exigences du drame et celles de l'authenticité historique : nous le voyons peut-être avec le maximum de clarté dans les déclarations de Hénault. Il fut l'un des quelques Français de son temps qui ont subi une influence importante et positive de Shakespeare. *Henri VI*, en particulier, a suscité son enthousiasme et il a essayé, dans une série de scènes en prose sur le règne et le destin de François II, de rivaliser avec l'ampleur et la richesse du tableau d'époque fait par Shakespeare. Mais il soulève le problème du point de vue de la représentation de l'histoire. Décrivant l'impression que la pièce de Shakespeare a faite sur lui, il demande : « Pourquoi notre histoire n'est-elle pas écrite de cette façon ? et comment se fait-il que personne n'ait encore eu cette idée ? » Et de ce point de vue il critique le mode de représentation rapide, dépourvu de pittoresque et de vie, des historiens d'alors. » La tragédie a un défaut opposé, aussi grave pour quiconque veut être instruit, mais dont elle se fait pourtant à juste titre une loi : représenter seulement une action importante et, comme la peinture, se restreindre à un unique moment : car notre intérêt se refroidit si l'imagination vagabonde en des moments divers. Ainsi la présentation par l'histoire d'une longue et fidèle série de faits est froide par comparaison avec la tragédie, tandis que la présentation par la tragédie d'un seul événement est puissante mais vide de faits par comparaison avec l'histoire. Ne pourrait-il pas naître quelque chose d'utile et d'agréable de leur combinaison ? Nous voyons que dans cette théorie l'historicisme et le drame sont encore antinomiques et vivement opposés l'un à l'autre. En dépit de son enthousiasme, Hénault est assez aveugle à l'*historicisme dramatique* de Shakespeare. Pourtant, malgré le caractère rigide, non dialectique, de l'antithèse, on ne peut méconnaître l'extraordinaire pas en avant qui est accompli vers la clarification du problème.

Le rapport dialectique entre l'histoire et la tragédie est saisi pour la première fois comme un problème, même si ce n'est que d'une manière approchée, dans les écrits de Lessing. C'est là son grand mérite et il lui doit sa situation particulière dans l'histoire de l'esthétique de l'*Aufklärung*. Dans les écrits de Lessing la nouvelle conception par l'*Aufklärung* de la relation entre le drame et l'histoire reçoit sa formulation la plus élevée. Nous avons vu que Lessing défend une conception qui paraît être à première vue complètement anti-historique, puisqu'il considère l'histoire comme un pur « répertoire de noms ». En analysant de plus près, on s'aperçoit pourtant que ce n'est pas aussi simple. L'essence de la conception de Lessing peut se résumer comme suit : « pour le poète les caractères doivent être plus sacrés que les faits ». C'est pourquoi il formule la question de la manière suivante : « *Jusqu'à quel point le poète peut-il s'écarter de la vérité historique* ? En tout ce qui ne concerne pas les caractères, autant qu'il veut. *Seuls les caractères lui sont sacrés* et il n'a le droit d'y ajouter que ce qui peut les renforcer, les montrer sous leur meilleur jour ; la moindre modification essentielle supprimerait la raison pour laquelle ils portent ces noms et pas d'autres. Et rien n'est plus choquant que ce dont on ne peut trouver la raison. »

Ainsi, Lessing pose la question surtout d'une manière plus décisive, plus franche et plus droite que les théoriciens du classicisme français. En tant que grand théoricien du théâtre, il comprend que l'homme doit être au centre du drame, que seul un être avec lequel nous pouvons sympathiser directement et passionnément dans tout le cours de sa destinée peut devenir le héros d'une pièce. Ainsi : en dépit de la formulation apparemment anti-historique de sa question, en dépit de maintes tendances anti-historiques dans ses vues, Lessing pose déjà la question d'une manière bien plus historique. Il ne permet plus aux dramaturges de combiner une « voie » qui puisse établir une relation entre des faits historiques incompris. Il leur demande d'aborder les figures du passé comme des personnages formant un tout indivisible, de choisir pour héros dans leurs rangs seulement ceux qu'on peut rendre intelligibles au présent dans toute l'étendue de leur destin. C'est un grand pas en avant dans l'éclaircissement théorique de la question. Assurément, les thèmes historiques sont encore occasionnels chez Lessing, puisque l'histoire n'apparaît pas encore comme un processus au présent, puisque le convenance des caractères historiques que demande Lessing ne dépend pas encore nécessairement de la nature historique intrinsèque du heurt des forces sociales qui sont à la base de la collision.

Néanmoins, on ne peut nier qu'il existe aussi chez Lessing d'autres tendances qui montrent une compréhension naissante de ces rapports. Certes, elles proviennent davantage de sa profonde compréhension de la nature particulière de la forme dramatique que d'un véritable sens historique. Mais Lessing a parfaitement raison quand il rejette énergiquement toute référence à l'authenticité historique ou au manque d'authenticité pour juger d'un drame historique. Il le fait précisément en considération des nécessités de la forme dramatique. « Cela est réellement arrivé ? Soit : ce fait aura sa bonne raison dans l'éternelle et infinie connexion de toutes choses. Celle-ci renferme une sagesse et une bonté qui nous semblent destin aveugle et cruauté dans les quelques éléments de cette connexion que le poète extrait. Il en fait un ensemble pleinement accompli, où une chose s'explique pleinement par une autre, où aucune difficulté ne surgit qui puisse nous rendre insatisfait sur un plan et nous obliger à chercher satisfaction au-dehors dans le plan général des choses... » Lessing défend ainsi la liberté de l'auteur dramatique contre l'exactitude de pur fait des données historiques, au nom de la totalité propre du drame et il y joint l'exigence que cette totalité soit une image adéquate des lois essentielles du processus historique. Il demande donc la liberté de s'écarter des faits particuliers au nom d'une fidélité plus profonde à l'esprit de l'ensemble. C'est déjà une motivation profonde de la relation du drame avec la réalité.

Dans son analyse concrète Lessing va encore plus loin. Il reconnaît qu'il y a de nombreux cas où la réalité historique fournit déjà sous une forme pure la tragédie que cherche le dramaturge. Dans de tels cas il exige du dramaturge qu'il s'en remette à la dialectique intrinsèque de cette donnée et tire au clair les lois de son mouvement, avec la plus grande fidélité possible. Ce qu'il reproche au Corneille de la vieillesse se concentre sur le fait que ce dernier n'est pas en état de reconnaître le grand et tragique cours de l'histoire réelle et doit recourir par conséquent à des inventions mesquines qui déforment et rabaissent cette grande ligne d'événements toujours présente dans la réalité.

Dans cet esprit Lessing défend la matière du *Rodogune* de Corneille contre Corneille lui-même. « Que faut-il de plus... pour fournir la substance d'une tragédie ? Pour le génie, rien, pour le maladroit, tout... Ce cours naturel des choses stimule le génie, et le maladroit s'en effraie. Seuls peuvent occuper l'attention du génie des événements qui sont fondés les uns sur les autres, seules des chaînes de causes et d'effets. Attribuer ceux-ci à celles-là, mettre en balance ces dernières par rapport aux premiers, exclure partout le hasard, laisser tout ce qui se produit se produire de telle sorte qu'il ne pourrait se produire autrement : voilà sa tâche, s'il travaille dans le domaine de l'histoire, pour transformer les trésors inutiles de la mémoire en nourriture de l'esprit. Selon lui, par contre, l' « esprit » des classiques français recherche simplement des analogies, réunit des choses qui ne vont pas ensemble et trouve par conséquent stériles les données historiques les plus puissantes, de sorte qu'elles doivent être complétées et « embellies » par de vaines intrigues amoureuses.

Ici ce qu'on demande, c'est déjà une relation extraordinairement profonde du dramaturge avec le processus même de la vie. Ce qui manque encore à la théorie de Lessing, c'est la compréhension du fait que ce processus de la vie est déjà historique en soi. Seule la période classique de la littérature et de la philosophie en a acquis la compréhension théorique, même si ses formulations particulières ont eu fortement à souffrir du caractère faussé de l'idéalisme philosophique. Notre citation antérieure de Hebbel montre clairement le pas en avant que ce développement a représenté.

Mais cette compréhension nouvelle ne s'est fait jour que très progressivement, au cours de luttes difficiles et n'a abouti à une clarté réelle même sur la question du drame qu'après Walter Scott. Nous avons vu auparavant qu'à maint égard les tendances non-historiques de Lessing sont restées décisives au point de vue théorique, même pour Gœthe. Les quelques allusions à sa pratique littéraire expliquent aussi pourquoi il a dû en être ainsi. Mais les traditions antérieures prédominaient encore à cette époque si fortement que même un adversaire du théâtre classique aussi acharné que Manzoni, qui lui a opposé avec beaucoup de résolution et d'originalité précisément le drame historique, a divisé les figures de ses drames historiques en « historiques » et « idéales », c'est-à-dire inventées par lui. Gœthe a eu tout à fait raison de combattre cette conception avec des arguments tirés de la *Dramaturgie de Hambourg* et il a même convaincu Manzoni de la fausseté de son point de vue.

Le tournant décisif dans cette question est marqué par la théorie de Gœthe et de Hegel sur la « nécessité de l'anachronisme », que nous connaissons déjà. Bélinski a tiré toutes les conséquences de cette théorie pour le drame historique avec un radicalisme exceptionnel. « La division de la tragédie en historique et non-historique n'a absolument aucun sens : le héros de l'une comme l'autre représente également la réalisation des forces substantielles éternelles de l'âme humaine. » On ne devrait pas surestimer l'importance de la formulation hégélienne de Bélinski. L'esprit général de ses essais montre une profonde compréhension des problèmes concrets du processus historique. Ainsi, dans les remarques qui suivent cette thèse générale, où Bélinski traite de problèmes particuliers du drame historique au moyen d'exemples classiques, il le fait entièrement dans l'esprit du nouvel et grand historicisme de cette période. Il défend la conception par Schiller du roi Philippe dans *Don Carlos*, qui selon lui diverge consciemment du caractère historique de ce roi, contre le Philippe d'Alfiéri, qui est plus fidèle au modèle historique. Il défend également la conception par Gœthe d'Egmont contre les objections que Schiller notamment a soulevées, à savoir que Gœthe a changé Egmont, homme marié pourvu d'une grande famille, en un personnage de jeune homme célibataire, rayonnant et captivant. Et il invoque à l'appui de son exposé précisément les arguments de Gœthe contre Manzoni.

Cela fait-il de Bélinski un défenseur de l'arbitraire historique dans le drame ? Ou n'est-ce pas la nouvelle et plus profonde compréhension du traitement de l'histoire sous une forme dramatique qu'il exprime ? Nous croyons qu'il s'agit de ce dernier cas. Car, qu'est-ce que Schiller et Gœthe ont changé dans les caractères de leurs héros ? Ont-ils rendu leurs héros non-historiques ? Ont-ils annulé le caractère spécifiquement historique de la collision tragique qu'ils figurent ? Nous pensons que non. Schiller l'a fait sans doute dans certains cas, mais non dans le cas traité par Bélinski. Sa conception du roi Philippe est la tragédie humaine, l'effondrement personnel intérieur du monarque absolu, un effondrement qui est causé par l'inévitable effet des déterminations socio-historiques du despotisme, et rien que par elles, non par quelque malignité inhérente à la nature du roi en tant que personne humaine. Une collision de ce genre n'est-elle pas historique ? Elle l'est au sens le plus profond du mot et le reste même si le roi d'Espagne Philippe ou n'importe quel autre monarque absolu n'ont jamais dans la réalité fait l'expérience d'une telle tragédie. Car la nécessité historique et la nécessité humaine de cette tragédie sont produites par le développement historique lui-même. Si personne n'en a fait l'expérience — ce dont nous ne pouvons être certains — alors c'est seulement parce que les individus qui se sont trouvés dans cette position ont été trop médiocres humainement pour endurer une telle tragédie.

Assurément, il y a un élément d' « anachronisme nécessaire » dans la sublimité et le pathétique de la figuration de cette collision, une compréhension de la problématique interne de la monarchie absolue, qui est devenue consciente seulement à l'époque de l'*Aufklärung*. Mais cela n'a pas été découvert par Schiller. Si l'on considère, par exemple, le prince dans *Emilia Galotti* de Lessing, il est évident que ce grand représentant des Lumières n'a pas voulu combattre la monarchie absolue simplement de l'extérieur, mais il a montré aussi comment ce système, condamné à mort et à la destruction révolutionnaire par l'histoire, a causé la ruine de ses propres représentants au point de vue moral individuel, par une nécessité historico-sociale : dans les cas les plus insignifiants, il les déforme moralement et les laisse dégénérer, dans les cas les plus importants, il les conduit à des collisions tragiques, à une tragique lacération d'eux mêmes. Schiller a figuré un cas monumental de ce genre dans son *Don Carlos*. Et Bélinski avait parfaitement raison de défendre la justification historique d'un drame de ce genre, dont il avait senti qu'il était plus profondément tragique que la fidélité historique d'Alfiéri. La supériorité des grands représentants allemands des Lumières par rapport à leurs précédesseurs ressemble, *mutatis mutandis*, à la supériorité de la présentation par Maxime Gorki des tragédies intérieures des meilleurs représentants de la classe capitaliste par rapport aux tableaux en noir et blanc des écrivains agitateurs (*agitka*). *Mutatis mutandis*, *Yégor Boulitchev* de Gorki présente une analogie historique avec le droit, soutenu par Bélinski, pour le jeune Schiller de poser son problème comme il l'a fait.

Bélinski a raison d'une manière encore plus évidente dans le cas de Gœthe. La modification des circonstances extérieures d'Egmont, de ses relations de famille, etc., n'affecte absolument pas la nature historique de la collision que Gœthe présente. Gœthe figure le caractère particulier de ces aristocrates qui, comme Egmont et Orange, ont été placés à la tête du mouvement national de libération par les circonstances de leur temps. Il le fait avec une rare fidélité historique, de telle sorte qu'il peut même révéler avec génie le rapport entre le comportement indécis d'Egmont et la base matérielle de son existence. En changeant les circonstances matérielles et la psychologie du héros principal, en l'impliquant dans sa relation amoureuse avec Klärchen, Gœthe est en mesure de figurer d'une manière incomparablement plus dramatique et plastique le caractère populaire d'Egmont et ses relations avec le peuple, que cela n'eût été possible sans cette intrigue amoureuse. Un Egmont tel que Schiller l'a souhaité aurait eu seulement dans les scènes populaires au sens étroit un contact avec la masse, et le grand élan de la fin de la tragédie où Klärchen devient une héroïne populaire, exprimant le soulèvement victorieux du peuple imminent, aurait été entièrement supprimé.

Résumons-nous. Le point de vue de l'historicisme que Gœthe et Hegel, Pouchkine et Bélinski soutiennent, se concentre sur ceci : la fidélité historique de l'écrivain consiste dans la reproduction artistique fidèle des grandes collisions, des grandes crises et des tournants de l'histoire. Pour exprimer cette conception *historique* sous une forme artistique convenable, l'écrivain peut traiter les faits particuliers tout à fait librement, tandis que la simple fidélité à l'égard des faits particuliers de l'histoire mais sans ce rapport est absolument dénuée de valeur. « La vérité des passions, la vraisemblance des sentiments au milieu de circonstances inventées, voilà ce que notre esprit demande au dramaturge », dit Pouchkine.

Cette distinction entre la fidélité historique réelle à l'ensemble et le pseudo-historicisme de la simple authenticité des faits particuliers s'applique naturellement au roman tout comme au drame. La seule différence, comme nous l'avons montré en détail à diverses reprises, est que cet ensemble est dans le roman le reflet de faits de la vie autres que dans le drame. Dans le roman il s'agit de la fidélité dans la reproduction des fondements matériels de la vie à une période donnée, ses coutumes et les sentiments et pensées qui en dérivent. Cela signifie, comme nous l'avons également vu, que le roman est bien plus étroitement lié aux moments particuliers spécifiquement historiques d'une période que ne l'est le drame. Mais cela ne signifie jamais qu'il soit lié à n'importe quels faits historiques particuliers. Au contraire, le romancier doit être libre de traiter ceux-ci comme il lui plaît, pour pouvoir reproduire avec fidélité historique cette totalité beaucoup plus complexe et plus ramifiée. Du point de vue du roman historique, c'est toujours un hasard si un fait historique réel, un caractère ou une intrigue se prête à la méthode particulière par laquelle un grand romancier parvient à manifester réellement sa fidélité historique.

Si nous prenons une connaissance exacte de ces circonstances, nous voyons que la relation de l'écrivain — qu'il soit dramaturge ou romancier — avec la réalité historique ne peut être différente en principe de sa relation avec la réalité en général. La pratique de tous les grands écrivains nous enseigne que c'est un fait de hasard si les données immédiates que la vie leur offre sont appropriées ou non pour révéler adéquatement les lois de la vie. Balzac, par exemple, décrit comment le modèle de son d'Esgrignons (*Cabinet des Antiques*) fut en réalité condamné, et non pas sauvé comme son héros. Un autre cas analogue, qu'il connaissait, a subi une évolution moins dramatique, mais il était plus caractéristique des mœurs de la province.

« Ainsi, le commencement d'un fait et la fin d'un autre ont composé ce tout. Cette manière de procéder doit être celle d'un historien des mœurs : sa tâche consiste à fondre les faits analogues dans un seul tableau ; n'est-il pas tenu de donner plutôt l'esprit que la lettre des événements ? »

Même si Balzac ne s'était pas ici nommé un historien des mœurs — et certes pas au figuré, mais en un sens profondément justifié — il n'en serait pas moins évident que toutes ses réflexions s'appliquent aussi bien au roman historique qu'au roman sur un thème contemporain. Il n'y a absolument aucune raison de supposer que, parce que les événements sont passés, leur structure interne et le caractère nécessairement accidentel des phénomènes individuels soient de ce fait annulés. Et le fait qu'on les trouve transmis dans des mémoires, des chroniques, des lettres, etc., ne peut également fournir aucune garantie que ce genre de sélection conserve nécessairement l'essentiel en ce qui concerne ces événements fortuits qui sont absolument requis pour donner une vie artistique à la réalité.

Plus est profonde et historiquement authentique la connaissance d'un écrivain à propos d'une époque, plus il sera libre de se mouvoir au sein de son sujet et moins il se sentira lié à des faits historiques particuliers. Le génie extraordinaire de Walter Scott consistait précisément en ce qu'il donnait au roman historique des thèmes qui permettaient ce « libre mouvement », et ainsi dégageaient la voie pour son développement, tandis que les traditions antérieures de ses soi-disant prédécesseurs avaient ôté toute liberté de mouvement, empêchant même à tout talent authentique de se développer. Bien entendu il existe ici une difficulté particulière dans le traitement de la matière spécifiquement historique. Tout écrivain réellement original qui présente une nouvelle conception dans un certain domaine doit lutter avec les préjugés de ses lecteurs. Mais l'image que se fait le public d'une figure historique familière n'est pas nécessairement fausse. En vérité, avec la développement d'un sens réellement historique, avec la croissance de la connaissance historique, elle devient toujours plus juste. Mais même cette image correcte peut dans certaines circonstances être défavorables à l'écrivain qui se propose de reproduire l'esprit d'une époque avec fidélité et authenticité. Il faut que prédomine un hasard particulièrement heureux pour que toutes les actions bien connues et attestées d'un personnage historique correspondent aux desseins de la littérature. (Pour des raisons de simplicité, nous supposons à la fois que l'image historique est juste et que le dramaturge ou romancier, qui traite de l'histoire, a réellement pour but la vérité historique.)

Dans bien des cas surgissent des problèmes complètement insolubles. Nous avons vu la liberté avec laquelle de grands dramaturges de l'époque classique ont transformé des figures historiques bien connues, et pourtant ont conservé la vérité historique au sens large. Balzac admire sans cesse la sagesse avec laquelle Walter Scott évite de tels dangers, non seulement en faisant des protagonistes de l'histoire des figures secondaires, ce qui correspond aux lois intrinsèques du roman historique, mais aussi en choisissant autant que possible des épisodes inconnus et éventuellement non attestés de la vie de ces personnages. Le fait de les éviter ainsi n'est pas un compromis ; car la possibilité de transformer radicalement une figure historiquement très familière est, pour des raisons que nous connaissons déjà, plus difficile dans le roman que dans le drame. Le fait que le roman est plus proche de la vie et inclut nécessairement davantage de détails permet beaucoup moins cette façon générale d'élever un personnage jusqu'au typique, comme nous l'avons déjà observé et suivi dans le drame.

Nous le répétons : la relation de l'écrivain avec l'histoire n'est pas quelque chose de particulier et d'isolé, elle est une donnée importante de sa relation avec l'ensemble de la réalité et particulièrement de la société. Si nous envisageons dans leur ensemble tous les problèmes qui résultent dans le roman et dans le drame de la relation de l'écrivain avec la réalité historique, nous voyons qu'il n'y a pas un seul problème essentiel qui soit uniquement propre à l'histoire. Cela ne signifie pas, bien entendu, que la relation de l'écrivain avec l'histoire puisse être simplement et mécaniquement mise au même rang que sa relation avec la société contemporaine. Au contraire, il y a une interaction très complexe dans sa relation au présent et sa relation à l'histoire. Mais un examen théorique et historique plus serré de ce rapport montre que la relation de l'écrivain avec les problèmes sociaux du présent est décisive dans cette interaction. Ceci, nous avons pu l'observer aussi bien dans la genèse du roman historique que dans le développement particulier, inégal, du drame historique et de sa théorie.

Mais ces observations ont un fondement théorique beaucoup plus large, toute la question est de savoir s'il est possible de connaître le passé. Cette question dépend toujours de la mesure dans laquelle le présent est connu, de la mesure dans laquelle la situation contemporaine peut clairement révéler les tendances particulières qui ont objectivement conduit au présent ; et, subjectivement, cela dépend de savoir comment et dans quelle mesure la structure sociale du présent, son niveau de développement, le caractère de ses luttes de classes, etc., favorise, gêne ou empêche une connaissance adéquate du développement passé. Marx énonce très clairement le rapport objectif qui existe ici : « L'anatomie de l'homme est une clé pour l'anatomie du singe. Les indications au sujet de quelque chose de plus élevé dans les espèces animales subordonnées ne peuvent en revanche être comprises que si ce qui est plus élevé est lui-même déjà connu. L'économie bourgeoise fournit la clé du monde antique, etc. Mais nullement à la manière des économistes qui brouillent toutes les distinctions historiques et voient la forme bourgeoise dans toutes les formes sociales. On peut comprendre tribut, dîmes, etc., si l'on connaît la rente foncière, mais on ne doit pourtant jamais les identifier ».

Dans ces commentaires Marx prend très vivement position contre la modernisation de l'histoire. A d'autres endroits de son œuvre il montre comment de telles fausses notions du passé sont nées avec une nécessité historique des problèmes sociaux du présent. Ainsi, en réfutant de fausses conceptions du passé, il fournit simultanément une nouvelle confirmation historique de sa conception, citée ici, selon laquelle la connaissance de l'histoire est un processus objectif. Ces rapports sont de la plus haute importance pour nous, car nous avons vu quel niveau élevé il fallait atteindre dans le traitement épique des problèmes sociaux contemporains, quelle profonde pénétration dans les problèmes de leur temps était nécessaire de la part des écrivains, pour qu'un véritable roman historique prenne naissance.

Si l'on évite à la fois l'attitude mesquinement philologique et mécaniquement sociologique envers le développement du roman historique, on voit que sa forme classique naît du grand roman social et ensuite, enrichie par une attitude historique consciente, reflue dans ce dernier. D'une part, le développement du roman social rend possible pour la première fois le roman historique ; d'autre part, le roman historique transforme le roman social en une authentique histoire du présent, une authentique histoire des mœurs, ce que le roman du XVIIIe siècle s'était déjà efforcé de faire dans les œuvres de ses plus grands représentants. Ainsi, nous ne pouvons séparer le roman historique au sens restreint des destinées du roman en général, car ni les plus profonds problèmes qu'implique la figuration de la réalité, ni les lois historiques du développement du genre ne nous permettent de le faire. (Le cours du développement du drame historique est différent, pour des raisons que nous avons montrées, mais il ne dépend pas moins de ces questions fondamentales.) Voilà pourquoi la question proprement dite du roman historique en tant que genre indépendant ne surgit que si, pour une raison quelconque, la liaison correcte et adéquate avec la compréhension juste du passé fait défaut, si elle n'existe *pas encore* ou n'existe *plus*. Ainsi, tout au contraire de ce que pensent bien des modernes, le roman historique ne devient pas un genre indépendant du fait de sa fidélité particulière au passé. Mais il le devient quand les conditions objectives ou subjectives d'une fidélité historique au sens large n'existent pas encore ou n'existent plus. Alors n'importe quels « critères » très compliqués et très métaphysiques sont subtilement inventés pour fonder théoriquement une séparation de cette nature. (La signification de ces rapports à la fois en théorie et en pratique ne pourra, naturellement, être mise en pleine lumière que lorsque nous traiterons du roman postérieur à 1848. Une analyse détaillée de ces problèmes ne pourra donc être donnée que dans les chapitres suivants.)

Si l'on traite sérieusement le problème marxiste du genre, en reconnaissant un genre seulement là où l'on voit un reflet artistique particulier de faits particuliers de la vie, il n'y a pas un seul problème fondamental qu'on puisse alléguer pour justifier la création d'un genre spécifique des thèmes historiques dans le roman ou dans le drame. Bien entendu, il y a sans cesse des tâches particulières et spécifiques qui naissent du fait que l'on s'occupe de l'histoire. Mais aucun de ces problèmes spécifiques n'a ou ne peut avoir un poids suffisant pour justifier un genre réellement indépendant de littérature historique.

CHAPITRE III

LE ROMAN HISTORIQUE ET LA CRISE DU RÉALISME BOURGEOIS

Pour les pays de l'Europe occidentale et centrale, la Révolution de 1848 signifie un changement décisif dans le groupement des classes et leur attitude envers toutes les questions importantes de la vie sociale, la perspective du développement de la société. Les Journées de juin du prolétariat de Paris en 1848 constituent un tournant dans l'histoire à l'échelle internationale. En dépit du chartisme, en dépit de soulèvements sporadiques en France du temps de la « monarchie bourgeoise », en dépit du soulèvement des tisserands allemands en 1844, c'est alors pour la première fois qu'une bataille décisive se livre entre le prolétariat et la bourgeoisie par la force des armes ; alors pour la première fois le prolétariat apparaît sur la scène de l'histoire mondiale comme une masse armée, décidée à la lutte finale ; durant ces journées, la bourgeoisie pour la première fois lutte pour la pure et simple perpétuation de sa domination économique et politique. Il suffit de suivre de près l'histoire des événements dans l'Allemagne de 1848 pour voir quelle phase critique a représenté le soulèvement prolétarien de Paris et sa défaite pour le développement de la révolution bourgeoise en Allemagne. Bien entendu, des tendances antidémocratiques ainsi qu'une disposition à changer les tendances révolutionnaires démocratiques bourgeoises en un compromis pourri avec le régime féodalo-absolutiste existaient déjà auparavant dans les milieux de la classe moyenne en Allemagne. Immédiatement après les Journées de mars elles devinrent beaucoup plus prononcées. Néanmoins, ce sont les Journées de juin du prolétariat de Paris qui entraînent un changement décisif dans le camp bourgeois, en accélérant à un degré extraordinaire le processus interne de différenciation dans le sens d'une transformation de la démocratie révolutionnaire en libéralisme de compromis.

Ce changement affecte toutes les sphères de l'idéologie bourgeoise. Il serait tout à fait superficiel et faux de s'imaginer que, lorsqu'une classe se détourne aussi radicalement de ses objectifs et de ses idéaux politiques antérieurs, les sphères de l'idéologie, la destinée de la science et de l'art puissent continuer à ne pas en être affectées. Marx a montré à diverses reprises d'une façon détaillée l'importance des luttes de classes entre bourgeoisie et prolétariat pour la science sociale classique du développement bourgeois. Et aujourd'hui, en particulier à la lumière des œuvres récemment publiées de Marx et Engels d'avant 1848, si nous suivons attentivement le processus de dissolution de la philosophie hégélienne, nous pouvons voir que les luttes philosophiques des diverses tendances et nuances au sein de l'hégélianisme ne furent par essence rien d'autre que des luttes de tendance de la période préparatoire à la Révolution démocratique bourgeoise imminente de 1848. C'est seulement à la lumière de la compréhension de ces rapports qu'il apparaît clairement pourquoi la philosophie hégélienne, qui a dominé toute la vie intellectuelle de l'Allemagne à partir du milieu des années vingt, a « brusquement » disparu après la défaite de la révolution à la suite de la trahison par la bourgeoisie allemande de ses propres objectifs révolutionnaires bourgeois antérieurs. Hegel, auparavant la figure centrale de la vie intellectuelle en Allemagne, fut « brusquement » oublié, devint un « chien crevé ».

Dans ses analyses de la Révolution de 1848, Marx écrit d'une façon très détaillée au sujet de ce changement, de ses causes et de ses conséquences. Il donne en outre des formulations d'une extraordinaire profondeur intellectuelle, résumant ce changement et son effet dans toutes les sphères de l'activité idéologique bourgeoise. « La bourgeoisie, dit Marx, a discerné avec justesse que toutes les armes, qu'elle avait forgées contre le féodalisme, tournaient leur pointe contre elle-même, que tous les moyens d'éducation, qu'elle avait produits, se rebellaient contre sa propre civilisation, que tous les dieux, qu'elle avait créés, lui avaient fait défection. Elle comprit que toutes les soi-disant libertés et tous les organes du progrès attaquaient et menaçaient sa domination de classe simultanément à sa base sociale et à son sommet politique et étaient donc devenus *socialistes.* »

Nous pouvons seulement examiner brièvement ici ce changement par rapport à ses effets sur le sentiment historique et sur le sens et la compréhension de l'histoire ; seulement en relation avec ces aspects, donc, qui présentent une importance directe et vitale pour notre problème.

I. Changements dans la conception de l'histoire après la Révolution de 1848

Ici, comme dans nos remarques d'introduction à cet ouvrage, il ne s'agit pas d'une affaire intérieure à l'histoire en tant que science, d'un débat d'érudits à propos de méthode, mais de l'expérience de masse de l'histoire elle-même, d'une expérience partagée par les plus vastes cercles de la société bourgeoise, par ceux-là même qui ne s'intéressent pas du tout à la science de l'histoire, qui ne pressentent nullement qu'un changement s'est accompli dans cette science. Tout comme l'éveil d'un sens plus conscient de l'histoire a influencé l'expérience et les idées des plus larges masses, sans que celles-ci aient dû nécessairement savoir que leur nouveau sentiment des relations historiques de la vie ont produit un Thierry en science historique et un Hegel en philosophie, etc.

La nature de ce rapport doit par conséquent être particulièrement mise en évidence, afin que, si nous parlons d'un changement dans la conception de l'histoire chez les auteurs de romans historiques, on ne s'imagine pas que nous voulons dire que leur pratique fut nécessairement influencée d'une manière directe par le changement dans la science historique. Nous pouvons, bien entendu, trouver des influences de cette nature. Flaubert, par exemple, n'a pas seulement connu Taine, Renan, etc., par l'intermédiaire de leurs œuvres mais aussi très personnellement. L'influence de Jacob Burckhardt sur Conrad Ferdinand Meyer est bien connue ; l'influence immédiate de la conception de l'histoire de Nietzsche sur les écrivains est peut-être encore plus étendue. Pourtant ce n'est pas cette influence philologiquement démontrable qui est importante, mais *le caractère commun des tendances dans la façon de réagir à la réalité*, qui dans l'histoire et la littérature produisent des contenus et des formes analogues de la conscience historique. Ces tendances ont leurs racines dans le changement brièvement indiqué de toute la vie politique et intellectuelle de la classe bourgeoise. Si des historiens particuliers ou des philosophes ont acquis une grande influence dans ces questions, cette influence n'est pas une cause primaire, mais elle-même une conséquence des nouvelles tendances idéologiques, aussi bien chez les écrivains que chez leurs lecteurs, produites par le développement socio-historique. Si donc, par la suite, nous citons certains des idéologues de premier plan de cette nouvelle attitude envers l'histoire, nous les considérons comme des représentants de courants sociaux de caractère général qu'ils ont simplement formulés de la manière littéraire la plus frappante.

Pourtant il faut faire ici encore une remarque d'introduction. Dans la période qui précède 1848 la bourgeoisie était aussi le guide idéologique du développement social. La façon nouvelle de défendre historiquement le progrès caractérise la grande voie de tout le développement idéologique de cette période. La conception de l'histoire du prolétariat s'est développée sur cette base, en étendant la dernière grande phase de l'idéologie bourgeoise au moyen de la critique et de la lutte et en surmontant ses limitations. Les importants précurseurs du socialisme qui n'avaient pas adopté ces idées furent, à cet égard, mystiques ou rétrogrades. Cette situation se modifie très fortement après le changement que l'année 1848 a produit.

La division de chaque peuple en « deux nations » s'est accomplie — en tendance du moins — aussi dans le domaine de l'idéologie. Les luttes de classe de la première moitié du XIXe siècle ont déjà conduit, à la veille de la Révolution de 1848, à la formulation scientifique du marxisme. Dans ce dernier sont contenues toutes les vues progressistes sur l'histoire, sous une forme « dépassée », c'est-à-dire au triple sens hégélien du mot : elles ne sont pas seulement critiquées et annulées, mais aussi conservées et portées à un niveau plus élevé.

Le fait que dans cette période nous trouvons de fortes influences de l'idéologie bourgeoise générale, à la fois dans le mouvement ouvrier et dans les courants démocratiques qui lui sont alliés, ne contredit pas le fait fondamental des « deux nations ». Le mouvement ouvrier ne se développe pas dans le vide, mais entouré de toutes les idéologies de déclin de la décadence bourgeoise, et la « mission historique » de l'opportunisme dans le mouvement ouvrier consiste précisément à « s'entremettre », en trouvant un accommodement à la séparation brutale, suivant une ligne bourgeoise. Mais toutes ces interrelations complexes ne doivent pas éclipser le fait fondamental que les idéologies de la bourgeoisie analysées ici ne sont plus les idéologies dominantes de toute l'époque, mais des idéologies de classes en un sens beaucoup plus restreint.

Le problème central à propos duquel le changement d'attitude envers l'histoire vient à se manifester est celui du *progrès*. Nous avons vu que les écrivains et les penseurs les plus notables de la période avant 1848 ont fait précisément le pas en avant le plus important en donnant une formulation historique à l'idée de progrès : ils sont allés jusqu'au concept du caractère contradictoire du progrès humain, même si ce fut seulement d'une manière relativement juste et jamais complète. Cependant les événements de la lutte de classes ont présenté aux idéologues de la bourgeoisie l'avenir de leur société, de leur classe, dans une perspective si menaçante que l'état d'esprit impartial dans l'investigation, grâce auquel les contradictions du progrès avaient été découvertes et exprimées, devait disparaître. A quel point l'attitude envers le progrès se rattache à la perspective de l'avenir de la société bourgeoise, on peut le mieux l'étudier chez les adversaires intelligents de l'idée de progrès dans la période avant 1848. Ces derniers ont exprimé leurs idées encore assez librement, puisque les dangers sociaux auxquels ils faisaient allusion et qui déterminaient leurs pensées n'étaient pas encore devenus d'une actualité menaçante au point de susciter des falsifications apologétiques. Telle est la façon dont le réactionnaire romantique Théophile Gautier écrit encore sur cette question dans les années trente. Il se moque de toutes les idées de progrès, les tenant pour superficielles et stupides ; il traite les utopies de Fourier avec ironie, mais il ajoute : pour peu que le progrès soit possible, c'est uniquement de cette manière ; toute autre chose est une amère dérision, une arlequinade sans esprit, « le phalanstère est réellement un progrès par rapport à l'abbaye de Thélème... »

Dans ces circonstances l'idée de progrès subit une régression. L'économie classique, qui a exprimé hardiment en son temps certaines contradictions de l'économie capitaliste, devient l'harmonie sans heurts mais mensongère de l'économie vulgaire. La disgrâce de la philosophie hégélienne en Allemagne signifie la disparition de l'idée du caractère contradictoire du progrès. Dans la mesure où une idéologie du progrès continue à prévaloir — et c'est longtemps encore l'idéologie dirigeante de la bourgeoisie libérale —, tout élément de contradiction en est aboli ; l'histoire est conçue comme une évolution sans heurts et directe. A une échelle européenne et pendant longtemps, c'est dans une mesure croissante l'idée centrale de la nouvelle science de la sociologie, qui remplace les essais pour maîtriser dialectiquement les contradictions du progrès historique.

Assurément, ce changement est lié en même temps à une renonciation à l'idéalisme prétentieux de la philosophie hégélienne et même, par endroits, à un retour au moins partiel à l'idéologie des Lumières et au matérialisme mécanique. (Par exemple dans l'Allemagne des années 50 et 60.) Mais ce sont précisément les tendances les plus faibles et les plus non-historiques de la période des Lumières qu'on ressuscite, en dehors du fait que certains courants de pensée, qui au milieu du XVIIIe siècle ont contenu des germes de la conception correcte, doivent inévitablement dans cette restauration devenir des obstacles à la compréhension scientifique adéquate de l'histoire.

Qu'il nous soit permis d'illustrer cela par deux exemples qui sont de la plus grande importance pour la conception de l'histoire dans cette période. Un important progrès historique réside dans le fait que les représentants des Lumières au XVIIIe siècle ont amorcé la recherche des conditions naturelles du développement social et tenté d'appliquer les catégories et les résultats des sciences de la nature directement à la connaissance de la société. Naturellement, cela a produit bien des données fausses et non historiques, mais dans la lutte contre la conception théologique traditionnelle de l'histoire, cela représenta un progrès très substantiel pour l'époque. Il en va tout autrement dans la seconde moitié du XIXe siècle. Si des historiens et des sociologues essaient de faire du darwinisme, par exemple, le fondement direct d'une compréhension du développement historique, il ne peut en résulter qu'une fausse interprétation et une distorsion des connexions historiques. Le darwinisme devient un discours abstrait et le vieux réactionnaire Malthus apparaît normalement comme son « noyau » sociologique. Au cours du développement ultérieur l'application rhétorique du darwinisme à l'histoire devient une simple apologétique de la domination brutale du capital. On fait avec emphase de la concurrence capitaliste une mystique et une métaphysique, qui dissolvent le caractère historique des faits, en recourant à la loi « éternelle » de la lutte pour l'existence. La philosophie de Nietzsche, qui forme une mythologie en accouplant le darwinisme avec la notion grecque de la lutte : « agon », est le type le plus puissant d'une conception historique de ce genre.

L'autre exemple, tout aussi caractéristique, est celui de la race. Comme on sait, le problème de la race joue un rôle important dans les explications historiques de la période des Lumières et surtout plus tard dans les œuvres historiques de Thierry et de son école. Quand Taine met l'idée de race au centre de sa sociologie (pour ne point parler ici de réactionnaires aussi caractérisés que Gobineau), cela paraît être à première vue une continuation de ces tendances. Mais cette apparence est trompeuse, car pour Thierry le problème de la race, qu'il n'a jamais analysé jusqu'au bout, faisait partie de sa conception centrale de l'histoire en tant qu'histoire des luttes de classes. La mise en opposition des Saxons et des Normands en Angleterre, des Francs et des Gaulois en France, constitue seulement une transition vers l'analyse des luttes de classes entre le « Tiers État » naissant et la noblesse dans l'histoire du Moyen Age et des temps modernes. Thierry n'a pas encore réussi à démêler l'enchevêtrement compliqué des antagonismes nationaux et de classes durant le premier essor des nations modernes, mais sa théorie de la lutte des races fut le premier pas vers une histoire cohérente et scientifique du progrès. Chez Taine la tendance est déjà complètement opposée. Sous le couvert d'une terminologie pseudo-scientifique on commence à faire de la race une entité mythique entièrement non historique et antihistorique. Cette tendance conduit à nier l'histoire d'une manière réactionnaire et à la dissoudre en partie dans un système anhistorique de « lois » sociologiques, en partie dans une philosophie mystifiée de l'histoire, qui par essence est également anhistorique.

Nous nous trouvons, bien entendu, dans l'impossibilité d'énumérer ici même sous forme d'allusion les orientations différentes et souvent contradictoires de la conception de l'histoire, dans lesquelles l'historicisme de la période antérieure s'est désintégré. Pour une part cette évolution s'engage sur la voie qui mène à désavouer ouvertement l'histoire. Nous renvoyons seulement à la philosophie de Schopenhauer qui supplantait précisément à cette époque en Allemagne la doctrine de Hegel et continuait sa marche triomphale à travers tous les pays européens. Mais cette négation abstraite et péremptoire de toute histoire ne pouvait longtemps maintenir sa position dominante. Des tendances parallèles ont pris naissance, qui cherchaient à stabiliser l'antihistoricisme sous une forme historique. La conception de l'histoire de Ranke, tout comme la philosophie de Schopenhauer, s'est formée avant 1848. Mais elle n'est devenue un courant important et prépondérant qu'après la défaite de la révolution bourgeoise. Cette conception prétend être un historicisme correct et lutte contre la philosophie hégélienne à cause de son caractère constructif. Si nous considérons le noyau réel de la polémique, nous trouvons que Ranke et son école contestent l'idée d'un processus contradictoire du progrès humain. Selon leur conception l'histoire n'a pas de direction dans son évolution, pas de hauts et de bas : « Toutes les époques de l'histoire se tiennent en rapport aussi direct avec Dieu. » Il y a donc un mouvement éternel, mais sans direction : l'histoire est une collection et une reproduction de faits intéressants du passé.

Puisque l'histoire, dans une mesure croissante, n'est plus conçue comme la préhistoire du présent — ou si elle l'est, c'est alors d'une manière superficielle, unilinéaire, évolutionniste — les efforts de l'historicisme de la période précédente pour saisir les étapes du processus historique dans leurs particularités réelles, telles qu'elles ont été réellement et objectivement, ont perdu leur intérêt vivant. Dans la mesure où ce n'est pas exclusivement le « caractère unique » des événements antérieurs qui est représenté, l'histoire est *modernisée*. Cela signifie que les historiens partent de la conviction que la structure fondamentale du passé est économiquement et idéologiquement la même que celle du présent. On devrait donc pour comprendre le présent attribuer simplement les pensées, les sentiments et les motifs des hommes d'aujourd'hui aux hommes et aux groupes du passé. De cette manière naissent des conceptions de l'histoire comme celles de Mommsen, Pöhlmann, etc. Les théories, très influentes en histoire de l'art, de Riegel et ses successeurs, bien qu'elles aient d'autres points de départ, reposent sur des présuppositions analogues. De ce fait l'histoire se dissout en une collection de curiosités et d'excentricités. Si un historien refuse d'appliquer radicalement ces méthodes, il doit s'en tenir à la simple description de ces curiosités : il reste un conteur d'anecdotes historiques. S'il accomplit cette modernisation d'une manière conséquente, l'histoire n'est plus qu'une collection de curiosités. Ainsi, par exemple, si le capitalisme et le socialisme au sens moderne avaient réellement existé dans l'histoire ancienne, alors la conduite des exploiteurs et des exploités de l'Antiquité aurait été ce qu'on peut imaginer de plus curieux, de plus excentrique et de plus anecdotique.

Cette tendance à moderniser et, dans un étroit rapport avec ce fait, à mystifier l'histoire, qui a atteint son apogée à l'époque de l'impéralisme dans des conceptions comme celles de Spengler, se rattache étroitement au changement philosophique de l'idéologie bourgeoise après 1848. Aussi bien l'idéalisme objectif de Hegel que la pratique de grands historiens de son temps étaient très profondément pénétrés de la conviction que la réalité objective, et par conséquent l'histoire, était connaissable. Ainsi les représentants les plus importants de cette période abordaient l'histoire d'une manière matérialiste, certes inconsciente et pour cette raison incomplète ; c'est-à-dire : ils essayaient de découvrir les forces motrices réelles de l'histoire dans leur réalité objective et d'expliquer l'histoire à partir de là. Désormais, cette position disparaît. L'économie bourgeoise devenue vulgaire perd toute possibilité d'être un moyen auxiliaire de l'histoire : elle se transforme elle-même au cours de cette évolution en une analyse des notions économiques plutôt que des faits objectifs de la production (théorie de l'utilité marginale). La nouvelle science de la sociologie a pour seul trait original, du point de vue méthodique, qu'elle sépare de l'économie la connaissance des « lois » des faits sociaux et les rend indépendants. La philosophie, qui de façons diverses accomplit un changement dans le sens de l'idéalisme subjectif, en vient dans une mesure croissante à considérer les « faits de conscience » comme le seul point de départ pour une méthode scientifique. De ce fait la modernisation de l'histoire acquiert une large base idéologique. Il semble que la seule possibilité de « comprendre » le passé consiste à appliquer notre manière de voir, à partir de nos propres conceptions.

Toutes ces tendances, que jusqu'ici nous avons observées surtout dans des courants qui reconnaissaient plus ou moins le progrès, apparaissent sous une forme encore accentuée chez les continuateurs de la critique romantique du capitalisme. La critique de la division capitaliste du travail, de l'inculture du capitalisme, etc., se met toujours davantage au service des classes les plus réactionnaires, de l'aile la plus réactionnaire des classes dominantes. Marx et Engels, dès 1850, donnent une critique intéressante de ce changement dans le cas de deux éminents représentants de la période avant 1848. Ils montrent d'une part comment Guizot, par crainte d'une révolution prolétarienne, liquide toutes les conquêtes de l'école historique française, comment un vulgaire évolutionnisme annule toutes les différences concrètes et les problèmes du développement de l'histoire anglaise et française. D'autre part ils montrent à propos des nouvelles œuvres de Carlyle que sa critique du capitalisme, qui contenait précédemment des éléments révolutionnaires, est devenue une idéologie de la réaction la plus crue et la plus brutale.

L'évolution ultérieure a clairement prouvé la justesse de cette analyse de Marx. Tandis qu'auparavant la critique romantique du capitalisme, en dépit de toute sa glorification réactionnaire du Moyen Age, a été à maints égards une protestation démocratique et même parfois rebelle contre la domination oligarchique des grands capitalistes, dans le cas de Cobbett et du jeune Carlyle par exemple, elle se développe maintenant de plus en plus dans le sens d'une nette hostilité contre la démocratie et combat les éléments démocratiques encore existants dans le capitalisme et même dans l'impérialisme, avec une détermination toujours croissante. La lutte contre l'inculture du capitalisme se transforme en lutte contre la démocratie, contre la « massification », en faveur d'une nouvelle dictature réactionnaire des « forts », de l'élite, etc. Il suffit de penser à des sociologues comme Pareto ou Michels. Cette évolution antidémocratique produit sa propre science philosophique et psychologique dont le seul dessein est de démasquer « scientifiquement » l'activité des masses comme étant de prime abord déraisonnable, irrationnelle et dépourvue de sens (Nietzsche, Le Bon, etc.).

Pour l'évolution de la littérature pendant la période de transition les vues de Taine, Burckhardt et Nietzsche ont eu une importance particulière. Nous y prendrons seulement quelques éléments choisis dans la méthodologie de l'histoire et la conception de l'histoire de Burckhardt, qui sont propres à mettre en lumière sous l'aspect idéologique ces tendances qui apparaissent dans la littérature. Nous ne tiendrons pas compte des facteurs de sa conception qui sont déjà contenus dans notre caractéristique générale, par exemple la contestation du progrès ; cela peut dès maintenant être présumé connu.

Burckhardt part consciemment et délibérément d'une conception subjective de l'histoire. On ne peut nullement éluder un grand arbitraire subjectif dans le choix des sujets. Nous sommes « non scientifiques ». Il existe, selon Burckhardt, de purs faits transmis que seule la subjectivité individuelle peut animer. Selon sa théorie les anecdotes historiques jouent un rôle très important dans cette animation de l'histoire. Elles forment « une histoire imaginée, qui nous dit ce qu'on a attendu des hommes et ce qui les caractérise ». (Le lecteur se rappellera sûrement ici le programme du romantique Vigny.)

La conséquence la plus importante de cette conception est le fait qu'elle sépare, isole et élève jusqu'au mythe les grands hommes de l'histoire par rapport au cours normal de celle-ci. Burckhardt exprime à plusieurs reprises cette idée avec résolution : « La grandeur est ce que *nous ne* sommes *pas*... La véritable grandeur est un *mystère*, son effet est magique », etc. Ces vues de Burckhardt sont devenues extraordinairement répandues et populaires grâce à ses grandes fresques historiques, en particulier de la Renaissance. C'est une conséquence naturelle et inévitable du fait qu'on s'éloigne au point de vue idéologique de la conception du progrès de la période antérieure.

Assurément, Burckhardt lui-même n'est pas un simple apologiste de la grandeur de « l'homme fort capitaliste ». Au contraire, en ce qui concerne le présent, il est tourmenté par les doutes les plus intenses et se trouve placé sans cesse devant un dilemme. Cette état de division caractéristique de Burckhardt est aussi l'expression d'une tendance générale de cette période. Burckhardt aborde les grands hommes de l'histoire qu'il glorifie, avec un mélange d'admiration et d'horreur. Par lui l'homme de violence de la Renaissance devient le modèle idéal d'un capitalisme « cultivé » qui a triomphé de toute démocratie. Mais lui-même considère ces hommes qui unissent « l'infamie profonde à la plus noble harmonie », avec un sentiment « balancé entre l'admiration et l'horreur ».

Ceci introduit un subjectivisme double et contradictoire dans la réflexion historique, qui simule dans son état de division une sorte de dialectique mais n'est en réalité que le reflet de l'absence d'unité dans le point de vue de l'observateur et n'a rien à voir avec l'histoire. C'est dire que les personnages de l'histoire sont séparés des forces réellement motrices de leur époque et leurs actes, rendus de ce fait incompréhensibles, acquièrent grâce à cette inintelligibilité une magnificence décorative. Cette tournure décorative est encore intensifiée par l'emphase particulière et la place centrale donnée aux excès brutaux de l'histoire.

Mais après qu'un tel personnage « au-delà du bien et du mal » a pris naissance, l'historien Burckhardt l'aborde en se conformant à une mesure actuelle dans l'appréciation morale et avec l'éthique étrangère à la vie, raffinée, de l'intellectuel du capitalisme décadent. Partout où cela est possible il introduit ses propres conflits dans le passé. La dialectique apparente de moralité et de beauté, qui naît de cette manière, n'est donc pas une contradiction interne de la chose elle-même, mais un reflet de l'inaptitude d'une subjectivité de cette nature à saisir la réalité historique d'une manière continue dans son mouvement.

Ce qui existait seulement en germe chez Burckhardt fleurit en système chez Nietzsche. Ici encore nous pouvons seulement indiquer quelques facteurs d'une importance décisive pour notre problème. L'extraordinaire influence de Nietzsche repose pour une bonne part sur le fait qu'il a pris au sérieux et de la manière la plus hardie l'agnosticisme et le subjectivisme de son époque. Il déclare ouvertement et nettement « qu'il n'est pas possible de vivre avec la vérité ». De ce point de vue il déclare que l'essence de l'art est « un arrangement intéressé au plus haut point, et *impitoyablement* intéressé, des choses, une falsification fondamentale, une exclusion précisément de l'esprit qui simplement constate, connaît, est *objectif*... Jouissance de *la victoire remportée par le fait de mettre dedans un esprit.* »

Tout cela est déjà la philosophie du mensonge en tant que mode nécessaire de réaction à la réalité d'un être humain vivant. En ce qui concerne l'histoire Nietzsche exprime cela encore plus énergiquement. Il lutte contre la façon académique d'écrire l'histoire, contre son isolement de la vie. Cependant, la relation qu'il établit entre la science historique et la vie est celle d'une distorsion consciente de l'histoire, surtout l'omission consciente des faits désagréables, défavorables à la vie. Nietzsche veut mettre en relation l'histoire avec la vie en invoquant le fait suivant de la vie : « Toute action exige la faculté d'oubli. »

C'est déjà une philosophie cynique de l'apologétique. Ce que les historiens universitaires à la solde de la bourgeoisie, se dissimulant lâchement derrière le masque de l'objectivité, cachent avec embarras, Nietzsche l'énonce ouvertement et sans guère éprouver de gêne. La nécessité historique pour la bourgeoisie de son temps de falsifier les faits de l'histoire, d'en omettre toujours davantage, apparaît chez Nietzsche comme une vérité « profonde », « éternelle », « biologique » de la vie.

Ce qui est extrêmement caractéristique de l'évolution historique idéologique de toute cette période, c'est la manière selon laquelle Nietzsche présente cette justification philosophique de la falsification apologétique de l'histoire. Pour cette raison citons-le ici :

« Ce qu'une nature de ce genre ne maîtrise pas, elle sait l'oublier ; ce n'est plus là, l'horizon est clos et entier, et il n'y a rien pour rappeler qu'au-delà se trouvent encore des hommes, des passions, des doctrines et des desseins. Et cela est une loi universelle ; tout ce qui vit peut seulement devenir sain, fort et fécond à l'intérieur d'un horizon ; est-il impuissant à s'entourer d'un horizon, ou par contre trop personnel pour enclore son propre point de vue à l'intérieur d'un horizon étranger, alors il s'effondre accablé ou trop précipitamment dans un déclin trop précoce. »

La philosophie du solipsisme historique est exposée ici, peut-être pour la première fois, sous sa forme la plus radicale. La théorie en soi est certes déjà présente dans la conception de la culture et de la race de la sociologie antérieure et contemporaine. Mais elle a été généralisée par Nietzsche pour la première fois d'une manière à ce point cynique. Elle ne signifie en effet rien moins que ceci : chaque entité, qu'il s'agisse d'un être humain individuel, d'une race ou d'une nation ne peut jamais faire l'expérience que de soi-même. L'histoire existe seulement comme reflet de ce moi, seulement comme quelque chose qui convient aux besoins vitaux particuliers de celui-ci. L'histoire est un chaos, qui en soi ne nous concerne nullement, mais auquel chacun peut attribuer un « sens » qui lui convient, selon ses besoins.

Dans cette œuvre de jeunesse Nietzsche classifie aussi trois manières possibles d'aborder l'histoire : la méthode monumentale, la méthode d'antiquaire et la méthode critique. Ces trois méthodes sont toutes définies d'une manière analogue, « biologiquement », c'est-à-dire qu'aucune d'elles ne s'efforce d'atteindre la connaissance de la réalité objective, mais seulement d'adapter et de grouper les faits historiques appropriés selon les besoins vitaux d'un certain type. (On a ici le schéma de la conception non-historique de la société et de l'histoire pour toute une période : le schéma de Nietzsche correspond également à la façon de procéder de Spengler ou à la « sociologie du savoir » comme la sociologie vulgaire menchéviste.)

Il est inutile d'en dire beaucoup plus au sujet des différentes formes sous lesquelles ce subjectivisme s'est développé vis-à-vis de l'histoire. Nous avons cité Burckhardt et Nietzsche en tant que représentants de larges courants sur cette question. Un seul exemple pour conclure : rappelons la conception de l'histoire de Croce pour montrer tout à fait clairement que cette tendance continue sans être altérée au cours de toute cette période et que les prétendues tendances à l'idéalisme objectif — Croce est un néo-hégélien — ne modifient pas cette ligne principale. « Toute histoire véritable est histoire du présent », dit Croce. Mais il ne faut pas interpréter cela comme une liaison de l'histoire avec les problèmes objectifs du présent ; ce n'est pas une conception selon laquelle le présent ne peut être saisi dans sa nature objective qu'à travers sa préhistoire. Non, pour Croce aussi l'histoire est quelque chose de subjectif, une expérience. Il élabore sa thèse de la manière suivante : il cite quelques exemples de sujets traités par l'histoire et dit : « En cet instant aucun ne m'émeut : et pour cette raison ces chroniques ne sont pas pour moi de l'histoire, mais tout au plus des titres de livres d'histoire. Elles sont de l'histoire, ou le deviendront, pour ceux qui ont pensé ou penseront à leur propos, et pour moi elles l'ont été quand j'ai pensé à leur propos et les ai utilisées selon mes besoins intellectuels, elles le seront de nouveau si je pense à elles de nouveau. » On n'a besoin que de transposer en vers cette théorie de l'histoire pour obtenir un poème de Hofmannsthal ou de Henri de Régnier.

On voit dans toutes ces théories l'effort désespéré des idéologues de cette période pour détourner leur regard des faits réels et des tendances de l'histoire, se refuser à les reconnaître et trouver en même temps une explication éclairante, moderne, dans l' « éternelle essence de la vie ». L'histoire en tant que processus d'ensemble disparaît ; à sa place il reste seulement un chaos à ordonner selon son gré. On aborde ce chaos avec des points de vue consciemment subjectifs. Seuls les grands hommes de l'histoire constituent des points fixes dans ce chaos, ils sauvent toujours l'humanité de la ruine, d'une manière mystérieuse. Et le comique (ou au mieux le tragi-comique) de cette situation ne peut être réellement apprécié que si l'on considère d'un peu plus près les véritables « sauveurs » historiques de cette période : Napoléon III et Bismarck. Burckhardt et Nietzsche ont eu pourtant trop d'intelligence et de goût pour admirer aveuglément ces « grands hommes » de leur temps comme de véritables grands hommes, ainsi que l'a fait la grande masse de la classe qu'ils représentent. Mais leur attitude envers les grands hommes en général est pourtant la même que celle du philistin parisien envers son « Badinguet », ou du pilier de brasserie allemand envers son « Chancelier de fer ». La supériorité intellectuelle de Burckhardt et de Nietzsche se réduit à ceci : insatisfaits du Bismarck réel, ils évoquent à partir d'une histoire mythique des Bismarcks plus grands et, surtout, esthétiquement de meilleur goût à leur propre usage.

Car les catégories historico-politiques dont ils se servent dans ces constructions (puissance abstraite, « *Realpolitik* », etc.) portent entièrement la marque des actes des pseudo-grands hommes de leur propre période. Et le fait que Burckhardt fait constamment des réserves moralisantes, qu'à ses yeux toute puissance est mauvaise en soi, ne change rien, comme nous l'avons vu, aux principes fondamentaux de cette prise de position, bien plus elle accroît seulement les contradictions de celle-ci, la rapproche du « d'une part-d'autre part » du petit bourgeois, dont il dépasse largement par ailleurs le niveau intellectuel.

Qu'est-ce donc que l'art peut emprunter à un passé ainsi conçu ? Ce passé apparaît, encore bien plus que le présent, comme un gigantesque chaos aux couleurs chatoyantes. Rien n'est vraiment relié objectivement et organiquement avec le caractère objectif du présent, mais justement pour cette raison une subjectivité qui erre librement peut se rattacher où elle veut et comme elle veut. Et puisque l'histoire a été privée intellectuellement de sa réelle grandeur intrinsèque — la dialectique de son développement contradictoire — la grandeur qui entre en ligne de compte pour les artistes de cette période est une grandeur pittoresque, décorative. L'histoire devient une collection d'anecdotes exotiques. En outre, et de nouveau dans un rapport nécessaire avec le fait que les relations historiques réelles sont de moins en moins comprises, des traits sauvages, sensuels, voire même bestiaux en viennent à apparaître au premier plan. Dans tout l'art de cette période, qui dépeint le présent, l'inaptitude à comprendre le présent s'accompagne d'une brutalité voilée de mystique biologique dans la description des processus corporels (Zola par comparaison à Balzac et Stendhal). Ceci est vrai également, comme nous le verrons, dans la figuration de l'histoire.

Il est très intéressant à ce point de vue d'entendre les jugements des critiques de premier plan de cette période sur le type classique du roman historique. Taine, qui dans son histoire de la littérature anglaise décrit le monde de Shakespeare comme une fascinante maison de fous, pleine de déments spirituels et passionnés, critique surtout le manque de brutalité chez Scott.

> « Walter Scott s'arrête sur le seuil de l'âme et dans le vestibule de l'histoire, ne choisit, dans la Renaissance et le Moyen Age, que le convenable et l'agréable, efface le langage naïf, la sensualité débridée, la férocité bestiale. »

Son disciple Georges Brandès répète fidèlement cette opinion. Walter Scott, dit-il, « a représenté les temps anciens en atténuant si fortement leurs éléments brutaux que la vérité historique en souffre dans une large mesure ». Cette manière de voir détermine le jugement de la littérature la plus progressiste de cette époque sur la période classique du roman historique. Zola voit déjà une lubie incompréhensible de Balzac dans le fait qu'il se soit occupé de Scott si minutieusement. Brandès résume son jugement en disant que les œuvres de Scott échappent aux mains des gens cultivés : « s'en saisissent ceux qui désirent seulement une lecture divertissante, ou bien elles sont conservées et reliées par les gens cultivés — pour être honorées par eux en tant que cadeaux d'anniversaire et de première communion pour leurs fils et leurs filles, neveux et nièces. »

Les écrivains eux-mêmes, dont nous verrons bientôt le manque de relation, historiquement inévitable, avec la période classique pas trop éloignée du roman historique, caractérisent encore le sommet littéraire de cette période. Leur conception de l'histoire, malgré tout son arbitraire subjectif, est encore une protestation honnête contre la laideur et la trivialité sordide de leur époque capitaliste. Cette protestation romantique conduit à styliser et à idéaliser le passé dans le gigantesque et le barbare. (Nous nous occuperons en détail par la suite de l'œuvre principale de cette tendance, *Salammbô* de Flaubert.)

Si problématique que soit ce courant littéraire, il s'élève pourtant au-dessus du roman historique mortellement ennuyeux d'apologie du présent, l'apologie de cette « politique réaliste » (*Realpolitik*) qui a conduit à la honteuse capitulation de la bourgeoisie allemande devant la « monarchie bonapartiste » des Hohenzollern et de Bismarck. Puisque nous analysons ici les types de l'évolution qui intéressent la littérature universelle, il nous faut simplement mentionner *Ahnen* (*Ancêtres*) de Gustave Freytag comme le meilleur produit littéraire de cette tendance.

Ce genre de littérature a encore une certaine importance en ce qui concerne le contenu, même si c'est le contenu du compromis libéral. Mais la séparation du présent d'avec l'histoire crée un roman historique qui déchoit au niveau d'une simple lecture de divertissement. Ses thèmes sont pris au hasard et sans rapport entre eux et il est rempli d'un exotisme à base d'aventures ou de vaines antiquités, passionnant ou mythique. Aldous Huxley raille avec esprit cette « magie de l'histoire » qui depuis Ebers jusqu'à Maurois remplit la lecture historique de divertissement. Il dit que chez les « gens cultivés » l'histoire constitue une sorte de souvenir familial, de conversation familiale. « Toutes les figures plus ou moins pittoresques de l'histoire sont nos oncles culturels, nos tantes culturelles », si on ne les connaît pas, on est en marge, on n'appartient pas à la « famille ».

Mais dans l'histoire comme dans l'histoire de la littérature ces souvenirs de famille sont d'une durée très éphémère. Un thème exotique surgit, transporte les gens cultivés d'un délire d'enthousiasme pendant un an ou deux ; au bout de cinq ans, tout ce vacarme est oublié ; au bout de dix ans, seuls quelques érudits appliqués se souviennent qu'il y eut à un moment donné un romancier historique très célèbre tel que Félix Dahn. La nature de notre étude nous interdit de prendre en considération ces tombes massives d'anciennes célébrités.

II. Limitation a la vie privée, modernisation et exotisme

Salammbô de Flaubert est le grand ouvrage représentatif de cette nouvelle phase dans l'évolution du roman historique. Il réunit en soi toutes les hautes qualités artistiques du style de Flaubert. On pourrait dire qu'au point de vue stylistique, il est le paradigme des aspirations artistiques de Flaubert ; c'est justement pourquoi cet ouvrage important montre bien plus clairement que les produits des écrivains médiocres ou ratés de cette période les contradictions non résolues, la problématique intrinsèque irréductible du nouveau roman historique.

Flaubert a formulé en programme ses intentions à ce sujet. Il dit qu'il a voulu appliquer à l'Antiquité la manière de procéder, la méthode du roman moderne. Et ce programme a été pleinement admis par les représentants importants du nouveau courant du naturalisme. La critique de *Salammbô* par Zola est essentiellement un développement de cette remarque de Flaubert. Zola sans doute critique certains détails, mais il admet que Flaubert a appliqué correctement les méthodes du nouveau réalisme à la matière historique.

Extérieurement, *Salammbô* n'a pas eu le succès extraordinaire de *Madame Bovary*. Néanmoins son écho a été assez puissant. Le principal critique français de l'époque, Sainte-Beuve, a consacré à ce roman une série d'articles. Flaubert lui-même a attribué tant d'importance à cette critique que dans une lettre publiée plus tard il a repris en détail toutes les objections de son critique. Cette controverse éclaire si vivement les nouveaux problèmes qui ont surgi dans cette phase de l'évolution du roman historique que nous devons ici nous occuper en détail des arguments principaux de la polémique.

La position critique fondamentale de Sainte-Beuve est dépréciative, en dépit de son respect pour la personnalité littéraire de Flaubert. Ce qui rend cette récusation si intéressante pour nous, c'est le fait que le critique lui-même adopte à maints égards une position philosophique et littéraire analogue à celle de ce Flaubert qu'il récuse. Mais Sainte-Beuve, plus âgé, est encore lié dans une certaine mesure aux traditions de la période précédente et il est plus mobile et plus disposé au compromis (surtout dans les questions artistiques) que Flaubert, qui poursuit sa voie jusqu'à sa conclusion logique avec le manque radical d'égards d'un écrivain profondément convaincu et important. Pour cette raison, la critique de Sainte-Beuve, comme nous le verrons, n'est nullement une récusation de la façon de créer de Flaubert, du point de vue de la période Scott-Balzac. Au contraire durant cette période Sainte-Beuve a déjà soutenu et même mis en pratique des vues artistiques qui à maints égards se rapprochent étroitement de celles de Flaubert et contrastent vivement avec celles de Balzac.

Flaubert a senti fortement cette affinité entre sa propre position fondamentale et celle de son critique. En conséquence, dans sa lettre à Sainte-Beuve, l'auteur de *Port-Royal*, il tourne contre son critique l'argument *ad hominem* suivant :

> « Une dernière question, ô maître, une question inconvenante : pourquoi trouvez-vous Schahabarim presque comique et vos bonshommes de Port-Royal si sérieux ? Pour moi, M. Singlin est funèbre à côté de mes éléphants... Et c'est précisément parce qu'ils sont très loin de moi (les personnages de Port-Royal, G. L.) que j'admire votre talent à me les faire comprendre — car j'y crois à Port-Royal, et je souhaite encore moins y vivre qu'à Carthage. Cela aussi était exclusif, hors nature, forcé, tout d'un morceau, et cependant vrai. Pourquoi ne voulez-vous pas que deux vrais existent, deux excès contraires, deux monstruosités différentes ? »

Il est intéressant de comparer cet éloge de Flaubert à l'adresse de Sainte-Beuve avec le jugement entièrement négatif de Balzac au sujet de *Port Royal.* Car, dans le jugement du monde que Saint-Beuve en tant qu'historien décrit avec des prétentions artistiques, Balzac et Flaubert sont assez proches l'un de l'autre. Tous deux voient le caractère décousu, excentrique, frivole de la description historique de Sainte-Beuve. Mais tandis que Balzac rejette passionnément une telle conception de l'histoire, Flaubert la considère avec une curiosité sceptique et intéressée. Et il n'est nullement question ici d'une simple politesse de la part de Flaubert envers le célèbre critique. Sa discussion dans sa correspondance des descriptions historiques du XVIIIe siècle par les frères Goncourt, dans lesquelles ces tendances de Sainte-Beuve sont poussées à l'extrême, prouvent clairement la sincérité de ces propos. Ce qui s'exprime partout ici, c'est le nouveau sentiment des idéologues dirigeants envers l'histoire.

Assurément, la position de Flaubert dans ce processus n'est pas une position moyenne. Sa grandeur littéraire s'exprime dans le fait que la tendance générale du temps apparaît dans son œuvre d'une manière honnête, passionnément conséquente. Tandis que chez la plupart des autres écrivains du temps, une attitude négative envers le caractère prosaïque de la vie bourgeoise contemporaine est seulement un jeu esthétique ou souvent un état d'esprit réactionnaire, il y a chez Flaubert un intense dégoût, une haine véhémente.

De ce dégoût et de cette haine est né l'intérêt qui tourne Flaubert vers l'histoire. « Je suis las des choses laides et des vilains milieux. La Bovary m'a dégoûté pour longtemps des mœurs bourgeoises. Je vais pendant quelques années peut-être vivre dans un sujet splendide et loin du monde moderne dont j'ai plein le dos. » Et dans une autre lettre, également écrite tandis qu'il composait ce roman : « Quand on lira Salammbô, on ne pensera pas, je l'espère, à l'auteur! Peu de gens devineront combien il a fallu être triste pour entreprendre de ressusciter Carthage! C'est là une Thébaïde où le dégoût de la vie moderne m'a poussé. »

Il résulte de cette attitude que Flaubert se propose en programme de ressusciter un monde disparu, qui ne nous concerne pas. Ce fut précisément le fait que cela ne nous concernait pas qui attira Flaubert. Ce fut précisément à cause de sa haine profonde pour la société moderne qu'il chercha, passionnément et paradoxalement, un monde qui ne lui ressemblerait nullement, qui n'aurait aucune sorte de relation, directe ou indirecte, avec elle. Naturellement cette absence de relation — ou pour mieux dire cette illusion d'une telle absence totale de relation — est en même temps le facteur subjectif qui relie les thèmes exotiques et historiques de Flaubert à ceux concernant la vie quotidienne du présent. Car on ne doit pas oublier qu'il essaya de projeter et de réaliser ceux-ci également — ses lettres quand il travaillait à ses romans sociaux en témoignent mainte fois — en tant que spectateur, non-participant. Et on ne doit pas non plus perdre de vue le fait que cette impartialité posée en programme, cette fameuse *impassibilité* se révèle dans les deux cas comme une illusion : Flaubert prend position aussi bien pour Emma Bovary que pour Salammbô dans l'atmosphère qu'il donne à son œuvre. La seule différence qu'on puisse réellement découvrir dans la façon de traiter les deux thèmes, c'est que l'auteur considère les masses de protecteurs et d'ennemis de Carthage sans qu'en fait ses sentiments s'y trouvent beaucoup impliqués, tandis que le monde quotidien des romans sociaux enflamme en lui d'une manière incessante la haine et l'amour. (Il serait plus que superficiel de négliger ce facteur ; il suffit de penser à Dussardin dans *L'Éducation sentimentale.*) Tout cela explique pourquoi Flaubert a pu croire possible de décrire *Salammbô* avec les mêmes moyens artistiques que *Madame Bovary*. Mais cela explique en même temps les résultats artistiques tout à fait différents : la fécondité artistique de la haine et de l'amour authentiques, si cachés et si refoulés qu'ils soient encore, dans ce dernier cas ; la transformation de l'absence d'intérêt en un stérile exotisme, dans le cas précédent.

Dans l'effort pour maîtriser artistiquement cette tâche, les contradictions de la position de Flaubert apparaissent très vivement. Flaubert veut figurer ce monde d'une manière réaliste, en utilisant les moyens artistiques que lui-même avait découverts quelques années plus tôt pour *Madame Bovary* et portés à la perfection. Mais désormais ce n'est pas à la pâle réalité quotidienne de la vie provinciale française que ce réalisme du détail minutieusement observé, exactement décrit, sera appliqué ; c'est le monde étranger et lointain, incompréhensible, mais pittoresque, décoratif, fastueux, aux couleurs éclatantes, cruel et exotique de Carthage qui naîtra devant nous. Ceci explique la lutte désespérée de Flaubert pour parvenir à un tableau pittoresque de l'ancienne Carthage au moyen d'une étude exacte et d'une reproduction exacte du détail artistique.

Sainte-Beuve éprouve fortement le sentiment de la contradiction artistique qui naît de cette intention. Il montre sans cesse comment chez Flaubert la description des objets, de l'entourage inanimé des êtres humains submerge la description des êtres humains eux-mêmes : il critique le fait que si chez Flaubert tous ces détails sont décrits correctement et brillamment, il n'en résulte pas un ensemble, même en ce qui concerne les objets inanimés : Flaubert décrit des portes, des serrures, etc., toutes les parties composantes des maisons, mais on ne voit nulle part l'architecte qui donne forme à l'ensemble. Sainte-Beuve résume ainsi cette critique :

> « L'aspect politique, le caractère des personnages, le génie du peuple, les aspects par lesquels l'histoire particulière de ce peuple navigateur, et civilisateur à sa manière, regarde l'histoire générale et intéresse le grand courant de la civilisation, sont sacrifiés ici ou entièrement subordonnés au côté descriptif exorbitant, à un dilettantisme qui, ne trouvant à s'appliquer qu'à de rares débris, est forcé de les exagérer. »

A quel point ces remarques touchent un défaut central de Salammbô, c'est ce que montrent des lettres désespérées de Flaubert écrites alors qu'il travaillait à la réalisation de ce livre. Ainsi il écrit un jour à un ami :

« Je suis maintenant plein de doutes, sur l'ensemble, sur le plan général, je crois qu'il y a trop de troupiers. C'est l'Histoire, je le sais bien. Mais si un roman est aussi embêtant qu'un bouquin scientifique, bonsoir, il n'y a plus d'art. Bref, je passe mon temps à me dire que je suis un idiot et j'ai le cœur plein de tristesse et d'amertume.

Ma volonté ne faillit point cependant, et je continue. Je suis perdu dans les machines de guerre, les balistes et les scorpions, et je n'y comprends rien, moi, ni personne. »

Mais que peut signifier pour nous un monde ainsi ressuscité ? Mettons que Flaubert ait réussi à résoudre tous les problèmes qu'il a soulevés artistiquement — le monde ainsi représenté a-t-il une signification réelle, vivante, pour nous ? Les paradoxes de Flaubert sur les sujets qui ne nous concernent pas et qui sont artistiques précisément pour cette raison sont très caractéristiques des dispositions de l'auteur, mais ils ont aussi leurs conséquences esthétiques objectives que nous connaissons déjà. Sainte-Beuve nie que le monde de *Salammbô* ait cette importance pour nous. Il le fait avec une motivation intéressante, qui montre que quelques survivances de l'ancienne tradition du roman historique sont encore restées vivantes en lui. Il doute que l'on puisse traiter artistiquement l'Antiquité, en faire le thème d'un roman historique réellement vivant. « On la restitue l'Antiquité, on ne la ressuscite pas. » Et il se réfère précisément à la relation vivante, continue, entre les thèmes de Walter Scott et l'actualité, aux multiples liens vivants qui rendent possible pour nous de faire l'expérience même du lointain Moyen Age.

Mais son objection principale au thème de Salammbô ne se limite pas à ce doute général. Le sujet de Flaubert, dit-il, occupe une place particulière, éloignée, isolée, même parmi les thèmes de l'Antiquité :

« Que me fait à moi le duel de Tunis et Carthage ? Parlez-moi du duel de Carthage et de Rome, à la bonne heure ! j'y suis attentif, j'y suis engagé. Entre Rome et Carthage, dans leur querelle acharnée, toute la civilisation future est en jeu, déjà ; la vôtre elle-même en dépend... »

A cette objection décisive Flaubert n'a pas de réponse concrète :

« Vous avez peut-être raison dans vos considérations sur le roman historique appliqué à l'Antiquité, et il se peut bien que j'aie échoué. »

Mais il n'a rien de plus concret à dire sur cette question et, rejetant l'importance artistique de l'authenticité archéologique, il parle simplement des connexions immanentes au sein du monde historique qu'il a ainsi choisi et représenté. Et il soutient qu'il a raison ou tort, suivant qu'il a réussi ou non en ce qui concerne cette harmonie immanente.

Au surplus il défend ses thèmes et la présentation qu'il en donne d'une manière plus lyrique et biographique. Je crois, dit-il,

« avoir été moins dur pour l'humanité dans *Salammbô* que dans *Madame Bovary*. La curiosité, l'amour qui m'a poussé vers des religions et des peuples disparus, a quelque chose de moral en soi et de sympathique, il me semble. »

La comparaison entre *Salammbô* et *Madame Bovary* ne vient pas de Flaubert lui-même, elle apparaît déjà dans la critique de Sainte Beuve. Sainte-Beuve analyse la figure de Salammbô.

« Elle cause avec sa nourrice, elle lui confie ses vagues ennuis, ses oppressions étouffées, ses langueurs. Elle cherche, elle rêve, elle appelle je ne sais quoi d'inconnu. C'est la situation de plus d'une fille d'Ève, carthaginoise ou non ; c'était un peu celle de Mme Bovary au début, les jours où elle s'ennuyait trop et où elle s'en allait solitaire à la hêtraie de Banneville... Eh bien ! la pauvre Salammbô éprouve, à sa manière, le même sentiment de vague aspiration et d'accablant désir. L'auteur a seulement transposé, avec beaucoup d'art, et *mythologisé* cette sourde plainte du cœur et des sens. »

Sous un autre rapport il compare l'attitude générale de Flaubert à l'égard de ses personnages historiques à la manière de Chateaubriand. Il dit que Salammbô de Flaubert est moins une sœur d'Hannibal qu'une sœur de la jeune Gauloise de Chateaubriand, Velléda.

Le reproche de *modernisation* des personnages historiques est clairement contenu dans ces comparaisons, bien que Sainte-Beuve ne pose pas cette question avec rigueur doctrinale et montre souvent beaucoup de tolérance envers la modernisation. La protestation de Flaubert n'a rien à voir avec le problème méthodologique général de la modernisation. Celle-ci lui semble bien plutôt aller de soi. Il est seulement en désaccord avec les comparaisons concrètes faites par Sainte-Beuve.

« Quant à mon héroïne, je ne la défends pas. Elle ressemble selon vous à « une Elvire sentimentale », à Velléda, à Mme Bovary. Mais non ! Velléda est active, intelligente, européenne, Mme Bovary est agitée par des passions multiples ; Salammbô, au contraire, demeure clouée par l'idée fixe. C'est une maniaque, une espèce de sainte Thérèse. N'importe ! Je ne suis pas sûr de sa réalité ; car ni moi, ni vous, ni personne, aucun ancien et aucun moderne, ne peut connaître la femme orientale, par la raison qu'il est impossible de la fréquenter. »

Ainsi Flaubert proteste seulement contre la forme concrète de modernisation que Sainte-Beuve lui a attribuée dans le personnage de Salammbô. Le fait même de la modernisation lui paraît aller de soi ; car il lui est absolument indifférent que l'on prête à la sœur d'Hannibal la psychologie d'une petite bourgeoise française du XIXe siècle ou d'une religieuse espagnole du XVIIe. A quoi qu'il faut encore ajouter que Flaubert modernise aussi, bien entendu, la psychologie de Sainte-Thérèse.

Il ne s'agit nullement ici d'un aspect secondaire de la production et de l'influence de Flaubert. Celui-ci choisit un sujet historique dont la nature socio-historique ne lui importe pas et auquel il peut prêter l'apparence de la réalité seulement d'une manière extérieure, décorative, pittoresque, en utilisant consciencieusement l'archéologie. Mais en un certain point il est forcé de créer une liaison avec lui-même et avec le lecteur. Le paradoxe hautain et amer qui prétend que tout le roman n'a rien à voir avec le présent, est simplement un paradoxe de défense contre les trivialités détestées de son époque. Nous voyons d'après les explications de Flaubert déjà citées que *Salammbô* a été davantage qu'une simple expérience artistique. Mais c'est précisément pour cette raison que la modernisation de la psychologie des personnages acquiert une importance centrale : elle est la seule source du mouvement et de la vie dans ce paysage lunaire et figé d'exactitude historique.

Assurément c'est une illusion spectrale de vie. Et certes une illusion qui abolit la réalité objective exagérée des objets. En décrivant les objets individuels d'un *milieu* historique, Flaubert est beaucoup plus exact et plastique que n'importe quel écrivain avant lui. Mais ces objets n'ont rien à voir avec la vie intérieure des personnages. Quand Walter Scott décrit une ville médiévale ou l'habitat d'un clan écossais, ces circonstances sont des éléments constituants de la vie et des destinées des êtres humains dont toute la psychologie est un produit du même ensemble socio-historique que ces circonstances. Ainsi naît chez les anciens auteurs épiques la « totalité des objets ». Chez Flaubert il n'y a pas un tel rapport entre le monde extérieur et la psychologie des personnages principaux. Et l'effet de cette absence de rapport est de dégrader l'exactitude archéologique du monde extérieur : il devient un monde de *costumes* et de *décors* historiquement exacts, rien de plus qu'un cadre pittoresque, au sein duquel se déroule un processus purement moderne.

L'influence réelle de *Salammbô* dépend effectivement de cette modernisation. Les artistes ont admiré la réussite de Flaubert dans les descriptions. Mais l'effet produit par Salammbô elle-même a été seulement de présenter une image rehaussée jusqu'au symbole décoratif des aspirations et des tourments hystériques des jeunes filles de la classe moyenne dans les grandes villes. L'histoire a simplement donné la possibilité d'insérer dans un cadre décoratif, monumental, cette hystérie qui dans la vie réelle du présent se dépense en scènes mesquines et laides, et de lui attribuer ainsi une solennité tragique qu'elle n'a pas dans la réalité. Il en résulte un effet puissant mais qui montre que Flaubert, à cause de son animosité contre le caractère platement prosaïque de son temps, est devenu objectivement inauthentique et a faussé les proportions réelles de la vie. La supériorité de ses romans bourgeois tient précisément au fait que dans ceux-ci les proportions entre le sentiment et l'événement, entre le désir et sa traduction dans les faits, correspondent au caractère réel, socio-historique du sentiment et du désir. Dans *Salammbô* les sentiments, qui par eux-mêmes n'ont rien de monumental, sont amenés à prendre cet aspect d'une manière fausse et déformée et par conséquent ne supportent pas dans le fond une telle intensification. On voit le mieux la façon dont la figure de Salammbô a été conçue comme un symbole au temps du déclin manifeste du royalisme et de la réaction psychologique contre le naturalisme de Zola dans l'analyse qu'en a donnée Paul Bourget :

« C'est à ses yeux une loi constante que l'effort humain aboutisse à un avortement, d'abord parce que les circonstances extérieures sont contraires au rêve, ensuite parce que la faveur même des circonstances n'empêcherait pas l'âme de se dévorer en plein assouvissement de sa chimère. Notre désir flotte devant nous comme le voile de Tânit, le *zaïmph* brodé, devant Salammbô. Tant qu'elle ne peut le saisir, la jeune fille languit de désespoir. Sitôt touché, il lui faut mourir. »

Cette modernisation détermine la structure de l'action. Sa base est formée par deux motifs qui ne sont liés que d'une manière tout à fait extérieure : un conflit historique et politique entre Carthage et les mercenaires en révolte, et l'épisode amoureux de Salammbô elle-même. Leur entrelacement est tout à fait extérieur et doit nécessairement le rester. Salammbô est tout aussi étrangère aux intérêts vitaux de sa patrie, au combat à la vie et à la mort mené par sa ville natale, que Mme Bovary à la pratique médicale de son mari. Mais tandis que dans le roman bourgeois cette indifférence peut devenir le véhicule d'une action avec Emma Bovary au centre, précisément parce qu'elle est étrangère au train provincial des choses, ici au contraire nous avons un drame historique et politique, extérieurement grandiose et exigeant pour cette raison déjà une présentation très large, avec laquelle le destin de Salammbô n'a pas de lien organique. Tous les enchaînements sont de purs hasards et des prétextes extérieurs. Mais dans la présentation de l'histoire les prétextes extérieurs doivent inévitablement supprimer et étouffer le thème principal. Le prétexte extérieur occupe la partie principale du roman ; le thème principal est réduit à un petit épisode.

Cette absence de relation entre la tragédie humaine qui allume l'intérêt du lecteur et l'action politique, montre clairement le changement déjà subi par le sentiment historique à cette époque. L'action politique est dépourvue de vie non seulement parce qu'elle est surchargée de descriptions d'objets non essentiels, mais parce qu'elle n'a pas de rapport perceptible avec une forme concrète quelconque de vie populaire dont nous puissions faire l'expérience. Les mercenaires dans ce roman sont une masse sauvage, irrationnelle, chaotique, tout comme les habitants de Carthage. Il est vrai qu'on nous présente — et même d'une façon très détaillée — comment le différend est né du non paiement d'une solde et dans quelles circonstances il croît jusqu'à devenir une guerre ; cependant nous n'avons pas la moindre idée des forces réelles socio-historiques et humaines qui suscitent ces conflits précisément sous cette forme. Ils restent un fait irrationnel, historique, en dépit de la figuration réaliste jusque dans le détail qu'en donne Flaubert. Et puisque les motifs humains ne se développent pas organiquement à partir d'une base concrète socio-historique, mais sont attribués à des figures individuelles sous une forme modernisée, ils ne font que rendre encore plus confus le tableau d'ensemble, réduisent encore davantage la réalité sociale de toute l'histoire.

Ceci apparaît le plus crûment dans l'épisode amoureux de Mâtho. Sainte-Beuve, dans son analyse de ce mercenaire devenu fou d'amour, rappelle à juste titre les prétendus romans historiques du XVIIe siècle, dans lesquels Alexandre le Grand, Cyrus ou Genséric ont servi de héros en tant qu'amoureux.

« Mais Mâtho amoureux, ce Goliath africain faisant toutes ces folies et ces enfantillages en vue de Salammbô, ne me paraît pas moins faux ; il est aussi hors de la nature que de l'histoire. »

Et Sainte-Beuve note ici à juste titre le trait personnel de Flaubert, ce qui est nouveau dans cette déformation de l'histoire par rapport au XVIIe siècle : tandis que les amoureux des anciens romans étaient doux et sentimentaux, Mâtho reçoit un caractère d'une sauvagerie bestiale. En bref, ce qui est accentué et mis au centre de l'œuvre, ce sont ces traits brutaux et sauvages qui apparaîtront plus tard chez Zola en tant que caractéristiques de la vie moderne des ouvriers et des paysans. La forme donnée à son œuvre par Flaubert est ici « prophétique ». Mais non pas dans le sens où les œuvres de Balzac étaient prophétiques, anticipant le développement réel, futur, de types sociaux, mais uniquement dans un sens historico-littéraire, celui d'une anticipation du reflet déformé de la vie moderne donné ultérieurement dans les œuvres des Naturalistes.

La défense de Flaubert contre ce reproche de Sainte-Beuve est extrêmement intéressante et éclaire encore un autre aspect de sa méthode pour aborder l'histoire. Il se défend contre le reproche de modernisation du personnage de Mathô de la façon suivante :

« Mathô *rôde comme un fou* autour de Carthage. Fou est le mot juste. L'amour tel que le concevaient les anciens n'était-il pas une folie, une malédiction, une maladie envoyée par les dieux ? »

Cette défense se réfère en apparence à une donnée historiquement authentique. Mais seulement en apparence. Car Flaubert n'examine nullement la nature réelle de l'amour dans le cadre de la vie sociale de l'Antiquité, le rapport de ses différentes formes psychologiques avec les autres formes de la vie antique. Son point de départ est une analyse de *l'idée* isolée de l'amour, telle que nous la trouvons dans certaines tragédies anciennes. Flaubert a raison quand il dit par exemple que l'amour de Phèdre dans *Hyppolite* d'Euripide est présenté comme une passion soudaine dont elle est innocemment frappée par les dieux. Mais c'est une modernisation entièrement non-historique de la vie antique, si l'on ne prend en considération que l'aspect subjectif de tels conflits tragiques pour en faire ensuite une « particularité psychologique » de l'Antiquité dans son ensemble. Il est évident que dans certains cas l'amour individuel, la passion individuelle ont fait irruption « soudain » dans la vie d'êtres humains isolés et ont causé des collisions tragiques. Il est vrai aussi que ces collisions étaient beaucoup plus exceptionnelles dans la vie antique que dans la période de développement depuis le Moyen Age jusqu'aux temps modernes, où des problèmes analogues ont surgi, mais sous une forme différente correspondant aux circonstances sociales modifiées. La forme spécifique de figuration de la passion chez les écrivains antiques dépend très étroitement des formes spécifiques de la dissolution de la société gentilice dans l'Antiquité. Mais c'est le résultat idéologique final d'un développement particulier. Si ce résultat est alors arraché à son contexte socio-historique, si son aspect psychologique, subjectif est isolé des causes qui le produisent, si donc le point de départ de l'artiste n'est pas l'existence mais une idée isolée, alors quelle que soit son apparente fidélité historique, la seule voie d'accès à cette idée est celle de la modernisation. C'est seulement dans l'imagination de Flaubert que Mathô incarne l'amour antique. En réalité, il est un modèle prophétique des ivrognes et des fous décadents de Zola.

Ce rapport entre la façon d'aborder l'histoire du point de vue d'une idée et le fait de la figurer comme un mélange d'exotisme extérieur et de modernité interne est si important pour toute l'évolution artistique de la seconde moitié du XIXe siècle, que nous pouvons l'illustrer par un autre exemple. Richard Wagner dont Nietzsche a révélé avec une sagacité haineuse les points de contact avec Flaubert, découvre dans l'Edda l'amour fraternel de Siegmund et Sieglinde. Pour lui c'est un fait exotique extraordinairement intéressant, qu'il rend « intelligible » à grand renfort de pompe décorative et de psychologie moderne. Marx a clairement révélé en peu de mots la falsification par Wagner des rapports socio-historiques. Engels dans son *Origine de la famille* cite cette lettre de Marx : « A-t-on jamais entendu dire qu'un frère ait embrassé sa sœur comme une fiancée ? » A ces « dieux lubriques » de Wagner qui, tout à fait à la manière moderne, corsent leurs intrigues amoureuses d'un peu d'inceste, Marx répond : « A l'époque primitive la sœur *était* l'épouse et c'était moral. » Chez Wagner apparaît encore plus clairement que chez Flaubert comment, en partant d'une idée isolée plutôt que de l'existence, on finit par dénaturer et fausser l'histoire. Ce qui reste, ce sont les faits extérieurs, sans âme, de l'histoire (ici l'amour entre frère et sœur), auxquels on adjoint une sensibilité entièrement moderne, et la fiction ancienne, les événements anciens ne servent qu'à rendre pittoresque cette sensibilité moderne, à lui ajouter une grandeur décorative qui, comme nous l'avons vu, ne lui est pas due.

Mais cette question a encore un autre aspect qui est d'une importance extraordinaire pour l'évolution moderne. Comme nous l'avons vu, le vide intérieur des événements socio-historiques, qui résulte du hiatus entre les événements extérieurs et la psychologie modernisée des personnages, donne naissance au caractère exotique du milieu historique. L'événement historique, vidé ainsi d'une manière subjectiviste de sa grandeur interne, doit acquérir par d'autres moyens une pseudo-monumentalité. Car c'est précisément le désir d'échapper à la trivialité de la vie bourgeoise moderne qui produit ces thèmes historiques.

Un des moyens les plus importants pour produire cette pseudo-monumentalité est la brutalité des événements. Nous avons déjà vu que les critiques les plus importants et les plus influents de cette période, Taine et Brandès, regrettent l'absence de cette brutalité chez Scott. Sainte-Beuve, qui appartient à une génération plus ancienne, constate sa présence et sa prédominance dans Salammbô avec un grand malaise :

« Il cultive l'atrocité. L'homme est bon, excellent, le livre est cruel. Il croit que c'est une preuve de force que de paraître inhumain dans ses livres. »

Pour quiconque connaît *Salammbô*, il est à peine nécessaire de citer des exemples. Je mentionnerai seulement le grand contraste lors du siège de Carthage : l'aqueduc de Carthage est coupé, toute la ville meurt de soif. En même temps la famine la plus effroyable règne dans le camp des mercenaires. Flaubert se plaît à donner des tableaux détaillés et cruels des souffrances des masses dans et autour de Carthage. Il n'y a jamais aucune humanité dans cette souffrance, ce sont uniquement des tourments horribles et privés de sens. Personne dans les masses n'est individuellement caractérisé, aucun conflit particulier ne naît de cette souffrance ni aucune action particulière qui pourrait humainement nous intéresser ou nous toucher.

Ici nous pouvons voir la vive opposition entre l'ancienne et la nouvelle représentation de l'histoire. Les écrivains de la période classique du roman historique s'intéressaient seulement aux événements cruels et terribles de l'histoire antérieure dans la mesure où ils étaient l'expression nécessaire de formes définies de la lutte des classes (par exemple la cruauté des Chouans chez Balzac) et aussi parce qu'ils donnaient naissance d'une manière également nécessaire à de grandes passions et de grands conflits humains, etc. (l'héroïsme des officiers républicains quand ils sont massacrés par les Chouans dans le même roman). Du fait que les processus cruels de l'évolution sociale se trouvent placés d'une part dans un rapport nécessaire et intelligible et que d'autre part la grandeur des combattants se manifeste en rapport avec eux, ces événements perdent leur caractère cruel et brutal. Cela ne signifie nullement que la cruauté et la brutalité soient effacées ou atténuées, ainsi que Taine et Brandès en font reproche à Walter Scott ; elles sont simplement mises à leur juste place dans le contexte de l'ensemble.

Avec Flaubert commence une évolution où l'inhumanité du sujet et de sa présentation, l'atrocité et la brutalité deviennent des fins en soi. Ces traits acquièrent leur position centrale par suite de la faible présentation de ce qui est l'essentiel : l'évolution sociale de l'homme ; en fait, pour la même raison ils prennent encore plus d'importance que celle qu'ils doivent à leur position. Comme partout ici l'amplification se substitue à la grandeur réelle — la description des contrastes est dans sa magnificence décorative un substitut à la présentation des rapports sociaux et personnels — l'inhumanité et la cruauté, l'atrocité et la brutalité deviennent des moyens de substitution à la grandeur perdue de l'histoire réelle. En même temps elles proviennent du désir morbide qu'a l'homme moderne d'échapper à l'étroitesse étouffante de la vie quotidienne, désir qu'il projette dans une pseudo-monumentalité. Le dégoût des petites intrigues mesquines de bureau donne naissance à l'image idéale de l'empoisonneur de masse César Borgia.

Flaubert s'est senti profondément blessé par cette accusation de Sainte-Beuve. Mais ses objections au critique ne vont pas au-delà du fait de se sentir offensé. Et ce n'est pas un hasard. Car le Flaubert extraordinairement sensible et hautement moral est ici, contre sa volonté, l'initiateur de l'inhumain dans la littérature moderne. Le développement du capitalisme n'est pas seulement un processus qui rend la vie plate et banale, mais aussi en même temps un processus qui la rend brutale.

Cette brutalité accrue des sentiments se manifeste d'une manière croissante dans la littérature. Avec la maximum de netteté dans la description et la figuration de l'amour, où l'aspect de la sexualité physique acquiert toujours plus de prépondérance sur la passion elle-même. Qu'on songe à quel point les plus grands peintres de l'amour — Gœthe, Shakespeare et Balzac — ont été eux-mêmes extraordinairement réservés et simplement allusifs dans la description de l'acte physique. L'intérêt montré par la littérature moderne pour cet aspect de la description de l'amour dérive pour une part de la brutalité croissante des sentiments amoureux réels dans la vie elle-même, et d'autre part elle a pour conséquence que les écrivains, afin d'éviter la monotonie, sont contraints de prendre pour thèmes des cas toujours plus choisis, plus anormaux, plus pervers, etc.

Flaubert lui-même, à cet égard, se situe au début de cette évolution. Et il est très caractéristique aussi bien de lui-même que de toute l'évolution du roman historique dans la crise de déclin du réalisme bourgeois que ces tendances soient beaucoup plus prononcées dans ses romans historiques que dans ses tableaux de la société moderne. Dans les uns et les autres, la haine et le dégoût de la médiocrité, la banalité et la mesquinerie de la vie bourgeoise moderne sont exprimés avec une force égale, pourtant d'une manière très différente selon les sujets traités. Dans ses romans contemporains Flaubert concentre son attaque ironique sur la figuration de la vie bourgeoise quotidienne, de l'homme bourgeois moyen. En éminent artiste réaliste, il parvient ainsi à une description infiniment nuancée de cette morne grisaille qui est un aspect réel de cette vie quotidienne. Ce sont précisément ses tendances naturalistes qui le retiennent de toute excentricité dans sa façon de traiter les formes inhumaines de la vie capitaliste. Son roman historique doit toutefois, comme nous l'avons vu, être pour lui un affranchissement des liens de cette platitude monotone. Tout ce à quoi sa conscience naturaliste l'avait forcé de renoncer dans sa description de la réalité contemporaine doit ici se dépenser. Au point de vue formel : la couleur, la monumentalité décorative du milieu exotique ;

au point de vue du fond : les passions excentriques dans toute leur extension et leur particularité. Et c'est ici que nous voyons clairement les limitations sociales, morales et idéologiques de ce grand et sincère artiste : s'il est vrai qu'il déteste sincèrement le présent capitaliste, sa haine n'a pas de racines dans les grandes traditions populaires et démocratiques du passé ou du présent, et par conséquent n'a pas de perspective d'avenir. Sa haine ne s'élève pas historiquement au-dessus de son objet. Si donc dans les romans historiques les passions réprimées brisent leurs liens, c'est l'aspect excentrique et individualiste de l'homme capitaliste qui apparaît au premier plan, cette inhumanité que la vie quotidienne cherche hypocritement à dissimuler et à assujettir. Les décadents postérieurs figurent déjà cet aspect de l'inhumanité capitaliste avec un cynisme plein de forfanterie. Chez Flaubert elle apparaît dans l'illumination aux feux de Bengale d'une monumentalité romantico-historique. Ainsi les aspects que Flaubert révèle ici de la façon nouvelle de présenter la vie, ont acquis plus tard seulement une diffusion générale et lui-même n'a pas eu conscience de telles tendances générales.

Mais la contradiction entre le dégoût ascétique de Flaubert envers la vie moderne et ces excès inhumains d'une imagination effrénée et devenue folle n'abolit pas le fait qu'il est un des plus importants précurseurs de la déshumanisation dans la littérature moderne. Cette inhumanité ne provient certes pas toujours et partout d'une capitulation simple et directe devant les tendances déshumanisantes du capitalisme. C'est naturellement le cas le plus simple et le plus général dans la littérature comme dans la vie. Mais les importantes personnalités de cette crise, Flaubert, Baudelaire, Zola et même Nietzsche, souffrent de cette évolution de la vie et s'y opposent farouchement ; cependant le genre de leur opposition conduit à renforcer encore dans la littérature la déshumanisation de la vie par le capitalisme.

Cette modernisation des sentiments, des idées et des pensées, combinée avec une fidélité archéologique envers des objets et des usages qui ne nous regardent nullement, qui peuvent donc seulement faire l'effet d'être exotiques, est la seule base sur laquelle la question de la *langue* dans le roman historique peut être soulevée correctement et concrètement d'un point de vue théorique. C'est la coutume aujourd'hui de traiter des problèmes linguistiques indépendamment des questions esthétiques générales, les questions du genre concret, etc. Mais il ne peut en résulter que des « principes » abstraits et des jugements subjectifs, qui sont affaire de goût et également abstraits. Si donc nous passons maintenant aux problèmes de langue dans l'œuvre du premier écrivain important qui ait modernisé et rendu l'histoire exotique, nous pouvons seulement concevoir ceux-ci comme la dernière conséquence artistique de ces tendances que nous avons vues à l'œuvre jusqu'à présent dans le processus de dissolution du roman historique classique.

Il est évident qu'au point de vue de la langue le problème de l'« anachronisme nécessaire » joue un rôle décisif. Déjà le fait que toute œuvre épique est un récit de quelque chose de *passé* établit une étroite relation linguistique avec le présent. Car c'est un conteur *d'aujourd'hui* qui parle de Carthage ou de la Renaissance, du Moyen Age anglais ou de la Rome impériale à des lecteurs d'aujourd'hui. Il s'ensuit déjà par conséquent que l'archaïsme doit être éliminé du ton linguistique général du roman historique en tant qu'artifice superflu. Il importe de rendre proche au lecteur *d'aujourd'hui* une période passée. Et c'est une loi universelle du grand art de conter, que celui-ci résulte d'événements exposés plastiquement, que pour comprendre la psychologie des êtres humains à des époques depuis longtemps passées, nous devons comprendre et nous sentir proches de leur existence, de leurs conditions de vie sociales et naturelles, leurs coutumes, etc.

Il est certainement plus difficile de le faire à l'égard de l'histoire qu'à l'égard du présent. Mais la tâche épique est fondamentalement la même. Car si un écrivain important — Gottfried Keller, Romain Rolland ou Gorki — raconte son enfance, il ne songe jamais à imiter littérairement le langage spécifiquement enfantin, pour figurer d'une manière puérilement tâtonnante et balbutiante les tâtonnements et balbutiements de l'enfant qui essaie de s'orienter dans la vie. La vérité artistique consiste à reproduire correctement les sentiments, les idées et les pensées de l'enfant dans une langue qui rend tout cela immédiatement compréhensible pour le lecteur adulte. Dans le principe il n'y a pas plus de raison pour qu'une personne du Moyen Age puisse être plus fidèlement présentée dans une œuvre épique au moyen d'une langue archaïsante qu'un enfant au moyen de l'imitation linguistique de ses premiers balbutiements. Pour cette raison les procédés d'expression linguistique du roman historique ne sont pas *en principe* différents de ceux du roman d'actualité.

L'attitude de Flaubert envers l'histoire conduit inévitablement, même chez ce grand styliste, à une désagrégation de la langue épique. Flaubert lui-même est un artiste bien trop important, un artiste du verbe bien trop grand pour vouloir susciter l'impression d'authenticité historique au moyen d'un ton constamment archaïsant. Mais de plus médiocres parmi ses contemporains ont succombé à la facilité de cette forme linguistique pseudo-historique. C'est ainsi qu'en Allemagne Meinhold a imité habilement les vieilles chroniques de la Guerre de Trente Ans dans sa *Bernsteinhexe* (*Sor-*

cière d'ambre jaune), pour donner au lecteur l'illusion qu'il ne lit pas un récit actuel sur le passé, mais les mémoires d'un contemporain, un « document authentique ».

Il est bien entendu naturel pour l'œuvre épique, en particulier historique, de faire apparaître comme réel, comme effectif, l'événement raconté. Mais c'est une erreur naturaliste de croire que cette authenticité puisse être produite par l'imitation de la langue ancienne. Celle-ci est aussi peu utile que l'authenticité archéologique des choses extérieures, si les relations essentielles sociales et personnelles ne sont pas réellement mises à la portée du lecteur. Et dans ce dernier cas, l'authenticité naturaliste est tout aussi bien superflue. Hebbel, qui a loué *Bernsteinhexe* dans son ensemble avec des arguments justes et a attribué à son auteur beaucoup de sensibilité artistique à d'autres égards, dit au sujet de la prétendue authenticité de la langue dans ce roman : « Il ne faut pas plus chercher la langue réelle du héros dans un roman et d'une façon générale dans la littérature que sa botte réelle dans un tableau. »

Le caractère naturaliste de tout argument en faveur d'une archaïsation de la langue se révèle déjà dans le fait que cette authenticité ne peut en tout cas être exigée que si les personnages figurés appartiennent au même domaine linguistique. Pouchkine se moque des théories de ce genre sur la « vraisemblance » en poésie et demande ironiquement si par exemple Philoctète, dans le théâtre français, pourrait selon une telle théorie jouir des sonorités de son grec natal dont il a été longtemps privé. Hebbel, dans sa critique de Meinhold que nous venons de citer, exprime une idée analogue : « Si Meinhold avait raison, alors dans le roman et dans le drame un Allemand ancien devrait parler l'ancien allemand, un Grec le grec, un Romain la langue de Rome, et Troïlus et Cressida, Jules César et Coriolan n'auraient pas pu être écrits, tout au moins par Shakespeare. » Et Hebbel démontre que *Bernsteinhexe* produit son effet artistique non pas à cause, mais malgré sa langue archaïsante.

Il est important de souligner le caractère naturaliste de cette archaïsation de la langue. On voit alors qu'il ne s'agit pas d'un problème particulier du roman historique (ou du drame), mais uniquement d'une dégénérescence spécifiquement naturaliste qui remplace la caractérisation essentielle par de pittoresques bagatelles. Si Gerhart Hauptmann dans sa pièce *Florian Geyer* a été incapable de présenter les antagonismes fondamentaux de classes dans le camp des paysans révoltés, si par conséquent Götz, Wendel, Hippler, Karlstatt, Bubenleben, Jacob Kohl, etc., n'ont reçu aucune physionomie politico-historique, alors la langue « authentique » du temps offre bien peu d'utilité ; Gœthe, en revanche, est capable sans cette « authenticité » de langue de donner une présentation saisissante de l'opposition au sein de la chevalerie dans les destins de Götz et de Weislingen. Hauptmann est un exemple particulièrement instructif. Car il a une réceptivité linguistique tout à fait extraordinaire pour différents idiomes et dialectes ; il réussit presque toujours quand il s'agit de caractériser de cette manière. Mais cette aptitude même se révèle secondaire, car malgré cela l'aspect vivant de ses caractères est extraordinairement divers, il dépend de principes de figuration qui dépassent de beaucoup la reproduction linguistique fidèle de l'intonation propre à une personne, une époque et un lieu.

Nous avons cité ici intentionnellement des exemples dramatiques. Car dans le drame, forme de l'« actuel » (Gœthe), apparaît une tendance à faire parler à un personnage sa langue « réelle » (c'est-à-dire : archaïque), plus forte que dans l'œuvre épique, où le narrateur contemporain parle *à propos* de personnages du passé, auxquels il octroie lui-même du point de vue formel les moyens d'expression linguistiques. On voit par là que l'archaïsme de la langue dans le roman historique est particulièrement absurde. Ce sont les actes et les sentiments, les conceptions et les pensées d'*êtres humains passés* qu'on nous communique ici. Ces êtres humains doivent être authentiques à la fois quant au fond et quant à la forme ; la langue est nécessairement celle du narrateur et non pas celle des personnages.

Dans le drame, c'est différent. Mais justement pour cette raison, la conclusion qu'en tire le naturalisme est encore ici une erreur, peut-être même plus dangereuse. En dehors des absurdes conséquences que Pouchkine et Hebbel ont fait ressortir, le fait que l'action dramatique, les personnages et le dialogue ont la forme du présent signifie qu'ils doivent être présents pour le spectateur, *pour nous*. Ainsi le langage du drame doit être plus immédiatement, plus directement intelligible que celui du récit. La possibilité et la nécessité d'une plus grande latitude pour l'« anachronisme nécessaire » dans le drame historique (dont nous avons parlé en détail dans la section précédente) déterminent aussi la langue du drame.

Mais tout comme dans l'œuvre épique, le rejet de l'archaïsme ne signifie pas une modernisation. Les limites de l'« anachronisme nécessaire » dans le drame sont également déterminées par celles de l'authenticité historique des faits et des idées, des sentiments et des conceptions des êtres humains. Pour cette raison le Brutus de Shakespeare ou son César ne dépassent pas ces limites, tandis que la comédie de Shaw, *César et Cléopâtre*, est uniquement une modernisation, certes extrêmement spirituelle, de l'histoire.

Chez Flaubert cette question est encore loin d'avoir l'acuité qu'elle présente chez les naturalistes ultérieurs. Mais Sainte-Beuve tourne déjà en ridicule toute une série de détails authentiques, l'emploi de lait d'ânesse et de mouches comme cosmétiques et autres bizarreries de ce genre. Mais ces détails ne sont pas fortuits chez Flaubert, ni une simple tentative de produire un effet frappant ; ce serait quelque chose de tout à fait étranger à un artiste du verbe aussi sérieux et sincère. Ils proviennent chez lui aussi de principes naturalistes. Le principe de l'authenticité photographique de la description, du dialogue, etc. ne peut conduire à rien d'autre. Si dans les romans à thèmes contemporains, on pille toujours plus énergiquement les dictionnaires techniques pour reproduire chaque objet avec une exactitude professionnelle et le rendre dans un jargon approprié de spécialistes, cette tendance doit conduire dans le roman historique à l'archéologisme. Dans les deux cas l'objectif de l'écrivain n'est plus de rendre universellement compréhensible son objet en tant que base matérielle, en tant que médiateur matériel d'actions humaines. L'objet apparaît bien plutôt au lecteur d'une part dans son caractère étranger et inconnu (d'autant plus étranger, d'autant plus intéressant), d'autre part dans le jargon de ceux qui sont absolument familiarisés avec lui, et que même les experts en des domaines voisins ne sont pas forcés de comprendre.

Dans les débats sur le roman historique la modernisation de la langue apparaît souvent comme l'*antithèse* de l'archaïsme. En fait ce sont des tendances *connexes*, qui se conditionnent mutuellement et se complètent. La nécessité de moderniser la langue résulte également d'une conception non historique ou antihistorique des sentiments, des représentations et des idées des êtres humains. Plus est vivante la façon d'aborder historiquement et concrètement l'existence et la conscience d'une époque passée, comme dans le roman historique classique, plus il est naturel d'éviter la phraséologie d'un monde de sentiments et de pensées qui est tout à fait étranger à la période passée et qui ne rend pas les sentiments, les représentations et les idées *des êtres humains passés* compréhensibles *pour nous*, mais leur attribue faussement les nôtres.

Tandis que l'introjection est la base psychologique du naturalisme, sa base socio-historique est celle de l'analogie. Nous avons pris connaissance des propres paroles de Flaubert au sujet de *Salammbô* et de ses modèles modernes, dans la controverse avec Sainte-Beuve. Nous voyons la même modernisation sur toute la ligne. Sainte-Beuve par exemple fait des reproches à Flaubert à propos de sa figuration de la séance du Conseil à Carthage. Flaubert répond :

« Vous me demandez où j'ai pris une *pareille idée du Conseil de Carthage?* Mais dans tous les milieux analogues par temps de révolution, depuis la Convention jusqu'au Parlement d'Amérique, où naguère on échangeait des coups de canne et des coups de revolver, lesquelles cannes et lesquels revolvers étaient apportés (comme mes poignards) dans la manche des paletots. Et même mes Carthaginois sont plus décents que les Américains, puisque le public n'était pas là. »

Il est évident qu'avec une telle conception de la base sociale et de la psychologie, une modernisation de la langue est *inévitable.* La conception est déjà modernisée sur la base de l'analogie ; le conseil de Carthage est un parlement américain sans galerie, Salammbô une Sainte Thérèse dans des circonstances orientales, etc. Il est logique que les sentiments, les notions et les idées modernes attribués aux personnages reçoivent aussi une expression modernisée.

Dans *Salammbô* toutes les tendances du déclin du roman historique apparaissent sous une forme concentrée : la monumentalisation décorative, la désanimation, la déshumanisation de l'histoire et en même temps sa limitation à la vie privée. L'histoire devient une scène vaste et fastueuse qui sert de cadre à des événements purement privés, intimes, subjectifs. Ces deux faux extrêmes sont en rapports étroits et apparaissent, indépendamment de Flaubert, chez le représentant marquant du roman historique de cette période, Conrad Ferdinand Meyer, dans une combinaison différente.

L'évolution du naturalisme lui-même, en particulier dans sa transition vers un subjectivisme lyrique, vers un impressionnisme, souligne la tendance à rendre privée l'histoire. Des romans historiques apparaissent où une certaine réflexion est parfois nécessaire de la part du lecteur pour déterminer qu'ils ne se déroulent pas dans le présent. Le roman de Maupassant : *Une vie*, qui est en soi une œuvre belle et intéressante, est typique de cette tendance. Maupassant représente avec un grand réalisme psychologique l'histoire d'un mariage, la désillusion d'une femme, l'effondrement de toute sa vie. Mais il a l'étonnant caprice de situer le roman dans la première moitié du XIXe siècle, de sorte qu'il commence à la période de la Restauration et son action remplit quelques décennies à partir de là.

Maupassant, en écrivain remarquable, rend bien les aspects purement extérieurs de la description du temps. Mais l'action essentielle du roman est tout à fait « intemporelle » ; la Restauration, la Révolution de Juillet, la Monarchie de Juillet, etc., des événements qui objectivement doivent exercer une influence extrêmement profonde sur la vie quotidienne d'un milieu aristocratique, ne jouent pratiquement aucun rôle chez Maupassant. L'histoire particulière a été transférée d'une manière purement extérieure dans une époque déterminée. Le caractère purement privé de l'action a complètement aboli son historicité.

La même tendance à donner un caractère privé à l'histoire se manifeste d'une façon plus marquée dans le roman très intéressant de Jacobsen, *Frau Marie Grubbe*. Jacobsen appelle son livre *Intérieurs du XVIIe siècle*, par quoi il souligne déjà comme un programme sa tendance à la description de circonstances. Il ne s'abstient pas d'une manière aussi conséquente que Maupassant de peindre l'arrière-plan historique ; guerres, sièges, etc., sont décrits, on peut suivre pas à pas le rapport chronologique de l'action privée avec l'histoire du Danemark, mais rien que le rapport chronologique. Car ces guerres sont menées, ces paix sont conclues, sans que le lecteur comprenne quoi que ce soit à ces événements, sans même qu'il s'y intéresse. L'action centrale n'a rien à voir avec ces événements.

Nous trouvons ici la même caractéristique que dans *Salammbô* ; puisque le roman ne part pas des problèmes de la vie populaire, mais traite de problèmes psychologiques d'une couche supérieure *sans rapport* avec les problèmes socio-historiques généraux, tout lien possible entre les événements historiques et la vie privée est rompu. Jacobsen, comme Flaubert, prend pour héroïne une personne solitaire. La chaîne des déceptions qu'elle éprouve dans sa recherche du « héros » constitue l'action du roman. Un problème typiquement moderne. Il est tout à fait indifférent de savoir si l'auteur a trouvé dans des sources déterminées la raison de transférer cette action au XVIIe siècle ; comme destin *typique*, le destin de Marie Grubbe a sa place à la propre époque de Jacobsen, dans la seconde moitié du XIXe siècle. Or, puisque l'action principale repose sur une telle modernisation des sentiments, il est compréhensible que le milieu historique, les événements historiques ne puissent former ici que des arrières-plans décoratifs. Plus sont authentiques les détails de l'ambiance historique, plus sont authentiques les figures secondaires et les scènes individuelles, d'autant plus grand doit être leur contradiction avec la tragédie psychologique de l'héroïne, d'autant plus excentrique sera sa destinée dans cet entourage.

Ici encore, comme chez Maupassant c'est un problème réel de la vie contemporaine qui est figuré. Mais, chez Jacobsen encore plus que chez Maupassant, il est détaché de la vie sociale, représenté purement dans ses causes et effets psychologiques. C'est pourquoi dans les deux cas l'arrière-plan historique est purement arbitraire. Dans les deux cas le transfert dans l'histoire produit une forme affaiblie et décentrée de ce qui devrait être la représentation du présent.

Cette tendance à rendre privée l'histoire est une caractéristique générale du premier déclin du grand réalisme. Elle se manifeste aussi, bien entendu, dans le roman d'actualité ; même là où de grands événements de l'époque ont une portée directe sur l'action. Car le changement dans la liaison de tels événements avec les expériences privées des personnages principaux ne change pas seulement leur fonction dans l'action elle-même, mais aussi leur apparence dans toute la structure du monde figuré. Le roman historique classique, et à sa suite le grand roman réaliste contemporain, choisit des figures centrales qui, en dépit de leurs personnalités « moyennes », que nous avons déjà analysées en détail, peuvent se tenir au point où s'entrecroisent de grands conflits socio-historiques. Les crises historiques présentées sont des éléments directs des destinées individuelles des personnages principaux et forment par conséquent une partie organique de l'action elle-même. De cette manière l'aspect individuel et l'aspect socio-historique sont inséparablement liés aussi bien en ce qui concerne la caractérisation que la conduite de l'action.

Ce mode de présentation est simplement l'expression artistique de cet historicisme authentique : la conception de l'histoire en tant que destinée du peuple, dont les classiques ont été animés. Au fur et à mesure que cet historicisme tombe en décadence, tout ce qui est social apparaît de plus en plus comme un simple « milieu », une atmosphère pittoresque, un arrière-plan figé, etc., dont sont entourés ou devant quoi se déroulent des événements soi-disant privés. La généralisation s'effectue en partie par le changement des figures principales en êtres humains ordinaires et en partie au moyen de « symboles » qui sont introduits de l'extérieur dans l'action. Bien entendu, plus les événements sociaux sont grands et plus ils présentent d'intérêt historique, d'autant plus il est inévitable qu'ils soient figurés de cette manière. Le mode de figuration du déclenchement de la guerre de 1870 entre l'Allemagne et la France dans *Nana* de Zola et celui des événements historiques dans *Marie Grubbe* n'offrent aucune différence fondamentale dans leur conception générale, même s'ils diffèrent beaucoup dans la technique et dans le style.

Il y a peut-être encore davantage à apprendre à cet égard chez les réalistes anglais importants de cette époque de transition, car Maupassant et Jacobsen appartiennent déjà à un stade avancé de cette évolution. Nous voulons brièvement mettre en lumière ces tendances par l'exemple de Thackeray. Thackeray est un éminent réaliste critique. Il a des liens profonds avec les meilleures traditions de la littérature anglaise, avec les grandes peintures sociales du XVIIIe siècle, dont il a traité en détail dans des études critiques intéressantes. Consciemment il ne tend nullement à séparer le roman historique du roman de critique sociale, à en faire un genre particulier, ce qui fut généralement le résultat objectif de cette évolution. Pourtant il ne se rattache pas à la forme classique du roman historique, celle de Walter Scott, mais il essaie d'appliquer directement les traditions du roman social du XVIIIe siècle à un nouveau type du roman historique. Nous avons dit auparavant que des événements historiques particuliers ont été déjà mis en œuvre dans le roman réaliste anglais, en particulier chez Fielding et Smollet, toutefois seulement dans la mesure où ils touchaient directement les destinées personnelles des héros principaux ; ainsi, du point de vue de la conception générale et des tendances artistiques de cette époque, ils n'affectent qu'épisodiquement et jamais d'une manière essentielle les problèmes principaux des romans.

Thackeray, ensuite, adopte consciemment ce mode de figuration dans ses romans historiques, mais sa perspective ainsi que son objectif artistique sont totalement différents de ceux des réalistes du XVIIIe siècle. Ces derniers ont été enclins naturellement à se rapprocher de l'historicité du fait de leurs tendances réalistes de critique sociale. Ce fut là un des nombreux pas vers cette conception réaliste de l'histoire, de la vie sociale, de la vie populaire, qui atteint son point culminant chez Scott ou Pouchkine. Dans le cas de Thackeray ce *retour* au style et à la structure des romans du XVIIIe siècle provient d'une cause idéologique tout à fait différente, d'une désillusion profonde et amère à propos des mœurs bourgeoises, de la nature de la politique, des relations entre la vie sociale et politique de son propre temps. Cette désillusion s'exprime satiriquement. En adoptant le style du XVIIIe siècle, il veut démasquer l'apologétique contemporaine.

C'est pourquoi le dilemme dans la description des événements de l'histoire se réduit pour lui au choix entre la glorification pathétique de la vie publique et la peinture réaliste des mœurs de la vie privée. Ainsi quand son héros, Henry Esmond, racontant sa propre histoire — à la jonction du XVIIe et du XVIIIe siècle — oppose d'une manière polémique les romans de Fielding aux exposés officiels de l'histoire, quand dans une discussion avec Addison il défend les droits du réalisme dans la peinture de la guerre contre l'embellissement poétique, sa façon de s'exprimer trouve avec une grande beauté le ton de l'époque, la langue des auteurs de mémoires, mais en même temps elle exprime les convictions artistiques de Thackeray lui-même. Ce style se fonde sur le fait de démasquer le faux héroïsme et en particulier de démasquer les légendes historiques au sujet du prétendu héroïsme. Esmond parle aussi à ce sujet avec beaucoup d'éclat et de beauté : « Quel spectacle est plus sublime qu'un grand roi en exil ? Qui est plus digne de notre considération qu'un homme courageux dans le malheur ? Mr. Addison a peint une telle figure dans sa noble pièce de *Caton*. Mais qu'on imagine Caton dans une taverne avec une fille sur les genoux, entouré d'une douzaine de compagnons dévoués et ivres et d'un aubergiste qui exige son compte : la dignité du malheur est complètement perdue. » Thackeray exige ce démasquage, quand il veut enlever à l'histoire sa perruque, quand il conteste que l'histoire anglaise et française se soit déroulée uniquement dans les Cours de Windsor et de Versailles.

Naturellement c'est Esmond qui dit tout cela et non pas Thackeray lui-même, et le roman ne doit pas nous apparaître comme la représentation objective de cette époque, mais simplement comme l'autobiographie du héros. Mais en dehors du fait que cette relation entre les peintures de mœurs de la vie privée et les événements de l'histoire présente des caractéristiques très analogues dans *Vanity Fair* par exemple, chez un écrivain aussi important et conscient que Thackeray cette composition ne peut être fortuite. Les mémoires sont la forme appropriée pour qu'il puisse démasquer la pseudo-grandeur : tout est vu dans la proximité des rapports privés de la vie quotidienne et le faux pathétique du héros artificiel, imaginaire, se désagrège quand on le montre ainsi au microscope. Et cela est voulu. Le héros a vu Louis XIV en sa vieillesse. Louis, dit Esmond, était peut-être un héros pour un livre, pour une statue, pour une peinture murale, « mais était-il plus qu'un homme pour Mme de Maintenon, pour le barbier qui le rasait, pour M. Fagon, son médecin ? » La proximité détruit la prétendue grandeur de Marlborough, du Prétendant Stuart et de bien d'autres. Et quand toute supercherie de grandeur historique a été démasquée, il reste uniquement l'honnêteté d'hommes simples, capables de réel sacrifice, légèrement au-dessus de la moyenne, comme le héros lui-même.

Ce tableau est présenté avec un remarquable esprit de suite. Mais en est-il effectivement résulté un tableau réel de l'époque, comme le voulait Thackeray ? La réponse de Thackeray à *son* propre dilemme est tout à fait juste. Mais le dilemme lui-même est étroit et faux. Il y a une troisième alternative : précisément ce que figure habituellement le roman historique classique. C'est un fait : l'époque qui suit la « Glorieuse Révolution » jusqu'à l'établissement de la Maison de Hanovre sur le trône d'Angleterre n'est certainement pas une période particulièrement héroïque ; surtout en ce qui concerne la vie et l'activité des partisans de la Restauration des Stuarts. Mais nous rappelons que Scott, aussi, a figuré ces tentatives de rétablir les Stuarts (dans *Waverley* et, pour une période plus tardive, dans *Rob Roy* et *Red Gauntlet*), et il n'a pas le moins du monde idéalisé ni même seulement épargné soit la dynastie, soit ses tenants. Néanmoins le tableau de l'histoire qu'il a donné est grand, dramatique et rempli de profonds conflits, à chaque phase. La raison de ces grandes dimensions est facile à saisir. Scott donne une peinture vaste et *objective* des forces historiques qui poussent à des rébellions en faveur des Stuarts et en même temps de celles qui les condamnent à un échec inévitable. Au centre de cette peinture se tiennent les clans écossais, poussés à des coups de main désespérés par les circonstances économiques et sociales et fourvoyés par des aventuriers. Le destin du Prétendant lui-même est tragi-comique chez Scott ; celui de ses partisans anglais comique ou lamentable. Ceux-ci sont insatisfaits du régime hanovrien, mais ils se tiennent tranquilles, parce qu'ils sont trop lâches et trop irrésolus pour agir ; parce qu'ils n'osent pas mettre en péril leur bien-être matériel ; parce que la croissance du capitalisme en Angleterre a nivelé toujours plus fortement les anciennes distinctions entre propriété foncière féodale et capitaliste. Mais puisque l'arrière-plan de l'action est la souffrance réelle et l'héroïsme réel (bien que devenu inactuel et égaré) d'un peuple, les événements perdent tout caractère insignifiant, mesquin et fortuit, tout caractère purement individuel et privé.

Mais Thackeray ne voit pas le peuple. Il réduit son action à des intrigues dans les classes supérieures. Certes, il sait pertinemment que ces insignifiances sont limitées à la couche sociale qu'il décrit et ne nous disent rien de la nature réelle de tout le processus historique. Ce n'est point par hasard que sans cesse apparaît dans des entretiens particuliers l'ombre de l'époque de Cromwell, la période héroïque du peuple anglais. Mais cette période semble avoir disparu définitivement sans laisser de traces, et la vie qui est décrite se dissout entièrement dans des événements insignifiants et privés. L'attitude du peuple envers tout ce qui arrive n'est jamais révélée. Pourtant c'est à cette époque que ceux qui avaient livré les batailles de la Guerre Civile, surtout les paysans moyens, les francs-tenanciers et les plébéiens des villes, allaient à la ruine économique et morale précisément à cause du développement impétueux du capitalisme. C'est seulement beaucoup plus tard que les nouveaux héros, les Luddites et les Chartistes, ont pris naissance du sol rendu fertile par leur sang. De cette tragédie, qui est la base réelle des tragi-comédies qui se déroulent « en haut », Thackeray ne voit rien.

Mais de ce fait il supprime l'objectivité historique, et plus il motive psychologiquement d'une manière contraignante les actions particulières de ses personnages, plus cette psychologie privée est subtile, d'autant plus fortuit apparaît tout cela dans une perspective historique. Cette psychologie n'est pas fausse, au contraire elle montre avec beaucoup de subtilité le caractère fortuit des prises de position politiques de ses figures. Mais cette contingence ne peut qu'apparaître vraiment fausse si elle se situe au sein d'un contexte objectif de classes, où elle devient un facteur de la nécessité historique. Même Waverley de Scott se trouve impliqué par hasard dans le soulèvement en faveur des Stuarts ; mais il est là simplement afin de servir de repoussoir à ceux pour qui cette prise de position est une nécessité socio-historique. La perspective dans laquelle Thackeray montre Marlborough est cependant purement privée. Son héros, fait-il ressortir, est devenu un ennemi acharné plutôt qu'un partisan enthousiaste de Marlborough, simplement pour avoir subi de sa part un mauvais traitement lors d'un lever du roi. Il en résulte une telle caricature que Thackeray lui-même se sent obligé de contrecarrer son propre subjectivisme en ajoutant à ses mémoires des corrections et des notes supplémentaires. Mais ces corrections n'affaiblissent sa partialité que d'une façon purement théorique, ils ne peuvent donner à la figure de Marlborough aucun relief objectivement historique.

Ce subjectivisme avilit toutes les figures historiques qui paraissent dans le roman. Nous voyons seulement l'aspect « trop humain » de Swift, de sorte que nous devrions le tenir pour un intrigant et un arriviste sans importance, si *ses* propres œuvres ne nous donnaient une autre image de lui. Mais même des personnages qu'Esmond décrit avec une sympathie évidente, tels que Steele et Addison, les écrivains bien connus de l'époque, sont objectivement avilis, parce que leurs personnalités ne révèlent plus que les traits qui se manifestent habituellement dans la vie privée du cours ordinaire de chaque jour. Ce qui a fait d'eux des représentants significatifs des courants importants de l'époque, des idéologues de grands changements dans le peuple, se trouve exclu du récit par la conception générale de Thackeray. L'influence de leur périodique, *The Spectator*, qui s'est étendue sur toute l'Europe bourgeoise cultivée, nous est suffisamment connue à la fois par l'histoire et par l'histoire littéraire, tout comme le fait que cette influence était largement due à l'utilisation dans ce périodique des événements quotidiens comme point de départ pour justifier théoriquement et démontrer pratiquement la moralité nouvelle, victorieuse, de la bourgeoisie montante. Or le *Spectator* paraît aussi dans *Henry Esmond*. Le héros met à profit son amitié personnelle avec les éditeurs pour ridiculiser la coquetterie frivole de celle qu'il adore et ainsi exercer une influence morale sur elle. Il est bien possible que dans le périodique de tels articles *aussi* aient paru. Mais *réduire* son rôle historique à des épisodes privés de ce genre signifie objectivement une distorsion de l'histoire, sa dégradation au niveau de ce qui est insignifiant et privé.

Thackeray a sans aucun doute souffert de ce désaccord. Dans un autre roman historique (*The Virginians*) il exprime son insatisfaction. Il expose qu'il n'est pas possible pour l'écrivain d'aujourd'hui de montrer ses personnages dans un contexte réellement riche de leur vie professionnelle, de leur travail effectif, etc. L'écrivain doit se borner à figurer les passions, amour ou jalousie, d'une part, et à peindre les formes extérieures de l'existence sociale (au sens superficiel, « mondain »), d'autre part. Thackeray exprime ainsi avec beaucoup de vigueur la déficience essentielle de la période où commence le déclin du réalisme, certes sans comprendre les causes sociales réelles et leurs conséquences artistiques. Il ne voit pas que cette déficience est le résultat d'une conception de l'homme devenue étroite et partiale, du fait que les figures présentées se sont détachées des grands courants de la vie populaire et ainsi des problèmes et des forces réellement importants de l'époque.

Les classiques du réalisme étaient capables de figurer poétiquement et plastiquement ces aspects de la vie humaine, parce que dans leurs œuvres toutes les forces sociales apparaissaient encore comme des relations humaines. Un revirement important du destin, comme la banqueroute menaçante du vieux Osbaldiston dans *Rob Roy*, donne à Scott la possibilité de développer librement à partir de la dramatique sociale et personnelle de la situation l'exposé des divers usages commerciaux des marchands de Glasgow, sans lourdes descriptions de milieux. Chez Tolstoï, l'attitude différente envers la vie militaire de la part d'Andrei Bolkonski, Nikolaï Rostov, Boris Droubetskoï, Berg, etc., les vues différentes sur l'agriculture et le servage de la part du vieux et du jeune Bolkonski sont des parties intégrantes, organiques, de l'intrigue et de l'évolution humaine et psychologique de ces personnages.

A mesure que devient de plus en plus privée la façon de considérer la société et l'histoire, de tels rapports aussi vivement aperçus tendent à disparaître. La vie professionnelle apparaît morte ; tout ce qui est humain est complètement recouvert par les sables désertiques de la prose de la vie capitaliste. Les naturalistes postérieurs — même Zola — se précipitent sur cette prose et la placent au centre de la littérature, mais ils fixent et perpétuent seulement ses traits atrophiés, en limitant leur tableau à une description du milieu « chosifié ». Ce que Thackeray — avec un sentiment juste, bien que partant d'une fausse position — a déclaré impossible à figurer, ils le laissent dans cette impossibilité, en remplaçant la figuration par de simples descriptions, « scientifiques » et brillantes dans le détail, de choses et de relations entre les choses.

Thackeray est un réaliste trop conscient, trop fortement lié aux traditions du véritable réalisme, pour recourir à une telle échappatoire. C'est pourquoi il prend refuge, par delà la forme classique et pour lui inaccessible du roman historique, dans un renouvellement artificiel du style du siècle des Lumières anglais. Mais cet archaïsme ne peut conduire, ici comme partout, qu'à des résultats très problématiques. La recherche d'un style conduit à une stylisation qui fait apparaître à la surface en couleurs criardes les faiblesses de sa conception générale de la vie sociale, en les soulignant bien plus fortement qu'il n'en aurait consciemment l'intention. Il veut seulement démasquer la fausse grandeur, le pseudo-héroïsme, et pourtant l'effet de sa stylisation, comme nous l'avons vu, est de montrer chaque figure historique, même si son importance est réelle, sous un jour qui amoindrit beaucoup et parfois tout simplement détruit cette importance. Il veut en revanche montrer la noblesse authentique, intense, de la simple moralité, pourtant sa stylisation aboutit à faire apparaître ses personnages positifs comme d'ennuyeux et insupportables parangons de vertu. Le fait d'adopter les traditions littéraires du XVIIIe siècle donne certes à ses œuvres une cohésion stylistique et cela produit un effet bénéfique à une époque où le naturalisme commence à décomposer la forme narrative. Mais cette cohésion n'est pourtant que stylistique, elle ne s'étend pas jusqu'aux profondeurs de la figuration ; ainsi, tout au plus, elle peut dissimuler la problématique qui naît du fait de rendre privée l'histoire, mais non pas la résoudre.

III. Le naturalisme de l'opposition populaire

La force des tendances défavorables à la littérature se manifeste de la manière la plus frappante là où les écrivains luttent consciemment contre elle et cependant tombent pratiquement sous son empire. Nous avons vu qu'en se limitant *exclusivement* à la reproduction fidèle de la réalité immédiate le naturalisme a privé la littérature de son pouvoir de donner un tableau vivant et dynamique des forces motrices essentielles de l'histoire. Le roman historique même d'écrivains aussi importants que Flaubert et Maupassant dégénère en une collection d'épisodes. Il n'y a aucun lien entre les expériences purement privées, exclusivement individuelles, des personnages et les événements historiques ; les personnages cessent d'être réellement historiques. Et les événements historiques eux-mêmes deviennent extérieurs et exotiques ; ils sont réduits à un simple arrière-plan décoratif.

Toutes ces tendances artistiquement défavorables proviennent de l'évolution sociale et politique générale de la bourgeoisie après la

Révolution de 1848. Mais même dans ce cas on ne doit pas se représenter la liaison entre les tendances générales de l'époque et les questions de forme littéraire d'une manière trop rectiligne, trop directe. L'effet de ces tendances est de priver le roman historique de son caractère populaire. Les écrivains n'ont plus la force (et souvent même pas la volonté) de faire l'expérience de l'histoire en tant qu'histoire du peuple, comme un processus d'évolution dans lequel le peuple a joué le rôle principal activement et passivement, en agissant et en souffrant.

Là où les écrivains portent leur attention directement sur la bourgeoisie, leur conception de l'histoire — comme on l'a vu dans le cas de Flaubert — est décorative et exotique : ils essaient de produire une réplique à la prose grise et désolée, détestée et méprisée de la vie bourgeoise quotidienne. L'histoire, dans la splendeur colorée de sa distance, de son éloignement, de son altérité, doit satisfaire vis-à-vis du présent le désir intense d'échapper à ce monde de désolation.

Il en est autrement avec des écrivains qui restent encore liés au peuple, pour qui précisément la souffrance du peuple sous l'effroyable pression d' « en haut » constitue le point de départ de leur perspective sur le monde et de leur figuration artistique. Eux aussi réagissent au monde dominant de la prose bourgeoise par de la méfiance, du mépris et de la haine. Pourtant, ce n'est pas une déception esthétique et morale raffinée qui détermine leur œuvre, mais le ressentiment et l'amertume des larges masses populaires, dont les révolutions bourgeoises de 1789 à 1848 n'ont pas satisfait les aspirations réelles.

Quiconque connaît réellement le mouvement naturaliste dans la littérature sait quel rôle — surtout négatif — y joue la conscience socialiste naissante du prolétariat. Le fait impossible à éluder, toujours plus fortement marqué, des « deux nations » a sur la littérature des effets très ambivalents. Là où l'esprit de la démocratie révolutionnaire survit dans la société ou bien encore là où le socialisme a déjà touché les écrivains importants, des formes nouvelles d'un grand réalisme peuvent surgir. Mais en Europe Occidentale après la Révolution de 1848 l'écrivain est rendu étranger aux grands problèmes sociaux d'ensemble et sa vision est limitée à l'une des « deux nations ». Nous avons déjà vu et pourrons encore observer maintes fois les conséquences défavorables du fait de rétréoir ainsi le champ de sujet traité à ce qui se passe « en haut ».

Mais ce rétrécissement entraîne aussi un appauvrissement de la littérature quand l'auteur — toujours avec une immédiateté naturaliste — dirige exclusivement son attention sur le monde d' « en bas ». Nous pouvons le voir le mieux dans les romans historiques d'Erckmann-Chatrian. Le critique russe bien connu Pissarev a vu en eux, à juste titre, un type nouveau de roman historique. Pourtant, dans la joie démocratiquement justifiée de sa découverte et dans sa polémique également démocratiquement justifiée contre les romans historiques de ses contemporains, il n'a pas pris garde aux limites d'Erckmann-Chatrian et de leur mode de figuration. Il écrit à leur sujet : « Ce qui intéresse nos auteurs, ce n'est pas comment et pourquoi tel ou tel événement historique est arrivé, *mais* l'impression que cet événement à produite sur les masses, comment il a été compris par les masses, comment celles-ci y ont réagi. » (Les italiques sont de moi, G. L.).

Nous avons souligné le mot « mais » pour attirer l'attention du lecteur sur l'antithèse trop marquée de Pissarev. Certes, il ajoute aussitôt qu'il y a une « interaction vivante » entre l'aspect extérieur de l'histoire (grands événements, guerres, traités de paix, etc.) et leur aspect intérieur (la vie des masses). Mais cette interaction reste encore dans son analyse quelque chose d'extérieur, une interaction de facteurs qui n'ont à peu près rien de commun. C'est pourquoi en traitant l'œuvre d'Erckmann-Chatrian il ne prend pas garde au fait que cette interaction, dans la mesure où elle existe chez eux, reste seulement extérieure.

Il serait faux de nier d'une façon générale la justification relative de cette manière de considérer la réalité historique. Oui, *immédiatement*, mais rien qu'immédiatement, l'histoire des sociétés de classes doit se refléter de cette manière dans les yeux des masses opprimées et exploitées. Les guerres sont menées dans l'intérêt des exploiteurs — et les masses exploitées y sont saignées à blanc, ruinées matériellement et rendues infirmes, etc. Les lois constituent un système pour renforcer un genre particulier d'exploitation. C'est vrai même de la démocratie bourgeoise qui inscrit « liberté, égalité, fraternité » sur ses drapeaux, même de celle qui a réalisé l'égalité formelle la plus parfaite devant les lois. Car la loi, comme l'écrit Anatole France, avec l'ironie mordante de la désillusion, à propos de la démocratie bourgeoise, interdit aux riches comme aux pauvres, avec la même rigueur, de dormir sous les ponts.

Mais cette image immédiate et dans son immédiateté relativement justifiée correspond-elle à la vérité objective du processus historique ? Les masses opprimées sont-elles *également* indifférentes et hostiles à tous les événements et à toutes les institutions de l'histoire de la société de classe ? Ceci, bien entendu, même Pissarev ne l'affirme pas. Au contraire. Il souligne énergiquement : « Mais ce n'est pas toujours ni partout qu'a prévalu une aussi complète absence de considération pour les grands événements historiques de la part de ceux qui sont en bas. Ce n'est pas toujours ni partout que la masse est restée aveugle et sourde à ces enseignements que la vie laborieuse de chaque jour, pleine de privations et d'amertume, offre constamment à ceux qui sont en état de voir et d'entendre. » Et il loue comme la vertu littéraire d'Erckmann-Chatrian le fait qu'ils choisissent ces moments de la vie de classe où les masses tirent les conclusions de ces expériences, où elles s'éveillent « pour se rendre compte rigoureusement et clairement de ce qui les empêche de mener une vie plus heureuse et plus humaine. »

Dans la mesure où Erckmann-Chatrian portent leur attention sur ces périodes de la vie populaire, la louange de Pissarev est pertinente. Les limites de cette manière d'envisager les choses, qu'il ne reconnaît pas suffisamment en tant que critique, apparaissent pourtant à maints égards. Surtout, objectivement, il n'y a pas cette rigide antithèse dans les différentes périodes de l'évolution de l'humanité, entre l'indifférence entièrement passive ou le réveil actif des masses, comme il pourrait sembler au premier regard. Certainement, l'évolution de la société est un processus inégal, mais c'en est un qui progresse, en dépit de grandes fluctuations, durant parfois des siècles. Et les masses ne peuvent jamais, objectivement, être indifférentes aux étapes particulières de cette évolution, même quand aucun mouvement populaire visible ne se produit en faveur de ce qui a été ou contre ce qui naît. Le caractère contradictoire du progrès dans la société de classes se manifeste surtout dans les effets contraires que ses moments et ses stades particuliers exercent simultanément sur la vie des masses. La critique malicieuse d'Anatole France à propos de l'égalité bourgeoise n'abolit pas le fait que l'égalité devant la loi, avec toutes ses limitations de classe, a été un pas en avant extraordinaire, historique, en regard de la juridiction par conditions, même du point de vue des masses, même vue d'en bas. (Le démocrate convaincu Pissarev et Anatole France auraient été les derniers à le mettre en doute.) Par conséquent, les masses qui ont sacrifié leur vie pour cette égalité avaient absolument raison, en dépit de la justesse de la critique de France.

A la variété objective des étapes particulières de l'évolution doit correspondre une multiplicité encore plus riche, encore plus différenciée, des réactions dans la vie des masses. Car ces réactions, d'un point de vue socio-historique, peuvent être justes ou fausses. Et précisément parce que l'écho des grands événements est nécessairement plus immédiat parmi les masses politiquement moins développées, les fausses réactions les plus diverses jalonnent inévitablement la voie qui les mène, sur la base de leurs expériences propres, à un point de vue qui corresponde réellement aux intérêts du peuple.

Les romanciers historiques classiques ont été grands précisément parce qu'ils ont rendu justice à cette variété de la vie populaire. Walter Scott décrit les luttes de classes les plus variées (insurrections royalistes réactionnaires, luttes des Puritains contre la réaction des Stuarts, luttes de classe de la noblesse contre l'absolutisme naissant, etc.), mais il montre toujours en outre la variété richement articulée des réactions à ces luttes de la part des masses populaires. Chez Scott, aussi, les gens issus du peuple connaissent très précisément l'abîme qui sépare dans la société le « haut » du « bas ». Mais ces deux mondes sont réellement deux mondes vastes, vastes aussi en ce sens qu'ils embrassent la vie entière d'êtres humains aux aspects variés. Ainsi leurs interactions produisent des heurts, des conflits, etc., dont la totalité comprend réellement toute la sphère des luttes de classes d'une époque.

Et seule cette variété différenciée, riche, complète peut donner un tableau véritable et correct de la vie populaire aux époques critiques de l'évolution humaine. Erckmann-Chatrian, par contre, éliminent totalement le monde « supérieur », et Pissarev les loue à ce propos. Ils écrivent au sujet de la Révolution Française, dit-il, et nous ne voyons ni Danton ni Robespierre, ils écrivent au sujet des guerres napoléoniennes, sans que Napoléon lui-même apparaisse dans leur roman. C'est vrai. Mais est-ce réellement un avantage ?

Dans ce qui précède nous avons parlé très en détail du rôle qui incombe dans le roman historique classique aux personnages dirigeants et représentatifs de l'histoire. Nous avons vu et nous verrons encore plus clairement au moyen d'exemples négatifs en analysant l'évolution moderne, que la pratique de Scott et de Pouchkine consistant à faire de ces personnages des figures secondaires repose sur une profonde justesse historique, une profonde fidélité à la vie, à savoir la possibilité concrète de figurer la vie populaire dans l'extension réelle de sa totalité historique. Si donc Erckmann-Chatrian omettent Danton et Robespierre de leur tableau de la Révolution Française, ils ont bien entendu le droit de le faire. Mais seulement s'ils sont capables de représenter ces courants dans la vie populaire française de la période révolutionnaire, dont Danton et Robespierre ont été précisément les représentants les plus marquants et qui les résument le mieux, d'une manière aussi convaincante et avec autant de relief sans ces personnages historiques. Car sans ces courants le tableau de la vie populaire est fragmentaire ; il lui manque son expression consciente la plus haute, son véritable point culminant, politique et social.

Ce problème, qui en soi n'est peut-être pas insoluble artistiquement, Erckmann-Chatrian ne l'ont même pas posé, encore moins résolu. Au contraire, en omettant entièrement les principaux protagonistes historiques de leur tableau d'époque, ils expriment une vue à laquelle Pissarev a donné une expression plus consciente — l'opposition de l'histoire extérieure et intérieure (en une pure interaction) — qu'elle n'en a reçu chez Erckmann-Chatrian eux-mêmes.

Ce changement de perspective historique se développe aussi à la suite de la Révolution de 1848. Il exprime cette désillusion générale au sujet des résultats possibles des révolutions bourgeoises, qui commence déjà après la grande Révolution française, mais qui devient alors seulement un courant réellement puissant. Chez les historiens et écrivains bourgeois libéraux elle prend la forme d'« histoire de la civilisation », c'est-à-dire de la conception selon laquelle les guerres, les traités de paix, les bouleversements politiques ne sont que la partie extérieure et peu importante de l'histoire ; par contre, le facteur réellement décisif, celui qui change réellement les choses, l' « intérieur » de l'histoire est formé par l'art, la science, la technique, la religion, la morale et la conception du monde. Les changements dans ces phénomènes caractérisent le chemin véritable suivi par l'humanité, tandis que l'histoire « extérieure », l'histoire politique, décrit seulement le ressac à la surface.

Chez les plébéiens désappointés, en particulier chez les écrivains et les penseurs pour qui le prolétariat commence déjà à devenir une partie intégrante du peuple, ce changement s'exprime tout autrement, voire d'une manière opposée, bien que les causes historico-sociales soient les mêmes. Ici également naît une méfiance de la « grande politique », de l' « histoire extérieure ». Ce qu'on lui oppose n'est pourtant pas ici le concept idéaliste et nébuleux de la civilisation, mais la vie réelle, immédiate, matérielle, économique du peuple lui-même. On peut observer cette méfiance de la politique dans toute l'histoire pré-marxiste de la genèse du socialisme, depuis Saint-Simon jusqu'à Proudhon. Et il serait erroné de ne point voir les nombreux points de vue nouveaux que ce détachement de la politique, cette recherche d'une clé donnant accès à l' « histoire secrète » de l'humanité, a apportés ; des germes et des rudiments très importants de la perspective matérialiste de l'histoire sont apparus ici pour la première fois — dans l'œuvre des grands utopistes.

Très tôt, cependant, le revirement se produisit, et les motifs négatifs, qui limitent l'horizon, deviennent prédominants — chez Proudhon par exemple. La méfiance envers la politique conduit dans une mesure croissante à un nivellement, à un appauvrissement du tableau de la vie sociale, voire à une distorsion de la vie économique elle-même. L'appel à l'existence immédiate, matérielle du peuple, qui avait été le point de départ d'un enrichissement réel du tableau du monde social, se transforme en son opposé, tout en se maintenant avec persistance dans cette immédiateté.

Dans le roman historique aussi — et dans la littérature en général — tel est le destin du point de vue d'« en bas », appliqué dans ce sens unilatéral et borné. La méfiance envers *tout* ce qui se produit « en haut » devient une méfiance abstraite, elle fige dans cette abstraction et appauvrit la réalité historique représentée. La conséquence de cette trop grande proximité de la vie immédiate et concrète du peuple est que ses traits les plus sublimes, les plus héroïques s'estompent ou parfois même disparaissent. Le mépris abstrait de l'histoire « extérieure » donne aux événements historiques un terne caractère quotidien, les réduit au niveau de la simple spontanéité.

Nous avons pu déjà observer des traits idéologiques semblables chez le grand Léon Tolstoï, qui dans la partie essentielle de son œuvre a été un digne et original successeur des classiques, en développant leur richesse de vie. Mais Tolstoï lui-même est encore, par suite de l'évolution particulière de la Russie, un écrivain de l'époque préparatoire de la révolution démocratique ; il est, même s'il se situe encore consciemment dans l'opposition à celle-ci, un contemporain (et certes un contemporain fortement influencé par elle) de la démocratie révolutionnaire en littérature. C'est pourquoi dans son œuvre il peut faire éclater les limites étroites de ses vues conscientes sur le monde.

Pensons à la description de la guerre par Tolstoï. Aucun écrivain de la littérature mondiale n'a eu précisément sur cette question une méfiance aussi profonde que Tolstoï envers tout ce qui se passe « en haut ». Sa présentation du monde « supérieur » : les états-majors, la cour, l'intérieur du pays, etc., reflète la méfiance et la haine du simple paysan ou du soldat. Néanmoins Tolstoï dépeint aussi ce monde « supérieur » et déjà de ce fait il donne à la méfiance et à la haine du peuple un objet concret, visible. Toutefois cette différence est plus qu'extérieure et schématique. Car l'existence concrète de l'objet détesté introduit déjà un degré de différenciation, une intensification, une passion dans la peinture des réactions populaires à ce monde « supérieur ».

Mais en outre, Tolstoï non seulement différencie davantage au moyen de ce type de figuration, il produit aussi un type tout à fait différent d'articulation. Ce n'est nullement un problème d'expression purement artistique ; il provient, au contraire, de l'intensification, de l'enrichissement et de la concrétisation du tableau social et historique. Tolstoï retrace en effet avec une maîtrise extraordinaire l'éveil des sentiments nationaux du peuple pendant la campagne de 1812. Auparavant les masses populaires servaient exclusivement et sans mot dire, de chair à canon pour les buts de rapine du tsarisme. En conséquence, le but et le sort de la guerre leur étaient profondément indifférents. Seules la bêtise, la vantardise ou quelque suggestion d' « en haut » pouvaient engendrer des propos patriotiques. Quand l'armée russe bat en retraite à Moscou et notamment après que Moscou a été prise et incendiée, la situation historique objective se modifie et avec elle se modifient aussi les sentiments du peuple. Tolstoï figure ces changements avec la richesse habituelle de son mode de description, sans jamais manquer d'indiquer que de grands secteurs de la vie populaire sous la domination tsariste continuent à la fois objectivement et subjectivement à ne pas être touchés par le sort de la patrie. Mais pourtant le changement est là. Et Tolstoï en donne une expression claire et plastique en montrant comment Koutousov, soutenu par la confiance du peuple, est nommé commandant-en-chef contre la volonté du tsar et de la cour ; comment, en dépit de toutes les intrigues du monde d' « en haut », il est en mesure non seulement de garder son poste, mais aussi de mener à bonne fin sa stratégie, au moins dans sa ligne principale. Cependant dès que la guerre défensive populaire est terminée, et qu'une nouvelle guerre de conquête du tsarisme s'y rattache, Koutousov s'effondre extérieurement et intérieurement. Sa mission de défendre le pays, en tant que représentant de la volonté populaire, est finie ; ce sont de nouveau les courtisans et les intrigants d'auparavant qui prennent la direction de la nouvelle guerre. La cessation de l'activité du peuple prend une forme claire et visible dans la démission de Koutousov.

Ce caractère concret fait défaut aux romans d'Erckmann-Chatrian. Prenons leur *Histoire d'un conscrit de 1813*. La guerre est ici pour le peuple simplement la guerre, avec toutes ses épouvantes, mais sans aucun contenu politique concret. Nous n'apprenons rien des contradictions complexes de cette période, qui concernent en particulier les domaines allemands de la domination napoléonienne où se déroule le roman. Certes, nous apprenons que la population de Leipzig, par exemple, qui avait antérieurement des dispositions amicales envers les Français, se dresse maintenant contre eux avec hostilité. Mais nous n'en savons pas plus au sujet de ce changement d'attitude que ce qu'une recrue moyenne, tout à fait apolitique, peut apprendre lors d'une visite fortuite à l'auberge.

Ici apparaît clairement le caractère limité du mode de représentation naturaliste, unilatéral, qui se borne exclusivement aux réactions immédiates dans la vie de l'être humain moyen. Dans des études antérieures (*La physionomie intellectuelle des personnages littéraires* et *Narration ou description*), j'ai examiné en détail cette limitation générale du naturalisme. Il suffit d'y ajouter maintenant, en ce qui concerne les problèmes spécifiques du roman historique, que le mode de figuration naturaliste émousse inévitablement à la fois les mouvements populaires et les sentiments populaires, il prive les uns d'objectivité historique et les autres de conscience. De cette façon tout aspect particulier bien observé et décrit de la vie dans sa vérité immédiate se change en abstraction ; la guerre de 1813 pourrait être n'importe quelle guerre. Les expériences des paysans de Phalsbourg sous la domination napoléonienne pourraient être les expériences de n'importe quels paysans sous n'importe quel régime. Tout comme les dispositions d'esprit spécifiquement sociales sont étouffées par l'authenticité purement immédiate des peintures naturalistes de milieu, la concrétude historique se trouve dissoute par le naturalisme d'Erckmann-Chatrian, dans la considération abstraite « de ce qui est en bas uniquement ».

Le contraste entre le mode de composition de Tolstoï et d'Erckmann-Chatrian peut par conséquent fournir une confirmation nouvelle de la justesse de la structure classique du roman historique, étant donné notamment que leur conception historique du rôle des masses est la même à certains égards. Le problème est ici encore celui de la personnalité mondialement historique en tant que figure secondaire. Nous avons dit auparavant qu'il serait possible dans l'abstrait de décrire la Révolution française dans un roman historique sans Danton et Robespierre. C'est juste. La seule question est de savoir si l'écrivain qui tente de suppléer les principes politiques et sociaux de Danton et de Robespierre au moyen de figures populaires librement inventées ne se trouve pas devant une tâche plus difficile, moins réalisable, que l'écrivain qui suit les traditions du roman historique. Car dans de tels personnages celui-ci a la possibilité de faire en sorte que les mouvements populaires qu'il figure atteignent simultanément leur apogée au point de vue intellectuel et au point de vue de la conscience politique. Autant l'« individu mondialement historique » comme personnage central fait obstacle à une figuration historique et humaine concrète des mouvements populaires actuels, autant, comme figure secondaire, il aide l'écrivain à porter ceux-ci à leurs sommets historiques concrets.

Cette relation est d'autant plus vraie dans le cas d'Erckmann-Chatrian, que leur méthode est le résultat d'une intention consciente, qui n'est pas seulement artistique : leur conception du véritable caractère populaire exclut l'« individu mondialement historique » du monde du roman historique, même en tant que figure secondaire. Et ici la relation interne entre le naturalisme littéraire et la méfiance abstraite-populaire envers le monde d'« en haut » apparaît tout à fait clairement. Au point de vue politique une telle méfiance est une théorie de la pure spontanéité tout comme dans le domaine littéraire la méthode du naturalisme.

La méfiance profonde et authentiquement révolutionnaire de Marat à l'égard des « hommes d'État » de son temps, des traîtres de la révolution démocratique est certes très intimement liée aux mouvements plébéiens de son temps et constitue un de leurs sommets les plus élevés, mais ce n'est nullement leur produit immédiat. Elle a été — pour employer l'expression de Lénine dans « Que faire ? » — apportée aux masses plébéiennes « du dehors ». Marat en tant que disciple de la philosophie des Lumière, notamment de Rousseau, a pu donner une expression claire aux désirs politiques et sociaux des plébéiens français et amener ces désirs plus près de leur réalisation dans le contexte concret des relations réciproques de toutes les classes de la société ; il a pu clarifier et articuler la méfiance instinctivement juste, mais obscure des masses envers tout ce qui est « en haut », de sorte qu'elle est devenue une méfiance *politique* concrète envers les traîtres *actuels* à la Révolution, depuis Mirabeau jusqu'aux Girondins.

Le prolétariat, en vertu de sa position dans le processus de production, est plus organisé et plus conscient que toute autre classe exploitée dans l'histoire avant lui. Néanmoins la définition que Lénine a donnée est valable aussi pour les travailleurs : « Les travailleurs peuvent acquérir la conscience de classe *seulement de l'extérieur*, c'est-à-dire seulement en dehors de la lutte économique, en dehors de la sphère des relations entre travailleurs et employeurs. Le domaine dans lequel uniquement il est possible d'acquérir cette connaissance est le domaine des relations de toutes les classes et couches sociales avec l'État et le gouvernement, le domaine des relations réciproques entre toutes les classes. »

Le fait que les mouvement populaires antérieurs au prolétariat s'effectuent à un niveau social et conscient qualitativement inférieur à celui des luttes de classe prolétariennes ne diminue pas la possibilité d'application de la constatation fondamentale de Lénine. Non plus le fait, disons, que la conscience qu'un Marat pouvait donner aux mouvements populaires de ce temps-là était obscurcie par des illusions historiquement inévitables — ce fait nous avertit simplement d'être concret en appliquant la définition à des cas historiques particuliers. Lénine a fait ici une constatation fondamentale quant à l'origine et à la nature de la conscience politique dans la classe opprimée.

L'individu « mondialement historique » au sens du roman historique classique, s'il est réellement un dirigeant ou un représentant de mouvements populaires authentiques, représente aussi — entre autres — ce facteur « de l'extérieur » dont parle Lénine. Ce n'est donc pas un hasard si des écrivains, qui ont vécu et figuré seulement la désillusion des masses par suite de l'insuccès social des intérêts du peuple dans les révolutions bourgeoises, et non pas le nouvel essor de la révolution populaire avec le développement de la conscience de classe du prolétariat, abandonnent ces traditions et cherchent dans le naturalisme leur expression littéraire appropriée. Ils sombrent politiquement dans une glorification de la pure spontanéité des masses, et c'est cette faiblesse politico-historique qui constitue chez eux le point où le naturalisme, la forme de déclin du grand réalisme bourgeois devient irrésistiblement attractive pour eux.

Nous avons traité Erckmann-Chatrian d'une manière détaillée, moins à cause de leur importance artistique que de leur importance symptomatique. Et aussi parce que le fait d'insister spontanément et exclusivement sur le point de vue d'« en bas » (soutenu encore par l'autorité de Pissarev) peut mener très facilement à croire qu'on se trouve ici en présence de la forme particulière, « prolétarienne », « socialiste » du roman historique. Cette opinion préconçue dont il faut triompher appartient aussi au grand ensemble de problèmes auxquels le réalisme socialiste doit faire face en dépassant les traditions naturalistes les plus diverses qui d'abord entravent ou font obstacle à son développement réel et entier.

L'importance fondamentale d'une telle critique du naturalisme, même s'il sert à exprimer des expériences de l'histoire non seulement plébéiennes mais aussi plébéiennes-révolutionnaires, apparaît peut-être encore plus clairement dans l'œuvre la plus importante de cette tendance, *Ulenspiegel* de de Coster. Ce roman se situe artistiquement à un tout autre niveau que la sincérité et le mérite d'Erckmann-Chatrian.

Romain Rolland reconnaît à juste titre le caractère unique en littérature de ce roman très important : de Coster exprime les traditions nationales-révolutionaires du peuple belge d'une manière qui surpasse de beaucoup ses contemporains, artistiquement et humainement ; son œuvre est un phénomène unique dans toute la littérature d'Europe occidentale du milieu du XIXe siècle.

Il pourrait sembler alors qu'en incluant de Coster dans le courant naturaliste du milieu du siècle nous commettions une injustice. Après tout, de Coster lui-même appelle son livre une légende et non seulement il utilise beaucoup de motifs de la tradition légendaire d'Eulenspiegel, mais il introduit dans son roman toute une série d'événements et d'anecdotes tirés du vieux « livre populaire ». Ainsi il ne veut — ce fait apparaît à première vue et c'est sans aucun doute le dessein conscient de de Coster — nullement donner une image servilement photographique des luttes de libération du peuple néerlandais, mais, au contraire, la quintessence humaine générale de leur rébellion démocratique contre les forces politiques, religieuses et humaines d'obscurité et d'oppression, contre la tyrannie absolutiste, le catholicisme, etc. A cause de cet objectif qui est le sien, de Coster est pleinement justifié d'appeler son livre une légende.

Pourtant son opposition au naturalisme n'est pas aussi vivement marquée qu'elle le paraît. Car si nous considérons son histoire d'un peu plus près, nous voyons aussitôt qu'il n'est nullement étranger à de telles aspirations. En effet son dessein de saisir directement les lois anthropologiques tout à fait générales de la vie humaine a été tout d'abord une aspiration importante des plus remarquables fondateurs et dirigeants du naturalisme. En dépit de toutes les concessions de Zola au dogme à la mode de l'agnosticisme, par exemple, il est néanmoins profondément convaincu d'avoir trouvé les lois les plus importantes et décisives de l'existence en général, dans l'influence immédiatement vérifiable du milieu et de l'hérédité sur les destinées humaines. Pour cette raison précisément il considère le naturalisme comme la manière « scientifiquement » correcte d'écrire, parce qu'il le croit approprié à découvrir et représenter directement de telles lois générales.

Ainsi le fait de nier l'existence de connexions et de lois générales n'est certainement pas caractéristique du naturalisme. Ce fait surgit en tant que courant général seulement à un stade plus avancé de la décadence littéraire, très souvent en conflit avec le naturalisme. Ce qui est décisif, bien plutôt, c'est la relation naturaliste, c'est-à-dire immédiate et par conséquent abstraite, à ces lois générales. Ainsi, ce que Hegel a défini en général dans sa critique de toute connaissance immédiate s'applique, *mutatis mutandis*, à la vérité artistique du naturalisme : « Sa particularité (c'est-à-dire celle de la connaissance immédiate, G. L.) consiste dans le fait que la connaissance immédiate a pour contenu la vérité seulement quand elle est prise *isolément*, quand la médiation est exclue. » Cette exclusion des médiations est facile à étudier en littérature si l'on compare les rapports de l'homme et de la société chez Balzac et Zola.

L'universalité sans médiation est nécessairement *abstraite*. Nous pouvons observer cette abstraction chez Erckmann-Chatrian bien qu'ils s'en soient tenus strictement à reproduire avec exactitude la réalité immédiate. Leur exclusion des déterminations historiques (médiations) qui dans la vie quotidienne de l'être humain moyen ne sont pas en règle générale directement perceptibles, mais dont la totalité dans ses relations réciproques avec l'existence quotidienne immédiate forme les traits essentiels concrets d'une situation historique, a transformé chez eux l'authenticité naturaliste en abstraction.

Cette transformation est encore plus frappante quand des écrivains naturalistes importants se tournent directement vers les grandes questions de la vie et de l'histoire. La forme littéraire d'abstraction qui conserve le caractère concret, directement sensible, de l'observation naturaliste de la vie, est ici le *symbole.* Il suffit de penser à des œuvres comme *La tentation de Saint Antoine* de Flaubert pour voir clairement ce rapport. Du point de vue littéraire, c'est l'absence de transition entre les observations purement naturalistes, purement empiriques, les petits traits individuels de la vie et la généralité abstraite, qui est très caractéristique, ou la manière irréfléchie avec laquelle de tels facteurs par eux-mêmes ni profonds ni significatifs sont transformés en porteurs de relations abstraites et générales et identifiés avec elles.

Cette combinaison foncièrement inorganique d'empirisme grossier et de généralité abstraite, de naturalisme et de symbolisme, est caractéristique du mode de composition de de Coster. Assurément son sujet diffère profondément en esprit de celui de Flaubert. Et cette différence, voire ce contraste de manières de voir, a aussi des conséquences thématiques et artistiques d'une grande portée. Tandis que Flaubert recherche dans l'histoire l'aspect décoratif, exotique, tandis que pour lui c'est précisément le contraste marqué avec la prose du présent, l'absence de relation avec ce présent, qui est le motif artistique décisif, la tendance de de Coster est populaire, nationale et démocratique. Pour cette raison, dans sa présentation de l'histoire il cherche à éveiller à une nouvelle vie des traditions populaires. Le fait pour lui de se rattacher au vieux livre populaire sur Eulenspiegel n'est pas une fuite devant le présent dans le lointain du passé. Au contraire, son but est de jeter un pont entre le passé héroïque, révolutionnaire, du peuple belge et le présent.

Mais ce pont, précisément au sens artistique, n'est jamais construit. La relation avec le présent reste abstraite, parce que la représentation du passé héroïque aussi est abstraite : en partie naturaliste, épisodique et anecdotique, en partie symboliste, légendaire et héroïque. L'intention de de Coster est d'amener le passé héroïque aussi près que possible du présent en l'élevant à la « légende », de porter les terreurs de l'époque d'oppression, l'héroïsme simple et joyeux du peuple à un niveau universellement humain et par là directement contemporain. Ses héros principaux sont destinés à incarner pour ainsi dire les forces permanentes, toujours présentes, du peuple belge, aussi agissantes dans le présent que dans le passé.

C'est pour cette raison et non à cause de quelque aspiration artistique vers ce qui est lointain que de Coster reprend le héros du livre populaire et son style naïf, grossier, réaliste. Mais le résultat qu'il atteint se rapproche pourtant à bien des égards, objectivement, des buts artistiques des naturalistes marquants. La principale raison en est que son héros, qui est historique en dépit de sa transfiguration en personnage légendaire, ne se développe pas organiquement à partir du personnage du livre populaire. Ce dernier n'est pas héroïque du tout et n'a aucun lien avec la guerre néerlandaise de libération. Eulenspiegel est en soi une figure authentique du Moyen Age finissant : heureux de vivre, rusé et pourtant intègre ; une incarnation naïve et vigoureuse de l'intelligence native, de l'astuce et de la sagesse pratique de la paysannerie d'alors. La figuration libre et anecdotique du personnage ancien d'Eulenspiegel n'est par conséquent nullement fortuite ; c'est l'expression artistique naturelle et appropriée de la forme primitive de cristallisation qu'elle a reçue à cette époque, qu'elle a pu et dû nécessairement recevoir à cette époque. De Coster veut à la fois conserver ces traits grossiers et naïfs du personnage littéraire primitif d'Eulenspiegel tels qu'ils sont et en même temps les développer en ceux d'un héros populaire néerlandais. Mais cela est impossible, car l'héroïsme national-démocratique est un aspect que ne présente pas du tout le personnage ancien. Naturellement cela ne pouvait empêcher de Coster de créer néanmoins à partir d'Eulenspiegel un tel héros. Mais alors il aurait dû transformer la figure complètement, comme l'avait fait Gœthe par exemple avec le personnage ancien de Faust : c'est-à-dire en donnant une nouvelle signification aux motifs traditionnels qui sont utilisables à cette fin et en omettant complètement ceux qui ne se plient pas à la nouvelle conception.

De Coster n'a pas suivi cette voie. Son attitude envers l'ancienne tradition littéraire est à peu près la même que celle des naturalistes envers leurs documents ; il veut conserver sans changement les faits empiriques et les fondre avec ses propres généralisations. Mais cela n'était pas possible. Même Romain Rolland, fervent admirateur de cet ouvrage, dit à propos de la première partie :

« Et cependant, le maître conteur hésite encore à conter seul... Il se croit tenu d'entrelarder la première partie de sa Légende de tranches coupées à cru dans la vieille farce, qui sent le rance. Ces vénérables facéties, qui ont traîné sur les chemins, nous font l'effet de revenants qui cherchent leurs ruines et se fourvoient dans la maison nouvelle. Leur défroque ne s'ajuste plus à la taille souple et nerveuse du fils de Claes. »

A ceci il n'est pas besoin d'ajouter, croyons-nous, que le même hiatus traverse toute l'œuvre, certes sous une forme moins grossière.

Cela concerne déjà le style. De Coster prend pour modèle le style décousu, anecdotique, la construction libre du vieux recueil populaire et ce qu'il ajoute lui-même à l'histoire il le revêt de la même forme littéraire. Mais ce nouveau contexte change le réalisme naïf et grossier des vieux textes en un naturalisme artistique. Un naturalisme, parce que la caractérisation des personnages ne résulte pas d'un développement interne mais d'anecdotes significatives. De caractère artistique, parce que la grossièreté naïve du XVIe siècle doit inévitablement recevoir dans la bouche du conteur d'aujourd'hui un aspect quelque peu recherché, exotique. La relation entre le naturalisme et l'archaïsme du mode de présentation, que nous avons mentionnée antérieurement, se confirme encore ici, et cela d'une manière particulièrement frappante parce que de Coster répugnait totalement aux affectations esthétiques de l'archaïsme. Mais les faits ont leur logique propre et implacable.

Encore plus important, pour la même raison, est le fait que le héros populaire de de Coster manque d'une base réelle, concrète, historique. Précisément parce que de Coster donne pour fondement à son existence celle du vieux recueil populaire, plein de vie en soi, il n'a pas d'assises historiquement concrètes, matérielles et spirituelles. La peinture par de Coster de la vie populaire — en elle-même, répétons-le, très vivante, colorée, parfois émouvante — a, historiquement, un caractère tout à fait abstrait : il dessine tout simplement *le* peuple joyeux, innocent, que tourmentent les sombres tortionnaires de la réaction. Et même la haine plébéienne de de Coster contre les dirigeants nobles, irrésolus et perfides, de la lutte de libération a le même caractère de généralité abstraite que les sentiments des personnages de la masse chez Erckmann-Chatrian. Le fait que Guillaume d'Orange apparaît soudain comme un chef véritable, comme une véritable figure de héros, n'est en soi motivé par rien dans le roman. Les luttes de classes concrètes, qui ont formé le contenu social du soulèvement des Gueux, font défaut ; pourtant ce n'est que par elles et à partir d'elles qu'on peut comprendre Guillaume d'Orange dans sa relation et simultanément dans son opposition en tant que dirigeant avec les plébéiens de ce temps. De Coster supprime toutes ces médiations concrètes. La partie empruntée et copiée par lui sur le vieux récit légendaire est trop terre à terre, trop locale, trop anecdotique, d'un naturel trop animal, pour rendre sensible cette différenciation parmi les combattants ; la « légende » elle-même, encore une fois, est trop généralisante, trop héroïque, d'une simplicité trop « monumentale », pour montrer des contours historiques concrets, des limites et des contradictions.

Romain Rolland souligne très justement dans sa critique l'attaque puissante, inspirée par la haine, que de Coster mène contre le catholicisme.

« Mais si Rome a tout à perdre, Genève n'y gagne rien. Et si, des deux fois, la catholique fait triste figure, l'autre, la réformée, ne fait point figure du tout. On nous dit bien que les révoltés s'y sont ralliés. Mais où voit-on la trace, parmi eux, de christianisme ? »

Rolland conçoit ceci comme une louange. Il est charmé par le culte des esprits élémentaires chez de Coster. Il cite la déclaration d'Ulenspiegel que pour sauver la Flandre il s'est tourné vers le Dieu de la Terre et du Ciel, sans pourtant avoir reçu de réponse. Kathéline, qui dans le cours du roman est exécutée comme sorcière, répond :

« Le grand Dieu ne te pouvait entendre ; il fallait premièrement parler aux esprits du monde élémentaire... »

Et Romain Rolland ajoute :

« Le monde élémentaire : ici sont les vrais dieux. Avec eux seuls les héros de Charles de Coster communiquent. Et la seule foi de l'œuvre — mais elle est torrentielle — c'est la foi en la nature. »

Romain Rolland dans son enthousiasme compréhensible pour maintes beautés particulières d'*Ulenspiegel* en oublie ici de deux sortes. D'abord, le fait que l'absence du protestantisme dans l'œuvre de de Coster est le symptôme le plus visible de son antihistoricisme. Le protestantisme, précisément dans la lutte de libération des Pays-Bas, était avec ses divers courants et ses diverses sectes pratiquement la seule forme idéologique concrète dans laquelle les conflits nationaux et sociaux de l'époque pouvaient être disputés. De Coster, en ignorant cela ou en le reconnaissant seulement dans l'abstrait et d'une manière purement verbale mais sans le figurer (ce qui revient au même du point de vue de l'art), élude la concrétisation historique, la représentation historiquement différenciée de l'époque. Ou pour mieux dire : parce qu'il a dans l'esprit seulement une image abstraite et générale mais non pas historique et concrète de cette lutte de libération, il ne peut déchiffrer en termes sociaux et individuels ni par conséquent figurer artistiquement le rôle du protestantisme dans la révolution néerlandaise ou les différences au sein du camp réformé. Le fait que le catholicisme a été l'objet de la haine générale du peuple rend sa description possible dans une certaine mesure, en dépit du caractère abstrait de la conception historique de de Coster. Néanmoins c'est encore ici l'écho littéraire contemporain de la haine populaire qu'il reproduit plutôt que le rôle réellement et concrètement réactionnaire que le catholicisme a joué à l'époque.

En second lieu, Romain Rolland omet, à notre avis, les motifs naturalistes dans le culte de la nature et des esprits élémentaires par de Coster. Il a raison de dire que les scènes les plus belles et les plus émouvantes de de Coster émanent de son sentiment de la nature (par exemple la figure et le destin de Kathéline, où toutefois la synthèse moderne naturaliste de la pathologie et du mysticisme est particulièrement visible). Mais seuls des épisodes isolés, des scènes isolées se situent à un tel niveau. Et nombre des meilleures scènes elles-mêmes portent une empreinte naturaliste ; d'une part le culte unilatéral de la vie animale, de la gloutonnerie, de l'ivrognerie et de la fornication, d'autre part la prédilection pour la brutalité, qui est si caractéristique du naturalisme moderne. Des scènes de torture, de supplice du feu et autres formes bestiales d'exécution sont décrites amplement et en détail. De Coster surpasse même Flaubert à cet égard.

Certes, on ne doit pas omettre la différence dans les sentiments et la conception du monde qui sont à la base de cette cruauté. Romain Rolland dit à juste titre :

> « La vengeance sacrée devient monomanie ; sa ténacité hallucine. »

De Coster, par exemple, laisse croire au lecteur que le marchand de poissons qui a livré le père d'Ulenspiegel, Claes, à ses bourreaux s'est noyé. Mais, poursuit Romain Rolland,

> « patience ! Vous le reverrez. De Coster vous le réserve, pour une seconde mort. Et celle-ci, la bonne, il la fait durer ! Pour les haïs d'Ulenspiegel, la mort n'est jamais assez lente. Il faut qu'ils meurent à petit feu. Il faut qu'ils souffrent... On est suffoqué de ce goût de torture, de cette cruauté triste, tenaillante. Le vengeur lui-même en jouit sans joie... »

Nous voyons que la cruauté ici a des causes opposées à celles qu'elle a chez Flaubert (et, comme nous le verrons bientôt, chez Conrad Ferdinand Meyer). Ce sont les excès explosifs de la haine et de la vengeance populaires, la fureur accumulée de ceux qui sont soumis à une oppression bestiale. Il y a d'authentiques sentiments plébéiens à la source de la cruauté de de Coster. Au sein du naturalisme elle se rapproche particulièrement de l'explosion de cruauté dans « Germinal » de Zola. Mais elle est plus authentiquement et plus directement plébéienne, ce qui la rend encore plus explosivement cruelle.

Cependant la différence des causes n'abolit pas la convergence des effets dans le roman historique. D'autant moins que cette décharge de haine plébéienne dans une cruauté vengeresse est en relation très étroite avec les racines sociales du naturalisme de de Coster. Précisément parce que de Coster ne voit pas les mouvements populaires de la lutte néerlandaise de libération concrètement dans leur genèse, leurs ramifications sociales et leurs antagonismes internes, dans leur grandeur historiquement conditionnée et leurs limites également conditionnées historiquement et concrètement, mais tout simplement comme un soulèvement populaire porté abstraitement à des dimensions monumentales — dans ces conditions, il doit, s'il veut que son œuvre soit vivante et artistique, chercher refuge dans la peinture de la joie animale ou de la cruauté aveugle.

Si les classiques du roman historique ont évité cette frénésie animale dans le plaisir et le tourment, et en ont été blâmés par les Taine et les Brandès, ce fut parce que leurs figurations pouvaient s'accomplir pleinement dans le monde des « médiations » historiques, dans le monde de ces déterminations qui présentent les êtres humains dans leurs plus hauts élans comme des enfants de leur temps. Le plaisir de la gloutonnerie, de l'ivrognerie et de la fornication et la détresse de ceux qui sont physiquement torturés subissent peu de changement dans l'histoire. Mais l'élan spirituel d'une Jeanie Deans de Scott, la constance inébranlable d'un Lorenzo et d'une Lucia de Manzoni sont rattachés par d'innombrables liens, souvent non perceptibles immédiatement à l'ici-et-maintenant d'une période historique déterminée. Et justement pour cette raison le rayon de leur influence personnelle est plus large et plus profond, plus durable et plus concret que celui de cette immédiateté abstraite du purement élémentaire.

Nous pensons donc que Romain Rolland sous-estime le hiatus dans l'œuvre de de Coster. Et cela à cause de l'enthousiasme compréhensible que lui inspire le fait qu'une sorte d'épopée nationale semble avoir réussi à un écrivain moderne. Il voit chez de Coster la voie qui conduit à partir du dualisme que lui-même a établi avec beaucoup de pénétration jusqu'à l'épopée.

> « L'individu s'était fait type. Le type se fait symbole ; il ne vieillit plus ; il n'a plus de corps et il le dit :
>
> « Je ne suis point corps, mais esprit... Esprit de Flandre, je ne mourrai point ». Il est le génie de la patrie. Et il part du livre en chantant sa sixième chanson, *mais nul ne sait où il chantera la dernière...* »

Ce patriotisme, cette foi inébranlable dans l'éternité de la Flandre plébéienne, est réellement impressionnant, réellement émouvant, chacun partagera ici l'enthousiasme de Romain Rolland. Mais l'expression littéraire de cette foi reste lyrique, reste l'émotion purement subjective de l'auteur et ne sert pas de base à la figuration d'un monde objectif, richement articulé, pleinement historique en soi ; elle ne devient pas épopée. D'un point de vue épique, cette émotion reste abstraite, précisément parce qu'elle est purement lyrique.

Le XIXe siècle a connu plusieurs tentatives de ce genre pour élever à la grandeur épique un monde conçu abstraitement, en le chargeant d'un lyrisme pathétique. Ceci est vrai de certains des représentants les plus importants du naturalisme. Mais le lyrisme pathétique de de Coster peut aussi peu compenser le manque de concrétude historique que celui de Zola le manque de concrétude sociale.

IV. Conrad Ferdinand Meyer et le nouveau type de roman historique

Le vrai représentant du roman historique dans cette période est Conrad Ferdinand Meyer, avec Gottfried Keller — également originaire de Suisse — un des plus importants conteurs réalistes de la période après 1848. Tous deux, certes d'une manière très différente, ont des liens plus puissants avec les traditions classiques de l'art narratif que la plupart de leurs contemporains allemands ; ils les surpassent donc de beaucoup en un réalisme qui saisit l'essentiel. Mais chez Meyer apparaissent déjà très fortement les traits idéologiques et artistiques du déclin du réalisme. Assurément, ce fait ne l'a pas empêché d'exercer une forte influence bien au-delà des frontières du domaine de la langue allemande. Au contraire, précisément parce qu'il a paru combiner, d'une manière hautement artistique, une harmonie classique de la forme avec une hypertrophie moderne de la sensibilité et du subjectivisme, une objectivité du ton historique, une modernisation très profonde de la vie affective des personnages, pour cette raison il est devenu le véritable classique du roman historique moderne.

Chez Meyer les tendances antagonistes de la nouvelle phase du développement se rassemblent sous une forme nouvelle. Cependant ses problèmes essentiels s'apparentent d'une manière frappante à ceux de Flaubert. Le fait est particulièrement intéressant parce que la situation historique concrète des deux écrivains et par conséquent leurs attitudes historiques concrètes à l'égard des problèmes de l'histoire ont été extrêmement différentes. L'expérience historique décisive de Flaubert est la Révolution de 1848 (dans *L'Éducation sentimentale* on voit clairement quel a été sur lui son effet). La grande expérience historique de Conrad Ferdinand Meyer est par contre la naissance de l'unité allemande, la lutte en sa faveur et le résultat qu'elle a obtenu, la réalisation de cette unité. Du fait que Meyer a été le contemporain de cette conclusion des luttes bourgeoises-démocratiques pour l'unité allemande et surtout le contemporain de la dégénérescence de ces luttes dans la capitulation de la bourgeoisie allemande devant la « monarchie bonapartiste » des Hohenzollern sous la conduite de Bismarck, cela rend sa thématique historique moins arbitraire que celle de Flaubert. Assurément, le contraste décoratif entre un passé « grandiose » et un présent minable joue aussi un grand rôle dans son œuvre et détermine sa forte prédilection pour la Renaissance. Mais même au sein de cette thématique, les luttes pour l'unification nationale, pour l'unité nationale, ont une importance qu'on ne saurait sous-estimer (*Jürg Jenatsch*, *La Tentation de Pescara*, etc.).

Cependant, pour la mise en valeur artistique de ces thèmes la place centrale que Meyer attribue à Bismarck dans cette évolution a une portée funeste. Meyer parle très franchement à ce sujet, en particulier par rapport à Jürg Jenatsch. Il se plaint dans une lettre que la ressemblance de son héros avec Bismarck ne soit « pas assez sensible » ; à un autre endroit : « et combien petit, malgré le meurtre et l'homicide, est le confédéré (Jenatsch, G. L.) vis-à-vis du prince ». Ce culte de Bismarck est en rapport très étroit avec le fait que Meyer, ainsi que les bourgeois allemands libéraux après la Révolution de 1848, ne considère plus l'établissement de l'unité nationale et la défense de l'indépendance nationale comme l'affaire du peuple, qui est menée à bonne fin par le peuple lui-même sous la conduite d' « individus mondialement historiques », mais comme une fatalité historique dont l'organe exécutif est quelque énigmatique « héros » solitaire, quelque énigmatique « génie » solitaire. Pescara, en particulier, est figuré de cette manière, comme un solitaire qui tient en main le sort de l'Italie, décide dans des ruminations solitaires si l'Italie doit être libérée du joug étranger et bien entendu décide négativement : « Est-ce que l'Italie mérite à cette heure la liberté et est-elle apte dans ses conditions présentes à la recevoir et la conserver ? Je pense que non », dit Pescara. Mais cette déclaration est simplement une expression de sa personnalité isolée, sans que soit figuré dans le roman un contact quelconque avec des mouvements populaires qui visent cet objectif ; il le dit dans des entretiens qui se déroulent exclusivement dans le cercle supérieur de diplomates, généraux, etc.

Assurément, on ne peut comparer sans plus le patricien suisse et les vulgaires partisans libéraux de Bismarck en Allemagne. Pourtant, la supériorité de Meyer sur ceux-ci est principalement une supériorité du goût, du sentiment moral, de la finesse psychologique, mais non pas des vues politiques ou d'une profonde solidarité avec le peuple. Quand donc Meyer figure ces problèmes de son temps en les projetant dans l'histoire, la transformation qu'il leur fait ainsi subir est purement esthétique, purement une question de goût ; il change les génies fatalistes qui sont censés faire l'histoire en décadents décoratifs et superbes. Sa supériorité esthétique et morale à l'égard de ses contemporains allemands signifie donc simplement qu'il introduit des problèmes moraux et des scrupules dans la conception idéologique bismarckienne de l'histoire considérée comme une question de force pure et simple. (Nous rappelons la position analogue de Jacob Burckhardt.)

L'idéologie abstraite de la force et de la mission mystique et fatale des « grands hommes » demeure inchangée chez Meyer et sans être soumise par lui à une critique. Il dit dans son roman sur Pescara : « Il croit seulement à la force et que l'unique devoir des grands hommes est d'atteindre leur plein développement avec les moyens et les tâches du temps. » Du fait de cette conception, les tâches se réduisent toujours davantage à des intrigues au sein de la couche supérieure et les problèmes historiques réels, dont ces hommes étaient en réalité les organes d'exécution, s'effacent dans une mesure croissante. Il est très caractéristique de l'évolution de Meyer que dans *Jürg Jenatsch* il y ait eu encore quelques rudiments d'une relation avec les objectifs réels de mouvements populaires, même si cette relation s'est concentrée pour Bismarck exclusivement dans la figure « géniale » du héros. Dans *Pescara* ces relations se sont déjà complètement effacées et les autres romans historiques sont encore bien plus éloignés de la vie historique du peuple; le dualisme entre les questions de force pure et simple et les ruminations morales subjectives apparaît encore plus exclusivement.

Cette conception des héros se rattache étroitement chez Meyer à une vue fataliste sur l'impossibilité de connaître les voies de l'histoire, à une mystique des « grands hommes » en tant qu'exécuteurs de la volonté fataliste d'une divinité inconnaissable. Dans son œuvre de jeunesse, lyrico-historique, sur le destin d'Ulrich von Hutten, il exprime très clairement cette vue :

> « Nous partons! Le tambour résonne! Le drapeau flotte!
> Je ne sais pas quel chemin prend l'expédition.
> Il suffit que le Seigneur de la guerre le sache —
> *A lui* le plan et le mot d'ordre! *A nous* le combat et la sueur. »

L'inconnaissabilité des voies et des fins du processus historique a son exacte contre-partie dans l'inconnaissabilité des individus qui agissent dans l'histoire. Ils ne sont pas temporairement isolés par suite de circonstances objectives ou subjectives définies, mais *foncièrement* solitaires.

Cette solitude se relie chez Meyer, comme chez presque tous les écrivains importants de cette époque, très profondément à sa vision générale du monde, à la conviction que l'homme et sa destinée sont foncièrement inconnaissables. La perte du sens réel de l'histoire, le manque de compréhension des interactions vivantes entre l'homme et la société, l'aveuglement par rapport au fait que, si l'homme est formé par la société, celle-ci est aussi un processus de sa propre vie intérieure, tout cela a pour conséquence immédiate de faire apparaître à l'écrivain les paroles et les actes de l'homme comme des masques impénétrables, derrière lesquels les motifs les plus divers peuvent être réellement agissants. Meyer a exprimé clairement à plusieurs reprises ce sentiment, avec le plus de relief dans la nouvelle : *Die Hochzeit des Mönchs* (*Les Noces du moine*). Dante y raconte une histoire où l'empereur Hohenstauffen Frédéric II et son chancelier Petrus de Vine apparaissent épisodiquement. A la question du tyran de Vérone, Cangrande, qui l'écoute, si lui, Dante, croit réellement que Frédéric a composé l'œuvre : *Des trois imposteurs*, Dante répond : « Non liquet » (ce n'est pas certain), et il répond de même à la question s'il croit à la traîtrise du chancelier. Cangrande lui reproche alors d'avoir représenté dans sa *Divine Comédie* Frédéric comme coupable et Petrus comme affirmant son innocence : « Tu ne crois pas à la faute et tu condamnes. Tu crois à la faute et tu disculpes. » Le Dante réel n'a sûrement pas connu de tels doutes. C'est Meyer seul qui en fait un agnostique à l'égard des gens. Ainsi les vêtements décoratifs de la Renaissance cachent ici l'agnosticisme et le nihilisme les plus modernes.

Selon toute apparence les reproches adressés à Dante par Cangrande renferment une certaine autocritique de Meyer. Mais ce n'est dans le meilleur des cas qu'un aspect de sa conception. Car Meyer a le sentiment que Dante a bien le droit de figurer à son idée, souverainement, l'histoire et les hommes que de son propre aveu il ne parvient pas à élucider complètement, d'autant plus que cette solitude, cette inconnaissabilité des hommes est aux yeux de Meyer un *mérite* : plus un homme est grand, plus est grande sa solitude, son inconnaissabilité.

Ce sentiment s'accentue toujours davantage au cours de l'évolution de Meyer et, de ce fait, ses héros acquièrent toujours davantage le caractère d'une solitude énigmatique ; ils deviennent de plus en plus excentriques dans leurs attitudes envers les événements de l'histoire dans lesquels ils font figure de héros. Déjà dans *Le Saint*, Meyer transforme la lutte de la royauté et de l'Église dans l'Angleterre médiévale en un problème psychologique de Thomas Beckett. Cette évolution est encore plus vigoureusement accomplie dans *Pescara*. Ce qui paraît être une action extrêmement dramatique, la question de savoir si le général Pescara se détachera des Espagnols et luttera pour la réunification de l'Italie, n'est plus dans le roman lui-même que l'apparence d'un conflit. Pescara erre dans ce roman comme un sphinx énigmatique, dont personne ne comprend les plans à longue portée. Mais pourquoi ? Parce que Pescara n'a pas de tels plans. Il est dangereusement malade et sait qu'il mourra bientôt, qu'il ne peut plus participer à une grande entreprise. Il dit lui-même : « Car aucun choix ne s'est jamais présenté à moi, j'étais en dehors des choses... Le nœud de mon existence est inextricable, elle (c'est-à-dire : la mort, G. L.) le tranchera. »

Nous voyons ici sous une autre forme un problème analogue à celui que nous avons observé chez Flaubert : l'aspiration à de grandes actions, liée à une incapacité personnelle et sociale de les accomplir dans la réalité, se trouve projetée dans le passé, dans l'espoir que cette impuissance sociale puisse perdre sa mesquinerie moderne sous le costume d'apparat de la Renaissance. Cependant cette projection dans une monumentalité apparente, qui est seulement une monumentalité des gestes pittoresques, derrière laquelle se dissimulent les ruminations tourmentées, décadentes du bourgeois moderne, produit dans le ton général de l'œuvre des notes aussi fausses et des sentiments et des expériences aussi déformés que chez Flaubert.

C'est ici en même temps la source réelle de la modernisation de l'histoire par Meyer. Comme Flaubert, il donne toujours un tableau exact des données extérieures de la vie historique, seulement il est plus concentré, plus décoratif et se disperse moins dans des détails naturalistes. On ne peut sûrement pas soulever contre Meyer les reproches que Brandès adresse à Walter Scott d'être naïf quand il aborde l'art plastique de son temps. Cependant *les conflits les plus intimes* de ses héros ne se développent pas à partir des conditions historiques réelles de la période historique donnée, de la vie populaire de cette période. Ce sont bien plutôt les conflits spécifiquement modernes de la passion et de la conscience dans un individu artificiellement isolé par la vie capitaliste, tout comme les conflits de Flaubert ont été des conflits du désir et de sa réalisation dans la société bourgeoise actuelle. Pour cette raison la psychologie du héros de Meyer — en dépit des gradations subtiles et de la figuration pittoresque des vêtements d'époque — est d'un bout à l'autre la même ou presque la même ; peu importe quel pays ou quelle époque il a choisis pour scène de l'action historique.

Meyer a vu assez clairement cette problématique de son art. Dans une lettre il écrit ce qui suit au sujet de ses intentions et de sa relation à la forme du roman historique : « Je me sers de la forme du court roman historique purement et simplement pour y exprimer mes expériences et mes sentiments personnels, je le préfère au « roman d'actualité » parce qu'il me procure un meilleur masque et met le lecteur à une plus grande distance. Ainsi, dans une forme très objective et éminemment artistique je suis essentiellement très individuel et subjectif. « Cette subjectivité de Meyer apparaît surtout dans le fait que ses héros sont davantage des spectateurs que des auteurs de leurs propres actes, que leur intérêt essentiel se concentre sur le scrupule moralo-métaphysique et des ruminations qui ont pour objet les « questions de force » qui se situent au premier plan.

A cause de cette attitude envers l'histoire, Meyer continue Vigny plutôt que Scott dans le roman historique, mais déjà il rend l'histoire moins historique. Vigny et les romantiques qui lui sont apparentés voient dans le roman historique le processus historique incorrectement, la tête à l'envers. Mais ils voient pourtant quelque chose du processus historique, même s'il est de leur propre construction — et construit d'une manière erronée. Et leurs « grands hommes » agissent au sein de ce processus historique. Chez Meyer, à part quelques tentatives et quelques survivances, c'est le processus historique lui-même qui a disparu, et avec lui disparaît l'homme en tant qu'acteur réel de l'histoire mondiale. Il est très intéressant de voir que dans le plan original de Meyer pour *Pescara* la maladie mortelle était absente. Il dit dans une conversation :

> « J'aurais pu le faire tout autrement et cela aurait eu ses charmes aussi : la blessure de Pescara n'était pas mortelle ; il est tenté, combat la tentation, la surmonte et la repousse. Puis, voyant la gratitude de la Maison de Habsbourg, il se repent. Il peut alors encore tomber dans la bataille devant Milan. »

On peut observer ici comment, même dans ce plan, l'élément psychologico-moral est prépondérant sur les motifs historico-politiques. Et ce n'est pas un hasard si Meyer au cours de son travail ultérieur approfondit sa matière précisément dans ce sens, donnant à son héros une « profondeur » irrationnelle, biologique. Au moyen de cette invention, Meyer produit d'une part l'atmosphère fataliste et mélancolique de son œuvre, d'autre part la solitude énigmatique de son héros. Il dit lui-même : « On ne sait pas ce que Pescara aurait fait sans sa blessure. »

Ainsi donc, en plaçant exclusivement des protagonistes de l'histoire au centre de ses romans historiques et en négligeant presque complètement la vie du peuple, les vastes forces réelles de l'histoire, Meyer a atteint un degré beaucoup plus avancé de la liquidation de l'histoire que les premiers romantiques. L'histoire est devenue pour lui quelque chose de purement irrationnel. Les grands hommes sont des figures excentriques et solitaires impliquées dans des événements dépourvus de sens qui se passent aussi au centre de leur personnalité. L'histoire est seulement un ensemble de tableaux décoratifs, de grands moments pathétiques, dans lesquels cette solitude et cette excentricité des héros de Meyer se donnent cours avec une force lyrico-psychologique souvent émouvante. Meyer est un écrivain important dans la mesure où il ne cache pas sa problématique avec l'art ; l'incapacité bourgeoise moderne de ses héros se fait jour continuellement à travers le costume historique. Mais c'est précisément cette honnêteté et cette rectitude artistiques qui brisent l'ingénieuse structure de ses œuvres. Continuellement, l'histoire qu'il figure se démasque chez lui comme étant un simple costume.

Pourtant, d'un point de vue formel la structure des œuvres de Meyer est d'une très haute qualité, extérieurement presque parfaite. Sa mise en valeur des possibilités décoratives de l'histoire ne conduit pas, comme chez Flaubert, à un excès dans la description des choses. Meyer, au contraire, dans ses descriptions est extraordinairement économe. Il concentre son action sur quelques scènes pathétiques et dramatiques et sa description des objets environnants est toujours subordonnée aux problèmes psychologiques des personnages figurés. Son modèle est la stricte concision de l'ancienne nouvelle. Mais cette concision sert chez lui à une double fin : à la fois à masquer décorativement et démasquer lyriquement l'introduction subjective de sentiments actuels dans l'histoire. Ses actions sont construites avec l'intention délibérée de souligner vigoureusement l'aspect énigmatique de ses héros. La forme du récit-cadre lui sert à faire en sorte que des événements conçus comme incompréhensibles et irrationnels apparaissent tels, et en particulier à souligner l'énigme impénétrable des figures principales.

Meyer se range déjà tout à fait consciemment dans la série de ces écrivains modernes pour qui le charme du récit ne consiste plus à élucider un événement apparemment incompréhensible, à élucider les plus profondes connexions de la vie, au moyen desquelles ce qui est apparemment incompréhensible peut-être saisi, mais consiste dans le mystère lui-même, dans la figuration de l' « abîme » irrationnel de l'existence humaine. Meyer, par exemple, fait raconter à un simple arbalétrier, qui naturellement ne peut rien comprendre à ses connexions profondes, le destin de Thomas Beckett. Cet homme relate des événements qui étaient « étonnants et inconcevables », non seulement pour des observateurs lointains, mais aussi pour les participants.

Par cette concentration rigoureuse, Meyer veut éviter de se disperser comme l'écrivain moderne dans l'analyse psychologique. Pourtant, il ne l'évite que d'une manière apparente, car le psychologisme des modernes n'est pas lié à l'analyse en tant que forme d'expression, mais il provient de la prise de position de l'écrivain au sujet d'une vie intérieure de ses personnages, qu'il croît être indépendante du cadre d'ensemble de la vie et soumise à ses propres lois. La concentration décorative de Meyer n'est pas moins imbue de psychologisme que les écrits de ceux de ses contemporains qui professaient ouvertement l'analyse psychologique. Seulement chez lui la discordance entre le spectacle décoratif, extérieur de l'histoire et la psychologie moderne des personnages est plus marqué.

Cette discordance est encore soulignée par le fait que Meyer, tout comme Flaubert, voit avec prédilection la grandeur des époques disparues dans les excès brutaux des hommes du passé. Gottfried Keller, son grand contemporain démocratique, qui avait une grande estime pour les efforts artistiques honnêtes de Meyer, raille à maintes reprises dans ses lettres cette prédilection passionnée du poète, personnellement très sensible, pour la cruauté et la brutalité dans ses récits.

Tous ces traits, comme chez Flaubert, expriment évidemment une opposition à la mesquinerie de la vie bourgeoise. Mais, à cause des circonstances socio-historiques différentes ils le font d'une manière tout à fait différente. Le refus par Flaubert de la vie bourgeoise moderne a des sources et des modes d'expression très romantiques, mais il est plein d'un radicalisme passionné. Meyer a bien plutôt la mélancolie languissante du bourgeois libéral, qui observe, en la refusant et sans la comprendre, l'évolution de sa propre classe dans le capitalisme qui se développe impétueusement, admirant en même temps avec timidité la puissance qui s'y manifeste.

La figuration par Meyer de protagonistes historiques est intéressante et très importante parce qu'elle fait apparaître d'une manière extraordinairement claire comment les aspirations autrefois démocratiques de la classe bourgeoise se transforment, même chez des écrivains honnêtes et très doués, en un libéralisme de compromis. Meyer éprouve une grande admiration pour les hommes et pour les théories de la Renaissance. Mais dans le vin généreux de cette admiration est toujours versée beaucoup d'eau libérale. Nous avons déjà vu comment la question de la « force en soi » se mêle à des ruminations moralo-psychologiques outrées. Ce mélange apparaît continuellement dans les romans de Meyer comme une aspiration au monde existant « au-delà du bien et du mal » de la Renaissance, mêlée à des restrictions et des atténuations libérales.

Ainsi, par exemple, dans le roman *Pescara* il est dit : « César Borgia, lui, a tenté le mal absolu. Mais... on peut seulement avoir recours au mal en petites portions et avec prudence, autrement il tue. » Ou encore Pescara dit lui-même, d'une manière très bismarckienne, de Machiavel : « Il y a des principes politiques qui sont sensés pour des esprits intelligents et des mains prudentes, mais qui deviennent corrompus et mauvais dès qu'une bouche téméraire les prononce ou qu'une plume coupable les écrit. » On le voit : l'enthousiame de Meyer pour la Renaissance n'a pas pour base la reconnaissance et l'approbation d'une période grande et insurpassée de progrès, comme ce fut le cas chez Gœthe et Stendhal, chez Heine et Engels. Son contemporain Burckhardt a joué un rôle décisif pour la populariser. Cependant, en dépit d'importantes découvertes particulières, c'est toujours un combat d'arrière-garde qu'il mène : les notions correctes sont souvent dissimulées par des insertions de problématique libérale. Chez Meyer cette tendance s'accentue en même temps qu'une conception formaliste et décorative de la Renaissance.

Car cette problématique conduit au culte libéral du héros dont Bismarck est l'objet. A l' « homme du destin » ce principe de l' « au-delà du bien et du mal » est permis, mais malheur au peuple s'il s'appropriait cette maxime. Derrière la conception de l'histoire de Meyer se tient sa vénération pour la « *Realpolitik* » bismarckienne, pour les manœuvres supérieures des sommités de la société, pour une forme de politique qui aux yeux des idéologues libéraux est devenue un « art », une « fin en soi ».

Le fait donc que la vie populaire ait virtuellement disparu de ces romans, que seules les couches supérieures artificiellement isolées agissent au premier plan, n'est un problème artistique qu'en apparence. Chez Vigny c'est une opposition romantico-réactionnaire contre le caractère populaire de la conception de l'histoire de Walter Scott, qui s'est exprimée ainsi. Chez Meyer, personnellement loin d'être aussi ouvertement réactionnaire, c'est le triomphe du libéralisme devenu national-libéral dans la bourgeoisie des pays de langue allemande, qui se montre ainsi. Le Suisse Meyer est suffisamment indépendant, socialement, et suffisamment honnête, personnellement et artistiquement, pour ne pas succomber entièrement aux excès apologétiques de la bourgeoisie nationale-libérale d'Allemagne. Il crée des œuvres d'art qui l'emportent à tous égards sur la production contemporaine de l'Allemagne, mais précisément pour cette raison la pénétration du nationalisme libéral avec son caractère étranger au peuple dans le roman historique est d'autant plus importante et d'autant plus funeste dans son cas.

Dans la plupart des œuvres de Meyer ce caractère étranger au peuple s'exprime directement : les événements historiques se déroulent exclusivement « en haut » ; le cours insondable de l'histoire se manifeste dans les actes de puissance politique et les scrupules moraux d'individus, qui sont complètement isolés et incompris même au sein de la couche supérieure. Mais là où le peuple apparaît quelque peu, il n'est qu'une masse amorphe, spontanée, aveugle et sauvage, le plus souvent comme de la cire dans les mains du héros solitaire (Jürg Jenatsch), qui la pétrit comme il lui plaît. Des personnages populaires figurés avec quelque indépendance et individualité n'expriment le plus souvent que le dévouement aveugle (l'arbalétrier dans *Le Saint*) ou l'enthousiasme aveugle (Leubelfing dans *Le Page de Gustave-Adolphe*) pour le grand héros historique.

Mais quand Meyer, très exceptionnellement, figure un destin populaire, même sous la forme d'un épisode, le contraste entre son mode nouveau de caractérisation et celui de la période classique du roman historique ressort avec une clarté particulière. Dans la nouvelle *Plautus im Nonnenkloster* (*Plaute dans le couvent*), l'histoire est celle d'une fille de paysans, brave et énergique, mais strictement liée par la foi catholique de son temps. Elle a fait un vœu de devenir nonne, qu'elle souhaite tenir en dépit de la résistance de tout son être, en dépit de son amour pour un jeune homme qu'elle aurait envie d'épouser. Dans le couvent, à la réception des novices on produit des « miracles » : la novice doit porter une lourde croix (avec une couronne d'épines sur sa tête). C'est seulement si elle ne s'effondre pas sous le poids qu'elle sera admise comme nonne. Selon la superstition, la Sainte Vierge l'assiste ; en fait la novice reçoit sur le dos une croix extérieurement similaire, en réalité tout à fait légère. Poggio, le narrateur de cette histoire, réussit à travers diverses circonstances de l'action principale à révéler la supercherie à la jeune fille. Gertrude choisit alors la croix réellement lourde, pour mettre vraiment à l'épreuve le fait de savoir si la Sainte Vierge veut réellement l'avoir pour nonne. Après des efforts héroïques, elle s'effondre, et elle peut désormais devenir l'heureuse épouse de son bien-aimé.

Mais comment Poggio — et avec lui sans doute C. F. Meyer — réagit-il à cela ? Poggio raconte : « Ainsi fit-elle et calmement elle descendit de degré en degré, rayonnante de joie, de nouveau la simple paysanne, qui, maintenant que son modeste souhait personnel a été exaucé et qu'elle a été autorisée à revenir à la vie quotidienne, oubliera sans doute bien vite et volontiers le spectacle émouvant qu'elle avait donné à la foule dans son désespoir. Un bref moment, la paysanne s'était tenue devant mes sens excités comme l'incarnation d'un être supérieur, comme une créature démonique, comme la vérité détruisant l'illusion avec allégresse. Mais qu'est-ce que la vérité ? demandait Pilate. »

Nous avons cité ce passage en entier, car si l'on compare l'histoire de Gertrude avec celle de Dorothée de Gœthe ou Jeanie Deans de Scott, le contraste entre les deux périodes est vivement marqué. En même temps cette comparaison dévoile les fondements sociaux et humains de ce nouveau type du roman historique. Nous sommes obligés de nous limiter ici aux traits les plus essentiels du contraste. Tout d'abord, chez Meyer la façon dont se manifeste la bravoure de sa jeune paysanne a quelque chose d'excentrique et de décoratif. Il ne s'agit pas d'un vaste déploiement de ses qualités humaines importantes, mais seulement d'un acte unique et bref où l'emporte d'une part l'effort physique, d'autre part l'élément pittoresque (croix et couronne d'épines). En second lieu, Meyer considère le moment héroïque en l'isolant de la vie, voire dans une opposition exclusive à la vie elle-même. Le retour à la vie quotidienne n'est pas, comme chez Gœthe et Scott, un vaste destin épique, il ne suggère pas que des forces analogues sommeillent en d'innombrables gens issus du peuple, qui, pour des raisons personnelles ou historiques, n'ont pas été libérées et mises à l'épreuve, mais il est déterminé par l'antithèse entre le « démonique » et le « quotidien ». C'est pourquoi le retour à la vie quotidienne est une véritable annulation de l' « instant héroïque », tandis que chez Gœthe et Scott l'héroïsme est « conservé » dans le double sens dialectique.

Meyer s'avère être un artiste important au milieu du déclin qui commence en figurant une héroïne absolument normale et non pas, comme l'auraient fait Huysmans, Wilde ou d'Annunzio, une créature hystérique, réellement « démoniaque ». Mais il est déjà suffisamment contaminé par la décadence pour déplorer son propre point de vue juste avec une certaine mélancolie sceptique.

Ce type de sensibilité révèle l'esprit de l'époque. Les héros de Meyer se mettent sur la pointe des pieds, en un sens intellectuel et moral, pour paraître aux autres et surtout à eux-mêmes plus grands qu'ils ne sont, pour faire croire aux autres et à eux-mêmes qu'ils possèdent toujours cette grandeur qu'ils ont atteinte ou du moins rêvé d'atteindre à des moments particuliers de leur vie. Le costume historique décoratif sert à cacher cette posture sur la pointe des pieds.

Il est évident que cette faiblesse intérieure associée à l'aspiration maladive à la grandeur est due au fait de s'être détaché de la vie populaire. La vie quotidienne du peuple apparaît comme de la prose insipide, dégradante et rien de plus. Aucun élan historique n'est plus lié organiquement à cette vie. Le héros est, comme dit Burckhardt, « ce que nous ne sommes pas ».

La bourgeoisie allemande est devenue nationale-libérale ; elle a trahi la révolution bourgeoise-démocratique de 1848 et a plus tard, avec toujours moins de réserves, choisi la voie bismarckienne vers l'unité allemande. Dans la littérature allemande du temps cette voie de développement prend la forme idéologiquement de la pure apologétique et artistiquement du déclin complet des traditions classiques et de l'assimilation la plus superficielle à un réalisme européen occidental de seconde classe.

Quelle que soit la supériorité esthétique et éthique de Meyer par rapport à ces bourgeois allemands, qui de 1848 à 1870 ont évolué de démocrates en nationaux-libéraux et si complexes que soient les rapports entre l'évolution de son art et cette voie socio-historique de la classe, il reflète précisément ce processus dans les problèmes psychiques et artistiques les plus intimes de l'œuvre de sa vie. Ses personnages de la Renaissance donnent un reflet artistique de cette irrésolution et de cette pusillanimité libérales. Ses héros « solitaires » comportent des traits typiques du déclin de la démocratie allemande.

V. Les tendances générales de la décadence et la constitution du roman historique en tant que genre particulier

Dans les œuvres de Conrad Ferdinand Meyer le roman historique se constitue en tant que genre particulier. C'est là son importance décisive pour l'évolution littéraire. Certes Flaubert aussi a souligné le caractère particulier du roman historique et souhaité « appliquer » les méthodes du nouveau réalisme dans le domaine de l'histoire, voyant ainsi dans l'histoire un domaine particulier. Mais Meyer est le seul écrivain réellement important de cette période de transition qui concentre toute l'œuvre de sa vie sur le roman historique et qui conçoit une méthode particulière pour ce travail. On voit déjà avec évidence d'après nos considérations antérieures combien était grande la différence entre cette façon d'aborder l'histoire et celle de l'ancien roman historique. Chez Walter Scott une manière nouvelle, historique, de voir la société est née de la vie même. Ses thèmes historiques ont résulté organiquement, en quelque sorte par eux-mêmes, de la naissance, la diffusion et l'approfondissement du sentiment historique. Les thèmes de Walter Scott expriment seulement ce sentiment, le sentiment qu'une compréhension réelle des problèmes de la société contemporaine ne peut naître que de la compréhension de la préhistoire et de la genèse de cette société. C'est pourquoi ce roman historique, en tant qu'expression artistique d'une attitude historisante envers la vie, d'une compréhension historique croissante des problèmes de la société contemporaine a nécessairement conduit, comme nous l'avons vu, à une forme supérieure du roman d'actualité chez Balzac et aussi chez Tolstoï.

Dans cette période la situation est toute différente. Nous avons entendu les explications à la fois de Flaubert et de Meyer au sujet des motifs qui les ont amenés à traiter des sujets historiques. Nous avons vu que dans les deux cas ces motifs n'ont pas résulté d'une compréhension du rapport entre l'histoire et le présent, mais au contraire de la répudiation du présent, qui, bien que compréhensible et justifiée d'un point de vue humain et moral, humaniste et esthétique, se réduit toutefois chez ces deux écrivains à une forme subjectiviste, esthético-morale de répudiation. La représentation de sujets historiques est seulement pour ces deux écrivains une question de costume et de décor, seulement un moyen d'exprimer leur subjectivité plus adéquatement que — selon eux — ne le permettrait un sujet contemporain.

Nous ne voulons pas nous attarder sur l'auto-illusion dans laquelle tombent les porte-paroles littéraires de cette conception en ce qui concerne leur propre production ; nous en parlerons plus tard. Ce qui est important, c'est que cette façon d'aborder les sujets historiques exprime d'une part une attitude générale de toute l'époque envers la vie et d'autre part entraîne nécessairement un *appauvrissement* du monde figuré. Car qu'est-ce qui a rendu attirants les sujets historiques pour Walter Scott et ses successeurs importants ? La reconnaissance du fait que ces problèmes dont ils ont observé l'importance dans la société contemporaine ont agi dans le passé sous une forme différente, spécifique ; que l'histoire par conséquent, en tant que préhistoire objective du présent, est quelque chose qui n'est pas étranger et incompréhensible à l'esprit humain.

Mais pour les écrivains modernes c'est précisément le caractère étranger de l'histoire qui est attirant. Le sociologue et esthéticien bien connu, Guyau, a parlé de ce rapport d'une manière extrêmement claire et sans équivoque, Il dit :

« Il y a divers moyens d'échapper au *trivial*, d'embellir pour nous la réalité sans la fausser ; et ces moyens constituent une sorte d'idéalisme à la disposition du naturalisme même. Ils consistent surtout à éloigner les choses ou les événements soit dans le temps, soit dans l'espace... L'art doit imiter le souvenir ; son but doit être d'exercer comme lui l'imagination et la sensibilité, en économisant leurs forces... Au fond la poésie de l'art se ramène en partie à ce qu'on appelle « la poésie du souvenir », l'imagination ne fait que travailler sur le fonds d'images fourni à chacun de nous par la mémoire. »

Il est très intéressant que Guyau ne fasse pas de différence entre l'éloignement temporel ou spatial du sujet artistique. L'essentiel pour lui c'est l'effet embellissant qui résulte de ce qui est pittoresque, inaccoutumé, exotique. Or si l'on considère, par exemple, la littérature française de cette époque, on y voit une véritable orgie de thèmes exotiques. A côté de l'Orient, l'Hellénisme, le Moyen Age (poèmes de Leconte de Lisle), nous trouvons la Rome de la décadence (Bouilhet), Carthage, l'Égypte, la Judée (Flaubert), les temps primitifs (Bouilhet), l'Espagne, la Russie (Gautier), l'Amérique du Sud (Leconte de Lisle, Hérédia) ; à la même époque, les frères Goncourt introduisent la mode du japonisme, etc. En Allemagne on a par analogie la Renaissance de Meyer, les thèmes variés mais surtout exotiques de Hebbel et Richard Wagner et parmi le menu fretin : l'Égypte d'Ebers, les Grandes Invasions de Dahn, etc.

Un courant littéraire de cette sorte, qui embrasse des écrivains d'orientation et d'importance les plus diverses, a des racines profondes dans la vie du présent. Déjà le romantisme a protesté contre la laideur de la vie capitaliste en se réfugiant dans le Moyen Age. Mais cette protestation avait encore un contenu politico-social assez clair, bien que réactionnaire. Les écrivains qui protestent maintenant sous la forme de thèmes exotiques n'ont qu'exceptionnellement ces illusions réactionnaires. Leur expérience principale, en particulier celle des écrivains français, qui créent dans les conditions d'un capitalisme plus avancé et d'une lutte des classes plus vive que les Allemands, est un dégoût universel, une désillusion infinie et sans objet visible de la vie. S'ils aspirent à partir, le fait de « partir » est plus important que le lieu « où » partir. Le passé n'est plus la préhistoire objective de l'évolution sociale de l'humanité, mais la beauté innocente et à jamais perdue de l'enfance, vers laquelle se tourne passionnément mais en vain l'aspiration désespérée et irréalisable d'une vie gaspillée. Ce sentiment s'exprime avec le plus de vigueur dans la strophe suivante de Baudelaire (*Moesta et Errabunda*) :

> « Emporte-moi, wagon! enlève-moi, frégate!
> Loin! Loin! ici la boue est faite de nos pleurs!...
> — Mais le vert paradis des amours enfantines,
> L'innocent paradis, plein de plaisirs furtifs,
> Est-il déjà plus loin que l'Inde et que la Chine?
> Peut-on le rappeler avec des cris plaintifs,
> Et l'animer encore d'une voix argentine,
> L'innocent paradis, plein de plaisirs furtifs?

L'éloignement n'est donc plus quelque chose d'historiquement concret, pas même dans le sens utopiquement réactionnaire des Romantiques antérieurs. L'éloignement est simplement la négation du présent, une différence abstraite de nature de la vie, quelque chose de perdu à jamais, qui tient sa substance poétique précisément de cette imprégnation de souvenir et d'ardente aspiration — donc de sources purement subjectives. Et le but de la grande exactitude archéologique, de la précision nerveuse dans l'étude approfondie du détail d'un monde exotique éloigné dans l'espace ou dans le temps, comme nous l'avons vu en particulier chez Flaubert, n'est pas de scruter la nature socio-historique de ce monde, mais d'obtenir un effet pittoresque. Certes l'exactitude est censée garantir la réalité objective-artistique du monde figuré, mais puisque la vie intérieure de ce monde dépend seulement de l'aspiration et du désespoir subjectifs, très modernes et très européens de l'écrivain, l'exactitude archéologique reste même chez les écrivains les plus importants simplement le décor d'une scène, sur laquelle se déroulent des destinées humaines qui n'ont intérieurement rien de commun avec ces objets exotiques exactement décrits.

Mais si anti-bourgeois de tendance que puissent être cette aspiration et ce désespoir dans leur contenu immédiat, ils sont pourtant très profondément bourgeois dans leur fond. Ils expriment les sentiments des meilleurs représentants de la classe bourgeoise d'alors, qui étaient pourtant incapables de s'élever au-dessus de l'horizon de leur classe dont le déclin commençait. En dépit de la vive opposition de Flaubert ou de Baudelaire, par exemple, à la bourgeoisie de leur temps, en dépit du violent désaveu dont leurs œuvres firent l'objet à leur apparition, le facteur socialement identique qui les rattache à leur classe reste néanmoins prépondérant. C'est pourquoi leurs œuvres ont triomphé avec le temps du désaveu indigné de leurs contemporains et eux-mêmes ont été reconnus comme des écrivains qui ont donné expression aux thèmes essentiels de leur époque.

La contradiction, qui semble dominer ici, existe seulement pour la sociologie vulgaire. Marx lui-même a défini très clairement et précisément cette relation entre écrivain et classe : « On doit tout aussi peu s'imaginer que les représentants démocratiques sont maintenant tous des boutiquiers ou qu'ils s'enthousiasment pour ceux-ci. Selon leur formation et leur position individuelle, ils en sont aux antipodes. Ce qui en fait des représentants de la petite bourgeoisie c'est que dans leur esprit ils ne dépassent pas les limites que cette dernière ne dépasse pas dans la vie, qu'ils sont par conséquent poussés, théoriquement, vers les mêmes problèmes et les mêmes solutions auxquels l'intérêt matériel et la position sociale poussent pratiquement cette dernière. C'est en général le rapport entre *les représentants politiques et littéraires* d'une classe et la classe qu'ils représentent. »

Cette relation entre les représentants importants de la thématique historique (exotique) de cette période et leur classe s'exprime en particulier dans la question déjà traitée par nous du remplacement de la grandeur historique réelle par la cruauté et la brutalité. Nous avons déjà indiqué le fait paradoxal par lequel des écrivains esthétiquement et moralement sublimes et sensibles tels que Flaubert et Meyer ont été poussés à cette cruauté et cette brutalité dans leurs ouvrages. Nous avons également montré que ce changement d'attitude devait résulter inévitablement de la perte d'une relation intérieure avec l'histoire, qu'elle se rattache très étroitement à l'attitude générale de la période de déclin qui ne voit plus dans les faits historiques les actes et les souffrances du peuple lui-même, ni dans les « individus mondialement historiques » des représentants de courants populaires. Il nous suffit ici de mentionner brièvement le rapport entre ces attitudes et les expériences inconscientes de larges masses bourgeoises et petites bourgeoises, afin que nous puissions nous rendre compte clairement du fait que si ces écrivains s'élèvent humainement et intellectuellement bien au-dessus de la masse de leurs contemporains, ils n'ont toutefois donné une expression artistique qu'aux sentiments cachés, déformés et désavoués de ceux-ci. Baudelaire encore a exprimé l'attitude du bourgeois moyen ou du petit bourgeois de cette période qui assimilait la grandeur aux excès brutaux, sous une forme exceptionnellement claire et artistiquement remarquable (dans : *Au Lecteur*) :

> Si le viol, le poison, le poignard, l'incendie,
> N'ont pas encore brodé de leurs plaisants dessins
> Le canevas banal de nos piteux destins,
> C'est que notre âme, hélas! n'est pas assez hardie.

Dans sa préface aux *Fleurs du Mal* Théophile Gautier donne un exposé extrêmement intéressant et caractéristique de ce passage. Il parle du grand monstre moderne de l'ennui « qui, avec sa lâcheté bourgeoise, rêve platement les félicités et les débauches romaines, Néron bureaucrate, Héliogabale boutiquier ».

Des écrivains modernes importants et déjà plus conscients de ces rapports ont figuré la relation vivante entre des idéologies de ce genre et les fondements de la vie bourgeoise. Qu'on songe à la figure inoubliable du Professeur Unrat de Heinrich Mann, qu'on songe comment Heinrich Mann dans son *Untertan* a dégagé les traits communs entre les bourgeois impérialistes atteints de mégalomanie de la période wilhelmienne et la monumentalité décorative de l'art wagnérien, où Lohengrin de Wagner apparaît comme l'idéal intime du capitaliste Hessling.

Ce rapport nous permet de comprendre la place particulière de la matière historique dans le cadre de la tendance générale à l'exotisme. Nous avons entendu les arguments qui pour Meyer ont déterminé la supériorité du roman historique sur les thèmes d'actualité. Le biographe et critique de Meyer, F. Baumgarten, a donné un très intéressant commentaire au sujet de cette attitude de Meyer à l'égard de la matière historique, concrétisant à maint égard à la fois la conception de Meyer et la théorie générale de l'exotisme par Guyau. Baumgarten dit à propos de l'écrivain qui traite du présent : « Sa matière est dépourvue de destinée, elle exige la main formatrice de l'écrivain pour devenir une destinée. L'*écrivain historique* a déjà dans son modèle une destinée, que forme l'interaction du caractère et du milieu ambiant. » Baumgarten ne comprend rien aux rapports historiques qui ont engendré une conception comme celle de Meyer et la sienne. Dans les forces que le roman historique est censé figurer il voit — sous une forme Rickert-cum-Meinecke — seulement des idées, seulement quelque chose d'introduit par nous dans la matière historique. A cause précisément de ce subjectivisme, son contraste entre l'histoire et le présent reste rigide et exclusif. Un personnage du présent ne peut être figuré —« parce que les formes de construction, qui rendent visible seulement un processus historique achevé, ne sont pas encore discernées, connues et établies pour le présent ».

Nous avons cité en détail ce commentaire parce qu'ici l'incompréhension du présent, l'inconnaissabilité essentielle du présent apparaît comme la base pour traiter des sujets historiques. Le passé, l'histoire, par conséquent, n'a pas de rapport organique avec le présent ; à cet égard c'est bien plutôt son rigide pôle opposé. Le présent est obscur, le passé montre des contours nets. Que ces contours n'appartiennent pas en fait au passé comme tel, mais soient des apports du sujet (les philosophes diraient, bien entendu, « le sujet connaissant »), cela ne change rien à cette opposition, puisque selon la conception de tels penseurs et écrivains toute application de ce genre des catégories de la pensée au présent est pratiquement impossible. La conception philosophique qui prévaut généralement, que le monde extérieur est inconnaissable, prend un relief accentué et qualitativement nouveau, si on l'étend à la connaissabilité du présent. L'idéalisation philosophique et artistique de la perplexité, du fait d'esquiver les problèmes fondamentaux, et de mettre au même niveau l'essentiel et le non-essentiel, etc., affecte profondément tous les problèmes de la figuration et influence aussi, en tant que manière prépondérante d'aborder toutes les questions, les problèmes de forme.

On peut voir très clairement la portée et la permanence de ces tendances au subjectivisme de la conception de l'histoire dans les remarques de l'important écrivain antifasciste et militant humaniste Lion Feuchtwanger au Congrès de Paris pour la défense de la culture. Feuchtwanger dans les tendances essentielles de son art se tient — comme nous le verrons dans le prochain chapitre — loin des œuvres purement descriptives de la période que nous venons d'analyser et dans un certain sens il forme même un *contraste* avec elles. Néanmoins ses arguments théoriques en faveur du roman historique sont influencés par les principales philosophies réactionnaires de la période de déclin, en particulier Nietzsche, mais aussi Croce, et sont pleines de ce même esprit de subjectivisme à l'égard de la matière historique.

Feuchtwanger compare les sujets contemporains et les sujets historiques du point de vue de leur qualification pour exprimer les idées de l'écrivain, et il expose : « Si je me sens incité à revêtir un sujet contemporain d'un costume historique, des causes négatives et positives viennent en jeu. Parfois je ne réussis pas à alambiquer certaines parties de mon intrigue comme je le souhaiterais : laissées en costume contemporain, elles restent matière brute, relation, réflexion, idée, elles ne forment pas un tableau. Ou bien, si j'utilise un milieu contemporain, j'ai le sentiment qu'il manque une conclusion. Les choses sont encore en flux, il est toujours arbitraire de supposer qu'une évolution contemporaine soit achevée et dans quelle mesure elle l'est ; tout point final que l'on met est hasardeux. En représentant des circonstances contemporaines je me sens gêné par le manque de cadre ; c'est un parfum qui s'évapore parce qu'on ne peut fermer la bouteille. En outre notre époque trépidante change très rapidement en histoire tout fait d'actualité, et si le milieu d'aujourd'hui sera déjà historique dans cinq ans, pourquoi ne pourrais-je pas aussi bien choisir un milieu qui se situe aussi loin en arrière qu'il me plaît, si je veux exprimer un thème dont j'espère qu'il sera encore vivant dans cinq ans ? »

On voit que Feuchtwanger répète ici bien des arguments que nous avons rencontrés dans les écrits des théoriciens et des écrivains importants de cette période. C'est un fait commun à toutes ces théories de concevoir aussi bien l'histoire que le présent comme des ensembles morts de faits qui n'ont en propre aucun mouvement de vie, ne possèdent aucun esprit propre, aucune âme propre, mais sont seulement animés de l'extérieur, par l'écrivain. Par contre les expériences propres des écrivains ne leur apparaissent liées à aucune époque. Ils croient que les manifestations spatiales et temporelles des sentiments humains et des idées concernent exclusivement l'extérieur de ces sentiments et de ces idées, n'en sont que le costume, tandis que ces sentiments et ces idées eux-mêmes se tiennent en dehors du cours de l'histoire et par conséquent peuvent être transférés en avant ou en arrière dans l'époque qu'on veut, sans subir de modifications essentielles. Le choix de thèmes historiques sur la base de cette manière de voir est, disons, dans le cas de Conrad Ferdinand Meyer, purement une question de choix artistique : on choisit les périodes de l'histoire où la figuration décorative de ces sentiments peut être la plus parfaitement adaptée aux intentions subjectives de l'écrivain.

Des faits inertes et, en rapport avec eux, de l'arbitraire subjectif dans leur traitement déterminent les principes artistiques du roman historique dans la période de déclin du réalisme bourgeois. Bien entendu, toutes les fausses théories du roman historique se développent sur cette base et trouvent un soutien dans la pratique des écrivains importants de cette période de déclin. La différence par rapport au type classique du roman historique est ou bien, comme chez Taine et Brandès, une raison pour le désavouer, ou bien complètement effacée. Sur cette base naissent également les théories de la sociologie vulgaire au sujet du traitement littéraire de l'histoire, dont la base est pour nous le caractère objectivement étranger et incompréhensible de l'histoire et qui, par conséquent, voient dans le traitement artistique de l'histoire une pure « introjection » (au sens de Mach et Avenarius).

Dans le débat sur le roman historique en 1934 en Union Soviétique on a avancé des conceptions de sociologie vulgaire, dont le contenu essentiel consistait à séparer entièrement l'histoire du présent. Une tendance considérait le roman historique comme une « science des rudiments », et ne voyait donc dans l'histoire rien qui pût avoir une influence vivante sur le présent. Cette conception, qui correspond entièrement à l'esthétique de la sociologie vulgaire, à savoir la conception que la société sans classes n'a plus rien à voir avec les produits littéraires de l'évolution antérieure faisait du roman historique un ramassis de « rudiments » que l'écrivain peut grouper et « animer » à volonté. L'autre tendance posait deux types de roman historique, qui ensemble reflètent exactement la dualité des faits inertes et des introjections subjectives. L'un de ces types est le roman historique proprement dit, dans lequel la représentation d'une époque passée est immanente. A défaut de cette immanence parfaite, ce qu'on obtient, selon cette « théorie », c'est un « roman contemporain » sur un thème historique, c'est-à-dire la pure introjection. Dans le premier cas, nous avons de nouveau devant nous l'histoire qui ne nous concerne pas, dans le second cas nous avons nos propres idées et sentiments sous un costume qui n'a rien de commun avec les événements historiques du passé représenté. Les deux « théories », par conséquent, sont des bâtards de la décadence bourgeoise et de la sociologie vulgaire. Il s'agit toujours ici du fait que ces théories, qui ont pris naissance quand la démocratie révolutionnaire a dégénéré en libéralisme national, ont été introduites en contrebande dans le marxisme par la sociologie vulgaire comme des conquêtes nouvelles du progrès. Qu'on songe seulement à la glorification non critique dont les théories littéraires de Taine ont fait l'objet de la part de la sociologie vulgaire.

Pour le problème qui nous occupe, le fait le plus important est la transformation de la démocratie bourgeoise révolutionnaire et progressiste en un libéralisme pusillanime, enclin au compromis et devenant toujours plus réactionnaire. Car nous avons pu voir, en analysant des écrivains importants, sincères et éminents comme Flaubert et C. F. Meyer, que la question centrale de la crise du réalisme dans le roman historique consistait précisément dans cet éloignement de la vie populaire et de ses forces vivantes, donc dans le fait de se détourner du peuple au point de vue artistique, tout comme cela se produisait durant cette période dans la bourgeoisie même au point de vue politique et social. Et nous pouvons voir chez des écrivains honnêtement démocratiques comme Erckmann-Chatrian et aussi chez de Coster qui est bien plus important, comment ces courants sociaux et intellectuels de l'époque ont limité à une forme abstraite leurs sentiments populaires et en partie appauvri, en partie stylisé leur expression littéraire.

La grande culture bourgeoise du XVIIIe siècle, dont le réalisme a connu un dernier épanouissement dans la première moitié du XIXe siècle, a son fondement social dans le fait que la bourgeoisie était objectivement encore à la tête de toutes les forces progressistes de la société visant à la destruction et à la liquidation du féodalisme. Le pathétique de cette vocation historique a donné aux représentants idéologiques importants de la classe le courage et l'élan pour soulever tous les problèmes de la vie populaire, s'immerger profondément dans la vie populaire et, saisissant en profondeur les forces et les conflits qui y sont à l'œuvre, soutenir littérairement la cause du progrès humain même là où le fait de soulever et de résoudre des problèmes contredit les intérêts plus étroits de la bourgeoisie.

Le tournant vers le libéralisme manifeste que ce lien est rompu. Le libéralisme est désormais l'idéologie des intérêts de classe étroits et limités de la bourgeoisie. Ce rétrécissement existe même dans des cas où le contenu de ce qui est représenté semble être resté le même. Car c'est une chose que les grands représentants de l'économie bourgeoise aient soutenu les droits de l'économie capitaliste en tant que progrès historique par rapport aux sujétions corporatives, au particularisme territorial, etc., et c'en est une autre ce que le libre-échange vulgaire des gens de Manchester a propagé dans la seconde moitié du XIXe siècle.

L'étroitesse qui résulte de ce divorce avec le peuple est liée à une hypocrisie croissante de la part des représentants politiques de la bourgeoisie de cette époque et de ses tâcherons idéologiques dans les domaines de l'économie, de la philosophie, etc. Extérieurement en effet, la bourgeoisie est censée faire toujours figure de guide du progrès, de représentante et de championne de la nation dans son ensemble. Mais puisque les intérêts représentés sont en fait les intérêts de classe, étroits et égoïstes, de la bourgeoisie, une telle « extension » ne peut s'accomplir qu'au moyen de l'hypocrisie, du maquillage, des mensonges et de la démagogie. En outre, le fait pour les libéraux de se détourner du peuple a ses racines dans la crainte du prolétariat, de la révolution prolétarienne. L'aliénation par rapport au peuple se change continuellement en hostilité contre le peuple. Et, dans le rapport le plus étroit avec cette évolution, le libéralisme est enclin continuellement à de lâches compromis avec les forces survivantes de l'absolutisme féodal, à une lâche capitulation devant elles. L'idéologie de cet esprit de capitulation trouve alors son expression dans la théorie de la *Realpolitik*, une théorie qui, dans une mesure croissante, non seulement liquide idéologiquement les vieilles et glorieuses traditions révolutionnaires de la bourgeoisie, mais les tourne carrément en dérision comme abstraction, « absence de maturité », « enfantillage » (attitude de l'historiographie libérale allemande à propos de 1848).

Nous avons indiqué à plusieurs reprises l'énorme distance qui sépare des écrivains importants comme Flaubert ou Meyer de la bourgeoisie libérale et de ses intellectuels (pour ne pas parler du tout des écrivains populaires démocratiques). Certes, aucun écrivain de cette période n'a dépeint la bassesse, la stupidité et la corruption de la classe bourgeoise avec une satire plus mordante que Flaubert. Et même le retour en arrière au moyen de l'histoire est chez Flaubert tout comme chez Meyer une protestation contre cette bassesse et cette petitesse, contre cette stupidité et cette infamie de la classe bourgeoise de leur temps.

Mais, parce que cette opposition est abstraite, Flaubert et Meyer restent prisonniers de leur période, avec ses limitations et l'étroitesse de son horizon socio-historique. Sans doute, l'arme de la satire, la mise en contraste passionnément romantique du passé et du présent empêche ces écrivains de devenir les apologistes de la bourgeoisie libérale, donne à leur œuvre une importance et un intérêt littéraires, mais elle ne les aide pas à échapper à la malédiction d'être étrangers au peuple. Quels que puissent être leur refus ou leur critique des conséquences idéologiques de cette situation historique — et telle est leur attitude —, les faits socio-historiques eux-mêmes, dont ils combattent les conséquences idéologiques, se trouvent inévitablement reflétés dans le contenu et la forme de leurs œuvres.

Leurs problèmes artistiques, leurs thèmes et leur mode de présentation restent déterminés par cette aliénation à l'égard du peuple. Le fait que dans les romans historiques de cette période, même dans les plus importants, les relations de l'individu avec la vie publique soient ou bien privées et tout à fait apolitiques, ou bien se limitent à la *Realpolitik* de manœuvres intrigantes au sein de la couche supérieure de la société, ce fait est un net reflet de ces modifications fondamentales dans la vie sociale de la classe bourgeoise, dont l'expression politique a été justement le libéralisme. Même le mépris le plus passionné de Flaubert pour la bourgeoisie libérale de son temps ne peut nullement abolir son assujettissement artistique aux tendances décadentes de la classe bourgeoise.

Ainsi le nouveau roman historique *en tant que genre spécifique* est issu des faiblesses idéologiques d'un déclin naissant, de l'inaptitude même des écrivains les plus importants de cette période à reconnaître les racines sociales réelles de cette évolution et à les combattre réellement et fondamentalement. Nous avons déjà montré dans des analyses individuelles toutes les faiblesses artistiques particulières de ce type de roman historique qui dérivent de cette faiblesse fondamentale. Il serait erroné cependant de croire que ces faiblesses se limitaient exclusivement au roman historique. Nous avons déjà montré comment chez Flaubert la substitution d'atrocités et de brutalités aux véritables sommets de la vie sociale anticipe « prophétiquement » le roman social de Zola. En réalité, bien entendu, ce qui se cache derrière ce courant littéraire très général, touchant même les écrivains humainement les plus raffinés, c'est un renouveau de sauvagerie et de brutalité dans les sentiments humains qui devient prédominant avec la victoire finale de la bourgeoisie dans la société. De même le transfert des thèmes sociaux au monde d' « en haut » n'est pas limité au roman historique, bien qu'il apparaisse ici plus tôt et d'une manière plus décisive qu'ailleurs. Quand Edmond de Goncourt se met à dépeindre les classes supérieures de la société, il proclame qu'il s'agit d'une phase plus élevée du naturalisme. Et dans les courants qui prennent la relève du naturalisme cette tendance devient prédominante. Bien entendu, le fait qu'un courant historique soit général ne signifie pas non plus ici qu'il soit exclusif, et absolument pas qu'il ait un effet uniforme sur l'œuvre créatrice de tous les écrivains qui sont actifs pendant cette période. Cependant, étant données les racines profondes de ces tendances littéraires dans la nature sociale du capitalisme avancé et à plus forte raison de l'impérialisme, l'opposition des écrivains contre ces tendances sociales doit aller très loin pour rendre possible une lutte artistique couronnée de succès contre leurs manifestations littéraires. (Mais qu'une telle lutte soit possible, c'est ce que montre la littérature internationale en maints exemples depuis Gottfried Keller jusqu'à Romain Rolland en passant par Anatole France.)

Nous voyons par conséquent qu'aucune question particulière du roman historique ne peut être traitée isolément sans que soit déformée complètement la continuité historique et sociale du développement littéraire. De quel droit alors parle-t-on du roman historique en tant que genre particulier ? La théorie du genre de l'esthétique bourgeoise ultérieure, fossilisée et formaliste et par conséquent grossière dans son fond, divise le roman en différents « sous-genres » : roman d'aventures, roman policier, roman psychologique, roman paysan, roman historique, etc., et la sociologie vulgaire a pris à son compte cette « conquête » : tout cela ne veut rien dire au point de vue scientifique. Dans la façon formaliste de considérer le genre, toutes les grandes traditions de la période révolutionnaire ont disparu sans laisser de trace. Une telle classification sans âme et fossilisée, bureaucratique est censée tenir lieu de la dialectique vivante de l'histoire.

Bien entendu derrière chacune de ces catégories fossilisées il y a un contenu social réel. Mais ce contenu est celui de l'idéologie libérale qui devient sans cesse plus réactionnaire. Et seule la sociologie vulgaire menchéviste est assez « naïve » pour ne pas remarquer le caractère social de ce contenu et se concentrer uniquement sur les « conquêtes scientifiques ». Nous ne pouvons pas traiter ici en détail l'histoire de la théorie du genre. Il suffit de mentionner un exemple. Lorsque le roman psychologique fut constitué en genre pour ainsi dire spécifique, ses représentants importants, surtout Paul Bourget, ont clairement exprimé la tendance qui a conduit nécessairement à la fondation de ce nouveau genre. Car, bien entendu, un réactionnaire aussi intelligent et cultivé que Bourget savait très bien que les romanciers antérieurs ont été de remarquables psychologues. Mais ce qui lui importait, c'était de séparer d'une manière idéaliste et réactionnaire le psychologique des déterminations objectives de la vie sociale, de constituer le psychologique en tant que sphère autonome et indépendante de la vie humaine. Cette séparation est parachevée en faisant en sorte que les instincts « de conservation » reçoivent une suprématie sur les instincts « de destruction ». Surtout, ce psychologisme est voulu par Bourget pour donner une force convaincante particulière au fait de fuir dans la religion les contradictions (abstraitement présentées) de la vie contemporaine. Et effectivement les possibilités de la sophistique s'en trouvent accrues. Il n'apparaît plus nécessaire de présenter l'Église et la religion dans leurs déterminations sociales, avec leurs objectifs politiques, etc., comme l'ont fait Balzac et Stendhal, voire même encore Flaubert et Zola. Le problème de la religion devient maintenant un problème « purement intérieur » : Rome n'est plus qu'un arrière-plan pittoresque (*Cosmopolis*), dont seul l'aspect décoratif joue un rôle.

Ici le roman psychologique se rattache à la vulgarisation et à la congélation intellectuelle de la vie sociale par la sociologie, en particulier celle de Taine. La « condition », la position sociale devient une donnée métaphysique. Elle n'a pas besoin d'être elle-même étudiée ; elle est immuable. Seules les réactions psychologiques sont à figurer ; chaque cas de non harmonisation avec la « condition » doit apparaître comme une maladie. Voici la nouvelle interprétation que donne Bourget de *Madame Bovary* et *Le Rouge et le Noir* : »

« On n'a pas assez remarqué que c'est là le fond même de *Madame Bovary*, comme du *Rouge et Noir* de Stendhal : l'étude d'un malaise d'âme produit par un déplacement de milieu. Emma est une paysanne qui a reçu l'éducation d'une bourgeoise. Julien est un paysan qui a reçu l'éducation d'un bourgeois. Cette vision d'un immense fait social domine ces deux livres. »

Ainsi par le fait de rendre autonome le psychologique, toute critique sociale disparaît. Stendhal et Flaubert sont censés proclamer (avec des exemples contraires de cas morbides) cette « profonde vérité » psychologique et sociale : chacun son métier!

Nous avons vu que dans la constitution du roman historique en tant que genre ou sous-genre spécifique se dissimulait un contenu social analogue : la séparation du présent et du passé, l'opposition abstraite de l'un à l'autre. Bien entendu, des intentions de cette sorte ne peuvent en réalité créer des genres nouveaux. Dans nos considérations précédentes, notamment en comparant le roman historique et le drame historique, nous avons exposé en détail que chaque genre est un reflet particulier de la réalité, que des genres peuvent naître seulement si des faits typiques et généraux de la vie, qui se reproduisent régulièrement, ont pris naissance, dont la spécificité de fond et de forme ne peut se refléter adéquatement dans les formes jusqu'alors disponibles.

Une forme spécifique, un genre doit se fonder sur une vérité spécifique de la vie. Quand le drame se divise en tragédie et comédie (nous ferons ici abstraction des degrés intermédiaires), la cause en est dans les faits de la vie que ces formes reflètent et reflètent *dramatiquement.* Car il est très caractéristique qu'aucune séparation des genres ne se produit de la sorte dans l'art épique. Même la sociologie vulgaire bourgeoise et pseudo-marxiste n'a pas encore eu l'idée d'inventer le sous-genre du roman tragique. La tragédie et la comédie ont une relation différente avec la réalité et pour cette raison une façon différente d'organiser l'action et la caractérisation, etc. Il en est de même en ce qui concerne le roman et la nouvelle. Ce n'est nullement une question d'étendue. La différence d'étendue est seulement la conséquence d'une différence d'objectif, et il y a parfois des cas-limites où une longue nouvelle a plus d'étendue qu'un petit roman. Il s'agit toujours ici d'une forme spécifique du reflet de faits spécifiques de la vie. La différence d'étendue entre le roman et la nouvelle est seulement *un* moyen d'expression entre beaucoup d'autres pour les divers faits de la vie qui sont figurés par les deux genres. Le caractère réellement distinctif de la nouvelle est surtout qu'elle ne vise pas à figurer la vie comme une totalité. C'est pourquoi cette forme est appropriée à représenter avec une vigueur spécifique des connexions spécifiques de la vie, par exemple le rôle du hasard dans la vie humaine.

Conrad Ferdinand Meyer, en artiste remarquable et conscient, a nettement senti que l'irrationalisme de sa conception de l'histoire exigeait la forme de la *Nouvelle* (*Note du trad.* : la forme allemande de la nouvelle relativement longue), et par conséquent il a nommé ses ouvrages *Novellen* et non pas romans. Le motif final de Pescara, le fait que celui-ci à cause de sa maladie mortelle est incapable d'agir et de décider, est un motif typique de nouvelle. Mais comme Meyer avait néanmoins la haute ambition artistique de présenter un tableau d'ensemble des problèmes de son temps, ses œuvres ont fait éclater le cadre strict, mais étroit de la nouvelle ; ainsi sur la base de motifs de nouvelles ont pris naissance des romans irrationalistes, fragmentaires.

Si donc nous considérons sérieusement le problème du genre, nous pouvons poser la question seulement ainsi : quels faits de la vie sont à la base du roman historique, qui sont spécifiquement différents de ceux qui constituent le genre du roman en général ? Je crois, si la question est ainsi posée, qu'il ne peut y avoir qu'une réponse : aucun. Une analyse des œuvres des réalistes importants montrera que dans leurs romans historiques il n'y a pas un seul problème fondamental de structure, de caractérisation, etc., qui manque dans leurs autres romans, ou inversement. Qu'on compare par exemple *Barnaby Rudge* de Dickens avec ses romans sociaux, *Guerre et Paix* avec *Anna Karénine*, etc. Les principes ultimes sont nécessairement partout les mêmes. Et ils résultent du même objectif : figurer la totalité d'un contexte de la vie sociale, qu'il s'agisse du présent ou du passé, sous une forme narrative. Même des problèmes de fond, qui sont apparemment spécifiques du roman historique, comme par exemple la figuration par Scott des derniers vestiges de la société gentilice, ne sont pas non plus son objet exclusif. Depuis l'épisode d'*Oberhof* dans *Münchhausen* d'Immermann jusqu'à la première partie d'*Udehe* de Fadéev, nous trouvons sans cesse des problèmes de ce genre dans des romans qui traitent du présent. Et de cette manière on pourrait parcourir tous les problèmes de fond et de forme du roman sans rencontrer une seule question qui soit essentielle et qui appartiennent pourtant uniquement au roman historique. Le roman historique classique est né du roman social et, l'ayant enrichi et élevé à un niveau plus élevé, il est passé en lui. Plus est élevé le niveau aussi bien du roman historique que du roman social de l'époque classique, moins il y a de différences de style réellement décisives entre eux.

Par contre, le nouveau roman historique est issu des *faiblesses* du roman moderne et en devenant un « genre particulier » il a reproduit ces faiblesses sur une plus grande échelle. Cette différenciation repose bien entendu également sur un fait de la vie. Pourtant elle est due non seulement à un fait objectif de la vie, mais en même temps et surtout à l'exagération d'une fausse idéologie générale de la période de déclin.

La particularité du roman historique dans cette période peut s'énoncer ainsi : les intentions fausses de l'écrivain sont moins facilement corrigées par la vie elle-même dans le roman historique que dans le roman qui traite du présent. Dans le roman historique, les théories fausses, les préjugés littéraires, etc., de l'auteur peuvent être ou sont beaucoup moins facilement corrigés par la richesse des données d'expérience vécue qu'on trouve dans les thèmes contemporains. Ce qu'Engels a décrit comme le « triomphe du réalisme » chez Balzac, le triomphe du reflet honnête et intégral des faits réels et des connexions de la vie sur les préjugés sociaux, politiques ou individuels de l'écrivain, est beaucoup plus difficile dans le nouveau roman historique que dans le roman social contemporain.

Nous nous occupons ici, bien que très brièvement, de deux importants écrivains réalistes de cette période, Maupassant et Jacobsen. Maupassant aborde *Bel Ami* tout comme *Une vie*, Jacobsen *Niels Lhyne* tout comme *Marie Grubbe*. Mais dans *Bel Ami* et *Niels*

Lhyne, en dépit de toute la problématique générale du nouveau réalisme, surgit parfois une réalité sociale richement nuancée. Dans les deux cas on constate un « triomphe du réalisme ». Pourquoi ? Parce qu'il a été impossible à Maupassant comme à Jacobsen, observateurs de talent et de bonne foi, de passer sans y faire attention devant les grands problèmes sociaux de leur temps quand ils figuraient un personnage du présent. Ce peut bien avoir été l'évolution psychologique intérieure du héros qui ait intéressé en premier lieu les écrivains, mais dans les deux cas, quelles qu'aient pu être leurs intentions conscientes, la vie sociale du présent a afflué de toutes parts dans le roman et l'a rempli d'une vie riche et articulée.

Cela s'est produit beaucoup plus difficilement dans le roman historique. Feuchtwanger dans les remarques que nous avons citées a eu tout à fait raison de dire qu'un sujet éloigné dans le temps est plus facile à mettre en œuvre pour l'écrivain que les données du présent. Sa seule erreur consiste à y voir un avantage et non pas un inconvénient. Pour l'écrivain d'après 1848 la matière historique offre moins de résistance, l'intention subjective de l'écrivain s'y laisse imposer plus facilement. De là vient précisément cette abstraction, cet arbitraire subjectiviste, cette « intemporalité » presque onirique que nous avons constatée dans les romans historiques de Maupassant et de Jacobsen et qui les distingue à leur grand désavantage des romans sociaux plus puissants et aux contours plus nets de ces deux auteurs.

Même chez un écrivain de la classe de Dickens les faiblesses de son humanisme et de son idéalisme petit bourgeois se manifestent d'une manière bien plus intense et plus fâcheuse dans son grand roman historique sur la Révolution Française (*Tale of Two Cities*) que dans ses romans sociaux. La position du jeune marquis d'Evremonde entre les classes, — son dégoût des méthodes cruelles utilisées pour maintenir l'exploitation féodale, sa solution à ce conflit par une fuite dans la vie privée bourgeoise, — ne reçoit pas l'importance qui lui revient dans la composition du récit. Dickens, en mettant au premier plan les aspects purement moraux des causes et des effets, affaiblit la relation entre les problèmes de la vie des personnages et les événements de la Révolution française. Celle-ci devient un arrière-plan romantique. La turbulence de l'époque fournit des occasions de révéler les qualités morales et humaines des personnages. Mais ni le destin de Manette et de sa fille, ni celui de Darnay-Evremonde et bien moins encore celui de Sidney Carton ne se développe organiquement à partir de l'époque et de ses événements sociaux. Ici encore, n'importe quel roman social de Dickens, par exemple *Little Dorrit* ou *Dombey and Son* montrera combien plus intimement et organiquement de telles relations y sont figurées que dans *A Tale of Two Cities.*

Pourtant le roman historique du grand écrivain Dickens est encore relativement fondé sur des traditions classiques. *Barnaby Rudge*, où les événements historiques jouent un rôle plus épisodique, conserve entièrement le mode concret de présentation des romans tirés de la vie contemporaine. Mais les limitations de la critique sociale de Dickens, son attitude parfois abstraitement morale envers des phénomènes concrets de moralité sociale, influencent inévitablement avec une force particulière le caractère de ses romans proprement historiques. Ce qui ailleurs était seulement un défaut occasionnel devient ici une faiblesse essentielle de la composition dans son ensemble. Car dans le roman historique cette tendance de Dickens doit nécessairement agir dans le sens de la tendance moderne à rendre privée l'histoire. La base historique dans *Barnaby Rudge* est encore davantage un simple arrière-plan que dans *A Tale of Two Cities.* Bien loin de se présenter comme un fondement réel des destinées, elle fournit des circonstances uniquement fortuites pour des tragédies « purement humaines », et cette discordance souligne encore plus fortement la tendance par ailleurs légère et latente chez Dickens à séparer le « purement humain », le « purement moral » de leur base sociale et à les rendre autonomes jusqu'à un certain point. Dans les meilleurs romans de Dickens sur le présent, cette tendance est corrigée par la réalité elle-même, par son effet sur l'ouverture et la réceptivité de l'écrivain par tous ses sens. Dans le roman historique cette sorte de correction est inévitablement beaucoup plus faible. Le fait qu'il en soit ainsi chez un aussi grand écrivain que Dickens, un classique du roman qui est touché seulement d'une manière superficielle par le déclin, peut servir d'illustration particulièrement nette à notre argumentation.

La plasticité de la matière historique, que loue Feuchtwanger, est en fait un piège pour l'écrivain moderne. Car sa grandeur littéraire dépend du conflit entre ses intentions subjectives et l'honnêteté et l'aptitude avec lesquelles il reproduit la réalité objective. D'autant plus et d'autant plus facilement ses intentions subjectives l'emporteront, d'autant plus faibles, plus pauvres et plus vides de contenu seront ses œuvres.

Assurément, la réalité historique est également une réalité objective — bien à l'encontre des « théories cognitives » modernes, si influentes, de l'histoire. Mais les écrivains de la période après 1848 n'ont plus l'expérience socialement directe de leur continuité avec la préhistoire de la société dans laquelle ils vivent et agissent. Leur relation avec l'histoire, dont nous connaissons déjà les causes sociales, est très indirecte, reposant principalement sur les historiens modernes et modernisants et les philosophes de l'histoire (qu'on songe par exemple à l'influence de Mommsen sur Shaw).

Cette influence est inévitable à cause de la rupture dans l'expérience sociale de la continuité entre le passé et le présent ; elle est en général beaucoup plus forte qu'on ne l'admet ordinairement. Les écrivains modernes reçoivent de l'historiographie et de la philosophie de l'histoire de leur temps non seulement les faits, mais surtout la théorie selon laquelle le développement historique est inconnaissable et que par conséquent il est nécessaire de faire l' « introjection » de ses propres problèmes subjectifs dans l'histoire « amorphe », la théorie qui procède du culte anti-démocratique du héros et représente le « grand homme » solitaire au centre de l'histoire, qui conçoit la masse en partie comme une simple matière brute entre les mains du « grand homme », en partie comme une force naturelle aveugle et furieuse, etc.

Il est facile à comprendre que les faits historiques — en particulier s'ils ont déjà été reçus sous une forme ainsi préconçue — ne peuvent fournir à l'écrivain aucune possibilité de contrôle et de résistance fructueuse à un tel système organisé de préjugés. Dans quelques cas exceptionnels ce sont les faits de la vie eux-mêmes qui y parviennent. Mais là où l'histoire et la vie sont opposées, où l'on fuit l'aspect misérable de la vie contemporaine pour la splendeur magnifique des temps passés, ces tendances subjectivistes déformantes ne peuvent que se renforcer. Et les conséquences ne sont nullement atténuées par le fait que la cause de cette fuite est, comme chez Flaubert, une opposition et une haine ardente contre le présent bourgeois.

Ainsi le roman historique moderne contient inévitablement dans une mesure accentuée toutes les faiblesses de la période de déclin ; il lui manque ces traits importants de réalisme qui résultent chez les écrivains éminents de cette époque du fait d'avoir été aux prises avec la vie quotidienne, en dépit de toutes les tendances erronées du temps. En ce sens, mais seulement en ce sens, on pourrait parler du roman historique dans la période que nous examinons comme d'un genre particulier. Qu'on compare seulement la ligne déclinante du roman historique avec celle de la description de la vie contemporaine. Le caractère séparé de la vie, indépendant, réifié et restant à l'état de chose, du « milieu » est non seulement beaucoup plus grossier dans le premier (c'est vrai déjà du roman historique du romantisme, puis particulièrement marqué chez Bulwer), mais il acquiert très vite des proportions que le roman contemporain atteint seulement chez ses pires représentants. La raison est facile à voir. Même la plus sèche et la plus ennuyeuse description de milieu se relie encore objectivement d'une manière ou d'une autre, par des voies très détournées, à la vie réelle. « Le milieu » dans le roman historique dégénère inévitablement en une prédominance étouffante du goût des antiquités. Celui-ci peut prendre des formes tout à fait vulgaires comme dans les romans autrefois si populaires de Dahn ou Ebers. Il peut aussi prendre un aspect raffiné, précieux, nuancé et décoratif, du point de vue aussi bien de l'érudition que du style, comme dans *Marius the Epicurean* de Walter Pater. La différence, cependant, n'est nullement aussi fondamentale qu'elle peut paraître à première vue. Les caractères sont des schémas dans un cas comme dans l'autre, ici ils sont simplement dotés de pensées adroitement formulées et d'ingrédients affectifs raffinés ; la réalité historique est tout aussi peu l'évolution vivante d'un peuple dans une époque concrète, elle reste la même arrière-scène dépourvue de vie, bien que ses couleurs soient plus subtilement choisies et combinées. Les différences, qui sans aucun doute existent, surgissent seulement si l'on fait abstraction du fait qu'il s'agit d'œuvres d'art pour les considérer comme des essais. Alors, certes, Ebers apparaît comme un quelconque vulgarisateur d'une égyptologie superficielle et banale, tandis que chez Pater nous sommes déjà en présence de la conception décadente, ultra-raffinée, de la Basse-Antiquité.

Ce jugement ne signifie pas que nous les séparons de l'évolution générale du roman moderne. Il caractérise simplement le fait que nous avons chez Ebers ou Dahn une anticipation du naturalisme le plus plat et le plus terre à terre dans la littérature allemande, tandis que chez Pater nous avons le précurseur esthétique de l'engourdissement symboliste qui frappe un impressionnisme ultra-raffiné. Qu'on pense à des œuvres comme *Bruges-la-morte* de Rodenbach, où — bien que la forme extérieure et la technique soient très différentes — une expérience affective ultra-raffinée est associée à un arrière-plan ultra-stylisé, tout aussi organiquement que l'histoire et la destinée humaine chez Pater.

Ce chemin qui conduit indirectement mais sûrement à la décadence impérialiste ne peut être décrit unilatéralement ni du point de vue esthétique ni du point de vue idéologique et moral. A ces deux points de vue il s'agit bien plutôt de simples conséquences du fait primitif que les idéologues bourgeois sont étrangers à la progressivité de l'histoire et incapables de reconnaître les tendances progressistes et les perspectives dans le présent. L'idéologue sombre ainsi au niveau d'une pitoyable philistinerie. Le grand philosophe et critique démocrate-révolutionnaire russe Tchernichevski a déjà reconnu ce motif dans la critique par E. Th. Hoffmann de la philistinerie, et le parallèle que nous avons tracé entre

Ebers-Dahn d'une part et Walter Pater de l'autre trouve sa justification dans le jugement d'un autre important écrivain démocratique, Gottfried Keller, aux yeux de qui le philistin ivre n'est en rien meilleur que celui qui est à jeun. Peut-être l'exemple scolaire le plus typique de cette identité est-il Adalbert Stifter qui associait l' « approfondissement philosophique » conscient de la philistinerie la plus bornée à une prétendue maîtrise littéraire éminente. Puisque de toute l'œuvre de Stifter seul son ouvrage tardif *Witiko* touche notre thème, les remarques suivantes concernent surtout ce roman.

Witiko présente les deux aspects que nous avons pu voir dans les cas analogues mais bien plus importants de Flaubert, Maupassant, Jacobsen, etc. : d'une part l'unité des principes philosophiques et esthétiques dans l'œuvre d'un écrivain, qu'il écrive sur le présent ou sur le passé ; *Witiko* est à cet égard une application des résultats, une illustration des principes, qu'il a figurés dans son roman d'éducation *Der Nachsommer (L'Eté de la Saint-Martin)*. D'autre part, la matière historique qui offre moins de résistance donne plus libre carrière à l'étroitesse d'esprit et aux vues réactionnaires de l'écrivain que les thèmes contemporains. Pour cette raison, *Witiko* renferme la synthèse de tous les traits philistins et rétrogrades de Stifter ; et sous une forme si pure que même Gundolf est contraint de parler de la « désolation » de cet ouvrage et se sent même poussé à le rapprocher historiquement de Freytag, Ebers, Dahn, Piloty et Makart.

Ensuite Gundolf, comme toute l'école de George, surtout Bertram, est décidément influencé par l'enthousiasme de Nietzsche pour Stifter, qui a lancé à proprement parler cette mode littéraire. Assurément l'éloge de Nietzsche se rapporte surtout à *Nachsommer*, et Gundolf aussi s'efforce de dégager ce qui est positif, les causes plus profondes et les aspects aimables des limites de Stifter dans cet ouvrage ; à tort, si l'on fait abstraction du contraste général que nous avons souligné entre les sujets contemporains et historiques. Tout au moins pour autant qu'il s'agisse d'un contraste réel dans la valeur esthétique entre les deux vastes romans. C'est vrai : *Nachsommer*, en tant qu'histoire d'évolutions, paraît avoir un certain mouvement interne, bien que celui-ci sombre presque sans laisser de trace dans l'océan des descriptions. Witiko, par contre, est dès le début le jeune homme typique de la période antérieure à la Révolution de mars, l'idéal réalisé de l' « œuvre d'éducation » par ailleurs largement ratée de Metternich. Le mouvement épique est ici purement extérieur : batailles, parades, réceptions, etc., qui par suite de l'importance donnée aux choses dans leur présentation purement descriptive justifient pleinement la formule de Gundolf au sujet de leur « aspect désolé ». Certes Bertram appelle *Witiko* le « grand ouvrage tardif » de Stifter, un « roman homérique de Walter Scott ». Ce jugement manifeste clairement la ferme intention de l'histoire et de la critique littéraires allemande fascisante et fasciste de systématiser l'impulsion donnée par Nietzsche et de faire de Stifter un classique de la réaction allemande. Ainsi le jugement quelque peu circonspect de Gundolf devient un combat d'arrière-garde. L'historien littéraire fasciste Linden appelle *Nachsommer* et *Witiko* « des romans d'éducation d'un genre éternellement valable ». Le critique, également fasciste, Fechter étend le principe homérique de Bertram et découvre dans *Witiko* la grandeur de la « liberté allemande », de la Saga islandaise. On fait ainsi de Stifter (les motifs et les conséquences sont ici tout à fait évidents) un précurseur de Hans Grimm, qui, selon les termes de Fechter, « a créé le premier roman politique allemand après *Witiko* de Stifter ».

Dans ce cas il ne s'agit nullement — comme à propos de Hölderlin ou de Büchner — d'un éloge par les fascistes, qui souille et qui calomnie. Ici, comme dans le cas de Nietzsche, ils ont reconquis un héritage authentique et légitime. Assurément pas dans le sens où il existerait une relation directe entre Stifter et la « conception du monde nationale-socialiste ». Il ne peut absolument pas être question de cela ; son quiétisme esthétiquement réifié semble, au contraire, former le plus vif contraste avec la dynamique du « réalisme héroïque ». Mais ici aussi l'antithèse marquée est illusoire. Qu'on se rappelle seulement que c'est le développement du fascisme dans l'histoire littéraire allemande qui a institué une période du *Biedermeier* (*Note du trad.* : ce mot désigne en allemand ce qui se rapporte à l'époque entre 1815 et 1848 et correspond à notre « Monsieur Prudhomme »), avec l'intention d'écarter sans qu'il en reste trace tout ce qui était progressiste et, surtout, révolutionnaire dans la littérature allemande antérieure à 1848, pour glorifier la stagnation réactionnaire et le philistinisme obscurantiste de cette période, comme la véritable essence de l'Allemagne.

Stifter est le classique né de telles tendances. Il est bien connu que pour Stifter la Révolution de 1848 a signifié l'effondrement d'un monde, la fin d'une culture et d'une civilisation. La défaite de la Révolution et la période d'oppression de toutes les nations dans la monarchie des Habsbourg ont fourni la base de ses deux grands romans. Gundolf n'a pas tout à fait tort quand il caractérise ainsi cette période dans l'œuvre de Stifter : « D'un écrivain d'idylles naïves il est devenu après 1849 un écrivain d'idylles intentionnelles et son procédé consistant à introduire la pureté morale dans sa façon de voir et de montrer est désormais devenu pour lui en quelque sorte une arme contre la mauvaise volonté et l'égarement d'une humanité laissée à l'abandon. » On voit aussi par là que les motifs esthétiques pour lesquels Gundolf récuse *Witiko* n'ont qu'une importance secondaire ; lui aussi fait de Stifter le poète « politique du « *Biedermeier* », le caractère apolitique de sa conception du monde et de son mode de figuration constituant précisément le fondement de cette manière d'être. Le fait que ces tendances ne sont devenues conscientes qu'après la défaite de la Révolution de 1848 renforce, au lieu d'affaiblir cette position.

Witiko concentre ces aspirations de Stifter ; en ce sens, ce roman historique, quelle que soit la façon dont on l'apprécie esthétiquement par comparaison avec ses autres œuvres, est le sommet idéologique de son activité littéraire. Le jugement de Bertram déjà cité par nous montre la complète ignorance et méconnaissance de Walter Scott, qui est courante dans la période de déclin. En ce qui concerne la conception de l'histoire, Stifter se situe carrément à l'opposé et il est le continuateur de ses adversaires, les Romantiques réactionnaires. On pourrait le montrer sans difficulté dans la structure et dans tous les détails de *Witiko*. Nous mentionnerons seulement quelques-uns des éléments les plus essentiels. Quand Scott représente le Moyen Age, son objectif principal est de figurer la lutte des tendances progressistes et réactionnaires, surtout celles qui conduisent hors du Moyen Age, désagrègent le féodalisme et assurent la victoire de la société bourgeoise. (Il suffit que nous pensions à l'opposition de Louis XI et Charles de Bourgogne dans *Quentin Durward*.) Stifter par contre glorifie les courants d'évolution les plus réactionnaires du Moyen Age comme la lutte de Barberousse contre les villes italiennes, surtout contre Milan. Ce que des écrivains même modérément progressistes comme Hebbel ont reconnu, à savoir que cette politique des Hohenstaufen a conduit à la ruine de l'Allemagne, à l'instauration de la misère allemande, cela Stifter ne veut pas le voir. Il continue sous une forme intellectuelle et artistique la tradition de son protecteur d'avant 1848, Metternich.

Cette tendance apparaît encore plus clairement dans son apothéose de toutes les institutions féodales. Stifter est ici un continuateur du romantisme réactionnaire. La différence est surtout stylistique, mais elle a naturellement ses dessous idéologiques. Les Romantiques ont élaboré la notion du caractère exemplaire du Moyen Age, depuis l'essai de Novalis : *Le Christianisme ou l'Europe* jusqu'à Arnim ou Fouqué, dans un esprit polémique. Chez Stifter cette polémique avouée contre le présent fait défaut ; dans *Witiko* le féodalisme apparaît comme l'ordre social naturel et organique, tout comme l'ordre social du présent dans *Nachsom-*

mer : Stifter va donc encore bien plus loin que les Romantiques les plus réactionnaires dans la conception que l'homme « essentiel » est le même sous toute autorité, pourvu que celle-ci ne soit pas révolutionnaire. Qu'il ait connu ou non Schopenhauer, c'est dans le sens de celui-ci qu'il continue le romantisme réactionnaire. Son style non polémique exprime comme il convient ce développement rétrograde. C'est ce que Bertram appelle une intensification « homérique » de Scott ; il considère manifestement l'absence de toute opposition plébéienne ou bourgeoise au féodalisme (les citoyens de Milan sont aux yeux de Stifter des rebelles et des criminels) comme un progrès. Dans le sens du *Biedermeierisme* c'en *est* un, bien sûr. Mais dans le sens de la véritable connaissance, de la figuration authentique de l'histoire, c'est le contraire ; Robin Hood de Scott dans *Ivanhoe*, Henry Gow dans *The Fair Maid of Perth* montrent ce que la présentation réaliste du Moyen Age peut accomplir.

Hebbel dans son brillant compte-rendu de *Nachsommer* a discerné l'essentiel dans le cas de Stifter : le changement de proportion entre ce qui est insignifiant et ce qui est important, entre le superficiel et l'essentiel, en faveur de la domination exclusive du premier de ces termes. Si éloigné que puisse être Stifter du naturalisme d'un point de vue stylistique et formel, il devient par là son précurseur intellectuel et esthétique. Hebbel discerne aussi une autre tendance dans les écrits de Stifter, qui anticipe des tendances encore plus importantes et plus dangereuses de la période impérialiste : l'inhumanité, qui chez lui continue certes à porter le costume de l'humanisme « proprement dit ». Hebbel dit : « Il était réservé à Adalbert Stifter de perdre complètement de vue l'homme. » Si Stifter est célébré par Nietzsche, l'école de George et finalement le fascisme lui-même comme un authentique successeur de Gœthe, comme un rénovateur de son legs, il y a là un parallèle évident avec les tentatives de Gundolf, Spengler, Klages, etc., pour faire de Gœthe, suivant l'exemple de Nietzsche, un représentant de la « philosophie de la vie » irrationaliste. Ces tendances peuvent en maints détails présenter de grandes différences ou même des contrastes, elles sont néanmoins des pôles du même ordre dans le sens d'une falsification impérialiste, réactionnaire de Gœthe. De différents points de vue, mais dans une mesure égale, elles enlèvent à l'œuvre entière de Gœthe tout son caractère progressiste socio-historique ; par leur contenu elles sont aussi complémentaires que le philistin sobre et le philistin ivre de Gottfried Keller.

Stifter est une figure de transition dans la mesure où sa sérénité de philistin présente beaucoup de traits communs avec le classicisme académique également très ennuyeux de la seconde moitié du siècle précédent. Néanmoins, les éléments dans son œuvre qui annoncent la décadence à venir sont prédominants ; ils déterminent la position actuelle de Stifter dans l'histoire littéraire.

Si l'on veut se convaincre de cette relation entre le naturalisme, le philistinisme et la décadence, on peut en trouver un exemple particulièrement éclatant en Merejkovski, ce décadent typique de l'époque impérialiste, qui appartient assurément au groupe des philistins ivres. Avec lui le roman historique devient réellement un organe de la démagogie réactionnaire et de l'hostilité au peuple. Si l'on considère d'un peu plus près la fausse profondeur de ses romans, on découvre de remarquables traits naturalistes sous le voile mystique. Par exemple, Merejkovski décrit comment Alexis tombe dans un accès de fureur :

« La face pâle et convulsée d'Alexis avec ses yeux flamboyants acquit soudain une ressemblance effrayante, pour ainsi dire surnaturelle, spectrale, avec le visage de Pierre. C'était un de ces accès de fureur auxquels le tsarévitch succombait de temps en temps et durant lesquels il était capable de n'importe quel crime. »

Chaque lecteur peut voir qu'il s'agit seulement ici d'une caricature faible et pourrie d'une tournure mystique de la catastrophe héréditaire à la Zola. De la même façon, on pourrait citer d'autres passages des tableaux historiques de ce genre ou analogues ayant un caractère décadent, réactionnaire, de la période impérialiste, pour montrer combien ils exagèrent et caricaturent tous les aspects faibles du naturalisme, du symbolisme, etc. Mais cette surenchère caricaturale peut tout aussi peu fonder un genre distinct que l'exotisme vide de maints romans historiques qui résulte de leur éloignement du présent. Ce ne sont que de médiocres lectures de divertissement. Derrière ces traits décadents ou d'une banale dégénérescence, on peut toujours et partout apercevoir le déclin général de l'époque. L'intensification purement quantitative des fausses tendances ne peut être en mesure de fonder un genre distinct.

CHAPITRE IV

LE ROMAN HISTORIQUE DE L'HUMANISME DÉMOCRATIQUE

La période impérialiste représente nécessairement dans la ligne principale de l'évolution un renforcement des tendances à la désagrégation du réalisme, aussi bien dans la conception de l'histoire et la théorie de la littérature que dans la pratique littéraire. Dans le chapitre précédent nous avons déjà comparé quelques écrivains (Croce, Merejkowski), chez qui cette désagrégation croissante apparaissait clairement. Puisque nous nous limitons ici aux grandes formes typiques du roman historique, nous ne traiterons pas des représentants de l'extrême décadence. Il suffit de constater que ce qui était pour les écrivains importants de la période de transition la problématique difficile de la figuration réaliste de l'histoire s'épanouit pleinement désormais en un jeu décadent avec des formes, la violation consciente de l'histoire.

Nous avons déjà vu que cette tendance à la désintégration du réalisme s'effectue d'une manière double et apparemment contradictoire. D'une part il y a une incrédulité toujours croissante au sujet de la possibilité de connaître la réalité sociale et par suite aussi l'histoire. Cette incrédulité se change inévitablement comme nous l'avons vu dans le cas des grandes figures de la période de transition, en une mystique. Ces tendances mystiques se renforcent toujours davantage à mesure que l'impérialisme se développe et elles atteignent leur point culminant dans la falsification barbare de l'histoire et sa transformation mythique par le fascisme. D'autre part, la représentation de l'histoire se limite à une exactitude aussi grande que possible en ce qui concerne les faits particuliers, *isolés*, arrachés à leur véritable contexte.

Les écrivains subjectivement honnêtes de la période impérialiste croient être fidèles à l'histoire — bien entendu, dans le cadre de leur vision du monde, de la façon dont ils conçoivent la possibilité d'une connaissance objective de l'histoire —, mais cette fidélité se restreint à l'observation des faits isolés. Dans le cas de Flaubert cela prenait encore la forme d'un archéologisme décoratif. Dans la période impérialiste se développe un nouveau culte des « faits ». En particulier dans le naturalisme de la période d'avant-guerre et plus tard dans la *neue Sachlichkeit* (nouvelle objectivité) de la période d'après-guerre des courants pseudo-réalistes de ce genre ont pris naissance sur la base de ce culte des « faits » isolés, arrachés à leur contexte. Cette conception n'exclut pas l'afflux du mysticisme, de la biologie mystifiée et de la psychologie dans la littérature, elle le favorise même dans une mesure croissante.

La vague de belles-lettres historiques qui a déferlé sur la littérature après la première guerre mondiale se rattache aussi à ces courants littéraires. Une grande série d'écrits historiques qui n'étaient ni de la science ni de l'art ont paru. Les remarques spirituelles et satiriques de Huxley que nous avons citées caractérisent justement cet hybride. La base de ces belles-lettres est une soi-disant synthèse de psychologie mystique et de « faits » isolés. Sa prétendue justification artistique et scientifique est tirée d'une extension, très populaire pendant cette période, de la notion d'art. Puisque les traditions de l'ancien grand art étaient enterrées, puisqu'on ne voyait plus dans l'art une forme spécifique du reflet des traits essentiels de la réalité objective, le « principe artistique » était appliqué sans choix à tous les domaines, en particulier pour cette raison que la science et la philosophie adoptaient une attitude de plus en plus agnostique à l'égard de la réalité objective. Ce subjectivisme conscient fut désormais identifié avec l'art. Ainsi naquirent dans la période d'avant-guerre les théories d'Oscar Wilde ou plus tard d'Alfred Kerr sur le prétendu art de la critique.

Dans l'après-guerre ces théories furent appliquées à un nouveau domaine : l'art du montage. Née en présence de la théorie et de la pratique nihilistes des diverses tendances dadaïstes, cette théorie du montage se « consolida » pendant la période de « relative stabilisation » et devint un succédané intentionnel de l'art : une originalité artistique particulière était supposée se manifester dans le fait de coller ensemble d'une manière inorganique des faits sans connexion. L'art du montage ainsi mis sur pied est d'une part le point culminant des tendances erronées du naturalisme, parce que le montage renonce même à cette élaboration superficielle du monde empirique, en ce qui concerne la langue et l'atmosphère, que l'ancien naturalisme considérait encore comme une tâche nécessaire ; d'autre part le montage est en même temps le comble du formalisme, puisque la combinaison des détails n'a absolument plus rien à voir avec la dialectique interne objective des personnages et de leurs destinées et le montage leur apporte seulement de l'extérieur l'arrangement « original ». Telle fut la justification philosophique qu'on donna afin de faire passer cette littérature historique de feuilleton et de reportage pour un genre particulier de l'art historique. La théorie du montage et la proclamation du reportage en tant que genre particulier de l'art ont exercé une influence particulièrement forte sur ces belles-lettres.

La seule importance que ces belles-lettres historiques présentent pour nous tient au fait que le prétendu « genre » des biographies historiques mis à la mode a attiré aussi des écrivains remarquables du point de vue intellectuel et artistique, parmi lesquels il a causé beaucoup de confusion et de dommages. Nous discuterons plus tard en détail la question de la prétendue méthode biographique dans le roman historique. Ici nous citerons seulement quelques remarques tirées de la préface de Maurois à sa biographie de Shelley, pour mettre nettement en lumière les principes de cette mixture de roman et d'histoire, une mixture qui n'est objectivement ni du roman ni de l'histoire :

« On a souhaité faire, en ce livre, œuvre de romancier bien plutôt que d'historien ou de critique. Sans doute les faits sont vrais et l'on ne s'est permis de prêter à Shelley ni une phrase, ni une pensée qui ne soient indiquées dans les mémoires de ses amis, dans ses lettres, dans ses poèmes ; mais on s'est efforcé d'ordonner ces éléments véritables de manière à produire l'impression de découverte progressive, de croissance naturelle qui semble le propre du roman. Que le lecteur ne cherche donc ici ni érudition, ni révélations, et s'il n'a pas le goût vif des éducations sentimentales, qu'il n'ouvre pas ce petit ouvrage. »

Par la suite nous verrons encore plus clairement que ces façons d'une part de coller aux faits et d'autre part de les affubler en belles-lettres ont toutes deux leur origine dans la rupture entre l'écrivain et la vie du peuple. Ce qui apparaît comme le don d'invention inépuisable des grands écrivains réalistes — aussi dans le roman historique et même ici d'une manière tout à fait particulière — s'explique par la liberté avec laquelle ils traitent leur matière ; ils connaissent les types de la vie populaire avec suffisamment d'exactitude pour pouvoir s'abandonner librement à leur imagination, sans s'écarter de la vérité du typique ; ils sont suffisamment familiarisés avec cette vie populaire pour pouvoir inventer des situations dans lesquelles la vérité la plus profonde de cette vie apparaît d'une manière plus claire et plus éclatante que dans la vie quotidienne elle-même.

Le « culte des faits » est un succédané misérable de cette familiarité avec la vie historique du peuple. Et si ce succédané s'affuble en belles-lettres et fait passer une prose soi-disant bonne, en réalité seulement élégante et affectée, pour de l'art épique, cela ne fait qu'aggraver la situation, car la confusion du public s'en trouve accrue.

I. Caractéristiques générales de la littérature humaniste de protestation dans la période impérialiste

Ce qui nous intéresse ici, ce sont les révoltes contre et la résistance à ce déclin de la littérature. L'époque de l'impérialisme n'est pas seulement la période de pourrissement du capitalisme, elle est aussi celle du plus grand bouleversement dans l'histoire humaine — la révolution prolétarienne, la lutte décisive entre le capitalisme et le socialisme. Mais ce serait un point de vue très superficiel et extraordinairement étroit si l'on réduisait les camps des forces militantes du progrès révolutionnaire et de la réaction toujours plus barbare simplement et mécaniquement à une antithèse rigide entre prolétariat et bourgeoisie. Lénine a montré dans son analyse fondamentale de l'ère de l'impérialisme combien profondément les tendances parasitaires de l'impérialisme pénètrent dans le mouvement ouvrier lui-même, comment elles créent du point de vue économique une aristocratie et une bureaucratie ouvrières et par suite une base sociale pour le menchévisme, pour la pénétration de l'idéologie bourgeoise, impérialiste, dans le mouvement ouvrier. Par ailleurs Lénine a indiqué également que dans tous les domaines de la vie il surgit une opposition démocratique petite-bourgeoise à l'impérialisme, à ses tendances anti-démocratiques. L'idéologie de cette opposition est bien entendu confuse et souvent entremêlée de tendances réactionnaires : en tant qu'idéologie qui souhaite retourner de la période du capitalisme de monopole à celle du marché libre, elle est, comme tout désir de faire tourner en arrière la roue de l'histoire, nécessairement réactionnaire.

Mais ces constatations n'épuisent nullement le problème, surtout si nous concentrons notre attention sur le domaine de la littérature. Le caractère contradictoire des protestations démocratiques contre le capitalisme impérialiste est compliqué par les circonstances contradictoires de l'ensemble de la lutte pour la démocratie dans cette période. La tendance générale de l'impérialisme est naturellement antidémocratique : ceci inclut non seulement la position ouvertement antidémocratique du capitalisme de monopole et des partis qu'il influence directement, mais aussi les tendances antidémocratiques croissantes dans le libéralisme et l'influence de ce dernier sur l'aile opportuniste des partis ouvriers et des syndicats. Ces tendances antidémocratiques suscitent une vaste littérature sociologique, psychologique et philosophique de propagande antidémocratique. Mais en même temps prend naissance dans les partis ouvriers révolutionnaires une critique de la démocratie bourgeoise à partir de la gauche ; le caractère insuffisamment démocratique, purement formel de la démocratie bourgeoise est dévoilé.

Les mouvements d'opposition à l'impérialisme sont affectés par cette double influence. Ils courent sans cesse le danger d'osciller d'une critique de gauche de la démocratie bourgeoise à une critique de droite, c'est-à-dire d'une insatisfaction de la démocratie *bourgeoise* à une opposition à la démocratie *en général*. Si l'on suit par exemple le destin de penseurs comme Sorel ou d'importants écrivains comme Bernard Shaw, on voit dans les deux cas — certes d'une manière très différente — des mouvements en zig-zag de ce genre, d'une extrémité à l'autre. Même dans la critique du présent que Romain Rolland a donnée dans son important ouvrage de jeunesse *Jean-Christophe* surgissent sans cesse, au milieu de la protestation démocratique véhémente et admirablement franche contre l'époque, des éléments sporadiques d'une critique de la démocratie à partir de la droite.

Cette intrication compliquée des motifs ne devrait pourtant pas troubler notre vue de ce qui est essentiel. Chaque écrivain est le fils de son époque. Les tendances contradictoires de l'époque — le processus de pourrissement de la période impérialiste et la protestation démocratique des masses laborieuses, la décadence littéraire et le désir intense de s'enraciner dans le peuple — affectent l'écrivain d'une manière contradictoire. Il est vrai, comme Marx et Engels l'ont constaté, que dans des périodes critiques de la lutte des classes nombre des meilleurs représentants idéologiques de la classe dirigeante se séparent de celle-ci, toutefois ce processus est très compliqué et plein de contradictions. Ainsi il est très difficile pour l'écrivain de s'affranchir réellement des courants et des fluctuations de son époque et à l'intérieur de ceux-ci de ceux de sa classe. Cet affranchissement, ce renforcement des tendances démocratiques a été beaucoup entravé par la faiblesse idéologique de l'aile gauche de la social-démocratie d'Europe centrale et occidentale. Tandis que les Bolcheviks en Russie ont réussi à élaborer une stratégie et une tactique dans les écrits de Lénine, qui a combiné d'une manière révolutionnaire la lutte conséquente pour la libération du prolétariat avec la lutte pour la démocratie, cet aspect fut précisément un des points les plus faibles des oppositions radicales dans la social-démocratie d'autrefois et les jeunes partis communistes ont hérité de cette faiblesse. La bravoure et l'esprit de suite d'une opposition démocratique qui prend naissance dans la petite bourgeoisie dépendra toujours dans une très large mesure de l'attitude conséquente et révolutionnaire des partis ouvriers. Et c'est précisément sur ce point que les ailes radicales de la social-démocratie d'Europe centrale et occidentale ont fait long feu. Citons seulement un exemple : l'affaire Dreyfus en France. La protestation démocratique qui s'éleva à cette occasion fut de la plus haute importance pour la littérature française. Des écrivains comme Zola et Anatole France se sont vigoureusement politisés au cours de ce mouvement de protestation. Et il ne fait aucun doute que cette activité de leur part, en particulier dans le cas de France, a donné un essor considérable à leur œuvre littéraire. Mais le fait demeure que le soutien véritable à la campagne pour Dreyfus est venu seulement de l'aile droite de la social-démocratie française, tandis que la gauche adoptait le point de vue d'une neutralité sectaire. Il n'est pas besoin d'une analyse détaillée pour montrer que le nouvel essor donné à la production d'écrivains comme Zola et France par leur participation au mouvement démocratique de protestation contre la réaction impérialiste montante, aurait été plus grand et plus profond s'ils avaient trouvé un véritable soutien idéologique dans un parti ouvrier révolutionnaire marxiste.

C'est pourquoi, dans un examen historique de ces courants, on doit s'en tenir fermement au principal et considérer la confusion des écrivains pris individuellement sur maintes questions idéologiques et politiques, comme leur tribut à l'époque. Ceci inclut — pour mentionner seulement quelques points essentiels — d'une part l'inaptitude de bien des écrivains importants à tracer une ligne de séparation nette entre leurs aspirations réellement démocratiques et le libéralisme pourri et enclin au compromis de leur classe. (Même dans des œuvres aussi importantes qu'*Untertan* (*Le Sujet*) d'Heinrich Mann cette imprécision des limites apparaît sous la forme d'un embellissement des faiblesses du libéralisme allemand.) D'autre part beaucoup d'écrivains succombent à la critique romantico-réactionnaire de la démocratie. La grande influence de Nietzsche sur les écrivains d'opposition les plus importants de la période impérialiste a ses racines dans cette confusion. Dans les pays latins cette influence est renforcée par celle de l'opposition syndicale à l'opportunisme de la social-démocratie.

Idéologiquement la complexité de cette situation se manifeste dans le fait que des écrivains importants, qui reproduisent la réalité avec réalisme, font dans leurs vues conscientes sur le monde de vastes concessions aux théories sceptiques, agnostiques de la classe bourgeoise de leur époque. Naturellement, on ne doit pas interpréter l'action réciproque entre la vision du monde d'un écrivain et sa production d'une manière aussi directe et simple. Pourtant dans la plupart des cas cette position idéologique de l'écrivain ne reste absolument pas sans influence sur sa production, sur la nature de son réalisme, sur la mesure dans laquelle il se fie à sa propre imagination pour reproduire la réalité avec réalisme, etc.

Toute analyse est compliquée par le fait que l'agnosticisme ou le scepticisme de l'écrivain n'est pas une condition statique; on doit toujours examiner soigneusement dans quel sens s'exerce le scepticisme, d'où il vient et où il mène. Lénine, dans son analyse de la carrière littéraire d'Alexandre Herzen a indiqué avec une incomparable perspicacité deux sortes de scepticisme dont la différence est décisive pour notre présente étude. Il montre qu'il y a d'une part un scepticisme qui accompagne et stimule idéologiquement le passage de la classe bourgeoise de la démocratie révolutionnaire à un libéralisme pourri et perfide ; mais que, d'autre part, il y a une critique sceptique de la société bourgeoise qui prend la direction du socialisme. Ce dernier cas était celui de Herzen. Si, prenant garde à cette distinction fondamentale de Lénine, on considère de plus près les écrivains importants de la protestation démocratique dans la période impérialiste, on trouve certes chez de très nombreux écrivains l'intrication étroite, le mélange compliqué de ces deux formes de scepticisme, mais on doit en même temps constater que chez les écrivains importants il y a une prépondérance de la seconde forme. Ceci est particulièrement visible dans l'évolution d'Anatole France.

Ce mouvement démocratique de protestation joue un rôle extraordinairement important dans l'adaptation littéraire de l'histoire. En vérité, lui et lui seul a créé un nouveau type de roman historique qui, surtout dans la littérature de l'émigration allemande antifasciste, est devenu un problème central des lettres de nos jours. Jusqu'ici les romans historiques des écrivains importants jouent seulement un rôle plus ou moins épisodique dans l'ensemble de l'œuvre de leurs auteurs. Néanmoins, il est nécessaire de mentionner, ne serait-ce que par allusion, ces précurseurs de la littérature de notre temps. Tout d'abord il y a la période tardive de Victor Hugo, dont *Quatre-vingt-treize* est peut-être la première œuvre historique importante où l'on ait tenté d'interpréter l'histoire du passé dans l'esprit du nouvel humanisme protestataire et pris ainsi des voies littérairement différentes de celles des romans historiques des contemporains de Victor Hugo plus jeunes ou plus âgés, que nous avons déjà analysés. A maint égard aussi d'autres voies que celles des romans de Victor Hugo lui-même. Non pas que Hugo ait rompu avec toutes ses traditions romantiques antérieures. En un certain sens *Quatre-vingt-treize* est un dernier écho du roman historique romantique. La vieille manière de Victor Hugo de remplacer par de grandioses contrastes décoratifs et rhétoriques le mouvement interne, qui fait défaut, subsiste encore ici. Mais, entre ses romans romantiques dans le sens scolaire et celui-ci, Hugo a toutefois écrit *Les Misérables*, et, si stylisée et romantique que la vie populaire puisse être figurée dans cette œuvre, elle donne néanmoins un tableau du peuple dans un tout autre sens que n'importe quelle œuvre d'un autre romantique (y compris le jeune Hugo).

Ces tendances sont intensifiées dans l'ouvrage tardif. Le fait même qu'à une époque où l'on considérait comme particulièrement moderne de calomnier la Révolution Française scientifiquement (comme Taine) ou littérairement (comme les Goncourt), Victor Hugo écrive sa glorification — même si elle prend un aspect romantiquement monumental —, ce fait montre comment ces tendances agissent contre le courant général. Elles apparaissent encore intensifiées du fait que Hugo s'enthousiasme pour 1793, l'année de la Terreur, et non pas simplement pour 1789. Ce sont ici, en dépit de toutes les vacillations de Hugo — que Lafargue a critiquées et maintes fois à juste titre — des tendances importantes, qui annoncent l'avenir et le réveil de la démocratie révolutionnaire. Surtout parce que Hugo figure des conflits réellement tragiques, qui se sont développés sur la base de cette Révolution. Assurément, sa figuration est souvent plus rhétorique que réaliste. Et cette rhétorique n'est pas simplement une survivance de la période romantique : elle exprime clairement les limites de sa conception humaniste, l'abstraction métaphysique de son humanisme. Cette abstraction détermine les conflits terminaux qui conduisent les héros à leur perte tragique. Les collisions réelles, humaines et historiques de l'aristocrate et du prêtre, qui se sont mis du côté de la Révolution, sont transformées chez l'un et l'autre en ingénieux conflits de devoirs fondés sur cet humanisme abstrait.

Dans la période impérialiste ce sont surtout les romans historiques d'Anatole France qui occupent une semblable position indépendante et nouvelle. Même chez France, en particulier dans sa jeunesse, un certain arbitraire subjectif est sensible dans le traitement de l'histoire, mais cet arbitraire se situe à des lieues des tendances, par exemple, de Flaubert ou de Meyer, on peut même dire qu'il leur est tout à fait opposé. Dans les figures historiques d'Anatole France le scepticisme humaniste et militant reçoit une représentation plus claire et artistiquement plus achevée que chez nombre de ses successeurs. France est le premier exemple d'un retour aux vues de l'époque des Lumières de la part des écrivains démocratiques d'opposition. Au sein des conditions sociales et idéologiques de la période impérialiste ce retour est la voie la plus proche et la plus visible pour les idéologues bourgeois qui veulent prendre fermement position contre les tendances réactionnaires de leur temps. Plus tard Heinrich Mann et Lion Feuchtwanger suivront aussi cette voie. Nous analyserons par la suite les difficultés et les contradictions que suscite le fait de vouloir juger et figurer les problèmes de notre temps du point de vue des représentants de l'idéologie des Lumières. Indiquons seulement ici que France prend l'idéologie des Lumières beaucoup moins que ses successeurs sous la forme d'une conception du monde abstraite et fermée (lutte entre raison et manque de raison chez Feuchtwanger), mais davantage comme une attitude supérieurement sceptique et défensive non seulement envers les tendances ouvertement réactionnaires du temps, mais aussi — et c'est sa note particulière — envers les limites et le caractère problématique de la démocratie bourgeoise. C'est cet esprit qui a donné naissance à la figure inoubliable, historiquement authentique et radieusement humaniste de l'abbé Jérôme Coignard. Dans le même esprit le scepticisme de France se tourne contre des légendes historiques médiévales et modernes de toute sorte. Mais la démolition de semblables légendes est faite chez lui dans un esprit historique incomparablement plus authentique que chez la plupart des écrivains de son temps. (Qu'on pense seulement aux modernisations délibérées de l'histoire par Shaw — à l'exception de *Sainte-Jeanne* —, qui ont également pris naissance dans la lutte contre des légendes historiques.) Et le principe de l'humanité est beaucoup moins abstrait dans les œuvres d'Anatole France que ce n'est généralement le cas avec l'assimilation de l'idéologie des Lumières à notre époque. Car France accueille aussi d'une manière très personnelle le matérialisme épicurien du XVIIIe siècle, sa triomphante humanité n'a jamais renié la chair et le sang. Au contraire : c'est un principe qui démasque toute esthétique ampoulée. Pour cette raison précisément, France ne veut rien avoir à faire avec la légende historique réactionnaire qui identifie le matérialisme à l'égoïsme. Ainsi Brotteaux dans son roman sur la Révolution, *Les Dieux ont soif*, n'est pas seulement un être humain vrai, il est aussi fondé sur une authentique compréhension des contradictions historiques de cette période.

La critique de la démocratie bourgeoise n'est pas en soi un nouveau motif particulier de la période impérialiste. Les plus diverses tendances romantiques anticapitalistes et même ouvertement réactionnaires mettent au premier plan cette critique, à la fois en théorie et en littérature. La caractéristique particulière d'Anatole France consiste dans le fait qu'il n'a jamais soulevé cette question d'une manière romantique, même dans sa jeunesse. Et dans sa dernière période, après les expériences de la campagne pour Dreyfus, cette tendance reçoit chez lui une orientation qui va résolument au-delà de la démocratie bourgeoise vers l'avenir socialiste.

Pour cette raison, son retour aux problèmes de la Révolution Française est quelque chose de tout à fait nouveau dans la littérature de la période impérialiste. Le critique soviétique Fradkin, dans son parallèle entre *Quatre-vingt-treize* de Victor Hugo et *Les Dieux ont soif* d'Anatole France, a souligné brillamment et correctement la différence décisive : Victor Hugo est essentiellement d'accord avec les objectifs politiques et sociaux des Jacobins, par contre il voit leur problématique tragique dans leur méthode, la Terreur. Anatole France, pour sa part, n'a guère d'objections à faire à la méthode de la Terreur en soi ; il aperçoit cependant une insoluble contradiction dans les objectifs sociaux des Jacobins : la formule « Liberté, Égalité, Fraternité », pour laquelle les meilleurs d'entre eux ont combattu avec tant d'héroïsme et d'esprit de sacrifice, conduit à une misère croissante des masses laborieuses libérées, aussi longtemps que la base économique du capitalisme demeure inébranlée. L'héroïsme des Jacobins, que France évoque d'une manière pittoresque, apparaît ainsi comme une tragique problématique. Pourtant à aucun moment le contenu social de cette tragédie n'a un caractère désespéré, celui d'un « éternel » dilemme, comme chez Victor Hugo, mais il renferme une perspective de l'avenir inexprimée, et pour cette raison d'autant plus claire. Et parce que France voit de cette manière cette grande crise de transition, il peut se permettre envers les adversaires de la Révolution une objectivité qui en fait de véritables êtres humains, sans avoir à affaiblir le moins du monde sa propre prise de parti.

Il est évident que toute littérature de transition, indiquant l'avenir, susceptible d'apparaître en Allemagne ne pouvait avoir quoi que ce soit de comparable à la perspicacité historique et à l'esprit progressiste d'Anatole France. Néanmoins il nous paraît nécessaire de mentionner quelques cas principaux, brièvement et d'une manière plutôt allusive, puisque nous avons traité relativement en détail les représentants principaux du déclin dans le roman historique, afin qu'il ne semble pas qu'aucun mouvement opposé n'ait existé en Allemagne dans cette période.

Un mouvement de ce genre commence déjà peu après la défaite de la Révolution de 1848. Sa figure principale est Wilhelm Raabe. Dans l'œuvre de cet écrivain les thèmes historiques jouent seulement un rôle épisodique. (J'ai analysé les questions fondamentales de sa carrière littéraire dans *Réalistes allemands du XIXe siècle.*) La vision historique de Raabe montre de grands mérites et des limites clairement tracées. Sa caractéristique la plus positive est peut-être son indignation passionnée contre la misère allemande, qu'il attaque dans ses romans contemporains surtout sous la forme du philistinisme dégradant des petits états allemands. A cela s'ajoute un bon sens populaire qui l'amène à chercher et à figurer les causes de la corruption surtout « en haut » et les possibilités de renouveau surtout « en bas ». Mais quand nous voyons que ceci, appliqué à l'histoire, produit une idéalisation des villes indépendantes du Moyen Age, nous voyons aussi les limitations qui empêchent Raabe d'esquisser un tableau du passé qui serait pleinement équivalent à sa description critique du présent ; d'autant plus que Raabe perçoit bien plus vivement et différencie bien davantage le « haut » et le « bas » dans le présent que dans le passé, où son idéalisation de la splendeur — souvent très douteuse — des villes obscurcit sa vision.

Son sens critique de l'humour devient réellement fécond là où il redécouvre dans le passé son thème central, la lutte contre la misère allemande. Le meilleur exemple est le récit : *Die Gänse von Bützow* (*Les Oies de Bützow*). Raabe montre le misérable aspect petit-bourgeois d'une petite ville allemande au moyen d'un double contraste : d'une part l'arrière-plan lointain de la Révolution française et des grandes guerres qu'elle suscite, d'autre part le niveau culturel élevé de la couche d'intellectuels qui a servi de base au classicisme allemand. Ces contrastes généraux produisent toute une série de contrastes très concrets et sensibles dans les personnages, les situations et même la langue. Cette langue est celle d'un maître d'école intimement familiarisé avec toute la littérature contemporaine, qui raconte l'histoire à la première personne. On y voit se déployer continuellement la contradiction entre l'effroyable mesquinerie des personnages et des événements et l'élévation des pensées et des sentiments, des citations et de la langue ; cela crée dans le meilleur sens une atmosphère ironique. En outre, les autorités mesquinement tyranniques de la petite ville et les mouvements mesquinement peureux ou intrigants d'opposition des habitants sont constamment hantés par les exploits et les personnalités héroïques de la Révolution française : la crainte mesquine des dirigeants et la rébellion peureuse et hésitante des opprimés, qui admirent sans cesse leur propre « témérité » avec orgueil et en même temps avec angoisse, conjurent continuellement ces ombres. La « révolte » de la petite ville contre une ordonnance stupide et injuste concernant les droits des oies sur les routes intensifie encore dramatiquement ces contrastes.

L'ironie et l'ironie à son propre égard de ce récit ne créent pourtant aucune désagrégation romantique de la forme, mais donnent un tableau du temps au coloris à la fois différencié et harmonisé ; elles expriment la variété et l'unité dans les contradictions de cette période de l'évolution allemande et par là, indirectement, une attitude envers le présent. L'ironie ne se tourne pas contre la Révolution française, comme le fait habituellement l'histoire littéraire réactionnaire ; au contraire, elle critique le comportement mesquinement servile des bourgeois et des petits-bourgeois allemands, qui apparaît d'autant plus misérable d'être mis en contraste avec les grands événements mondialement historiques et le haut niveau intellectuel de leur propre culture. Ainsi, en tant qu'appel à l'autocritique et à la transformation par soi-même d'une Allemagne où l'absence de sens critique et l'outrecuidance de l'époque bismarckienne commençaient à se faire sentir (le récit fut écrit à la veille de la guerre austro-prussienne), c'est déjà une anticipation de l'humanisme ultérieur. Cette tendance fondamentale se manifeste quand le narrateur à la première personne du récit, dont l'action ne se déroule pas en Prusse, insère la fameuse formule de Mirabeau sur la Prusse : « Pourriture avant maturité » dans une lettre de conclusion qui est mise d'une manière bien préparée à une place vraiment frappante.

Presque deux décennies plus tard ce motif devient l'idée centrale d'un petit chef-d'œuvre historique : *Schach von Wuthenow* de Theodor Fontane. Chez Fontane aussi les sujets historiques jouent seulement un rôle d'épisodes à côté des thèmes contemporains. Assurément ses débuts, sa période des ballades ont une orientation essentiellement historique ; même le romancier commence avec un grand roman historique : *Vor dem Sturm* (*Avant la tempête*). Néanmoins et malgré l'originalité de Fontane dans maints détails, la véritable nouveauté de son art n'y est pas encore manifeste. Surtout en ce qui concerne le contenu des idées. Fontane, tout comme Willibald Alexis avant lui dans *Isegrimm*, choisit von Marwitz, un excentrique réactionnaire non dépourvu d'intérêt, pour figure centrale. Mais, ce faisant, il s'interdit de figurer les tendances réellement progressistes des guerres de libération, ces tendances qui sont exprimées par Scharnhorst et Gneisenau, tout comme par les insurgés populaires du mouvement, pour lesquels Raabe montre beaucoup de compréhension.

Le récit *Schach von Wuthenow*, en revanche, montre déjà le Fontane authentique de la maturité. Ici le glorificateur littéraire de la Prusse, ancienne et nouvelle, se met à critiquer avec une pertinence déjà implacable le type d'homme prussien, l' « attitude » prussienne, en tant que norme morale pétrifiée, principe d'existence dangereux et mortel. Cette critique atteint plus tard son sommet littéraire dans *Irrungen, Wirrungen* (*Egarements et Confusions*) et *Effi Briest.* (J'ai traité en détail les problèmes de l'évolution de Fontane dans mon livre *Grands réalistes allemands du XIXe siècle.*)

En un certain sens le prélude historique chez Fontane est plus fortement, en tout cas plus clairement marqué que la figuration des êtres humains, peut-être encore plus richement différenciée dans ses romans sociaux ultérieurs. Ici, comme une exception qui confirme la règle, l'opposition que nous avons souvent fait ressortir entre matière historique et sociale se trouve inversée : cette fois c'est le sujet historique qui manifeste une plus grande résistance aux vues, aux inclinations et au tempérament de l'écrivain, que le sujet contemporain. Il n'est pas difficile de montrer la contradiction et l'exception. Dans ses romans sur le présent, Fontane montre le caractère à la fois inflexible et fragile de « l'attitude » prussienne, sa nature essentiellement inhumaine, mais il peut seulement révéler ses conséquences au moyen de cas privés, purement personnels — si typiques qu'ils soient. Il lui faudrait un désir passionné de changer radicalement la société pour intégrer aussi à ses ouvrages les conséquences historiques de l' « attitude » prussienne, au moins en tant que perspective. Et rien n'était plus éloigné de la personnalité de Fontane vieillissant qu'une passion de ce genre, bien que maintes de ses lettres montrent que la perspicacité ne lui faisait pas défaut.

Schach von Wuthenow, cependant, se déroule à la veille de la bataille d'Iéna. Ce qui a pour conséquence de lier d'une manière inséparable et organique l'atmosphère de la catastrophe imminente avec la biographie qui constitue le sujet proprement dit du récit. La maîtrise de Fontane se manifeste sous deux aspects. D'abord, tout le conflit intérieur de Schach est moralement un phénomène typique d'avant Iéna dans le cercle dirigeant de la Prusse et apparaît comme tel au lecteur. En second lieu, tout le cours de l'action et les circonstances — conversations, types qui se font contraste, etc., qui paraissent n'avoir qu'un faible lien avec elle — produisent des variations discrètes qui s'intensifient « d'elles-mêmes » sur ce thème : *pourquoi* la bataille d'Iéna *devait*-elle conduire à une catastrophe pour la Prusse de Frédéric le Grand. Entre Raabe et Fontane il n'existe à coup sûr aucun rapport subjectif, mais objectivement ce n'est certainement pas un hasard si le récit de Raabe s'achève avec les mots de Mirabeau sur la pourriture de la Prusse, tandis que la même phrase constitue un prélude dans le récit de Fontane. Cette affinité intellectuelle réunit les deux écrivains en dépit de toute leur différence de conceptions et de style et en fait tous deux des précurseurs de l'humanisme militant de la période impérialiste.

Il nous est vraiment impossible de nous fixer pour tâche de suivre pas à pas dans sa genèse le développement de ce nouveau type de roman historique. A cause de ses aspirations idéales, mentionnons seulement ici Ricarda Huch ; mais aussi parce que la plupart de ses romans historiques (non pas les romans sociaux de ses débuts) montrent déjà des tendances marquées dans le sens de la *belle-lettristique* historique que nous critiquerons par la suite. Nous devons nous concentrer sur le roman historique de l'humanisme militant, antifasciste. Cela nous est rendu plus facile par le fait que précisément toutes ces tendances y sont concentrées de sorte qu'une analyse et une critique de cette littérature est une analyse et une critique des formes typiques du roman historique de notre temps, tout comme auparavant l'analyse de Scott ou de Flaubert a donné l'analyse des traits typiques des périodes correspondantes de l'évolution du roman historique.

Puisque l'actuel roman historique reflète les principales tendances antibarbares qui peuvent se développer sous le capitalisme mourant, il révèle aussi dans une mesure croissante l'influence idéologique que l'humanisme socialiste de l'Union Soviétique exerce sur les meilleurs intellectuels occidentaux. Cette influence s'entrelace naturellement dans les œuvres des écrivains avec une critique toujours plus incisive de la barbarie fasciste et donne à cette critique une perspective plus brillante, plus riche d'espoir sur l'avenir de l'humanité. Pour évaluer correctement la profondeur de cette influence de l'humanisme socialiste, il suffira peut-être que nous nous référions aux deux sortes de scepticisme cités plus haut. Certainement, il faut aussi souligner sans cesse les aspects positifs du scepticisme d'Anatole France. Il ne fait pourtant aucun doute non plus que dans le roman historique d'aujourd'hui, le plus nettement chez Heinrich Mann, mais aussi chez Feuchtwanger et d'autres, c'est un tout autre esprit qui domine la manière de traiter la perspective de l'évolution de l'humanité. Et il faudrait être aveugle pour ne pas voir que dans cette question artistique et idéologique décisive l'influence du socialisme réalisé en Union Soviétique est extrêmement importante.

La protection humaniste contre la barbarie de l'ère impérialiste apparaît d'autant plus manifeste, plus claire et plus militante que la barbarie impérialiste montre ouvertement d'une manière plus nette qu'elle atteint son apogée de brutalité dans le fascisme. Avec l'avance du fascisme, dans la lutte contre lui, l'humanisme de l'opposition démocratique devient toujours plus largement et plus profondément politique, toujours plus social ; ses représentants importants s'élèvent toujours plus haut dans la critique de leur temps. Certes, durant ce processus même, l'opposition démocratique se différencie. L'aggravation des antagonismes rebute en les effrayant une partie de ses premiers compagnons de lutte, elle les pousse même parfois dans le camp des adversaires du progrès humain. Mais la ligne principale de l'évolution est visible dans la croissance idéologique et artistique de fortes personnalités comme Romain Rolland ou Heinrich et Thomas Mann.

La victoire du fascisme hitlérien en Allemagne est un tournant de l'évolution non seulement pour l'Allemagne, mais surtout pour l'humanisme oppositionnel des écrivains *allemands* importants. La formation du Front Populaire contre le fascisme n'est pas seulement au point de vue politique un événement d'une portée historique mondiale, il marque aussi le commencement d'une nouvelle période au point de vue de l'idéologie artistique dans la littérature allemande. Chez les plus importants représentants de l'opposition humaniste, les plus importants adversaires du fascisme, on peut observer une extraordinaire clarification des idées, ils considèrent les événements du présent et les voies qui y ont conduit avec une vision historique pénétrante. Ce serait un point de vue mesquin et étroit, un point de vue sectaire, de vouloir mesurer cette élévation du niveau social et idéologique de la littérature allemande en estimant jusqu'à quel point ses représentants importants se sont rapprochés consciemment du marxisme en tant qu'idéologie, du communisme en tant que programme politique. L'effet principal du Front Populaire est de produire une fermentation ; il amène les écrivains à se développer organiquement. A la suite de la domination hitlérienne, sous l'influence des succès du Front Populaire en France et dans la lutte révolutionnaire de libération du peuple espagnol, sous l'influence de la victoire du socialisme en Union Soviétique, l'esprit de la *démocratie révolutionnaire* s'est réveillé chez d'importants écrivains, qui pendant toute leur vie se sont opposés — plus ou moins consciemment, plus ou moins résolument — aux courants réactionnaires dominants de leur pays.

Cette protestation est de la plus haute importance politique, en particulier pour l'Allemagne, et c'est en même temps quelque chose d'extraordinairement compliqué et difficile dans la littérature et la pensée allemandes. Car, parmi les pays civilisés, l'Allemagne est celui qui possède les plus faibles traditions démocratiques révolutionnaires. Heinrich Mann l'a énoncé très clairement dans un article sur cette question :

« La Révolution viendra. Les Allemands n'en ont encore jamais fait une, le mot n'évoque pas pour eux des images familières. Même les ouvriers, quelle que soit leur bravoure et leur intelligence dans la lutte, laissent apparemment la dernière partie de la lutte dans l'obscurité même pour eux. »

Les écrivains clairvoyants et honnêtes sont persuadés par leurs amères expériences avec une partie non négligeable de la bourgeoisie libérale et de ses intellectuels en Allemagne (qu'on songe seulement au destin de Gerhardt Hauptmann sous le fascisme) et par les modifications qui se produisent dans le camp des défenseurs bourgeois et petits-bourgeois du Front Populaire en France et en Espagne, que le libéralisme doit être critiqué du point de vue de la démocratie révolutionnaire, du point de vue de la défense résolue et de la consolidation du Front Populaire.

Cette critique doit être aussi une autocritique au sens le plus large, et il en est ainsi dans la plupart des cas, d'une manière plus ou moins consciente. Qu'on compare les remarques suivantes d'Heinrich Mann tirées du même essai avec celles que nous venons de citer et on saisira tout à fait clairement la ligne de cette critique et de cette autocritique :

« Le libéralisme et un genre restreint d'humanisme nous ont rendu supportable au pis aller le système capitaliste, lorsqu'il était encore possible, lui ont donné un aspect moins sombre de sorte que nous pouvions encore avoir des élans de conscience morale et d'amour du prochain. »

Dans des réflexions de ce genre Heinrich Mann soulève les problèmes spécifiquement actuels de la démocratie révolutionnaire, d'une manière très décisive. Aussi important que cet appel aux instincts démocratiques révolutionnaires de tous ceux que le capitalisme de monopole opprime, exploite et prive de leurs droits, matériellement et culturellement, est le fait que ce réveil de l'esprit démocratique récvolutionnaire se produit aujourd'hui dans des conditions tout à fait particulières. C'est pourquoi Diaz avait pleinement raison de parler d'une démocratie d'un type complètement nouveau, dont la réalisation fut le but du Front Populaire espagnol. Le Front Populaire dans tous les pays lutte pour ce genre de démocratie nouvelle. Et si nous avons écarté auparavant la prétention mesquine et étroite de mesurer l'importance des grands écrivains antifascistes en évaluant jusqu'à quel point ils se sont rapprochés des vues du marxisme, cela ne signifie pas que la discussion des problèmes du socialisme ne soit pas une importante pierre de touche pour l'authenticité et la sincérité de la démocratie révolutionnaire de nos jours.

Et pas seulement de nos jours. La complexité et la difficulté du développement de la démocratie révolutionnaire au XIXe siècle sont liées étroitement au fait qu'après le soulèvement de Babœuf, après les soulèvements des tisserands de Lyon et de Silésie, après le mouvement chartiste, etc., personne ne pouvait plus être un démocrate révolutionnaire conséquent sans adopter une attitude positive envers la question de l'émancipation du prolétariat. (Cela était encore possible pour les Jacobins.) Si faibles qu'aient été les traditions démocratiques révolutionnaires en Allemagne, l'histoire politique et surtout l'histoire littéraire du XIXe siècle en Allemagne offre des exemples intéressants et importants de démocrates révolutionnaires qui ont discuté le problème du socialisme et ceux-ci ont toujours donné une réponse affirmative à la grande question de l'époque. Ainsi Georg Büchner, Heinrich Heine, Johann Jacoby. C'est la voie que prennent les grands écrivains antifascistes du Front Populaire allemand ; ces traditions reçoivent un écho moderne dans leurs écrits.

Et ceci, bien entendu, n'est pas un problème exclusivement allemand. Si en France on suit l'évolution du dirigeant et du héros des combats de barricades, Blanqui, ou si l'on songe à l'évolution d'écrivains comme Zola ou Anatole France, on voit partout le même problème et la même *orientation* (pas le même contenu) dans les tentatives de le résoudre. Encore plus évident est ce rapport entre la démocratie révolutionnaire et le débat sur le socialisme dans l'évolution russe de 1840 à 1880. Il suffit de penser à des figures comme Bélinski et Herzen, Tchernichevski, Dobrolioubov, Saltykov-Chtchédrine, pour voir clairement ce rapport.

Ce débat n'est pas d'un genre purement théorique, mais une lutte animée avec les problèmes réels de la vie. La réalité du fascisme hitlérien, la réalité de la Révolution espagnole, la réalité du socialisme en Union Soviétique, la réalité de la lutte héroïque des ouvriers allemands : ce sont les grands faits au contact desquels la démocratie révolutionnaire se renforce chez les meilleurs écrivains allemands, se forme une tradition et cherche à l'appliquer à toutes les affaires de la vie allemande. Le socialisme dans ce contexte apparaît comme un problème central de la vie populaire : comme la question du bien-être matériel et culturel de la large masse des travailleurs. Il n'est pas nécessaire d'être un partisan du socialisme, à plus forte raison du marxisme, pour faire l'expérience de cet ensemble de questions et connaître leur caractère central. Thomas Mann par exemple a écrit dans les années vingt :

> « J'ai dit que tout ira bien pour la première fois en ce qui concerne l'Allemagne et que celle-ci se sera trouvée, quand Karl Marx aura lu Friedrich Hölderlin — une rencontre qui, du reste, est sur le point de se réaliser. J'ai oublié d'ajouter qu'une prise de conscience unilatérale resterait nécessairement infructueuse. »

Bien entendu, le modèle de l'Union Soviétique joue un grand rôle dans tout ceci. Et l'assimilation du marxisme facilitera à tout écrivain important et honnête la maîtrise intellectuelle de ces problèmes. Pourtant, d'un point de vue typique, le marxisme n'est pas le commencement, mais dans le meilleur des cas l'aboutissement de ce chemin parcouru. Le premier pas consiste à mettre en discussion d'une manière honnête, conséquente et vivante les problèmes réellement brûlants de la vie actuelle du peuple. Et l'actualité mondialement historique du socialisme se manifeste dans le fait que tout intellectuel honnête qui prend au sérieux les problèmes du Front Populaire, de la libération de son peuple du joug réel ou menaçant du fascisme, rencontre en pratique le problème du socialisme, dès qu'il examine concrètement une question quelconque. Zola a déjà fait cette expérience dans la dernière période de sa vie. Mais à cette époque la vie elle-même ne posait pas la question d'une manière aussi urgente qu'aujourd'hui, de sorte que Zola a pu s'égarer dans des rêveries utopiques, dans un renouveau affaibli du socialisme utopique.

L'actualité brûlante de tous les problèmes du socialisme souligne aujourd'hui l'énorme importance pratique et politique de ce renouveau de la démocratie révolutionnaire. Car l'actualité du socialisme signifie précisément que ses problèmes jaillissent de la vie, des expériences vécues des masses laborieuses et sa tâche est de satisfaire les exigences de la période de transition, qui correspondent aux vœux et aux expériences réellement actuels des masses laborieuses. L'unité de la démocratie révolutionnaire avec toutes les couches du peuple travailleur, sa sensibilité à l'égard de leur présent degré d'évolution, objectif et subjectif, est un des facteurs les plus importants de la période actuelle de transition. On doit d'autant plus mettre l'accent là-dessus que bien des cercles de la sociale-démocratie s'activent à faire des projets d'une utopique « économie planifiée » qu'ils présentent comme une exigence pseudo-radicale, et aussi parce que des anarchistes à l'esprit confus et des vermines trotzkistes utilisent le slogan de la réalisation immédiate du socialisme pour faire éclater le Front Populaire et gêner la véritable lutte révolutionnaire contre le fascisme qui n'atteindra qu'en définitive son apogée dans le socialisme.

Le processus de bolchévisation des partis communistes d'Europe n'est parvenu réellement à maturité qu'en reconnaissant ainsi l'énorme importance des traditions vivantes de la démocratie révolutionnaire. Car, celui qui étudie attentivement la différence entre les Bolchéviks et les sociaux-démocrates de gauche dans les pays européens autres que la Russie avant la première guerre mondiale trouvera qu'une des différences essentielles est la suivante : les Bolchéviks ont réellement élevé les traditions de la démocratie révolutionnaire dans leur théorie et leur pratique (au sens de les conserver et de les porter à un niveau supérieur), tandis que les mouvements d'opposition de gauche en Occident ou bien ont abandonné ces traditions, ou bien les ont laissé dégénérer en démocratie vulgaire.

On pourrait résumer brièvement l'histoire des écrivains émigrés antifascistes allemands de la manière suivante (en étant conscient du fait qu'un bref résumé comporte toujours une certaine simplification) : d'Allemagne sont partis des intellectuels en majorité libéraux, certains avec des inclinations démocratiques, mais ils ont évolué radicalement sous l'influence des gigantesques événements des dernières années dans la direction de la démocratie révolutionnaire. C'est le premier mouvement de ce genre dans l'histoire allemande depuis la période préparatoire à la Révolution de 1848, lorsque sous la conduite de Marx une démocratie révolutionnaire a commencé à se cristalliser en Allemagne. A cet égard le changement dans les vues politiques de l'émigration allemande met en lumière un tournant qui se prépare dans l'histoire du peuple allemand.

Ce chemin conduisant à la démocratie révolutionnaire est bien entendu très inégal et contradictoire. Les grandes difficultés intérieures et extérieures qu'implique le déploiement de la révolution rebutent inévitablement en les effrayant beaucoup d'intellectuels et d'écrivains ; leurs idées libérales se durcissent sous une forme métaphysique et se nimbent d'idéologie. Dans la littérature allemande les derniers ouvrages historiques de Stefan Zweig montrent cette sorte d'obstination à s'en tenir à l'humanisme libéral qui est caractéristique d'une grande partie de l'intelligentsia occidentale dans la période antérieure à Hitler.

Dans son livre sur Erasme de Rotterdam, Zweig oppose l'humanisme et la révolution d'une façon exclusive : « Mais l'humanisme par nature n'est jamais révolutionnaire... » Ainsi Zweig fixe d'une manière pseudo-philosophique le faux humanisme de la bourgeoisie libérale allemande. Les traditions vraiment grandes de l'humanisme européen furent au contraire toujours révolutionnaire. Les meilleurs d'entre les intellectuels européens ont vu dans la Révolution Française la réalisation des idéaux de l'humanisme, cette « aube glorieuse » dont Hegel âgé, las et désabusé, parlait encore avec émotion et enthousiasme. C'est seulement lorsque la bourgeoisie allemande s'est soumise au bonapartisme bismarckien qu'a commencé de prédominer dans les universités et les lycées ce classicisme vide, formaliste, qui se cachait timidement devant le peuple et les mouvements populaires, vidait l'humanisme de tout contenu démocratique révolutionnaire et ainsi le dégradait en une respectabilité languissante, bourgeoise et libérale.

Assurément, Stefan Zweig, en dépit des énormes prétentions avec lesquelles il renouvelle, objectivement, ce pseudo-humanisme fondamentalement réactionnaire dans ses œuvres récentes, est un écrivain honnête et clairvoyant bien au-dessus de ce type de médiocre académisme libéral. Surtout, il voit parfois très clairement les limites de ce type d'humaniste qu'il a constamment glorifié, et son erreur consiste en premier lieu dans son inaptitude à tirer les conséquences justes de ses vues perspicaces. D'une part il présente donc Erasme de Rotterdam comme le modèle typique de l'humaniste. Mais d'autre part il voit très clairement les limitations de ce type :

« Mais... ce qui régit les masses à leur niveau le plus profond, cela ils ne le savent pas et ne veulent pas le savoir. »

Ici Zweig énonce clairement une importante connexion, celle-là même qui a constitué pour les antifascistes humanistes les plus importants et les plus conséquents le point de départ de leur autocritique, de leur développement ultérieur idéologique et politique. Mais Zweig, à la différence de ceux-ci, surtout de Heinrich Mann, ne tire pas courageusement la conclusion que ce vieux type chéri d'humanisme, qu'il a reproduit avec beaucoup d'amour dans la figure d'Erasme, n'est pas seulement condamné à la défaite par son caractère étranger aux problèmes de la vie populaire, mais est aussi plus limité et plus restreint en ce qui concerne les questions essentielles de l'humanisme et par conséquent se tient à un niveau inférieur au niveau de ceux qui ont le courage et la capacité de puiser leurs idées dans un contact vivant avec les problèmes de la vie populaire.

Et ce contraste ne s'applique pas seulement à la forme actuelle renouvelée de l'humanisme, mais aussi à celle qui est apparue historiquement pour la première fois. Le fait même que Zweig ait choisi Erasme comme modèle typique de l'humanisme est une distorsion de l'image historique, car il néglige le type militant de l'humaniste profondément solidaire des problèmes de la vie populaire. Engels dans son analyse enthousiaste des grands hommes de cette période présente Léonard de Vinci et Dürer comme de grands types. Et bien qu'il ait rayé le nom d'Erasme de son manuscrit, ses remarques finales touchent de très près le type dont il s'agit dans l'Erasme de Zweig. « Les érudits en chambre », dit-il, « sont l'exception : ou bien des gens de deuxième ou de troisième ordre ou bien de prudents philistins qui ne veulent pas se brûler les doigts. »

Sur cette question nous trouvons chez Zweig un mélange caractéristique de deux courants hétérogènes : les préjugés modernes envers le peuple sous un déguisement « scientifique » (le peuple, masse « irrationnelle ») et les idées d'un renouvellement de l'époque des Lumières. Nous avons déjà indiqué, et nous y reviendrons encore par la suite, que le renouveau de la philosophie des Lumières n'a pas été seulement socialement nécessaire, mais aussi progressiste. Quand les intellectuels antifascistes opposent « la raison » aux moyens d'intoxication démagogiques et d'un irrationalisme barbare de la propagande fasciste, cela est juste et indique la marche en avant.

Mais ce principe reste juste et progressiste aussi longtemps qu'il n'est pas métaphysiquement exagéré, car alors il absorbe les préjugés modernes que fait naître le déclin de l'idéologie bourgeoise. Ce sont surtout les préjugés qui vivent dans le peuple, dans la masse, le principe de l'irrationalité, de ce qui est purement instinctif, vis-à-vis de la raison. Avec une telle conception du peuple l'humanisme détruit ses meilleurs armes antifascistes. Car le point de départ du fascisme est précisément cette « irrationalité » de la masse et il utilise son impitoyable démagogie pour tirer toutes les conséquences de cette conception. Ainsi donc, si l'on veut réellement démasquer l'hostilité du fascisme envers le peuple, on doit se concentrer sur le caractère insoutenable, mensonger de cet argument, on doit protéger les forces créatrices du peuple contre la calomnie fasciste, on doit prouver comment toutes les grandes idées et les grandes actions que l'humanité a produites jusqu'à maintenant ont pris naissance dans la vie populaire. Si par contre on oppose exclusivement et métaphysiquement la raison humaniste à l'irrationalité du peuple, il doit forcément en résulter une idéologie de la renonciation. L'humanisme est amené à se retirer de l'arène où se décide le destin de l'humanité.

Cette idéologie de la renonciation s'exprime dans le livre de Stefan Zweig sur Erasme, où raison et « fanatisme » sont mutuellement et exclusivement opposés. On voit dans ce dernier « l'ennemie spirituel de la raison ». Or il est manifeste que la lutte contre le fanatisme et pour la tolérance a été au centre de l'idéologie de l'humanisme dès la Renaissance et surtout à l'époque des Lumières. Mais il serait totalement faux historiquement de négliger le contenu social de cette antithèse à l'époque des Lumières elle-même : les partisans des Lumières entendaient par fanatisme le fanatisme religieux des défenseurs du Moyen Age et de ses survivances sociales et idéologiques ; la tolérance signifiait pour eux le fait de s'assurer un champ libre pour lutter contre les forces du féodalisme. Mais il serait pour le moins exagéré de dire que les partisans des Lumières ont été eux-mêmes tolérants au sens de l'Erasme de Zweig dans leur exigence de tolérance. Il suffit de penser à la formule de Voltaire : « écrasez l'infâme! » L'exigence politique et sociale de la tolérance n'exclut évidemment pas le soutien fanatique du point de vue humaniste. Et Stefan Zweig commet une méprise énorme s'il croit que Voltaire, Diderot ou Lessing ont vécu, pensé et se sont comportés selon son antinomie psychologico-métaphysique : raison *ou* fanatisme.

L'antithèse rigide de Zweig, qui résulte de son idéalisation des faiblesses historiquement inévitables de cette intéressante figure de la Renaissance qu'est Erasme, mène en droite ligne à un compromis libéral. Zweig résume les vues d'Erasme, avec lesquelles il se solidarise, de la façon suivante : « Il croyait que presque tous les conflits entre des êtres humains et des peuples pouvaient être résolus sans violence par *conciliation réciproque*, parce que tous se situent dans le domaine de l'humain ; presque tout antagonisme pourrait être réglé *par un accord*, s'il n'y avait toujours des meneurs outranciers prêts à bander exagérément l'arc guerrier. » (Les italiques sont de moi, G. L.) Ces vues font partie du domaine du pacifisme abstrait. Mais elles acquièrent une extraordinaire importance politique et idéologique du fait qu'elles sont exprimées par un humaniste antifasciste de premier plan à l'époque de la dictature hitlérienne en Allemagne, à l'époque de la lutte héroïque de libération du peuple espagnol.

Ces vues ont leur source dans une ignorance du peuple, une méfiance à son égard, et dans une fausse et abstraite aristocratie de l'esprit qui en résulte. Il ne fait pas de doute que des tendances de ce genre à une aristocratie de l'esprit ont existé parfois chez les humanistes de la Renaissance et même encore chez ceux de l'époque des Lumières. Mais, en premier lieu, ces tendances n'étaient pas dominantes. En second lieu, elles sont issues avec une nécessité historique de la faiblesse de ces mouvements populaires sur lesquels les exigences politiques, sociales et idéologiques de l'humanisme devaient alors prendre appui. Mais aujourd'hui d'énormes masses populaires sont engagées dans la lutte pour la réalisation des idéaux démocratiques, de sorte que forger une stratégie et une tactique humaniste à partir d'une situation historique antérieure, à partir des glorieuses périodes qui ont ouvert la voie de la révolution démocratique, c'est inverser le rapport et changer le contenu réel de l'humanisme des Lumières en son contraire. Imiter à la lettre certains aspects de l'humanisme, c'est aujourd'hui pécher lourdement contre l'esprit véritable de l'humanisme. Bien entendu, chacune des vues de Zweig peut être appuyée par des citations déterminées. Mais ces citations résultent précisément quant à leur esprit de la situation historique des grands humanistes que nous avons esquissée. Et quand Zweig expose : « que jamais un idéal qui tient compte uniquement du bien général ne peut pleinement satisfaire de larges masses populaires », il fait un affront direct aux plus authentiques traditions humanistes.

Le pas décisif dans le développement de l'humanisme antifasciste consiste précisément à triompher de telles conceptions. Cela n'a plus de sens de citer des déclarations faites dans les premières années après l'usurpation du pouvoir par Hitler pour montrer comment les préjugés libéraux prédominaient alors d'une façon générale. Il est bien plus important et nécessaire d'indiquer le chemin extraordinairement long que les intellectuels antifascistes d'Allemagne ont parcouru dans ces années. Ils ont repris confiance — et c'est la chose principale — en une rénovation fondamentale de l'Allemagne au moyen des forces du peuple allemand. Heinrich Mann, à cet égard encore, est l'animateur le plus progressiste et le plus résolu des lettres antifascistes. Il s'attache avec une clairvoyante attention à relever les traits humains, héroïques, significatifs du point de vue culturel et humaniste, que la lutte révolutionnaire du peuple allemand contre la barbarie fasciste révèle plus clairement de jour en jour. Nous ne pouvons citer ici qu'un exemple où Heinrich Mann montre très clairement comment le comportement héroïque des antifascistes allemands produit un nouveau type d'Allemand même en ce qui concerne sa langue. « Edgar André, un débardeur du port de Hambourg, s'est montré dans son dernier combat et face à la mort aussi digne de respect que des Allemands de son espèce le sont à présent. Il est l'Allemand sous un aspect nouveau, magnifique. Cela n'est pas donné, d'ailleurs, il a dû l'acquérir difficilement : la force du caractère avec l'élévation et la pureté de l'expression. On a ici la cadence du héros et du triomphateur de la mort. Les mots sont conservés pour des temps où le peuple victorieux jettera un coup d'œil rétrospectif sur ses grands exemples. Car seules la connaissance authentique et une disposition à se sacrifier peuvent mettre cette cadence dans les paroles d'un homme et ce courage dans son cœur. » On entend ici la voix claire de la démocratie révolutionnaire de nouveau réveillée en Allemagne. Des mots comme ceux-ci dans les écrits de l'émigration allemande sont issus de l'âme du peuple allemand en lutte.

Ce grand et important développement idéologique dans l'émigration antifasciste a fait du roman historique le centre d'intérêt de la littérature allemande. (Le fait que certains écrivains antifascistes, notamment Feuchtwanger, ont écrit des romans historiques avant la période hitlérienne ne change rien d'essentiel à l'état de choses que nous avons analysé ici ; ce sont là des courants qui se joignent au cours principal du développement). La position centrale que les thèmes historiques commencent à occuper dans le roman n'est nullement fortuite ; elle se rattache aux conditions les plus importantes de la lutte antifasciste. La démagogie du fascisme a très habilement mis à profit une série de fautes commises par tous les partis et courants de gauche. Surtout leur étroitesse — la façon étroite avec laquelle ils font appel à l'homme dans sa totalité avec toutes ses aptitudes et ses aspirations et, en liaison avec ceci, l'étroitesse de leur conception de l'histoire allemande, des liens entre les problèmes vitaux du peuple allemand aujourd'hui et son évolution historique.

Dimitroff a fait des observations fondamentales sur les deux aspects de cette question complexe dans ses discours au VIIe Congrès mondial du Komintern. Il dit :

« Le fascisme non seulement enflamme les préjugés profondément enracinés dans les masses, mais il spécule aussi sur les meilleurs sentiments des masses, sur leur sens de la justice et parfois sur leurs traditions révolutionnaires.

Et dans un étroit rapport avec cette question Dimitroff en vient à parler du problème de l'histoire :

« Les fascistes farfouillent dans l'*histoire* de chaque peuple pour se poser en successeurs et continuateurs de tout ce qui est « sublime et héroïque » dans le passé, et ils utilisent tout ce qui a humilié et outragé les sentiments nationaux du peuple comme une arme contre les ennemis du fascisme. En Allemagne des centaines de livres sont publiés qui poursuivent un seul but — falsifier l'histoire du peuple allemand d'une manière fasciste... Dans ces livres les plus grands hommes dans le passé du peuple allemand sont présentés comme des fascistes et les grands mouvements paysans comme des précurseurs directs du mouvement fasciste. »

Ces remarques qui délimitent une partie considérable du champ de bataille entre fascisme et antifascisme sont théoriquement correctes. Elles expliquent pourquoi le problème de l'histoire et son adaptation littéraire doit être amené de plus en plus au centre de la lutte antifasciste. Si la littérature antifasciste de l'Allemagne ressuscite les grandes figures du développement humaniste, si Cervantès, Henri IV et Montaigne, Flavius Josèphe, Erasme de Rotterdam, etc. revivent dans les livres des écrivains antifascistes allemands, il est tout à fait évident que cela constitue une déclaration de guerre de l'humanisme à la barbarie fasciste, que la thématique des écrivains antifascistes est militante, née des exigences politiques et sociales du présent. Ceci apparaît encore plus nettement dans les romans historiques qui se reportent à la période des grands soulèvements paysans. Et même des thèmes apparemment plus éloignés révèlent ce caractère proche du présent, ce conditionnement par le présent. Quand Heinrich Mann représente historiquement la lutte pour la formation de la nation française il reste tout aussi allemand et tout aussi actuel que Schiller l'a été en son temps avec *La Pucelle d'Orléans*. Dans certains des romans historiques des antifascistes allemands le sujet historique n'est même qu'un voile mince couvrant un tableau satirique du fascisme hitlérien (*Le Faux Néron*).

Cette description très générale des thèmes du roman historique antifasciste allemand fait déjà apparaître un contraste marqué avec le roman de la période dont nous avons traité dans le chapitre précédent. Le principal défaut de ce dernier — le manque de liaison du passé historique avec le présent — est apparemment surmonté. Certes ici aussi le passé est mis en contraste avec le présent, mais il ne s'agit plus d'une antithèse décorative entre la poésie pittoresque et la prose grisâtre. Le contraste a ici un but politique et social : la connaissance des grandes luttes du passé, la familiarité avec les grands champions du progrès doivent fournir aux hommes du présent des buts et des idéaux, leur prodiguer courage et consolation au milieu de la terreur sauvage du fascisme, en leur montrant le chemin que l'humanité a parcouru et qu'elle doit poursuivre.

Il est frappant, mais nullement fortuit, que l'histoire allemande joue un rôle subordonné parmi les thèmes de l'humanisme antifasciste allemand. La raison décisive en est l'internationalisme accentué des écrivains antifascistes. Le thème principal des romans de Feuchtwanger est précisément la lutte entre le nationalisme étroit et l'internationalisme militant. L'internationalisme de Heinrich Mann a des racines analogues, mais elles dépendent plus profondément et plus organiquement de l'évolution de l'Allemagne. Heinrich Mann, en tant qu'essayiste et publiciste, a toujours fait ressortir le contraste entre l'évolution politique de la France et de l'Allemagne et toujours proposé l'évolution plus démocratique de la France en modèle pour la bourgeoisie progressiste d'Allemagne. De vieilles traditions démocratiques de l'histoire allemande se manifestent ici — peut-être à l'insu de Heinrich Mann. Depuis Börne et Heine jusqu'aux *Deutsch-Französische Jahrbücher* ce contraste a été une des questions idéologiques centrales dans la lutte pour le rassemblement des forces démocratiques de l'Allemagne depuis 1848. Et dans la lettre de Engels où celui-ci critique *La légende de Lessing* de Franz Mehring, il indique qu'il est tout à fait d'actualité et instructif de mettre en parallèle d'un bout à l'autre la ligne grandiose de l'évolution politique française et l'aspect toujours brisé, empêtré et mesquin de l'histoire allemande. Le roman *Henri IV* est dans la carrière de l'auteur une continuation de son activité de publiciste et poursuit le même but de populariser la démocratie française auprès des intellectuels allemands ; dans l'histoire de la démocratie révolutionnaire allemande ce roman renouvelle à l'époque moderne les grandes luttes idéologiques des années trente et quarante du siècle précédent.

Mais, bien entendu, ce n'est pas l'unique motif. Un grand rôle est joué par la pauvreté de l'histoire allemande en événements démocratiques révolutionnaires réellement importants. Et cette pauvreté est ressentie avec deux fois plus de force par les écrivains antifascistes d'aujourd'hui, parce leur but est de produire un effet monumental, touchant toute la nation, immédiatement intelligible à partir des grandes lignes de l'évolution. Pour cette raison ils se sentent attirés par des thèmes où la lutte pour les idéaux démocratiques s'exprime d'une manière monumentalement concentrée et grandiose. Cette tendance se combine avec l'intention de découvrir dans l'histoire des analogies effrayantes avec le régime hitlérien, permettent de le démasquer pathétiquement ou satiriquement. Ce n'est pas seulement le roman de Feuchtwanger sur Néron qui correspond à ces tendances ; dans le personnage du duc de Guise de Heinrich Mann des intentions analogues apparaissent clairement.

Ce sont d'importants traits positifs. L'aliénation du roman historique à l'égard de la vie du présent est effectivement abolie par des tendances de ce genre. Il serait pourtant superficiel de ne pas voir le *caractère de transition* de cette littérature : dans nos remarques précédentes nous avons montré la voie que les meilleurs écrivains allemands ont parcourue depuis un libéralisme souvent très hésitant à l'époque de Weimar jusqu'à leur démocratisme révolutionnaire d'aujourd'hui. Il est clair que la littérature ne peut seulement refléter ce qui a été atteint, le résultat final, sans donner en même temps une expression littéraire au chemin parcouru avec ses fluctuations très compliquées, ses retours en arrière et ses inégalités.

En outre il faut insister particulièrement sur le fait que le parcours complet de ce chemin s'effectue nécessairement avec plus de lenteur sur le plan idéologique et littéraire que sur le plan directement politique. Les grands événements de notre temps exigent des écrivains qu'ils prennent position avec une soudaineté dramatique et nombre des plus importants d'entre eux se développent très vite par suite de l'extraordinaire responsabilité qui leur incombe, par suite des exigences extraordinaires que l'époque leur impose. Et il est inévitable que ce développement soit inégal. Un pas en avant dans la direction de la démocratie révolutionnaire ne peut amener immédiatement et d'un seul coup la révision de toutes les vues philosophiques et esthétiques qui étaient associées chez un écrivain au stade politique qu'il vient de dépasser. En outre, des ouvrages aussi importants que les romans historiques des écrivains antifascistes ne peuvent naître d'un jour à l'autre. Ainsi, dans leur conception originelle ils portent souvent encore les marques des phases de développement que les écrivains eux-mêmes ont déjà dépassées, et l'expression adéquate des stades de développement les plus récents des écrivains antifascistes les plus importants et les plus progressistes, peut seulement apparaître dans leurs œuvres à venir. (Nous examinerons plus tard ces différents stades de développement en comparant en détail le premier et le second volume du roman de Feuchtwanger sur Flavius Josèphe.)

Ce caractère de transition s'exprime surtout dans les romans historiques par le fait que le démocratisme révolutionnaire est souvent resté plutôt une exigence et n'a pas été figuré concrètement. Il y a un désir intense d'unité étroite avec le peuple, une reconnaissance de l'importance du peuple au point de vue politique, de la vie du peuple au point de vue figuratif, mais pas encore la figuration concrète de la vie populaire elle-même en tant que base de l'histoire. Nous traiterons à fond cette question quand nous en viendrons à analyser un par un les romans historiques importants de cette période. Ici, nous devons seulement indiquer brièvement que ce caractère de transition, cette victoire encore incomplète sur le caractère étranger au peuple de la littérature bourgeoise moderne exerce une profonde influence sur l'originalité artistique de ces œuvres.

C'est ici le point où les principes littéraires de la décadence bourgeoise pénètrent dans les œuvres mêmes des antifascistes importants ou restent encore actifs en elles. Nous mentionnerons seulement un point — à notre avis décisif : à savoir la hardiesse de l'invention littéraire, l'aptitude à disposer librement des faits historiques, des caractères et des situations, sans s'écarter pourtant de la vérité historique, et même précisément pour mettre en évidence les traits spécifiques, les caractéristiques particulières d'une époque historique. Une familiarité intime avec la vie du peuple est la condition préalable d'un talent inventif réellement littéraire. Dans la littérature bourgeoise ultérieure le caractère étranger au peuple de l'écrivain, nous l'avons déjà vu, se reflète d'une part dans le fait qu'il se cramponne anxieusement aux données réelles de la vie contemporaine (ou historique), d'autre part en ce qu'il ne voit pas dans le talent d'invention artistique la forme littéraire la plus élevée d'un reflet correct de la réalité objective, mais quelque chose de purement subjectif qui le détourne arbitrairement de la seule vérité du positif. (Il est sans importance pour nos présentes considérations que les écrivains individuels ou les tendances affirment ou rejettent cette imagination conçue subjectivement.)

Alfred Döblin, dans un essai sur le roman historique, résume vigoureusement ce faux dilemme : « Le roman d'aujourd'hui, pas seulement le roman historique, est assujetti à deux courants, l'un dérive du conte de fées, l'autre de la relation de faits. Leur source n'est pas l'éther d'une esthétique, mais la réalité de notre vie. En nous-mêmes nous avons un penchant plus ou moins grand pour les deux courants. Mais nous ne nous trompons pas en disant : les couches sociales progressistes actives se portent aujourd'hui vers la relation de faits, tandis que les couches non-actives, satisfaites et assouvies vont au conte de fées. » Sur cette base Döblin formule le dilemme du roman contemporain et historique : « Le roman est pris dans une lutte entre les deux tendances : constructions féeriques avec un maximum d'élaboration et un minimum de matière — et constructions romanesques avec un maximum de matière et un minimum d'élaboration. »

Ces remarques de Döblin — qu'on soit ou non d'accord avec elles — ont une signification typique pour la situation actuelle du roman historique. Döblin s'efforce de renverser théoriquement le mur de séparation entre le roman historique et la vie. De ce point de vue il s'en prend avec raison à la théorie bourgeoise-décadente du roman historique considéré comme un genre particulier : « Il n'y a pas de différence de principe entre un roman ordinaire et un roman historique », et il critique également avec raison la littérature historique à la mode aujourd'hui, qui n'est « ni chair, ni poisson ». Il dit à propos de l'auteur d'ouvrages de ce genre : « Il ne produit ni un tableau d'histoire bien documenté, ni un roman historique. Le goût se révolte naturellement contre ce truquage et ce bousillage de matériaux historiques. »

Döblin semblerait devoir parvenir à une véritable théorie du roman historique. Ce qui l'en empêche, c'est la conception moderne, fausse et subjectiviste, de la nature et de la fonction de l'imagination artistique. Il s'oppose avec raison aux multiples falsifications de l'histoire par les écrivains, il plaide avec raison pour une conception authentique et fidèle de l'histoire. Mais selon la conception de Döblin cette honnêteté même, cet effort pour donner une reproduction fidèle de la réalité ne peut se concilier avec la poésie au sens traditionnel. « Dès l'instant où le roman acquiert la nouvelle fonction que nous avons mentionnée d'une forme spéciale de découverte et de représentation de la réalité, il est difficile d'appeler l'auteur poète ou écrivain, il est plutôt un *genre particulier de savant.* » Cette science est toutefois limitée à la constatation des faits. Döblin écarte l'imagination, le talent d'invention, comme quelque chose de purement subjectif, non seulement de l'art, mais aussi de la science. « Si nous considérons l'historiographie, nous constatons que *seule la chronologie est honnête.* Une fois que les dates sont mises en ordre la manœuvre commence. Et soit dit sans ambages : *on fait usage de l'histoire.* » Avant d'examiner de plus près cette dernière déclaration extrêmement importante de Döblin, nous devons montrer brièvement comment il tire de cette théorie toutes les conséquences pour la littérature. Il dit à propos de la situation du roman contemporain : « Il est incapable de rivaliser avec la photographie et les journaux. Ses moyens techniques n'y suffisent pas. » Ici Döblin succombe au préjugé naturaliste largement répandu qui considère la photographie (et le journal!) comme étant plus fidèle, à la vie que la profonde figuration artistique de la réalité.

Plus importante cependant est la théorie qui oppose vivement la fidélité envers les faits à la participation à la lutte sociale. Döblin lui-même est un écrivain beaucoup trop actif et associe beaucoup trop d'intentions militantes à sa propre littérature pour se satisfaire d'une constatation de ce genre. Il parle lui-même de l' « esprit de parti de celui qui agit » et certes dans un sens positif. Comment cela concorde-t-il avec sa théorie et sa pratique ? Avec sa pratique, dans la mesure où les écrivains qui veulent être actifs mettent simplement de côté leurs préjugés théoriques lorsqu'ils prennent part à l'action pratique. La question serait résolue pour l'essentiel s'ils y parvenaient réellement et s'ils pouvaient réussir à laisser tomber leurs préjugés. Alors peu importerait vraiment quelle sorte de théorie ils pourraient proclamer par ailleurs, dans des articles théoriques.

Malheureusement les choses ne sont pas aussi simples. Car ce que Döblin dit ici d'un point de vue épistémologique sur la relation de la science et de l'art avec la réalité n'est pas une ingénieuse théorie, mais un reflet assez fidèle de la manière de voir de la plupart des écrivains dans la période ultérieure. Une conception fidèle de la réalité et une active participation aux événements constituent effectivement pour les écrivains modernes un dilemme insoluble. Comment donc ce dilemme sera-t-il résolu ? Sans aucun doute par la vie elle-même, par la liaison avec la vie du peuple. L'écrivain qui est profondément familiarisé avec les tendances à l'œuvre dans la vie populaire, qui pour ainsi dire y participe avec son propre corps, ne se sent pas simplement l'organe exécutif de ces tendances ; sa façon de rendre la réalité n'apparaît à ses propres yeux qu'une reproduction de ces tendances elles-mêmes, alors même qu'il reproduit chaque trait particulier de la réalité autrement que celle-ci le lui présente. « La société française devrait être l'historien, moi seulement son secrétaire », dit Balzac.

L'objectivité du grand écrivain résulte d'une liaison objective et en même temps vivante avec les grandes tendances de l'évolution historique elle-même. Et l' « esprit de parti de celui qui agit » croît aussi organiquement à partir de la lutte des forces historiques dans la réalité objective de la société humaine. C'est un fétichisme moderne de croire que les tendances à l'œuvre dans l'histoire possèdent une forme totalement indépendante des êtres humains et une objectivité pleinement distincte. En dépit de toute leur objectivité, en dépit de toute l'indépendance de leur existence par rapport à la conscience humaine, elles sont simplement les convergences réellement vivantes d'aspirations humaines qui émanent des mêmes causes socio-économiques et sont orientées vers les mêmes buts socio-historiques. Pour les êtres humains qui ont des liens intimes et profonds avec cette réalité, la connaissance juste et l'activité pratique forment une unité et non pas une antithèse. Avec raison Lénine a objecté à Struve qui voulait introduire frauduleusement le concept bourgeois de la stérile « objectivité scientifique » dans le mouvement ouvrier :

> « Par contre le matérialisme inclut pour ainsi dire en lui l'élément que constitue l'esprit de parti, puisqu'il est obligé à chaque estimation d'un événement de représenter directement et ouvertement le point de vue d'un groupe social. »

Lénine ne fait qu'exprimer avec la clarté scientifique du matérialisme dialectique ce que tous les représentants importants de la démocratie révolutionnaire — qu'ils aient été des politiciens, des écrivains ou des penseurs — ont toujours fait en pratique. La différence entre le marxiste et le démocrate révolutionnaire non-marxiste ou pré-marxiste consiste dans le fait que ce dernier n'est pas conscient des connexions sociales et épistémologiques qui fondent l'unité de sa théorie et de sa pratique et qu'il effectue cette unité le plus souvent sur la base d'une « fausse conscience » pleine d'illusions. Mais l'histoire de la littérature prouve que si un écrivain est profondément enraciné dans la vie populaire, si sa création est issue de cette familiarité avec les questions les plus importantes de la vie populaire, il peut pénétrer jusqu'aux profondeurs réelles de la vérité historique. Ainsi Walter Scott, ainsi Balzac, ainsi Léon Tolstoï. Et l'objectivité de l'imagination artistique est associée de la façon la plus intime à cet « esprit de parti de celui qui agit ». Elle prend ce caractère en modifiant continuellement les données immédiates de la vie de sorte que les grandes lois objectives, les tendances réellement décisives de l'évolution historique parviennent à être exprimées.

Une autre indication du caractère transitoire du roman historique humaniste aujourd'hui est le choix relativement fortuit de ses thèmes. Nous en avons fait ressortir auparavant les causes historiques objectives. Mais c'est une chose de voir la cause sociale et historique d'un phénomène et une autre de l'envisager comme l'expression adéquate d'un courant historiquement correct. Le caractère transitoire se manifeste très nettement à cet égard, mais il prend des formes très compliquées. On doit se garder de confondre le choix fortuit de thèmes historiques présent ici avec celui de la période antérieure. Certes, la théorie de Feuchtwanger, comme nous l'avons vu, se rattache étroitement aux théories de la décadence bourgeoise sur la subjectivisation de l'histoire ; Feuchtwanger se réclame aussi d'une manière détaillée dans cet écrit, et en donnant son accord, de Nietzsche et de Croce. Mais il serait absolument faux de mettre au même niveau le subjectivisme historique de Feuchtwanger et celui de Flaubert, de Jacobsen ou de Conrad Ferdinand Meyer. Le contenu historico-politique de l'œuvre de Feuchtwanger forme un profond contraste avec celui de leurs œuvres. Et c'est ce contenu politique qui incite Feuchtwanger à choisir ses thèmes plus organiquement et l'amène progressivement plus près d'y parvenir. Ses premiers romans historique, correspondent encore largement, comme nous le verrons plus tard, à sa « théorie du costume » appliquée à l'histoire. Pourtant le thème de Flavius Josèphe implique déjà un degré incomparablement plus élevé d'objectivité historique. Car, bien que Feuchtwanger modernise souvent la lutte entre nationalisme et internationalisme, l'antagonisme lui-même fait partie de la donnée historique et Feuchtwanger le développe à partir de celle-ci, en dépit de sa propre théorie ; il n'introduit pas une antithèse subjective. Le vif contraste entre le roman historique des humanistes de nos jours et le roman historique de la période de déclin de la bourgeoisie est clairement visible ici.

Mais le caractère fortuit des thèmes est encore loin d'être pleinement surmonté. Nous avons dit déjà que le roman antifasciste choisit très rarement l'histoire allemande pour son sujet. Il y a sans doute ici une faiblesse de la lutte antifasciste elle-même. Dimitroff a très justement indiqué l'extraordinaire importance politique, et pour la propagande, de la falsification de l'histoire allemande par les fascistes. La faiblesse des mouvements d'opposition de gauche en Allemagne a consisté pendant longtemps dans une attitude abstraite et négative envers les grands problèmes nationaux de l'histoire allemande. Cela apparaissait déjà dans le comportement d'importants révolutionnaires comme Johann Jacoby et Wilhelm Liebknecht envers l'aspect national des guerres de Bismarck qui, quoiqu'il en fût, ont amené l'établissement de l'unité allemande. Il est résulté dans le mouvement ouvrier allemand une situation qui devait plus tard se révéler funeste : les justes prises de position de Marx et Engels sont restées à peu près inconnues et dans les larges masses ont été répandues d'une part la capitulation idéologique devant les succès de la « *Realpolitik* » de Bismarck (Lasalle et Schweitzer), d'autre part les théories d'opposition abstraites, provincialement moralisantes de Liebknecht. Et les mouvements ultérieurs d'opposition qui sont nés en Allemagne contre l'impérialisme, le chauvinisme, la réaction, etc. souffrent presque partout d'une telle partialité abstraite et moralisante, d'une répulsion à examiner concrètement les problèmes de l'histoire allemande et à combattre la propagande de la réaction sur ce terrain, avec les armes d'une idéologie vraiment patriotique, historiquement et artistiquement. Cela reste un mérite impérissable de Franz Mehring qu'il ait, presque seul, accepté ce combat concrètement et énergiquement.

Les expériences de la lutte contre le fascisme doivent amener la gauche démocratique à critiquer sa propre pratique antérieure. (Le parti communiste allemand dans lequel les traditions de Rosa Luxembourg sur la question nationale sont aussi restées très longtemps vivantes pendant la période de Weimar, partage bien entendu la responsabilité de cette situation.) La tâche qui en résulte n'est pas simplement de démasquer les falsifications fascistes de l'histoire, elle va bien au delà ; c'est de restaurer scientifiquement et artistiquement les traditions de la démocratie révolutionnaire en Allemagne et de montrer que les idées de la démocratie révolutionnaire n'ont pas été une « importation » de l'Ouest, mais se sont développées à partir des luttes de classes en Allemagne et que la grandeur des plus grands Allemands a toujours été très intimement liée au destin de ces idées. Ainsi la grande tâche des lettres antifascistes est de mettre à la portée du peuple allemand les idées de la démocratie révolutionnaire, les idées de l'humanisme militant, en montrant que ces idées sont des produits nécessaires et organiques de l'évolution allemande elle-même. Il est évident que le roman historique peut jouer et jouera certainement un rôle énorme dans cette lutte antifasciste. Mais il n'a pas encore acquis cette importance.

Assurément, les traditions littéraires de l'Allemagne sont en contradiction avec une telle façon de voir. On est frappé du rôle insignifiant que les thèmes de l'histoire allemande jouent dans la littérature historique, très importante à d'autres égards (notamment dans le drame). On ne doit pas oublier que la situation d'un Schiller ou d'un Georg Büchner ne peut et ne doit en aucune circonstance être comparée à celle d'un émigré antifasciste d'aujourd'hui. Il n'y avait alors qu'à l'étranger de vifs mouvements de masse. Il était compréhensible et juste de présenter au public allemand des thèmes étrangers qui traitaient de problèmes apparentés aux siens. Mais l'émigration antifasciste est la voix de la lutte pour la libération de millions de travailleurs allemands. Dans ces conditions, selon que l'histoire allemande est figurée et propagée d'une manière révolutionnaire ou réactionnaire, on a aujourd'hui un véritable *hic Rhodos, hic salta.*

En s'emparant de l'histoire allemande la démocratie révolutionnaire allemande acquiert un caractère national concret et un rôle dirigeant. La grande tâche du jour est de démontrer scientifiquement et artistiquement que la démocratie révolutionnaire est l'unique voie du salut pour l'Allemagne. Mais pour faire comprendre cela aux larges masses, la théorie démagogique fasciste du « caractère d'importation occidentale » des idées progressistes et révolutionnaires en Allemagne, doit être démolie par des réalisations positives.

Qu'on nous permette seulement un exemple. Le problème central du roman de Feuchtwanger sur Flavius Josèphe est dans sa nature profonde un problème allemand très essentiel. La lutte entre les devoirs du nationalisme et de l'internationalisme joue un rôle énorme dans l'histoire allemande concrète, même avant la naissance du mouvement ouvrier révolutionnaire. La Révolution française a déjà mis à l'ordre du jour cette question et la tragique collision qu'elle implique. Qu'on pense seulement à Georg Forster et aux Jacobins de Mayence. Le destin de Forster fut certes un cas extrême, mais quiconque connaît l'histoire de cette période en Allemagne se rendra compte que précisément dans son caractère extrême il a été une accentuation typique de la tragédie générale de l'époque. Toute façon réellement vivante, féconde et concrète d'aborder les types humains, et la signification sociale et politique qu'il présente en même temps du problème de Flavius Josèphe, passe nécessairement par l'entremise de connexions de ce genre. Mais les larges masses de l'Allemagne et même des intellectuels allemands sont plus ou moins ignorantes de ces connexions. C'est pourquoi il est inévitable que des œuvres aussi importantes que ce roman de Feuchtwanger puissent être certes émouvantes et toucher à des problèmes politiques très profonds et actuels, mais continuent néanmoins à flotter en l'air d'un point de vue national historique. Le rapport direct et immédiatement saisissable avec la vie nationale du présent, qui existait chez Scott ou Balzac ou Tolstoï, manque et *doit forcément* manquer dans ces circonstances. Et du fait de ce manque, l'émigration antifasciste présente un flanc sans défense à la démagogie nationale du fascisme.

Un troisième facteur qui illustre le caractère transitoire du roman antifasciste est sa recherche de la monumentalité historique. Ce roman aussi part des grands héros de l'histoire et ne les fait pas, comme le type classique du roman historique, se développer à partir de la base historique concrète de la vie populaire. Ici encore assurément, en dépit de la ressemblance apparente avec la période antérieure du roman historique, nous devons souligner la différence. Cette recherche de la monumentalité, comme nous y avons insisté, n'est pas décorative et pittoresque. Elle provient des traditions militantes, inspirées du siècle des Lumières, des humanistes importants de nos jours. En réduisant les grandes luttes de l'histoire à la lutte entre la raison et la déraison, le progrès et la réaction, ils les rendent intelligibles pour eux-mêmes et pour leurs lecteurs. Nous répétons : cette reprise vigoureuse et militante de la défense des traditions du progrès humain, leur défense à l'âge de la Renaissance et des Lumières, produit un changement important dans l'histoire de la littérature. Après le scepticisme infructueux, après l'accommodement ulcéré ou même, plus tard, confortablement résigné à la réalité capitaliste, c'est-à-dire après la décadence littéraire, voici le premier appel pour la défense de la civilisation humaine.

Mais à la suite de cette volatilisation trop rapide, trop abstraite des luttes de classes historiques concrètes dans des problèmes concernant l'antithèse de la raison et de la déraison, la liaison avec la vie populaire réelle se trouve de nouveau en grande partie perdue. La signification vivante de grandes récapitulations abstraites, comme l'ont été les théories des grands représentants de l'époque des Lumières, repose précisément sur le fait qu'elles étaient des récapitulations de problèmes populaires réels, de souffrances et d'espoirs réels du peuple. Elles pouvaient à tout moment être retraduites de cette forme abstraite dans la langue concrète des problèmes concrets, socio-historiques ; elles n'ont jamais perdu leur relation avec ces problèmes. En intention, sans doute, cette relation est présente dans la littérature de l'émigration antifasciste. Néanmoins l'accentuation dans cette lutte abstraite de principes abstraits produit parfois dans la description concrète un éloignement de la vie qui efface les antagonismes réels et parfois déforme les intentions les plus ardentes de l'auteur. Feuchtwanger, dans son essai sur le roman historique, formule cette antithèse d'une manière extrêmement dangereuse, de telle sorte que sa formulation, tout à fait à l'encontre de son œuvre, admet un sens non populaire, aristocratique. « Aussi bien l'historien que le romancier voit dans l'histoire la lutte d'une infime minorité, capable de discernement et décidée à en faire preuve, contre l'énorme et compacte majorité des « aveugles », privés de discernement et conduits seulement par l'instinct ». C'est là une justification de l'Erasme de Zweig, mais non des romans sur Flavius Josèphe de Feuchtwanger lui-même.

Mais même Heinrich Mann en certains endroits — et ce ne sont pas les moins essentiels — permet que la lutte concrète entre des forces historiques concrètes s'évapore dans cette sorte d'abstraction. Mann dit une fois à propos de son Henri IV : « Mais il sait que, en tant qu'espèce, l'Homme ne veut pas cela, et c'est précisément l'Homme qu'il doit rencontrer partout jusqu'à la fin. Il n'y a pas de protestants, de catholiques, d'Espagnols ou de Français : il y a une espèce, l'Homme. Et ce que l'Homme veut, c'est la sombre violence, la pesanteur de la terre, et il aime se livrer à des excès dans l'horreur et dans l'extase impure. Ce seront ses éternels adversaires, mais il est une fois pour toutes l'émissaire de la raison et du bonheur humain. » Ici les grands antagonismes socio-historiques, qui déterminent le contenu de la lutte de l'humanité pour le progrès, s'évaporent presque en une abstraction anthropologique. Et de ce fait leur concrétude historique est précisément abolie. Car si ces antagonismes n'ont aucun caractère socio-historique concret, mais sont d'éternelles oppositions de deux types d'humanité, comment est possible alors cette victoire des sentiments humains et de la raison, dont le meilleur et le plus éloquent champion est précisément Heinrich Mann ?

Cette conception détermine certains principes fondamentaux de la composition littéraire. Car, puisqu'Henri IV est présenté comme l'éternel émissaire de la raison et des sentiments d'humanité, il est tout à fait naturel qu'il occupe la position centrale dans le roman. Sa personne, ses problèmes, son importance historique et sa physionomie politico-humaine ne se développent pas concrètement à partir des antagonismes déterminés d'une phase définie dans la vie du peuple français. Au contraire, ces problèmes de la vie populaire française paraissent n'être qu'un simple champ de réalisation — en un certain sens : fortuit — pour ces idéaux éternels.

Bien entendu, le *Henri IV* d'Heinrich Mann n'est pas construit exclusivement sur ce principe. S'il l'était, il ne pourrait être une œuvre d'art qui respire la vie réelle. Lui aussi a un caractère transitoire : une conception historique concrète des problèmes de la vie populaire à un degré déterminé de l'évolution historique est en conflit avec les principes abstraitement monumentalisés et

« éternisants » des traditions exagérées de l'époque des Lumières.

Du point de vue de l'histoire littéraire l'influence de Victor Hugo est sensible ici chez Heinrich Mann. Ceci est important, car l'évolution de Victor Hugo l'a conduit loin du romantisme et en a fait un précurseur de la révolte humaniste contre le barbarie croissante du capitalisme. Dans cette évolution Victor Hugo accueille une grande partie de l'idéologie de l'époque des Lumières ; mais au point de vue artistique, il conserve beaucoup des conceptions romantiques, foncièrement antihistoriques. Il y a donc ici un lien entre Heinrich Mann et le passé, qui toutefois ne nous ramène pas au type classique du roman historique, mais au contraire à ses antipodes romantiques.

Heinrich Mann lui-même a parlé du rapport de Victor Hugo avec la littérature moderne dans un compte rendu du roman *Quatre-vingt-treize*; il se prononce ici en faveur de Hugo, contre Anatole France. Aujourd'hui, cet essai apparaîtrait certainement à Heinrich Mann comme dépassé (il parut sous forme de livre en 1931). Mais la suite de ses idées est si importante pour la genèse artistique et idéologique de *Henri IV* que nous devons en citer les passages essentiels. Heinrich Mann parle de la grande scène entre Danton, Robespierre et Marat chez Hugo : « Chacun d'eux pourrait être déterminé socialement et cliniquement. Cela nous serait particulièrement facile ; nous avons *Les Dieux ont soif*. Rien d'autre ne resterait alors que les créatures plus ou moins morbides d'une époque, qui les rend artificiellement imbues d'elles-mêmes et en fait étalage. Mais ce serait une connaissance rapetissante. N'importe qui peut voir à certaines heures le caractère douteux de la grandeur humaine, et aucun écrivain durable n'a été un mauvais connaisseur de la vie. Une connaissance qui agrandit préfère pourtant voir le personnage sous une forme plus que réelle, exagérée, quelles que puissent être ses racines. Des hallucinations, des dépressions presque maniaques débouchent ici dans une personnalité indiscutable et deviennent une grande destinée. N'y avons-nous point part ? Nous devrions toujours y penser : c'est seulement ainsi que l'histoire ne reste pas fixée dans des cas cliniques. Ainsi seulement nous pouvons considérer la vie et ne pas être déprimés. »

De nouveau nous avons affaire à un dilemme moderne typique. Le choix d'Heinrich Mann entre la pathologie et la monumentalisation abstraite, entre des connaissances « rapetissante » et « agrandissante », naît du fait que les considérations socio-historiques de l'écrivain ont été séparées de la vie populaire. Heinrich Mann est ici injuste envers Anatole France. La façon de dépeindre les hommes de près est dans le roman de France sur la Révolution tout autre chose qu'une « connaissance qui rapetisse ». France exprime sa désillusion au sujet de la démocratie bourgeoise alors que celle-ci est au sommet de sa réalisation. C'est une figuration artistique des contradictions humaines qui se produisent précisément sur ce sommet tragique. Nous ne disons pas que France a complètement résolu ce problème, mais la critique de Mann, au lieu de porter sur les limites de la puissance de figuration de France, relève les traits que France a en commun, mais superficiellement, avec le reste de la littérature bourgeoise tardive. Cette littérature propage réellement une connaissance pathologique, « rapetissante » de l'homme.

Mais cette antinomie de Heinrich Mann entre connaissance rapetissante ou agrandissante est-elle réellement inévitable ? N'y a-t-il pas une troisième voie ? Nous croyons que *Henri IV* lui-même montre clairement qu'il y en a une. La conception par Mann des sentiments humains comme quelque chose de réel et de victorieux part de la même prémisse que nous trouvons chez tous les écrivains réalistes vraiment importants, à savoir que les traits vraiment grands d'humanité sont présents dans la vie elle-même, dans la réalité objective de la société elle-même, dans l'homme lui-même et sont seulement reproduits par l'écrivain avec des moyens artistiques sous une forme concentrée.

Les magnifiques paroles de Heinrich Mann sur Edgar André, que nous avons citées, montrent qu'il a pleinement conscience de ce *tertium*. Les gigantesques événements qui ont suivi la prise de pouvoir par Hitler ont accentué sa prise de conscience de cette réalité héroïque qui ne peut être ni rapetissée en étant vue de près, ni agrandie par une monumentalisation. Dans ses articles, à maintes reprises il dépeint ces manifestations de nouveaux sentiments héroïques, avec pertinence et avec une simplicité touchante. Et bien des choses dans *Henri IV* montrent déjà ce nouvel esprit qui n'a plus rien à voir avec la stylisation de Victor Hugo et l'ancien dilemme d'Heinrich Mann.

Mais *Henri IV* est aussi à cet égard un produit de transition. Conçu originellement sous l'influence de Hugo, avec un héros monumentalisé comme champion éternel de l'idéal, il est parvenu mainte fois dans la description jusqu'à une plénitude de vie concrète et simple. Pourtant le cadre de la conception originale fait obstacle à une figuration réellement concrète de cette plénitude de vie, dans sa simplicité et son humanité. Et l'on peut dire avec autant de justice du dilemme de Mann entre la connaissance qui rapetisse et la connaissance qui agrandit ce qu'on a dit antérieurement du dilemme d'Alfred Döblin entre le conte de fées et le compte rendu de faits : ce n'est pas une invention de l'esthétique, mais cela est venu de la vie elle-même dans l'esthétique.

Toutefois d'un stade de l'évolution que la vie — et avec elle Heinrich Mann — a déjà dépassé. La lutte artistique d'Heinrich Mann est une lutte avec le legs d'un passé qu'il a surmonté à la fois politiquement et humainement. La substance de sa lutte est de trouver une forme artistique appropriée à ce nouveau sens de la vie. Si nous appelons *Henri IV* un produit de transition, cela ne rabaisse pas son importance littéraire, mais au contraire la fait ressortir vigoureusement. C'est un produit du passage de la meilleure fraction des intellectuels allemands et avec eux du peuple allemand à la lutte contre la barbarie hitlérienne et au réveil de la démocratie révolutionnaire en Allemagne.

II. Caractère populaire et esprit authentique de l'histoire

Nous verrons avec le maximum de netteté le caractère de transition du roman historique de l'humanisme antifasciste si nous examinons les méthodes artistiques et les moyens par lesquels est présenté le rôle du peuple dans l'histoire. Tous ces écrivains figurent les destinées de nations. Ce qui les distingue de la période précédente du roman historique bourgeois, c'est le fait qu'ils ont rompu avec les tendances à rendre privée l'histoire, à transformer l'histoire en un exotisme aux couleurs éclatantes fondé sur quelque cas excentrique de psychopathologie. Les destinées qui figurent au centre de ces romans historiques sont profondément liées dès le début, tant au point de vue social qu'au point de vue de la personne humaine, avec les destinées du peuple : il en résulte donc quant au fond un mouvement important dans la direction du roman historique classique.

Mais artistiquement il n'y a pourtant pas encore une rupture décisive avec les formes et les modes de figuration du roman historique moderne. En ce qui concerne la composition, la structure, l'action, en particulier en ce qui concerne la relation du héros principal et de son destin avec le déploiement de la vie du peuple, il n'apparaît pas encore que l'héritage classique ait été pris en charge. Pour le nouvel humanisme les classiques du roman historique restent presque autant des formes oubliées de l'histoire littéraire qu'ils l'étaient pour les écrivains de la période précédente, artistiquement on n'a pas besoin d'en tenir compte.

Mais ce qui paraît être une question de forme esthétique ou, si l'on veut, d'histoire littéraire va en fait bien au-delà du cadre de l'esthétique et de l'histoire littéraire. Heinrich Mann, Feuchtwanger, Bruno Frank et d'autres figurent certes des destinées populaires, mais non pas du point de vue du peuple. Les classiques du roman historique étaient politiquement et socialement bien plus conservateurs qu'Heinrich Mann ou Feuchtwanger — qu'on songe à Walter Scott. Il n'était pas question et il ne pouvait être question dans leur cas d'être aussi passionnément entraînés dans le bouleversement révolutionnaire de la société. Mais dans leur expérience de l'histoire, dans leur conception concrète et vivante de l'histoire, Scott et les autres classiques du roman historique sont beaucoup plus proches de la vie réelle du peuple que même les plus grands écrivains démocratiques d'aujourd'hui. L'histoire est pour Scott d'une manière essentielle et directe : destinée du peuple. Il conçoit d'abord concrètement la vie du peuple dans une période historique donnée et c'est seulement à partir de là qu'il incarne une destinée du peuple dans des figures historiques et montre comment ces événements sont liés aux problèmes du présent. Il écrit donc à partir de l'expérience vécue du peuple lui-même, à partir de l'âme du peuple, non pas simplement *pour* le peuple.

Les humanistes antifascistes sont enclins bien plus fortement et passionnément à se tourner vers le peuple que la plupart des classiques. Cette passion même est un signe que la meilleure partie des intellectuels démocrates, sous l'influence des événements de notre époque, est résolue à rompre son isolement antérieur vis-à-vis de la vie populaire. Cette résolution, qui s'est déjà réalisée dans le journalisme politique, est un pas en avant d'une extraordinaire portée historique. Le roman historique moderne de ces écrivains constitue une expression artistique élevée de cette résolution. Cependant, là où il est question de transformer chaque principe de composition du roman, de sorte que la voix de la vie populaire elle-même s'y fasse entendre et non pas seulement la conception que se fait l'écrivain des problèmes de la vie populaire, une résolution de ce genre peut seulement se réaliser progressivement et de manière inégale, après que bien des questions aient été débattues dans les domaines de l'histoire, de l'idéologie et de l'art. Les écrivains d'aujourd'hui écrivent certes pour le peuple et sur des événements du destin populaire, mais le peuple lui-même joue seulement un rôle secondaire dans leurs romans. Il fournit seulement un objet à la démonstration d'idéaux humanistes (dont le contenu est sans doute en étroit rapport avec les problèmes importants de la vie populaire). Par conséquent, d'un point de vue artistique, le peuple fournit seulement un arrière-plan à l'action principale, qui se déroule sur un autre plan, non directement relié à la vie populaire.

Ainsi, pour autant que son action se déroule essentiellement dans les sphères supérieures de la société, le roman historique du nouvel humanisme continue le roman historique bourgeois tardif. Nous avons déjà montré que cette analogie recèle une très profonde différence, voire même une antithèse, en ce qui concerne le contenu social, la psychologie, etc. Mais la conception du « haut » et du « bas » dans la société peut faire naître très facilement des malentendus et la conception du caractère populaire en rapport avec la présentation de l'histoire d'« en bas » peut très facilement se trouver vulgarisée, de sorte qu'une brève clarification de ces concepts est nécessaire ici.

Avant tout, soulignons encore une fois ce qui n'est certainement plus quelque chose de nouveau pour le lecteur de cet ouvrage : par présentation d'« en bas » nous n'entendons nullement l'exclusion des protagonistes historiques, c'est-à-dire un roman historique qui figure seulement les couches opprimées de la société. Un roman historique de ce genre est *aussi* possible ; il a été réalisé, par exemple, dans les œuvres d'Erckmann-Chatrian. Mais nous espérons que notre exposé n'aura laissé aucun doute sur le fait qu'il ne peut nullement être le modèle du roman historique. Au contraire, ce type de roman historique met en évidence les aspects problématiques de l'évolution littéraire moderne, sous une forme nouvelle, mais non moins prononcée. La majorité écrasante des héros de Walter Scott, de Pouchkine et de Léon Tolstoï proviennent des couches supérieures de la société, et cependant la vie et la destinée de tout le peuple se reflètent dans les événements de leur vie.

Il faut donc concrétiser davantage ces contradictions par rapport au roman historique — ou même au roman en général. De quoi s'agit-il dans le roman historique ? En premier lieu, de figurer le genre de destinées individuelles qui peut exprimer *directement* et en même temps d'une manière typique les problèmes d'une époque. La voie vers « le haut », que le roman moderne a prise, mène essentiellement à figurer des destinées qui sont socialement excentriques. Excentriques parce que les couches supérieures de la société ont cessé d'être à la tête du progrès pour la nation entière, La seule manière convenable d'exprimer cette excentricité est d'indiquer sa base sociale, de montrer que c'est seulement la position sociale des personnages qui les met à distance de la vie quotidienne du peuple. Ils doivent apparaître excentriques aussi d'un point de vue social. Car, en tant que caractéristique d'une couche déterminée de la société, cette excentricité *aussi* est typique. Mais ce qui est artistiquement décisif, c'est le contenu social et psychologique du destin représenté ; c'est-à-dire la question de savoir si ce destin est dans son fond lié ou non aux grandes questions typiques de la vie populaire.

L'absence d'un tel lien peut donc aussi se manifester dans des romans qui semblent traiter directement de la vie populaire, qui visent à figurer la vie d'« en bas ». Nous citerons seulement un exemple typique : le personnage de Franz Biberkopf dans *Berlin Alexanderplatz* de Döblin. Biberkopf est un ouvrier, son milieu est présenté, vu de l'extérieur, avec la plus grande exactitude. Mais quand Döblin l'arrache à la vie ouvrière, fait de lui un souteneur, un criminel et ensuite, après de multiples aventures, l'amène à une foi mystique dans le destin — qu'est-ce que le contenu psychologique, l'évolution psychologique d'un tel destin peut avoir à faire avec la classe ouvrière allemande de l'après-guerre ou avec le peuple allemand dans son ensemble durant cette période ? Manifestement très peu. Cela ne veut pas dire que le cas individuel décrit par Döblin ne soit pas possible, ni qu'il ne pourrait se répéter encore dans ce milieu. Mais il ne s'agit pas ici de la vérité psychologique du cas individuel, de l'authenticité sociographique et pittoresque du milieu, c'est le contenu de l'histoire qui importe. Et chez Döblin ce contenu est excentrique à l'égard du peuple allemand. Tout aussi excentriques les destins personnels représentés, disons, par Joyce ou Musil, auxquels ce livre s'apparente intérieurement. En transférant son action dans la classe ouvrière berlinoise, Döblin, loin de supprimer cette excentricité, ne fait que l'intensifier.

Qu'on prenne, par contre, Tatiana de Pouchkine dans *Eugène Oniéguine* ou, pour citer un exemple allemand contemporain, les *Buddenbrooks* de Tomas Mann. Au point de vue social, ces deux œuvres se déroulent « en haut ». Pourtant Bélinski a pleinement raison d'appeler le roman en vers de Pouchkine une « encyclopédie » de la vie russe, et l'histoire de Tatiana est précisément l'exemple d'une importante destinée générale dans laquelle les problèmes les plus importants de la vie populaire russe pendant une période de transition apparaissent concentrés. Thomas Mann ne peut plus avoir la large et directe universalité de Pouchkine. Néanmoins, le destin de sa famille patricienne de Lübeck est seulement extérieurement, seulement d'un point de vue artistique, celui d'une famille fermée et isolée. Les problèmes psychiques et moraux les plus importants de la transition de l'Allemagne au capitalisme moderne et développé trouvent ici une expression littéraire typique. Et cette transition est une phase critique pour le peuple allemand dans son ensemble. »

Si donc nous reprochons au roman moderne de ne pas figurer l'histoire d'« en bas », il est déjà clairement évident à quoi tend ce reproche. En rejetant les destins historiquement et socialement excentriques, nous n'avons fait pourtant que le premier pas vers la clarification de ce problème. Même un contenu socialement et psychologiquement typique peut être approprié ou inapproprié à la figuration épique. Et ceci nous amène à la question artistique centrale du roman historique contemporain ; car la tendance à figurer ce qui est ouvertement excentrique tend déjà à dépérir. Pourquoi les figures de Walter Scott ou de Léon Tolstoï issues de la noblesse moyenne sont-elles des personnages populaires, pourquoi le destin du peuple se reflète-t-il dans leur expérience vécue ? La raison est simple. Scott comme Tolstoï ont créé des êtres dans lesquels le destin personnel et le destin socio-historique sont très étroitement liés de telle sorte que certains aspects importants et généraux du destin du peuple s'expriment *directement* dans la vie personnelle de ces personnages. L'esprit authentiquement historique de la composition apparaît précisément ici. Par l'expérience personnelle ces caractères viennent en contact avec tous les grands problèmes de l'époque, se lient organiquement avec eux et se développent nécessairement à partir d'eux, sans perdre leur personnalité, ni le caractère immédiat de cette expérience. Quand Tolstoï dans *Guerre et Paix* figure Andréi Bolkonski, Nicolaï et Petia Rostov, il crée des êtres et des destins, dans lesquels l'influence de cette guerre se fait sentir directement sur leur vie privée, à la fois dans la transformation extérieure de la vie et le changement intérieur du comportement socio-moral.

Ce contact indirect entre les vies individuelles et les événements historiques est la chose la plus décisive de toutes. Car le peuple fait directement l'expérience de l'histoire. L'histoire est son essor et son déclin, la chaîne de ses joies et de ses peines. Si l'auteur de romans historiques réussit à inventer des êtres et des destins dans lesquels les contenus socio-humains importants, les problèmes, les courants, etc., d'une époque apparaissent directement, alors il peut présenter l'histoire d'« en bas », du point de vue de la vie populaire. Et la fonction dramatique des grandes figures historiques représentées par les classiques est celle-ci : quand ces problèmes et ces courants ont été rendus concrets de sorte que nous pouvons en avoir directement l'expérience, la figure historique élève leur aspect historiquement typique à un niveau supérieur en les concentrant et en les généralisant. Par ce moyen on ne reste pas pris dans le simple caractère immédiat de la vie populaire, dans la simple spontanéité des mouvements populaires, dont l'exemple typique est les romans d'Erckmann-Chatrian. Pour cette raison, comme nous l'avons déjà montré, les grandes figures historiques des classiques sont seulement des figures secondaires, mais absolument indispensables pour que le tableau historique soit complet.

Du point de vue du caractère populaire il y a deux dangers possibles ici pour le roman historique. Nous avons déjà traité en détail le premier, à savoir le manque de liaison organique entre les destins personnels et les problèmes historiques de la vie populaire, les contenus socio-historiques essentiels de la période en question. Ainsi les destins personnels peuvent être vivants humainement et psychologiquement et peuvent être socialement typiques en un certain sens, mais ils restent néanmoins des destins privés, et la fonction de l'histoire se réduit à celle d'un arrière-plan, d'un décor de coulisse.

Le roman historique de l'humanisme antifasciste court le danger opposé. Les représentants importants de cette tendance conçoivent leur sujet tout d'abord à un très haut niveau d'abstraction. Leurs protagonistes historiques incarnent affectivement et intellectuellement les grandes idées et les grands idéaux humanistes pour lesquels ces écrivains luttent eux-mêmes. De ce fait l'immédiateté de l'expérience historique se perd ou du moins court le risque de se perdre. Car l'importance des personnages importants de l'histoire gît dans leur aptitude à généraliser, à élever à un haut niveau intellectuel les problèmes qui dans la vie elle-même sont dispersés et se présentent sous des formes purement individuelles, sous l'aspect de destins simplement privés.

Nous insistons encore une fois : ceci est un important trait positif dans le roman historique de l'humanisme antifasciste, un pas vers la liquidation de ce manque de liaisons entre le passé et le présent dont a souffert le roman historique de la période précédente, même dans l'œuvre de ses représentants importants. Mais la liaison rétablie est cependant *trop directe*, *trop intellectuelle*, *trop générale.*

Nous avons déjà indiqué le danger de la généralisation intellectuelle (lutte entre raison et déraison conçue comme étant le contenu de l'histoire) et montré comment elle affaiblit le caractère spécifique, concrètement historique de l'histoire. Maintenant nous devons indiquer un autre danger qui lui est étroitement lié. A savoir : le fait que l'expérience historique immédiate se trouve amenée à prendre une forme trop intellectuelle ; c'est-à-dire, le chemin qui va de l'expérience historique immédiate à la généralisation et à la récapitulation de cette expérience est trop court et par conséquent trop abstrait. Il est si court et si abstrait parce que tout le processus se déroule *dans un être humain*, dans le protagoniste historique lui même, le champion des idéaux humanistes. Il s'ensuit deux choses. D'une part, l'expérience immédiate ne peut produire tout son effet avec la même largeur et la même multiplicité que chez des personnages qui n'ont pas la fonction d'élever ces expériences vécues au plus haut niveau d'abstraction historiquement possible. D'autre part, l'unique chemin allant de l'expérience à la généralisation, c'est-à-dire dans l'âme d'une seule personne, est nécessairement plus étroit, plus rectiligne et plus simplifié, comparativement à ce qui se produit dans le roman historique classique. Ici, des chemins très divergents, partant des expériences de personnages humainement et socialement très différents, sont réunis par un autre personnage, à savoir le protagoniste historique, qui chez les classiques est toujours une figure secondaire. A cela s'ajoute encore que la généralisation de sa propre expérience comporte nécessairement un caractère d'abstraction, tandis que la « réponse » que le protagoniste du roman historique classique donne aux « questions » de ceux qui font l'expérience immédiate de l'histoire n'est pas du tout une réponse dans un sens logique et n'a pas besoin d'être directement liée à leurs expériences. Il suffit que ce résumé qu'il constitue réponde à leurs questions en un sens foncièrement historique. Ceci donne manifestement à l'écrivain une plus grande liberté de mouvement et la possibilité de figurer la vie avec une plus riche abondance et une plus grande complexité.

Prenons une fois de plus *Guerre et Paix* de Tolstoï. Quand l'armée française envahit la Russie les différents personnages réagissent à l'événement de la manière la plus diverse, mais dans chaque cas ils réagissent directement et personnellement, de sorte que la transformation de leur vie par cette guerre s'exprime dans leurs sentiments et leurs expériences transformés. Aucun de ces personnages, ni Andrei Bolkonski ni aucun des Rostov, ni Denisov, etc., n'est obligé par la composition de généraliser ses expériences davantage que ne l'exige son état d'âme momentané. Même dans des conversations comme celles entre Bolkonski et Bezukhov à la veille de la bataille de Borodino, les exposés théoriques de Bolkonski ne sont pas autre chose que la généralisation de ses sentiments subjectifs. Ils sont destinés à figurer dans le tableau global comme une touche de couleur et non pas à porter la signification de l'ensemble.

Quand, par contre, chez Heinrich Mann le jeune roi de Navarre apprend que sa mère a été empoisonnée par Catherine de Médicis, en tant que chef des Huguenots, il doit réagir immédiatement ; il doit faire face à la reine rusée, comme un adversaire qui se comporte en diplomate. Ses réactions affectives et intellectuelles constituent l'axe central du roman. Toute l'évolution de celui-ci passe par son âme. Tout ce qu'il y a de plus joue simplement un rôle complémentaire d'illustration. La personnage central se trouve ainsi surchargé — on attend de lui qu'il donne une réponse historique adéquate à chaque étape du récit. Et cela signifie que le chemin déjà trop étroit et trop court entre l'expérience directe et la généralisation qui résume est encore artificiellement raccourci. Là où l'auteur dans des situations importantes ne fait pas ce raccourci, où il maintient pendant longtemps le personnage central au niveau de l'expérience immédiate, il le rapetisse inévitablement. Sa position centrale contraint le lecteur a attendre de lui dans chaque situation quelque chose d'important, un rôle dirigeant quelconque, et à voir dans ses expériences immédiates et purement personnelles seulement un véhicule de ce qui est historiquement général, non pas une fin en soi. Aussi Tolstoï concentre les expériences du peuple russe en guerre dans la figure de Koutousov. Ce vieillard n'a plus de désirs ou d'expériences personnelles, pourtant il s'en faut bien qu'il soit aussi abstrait que l'Henri IV de Heinrich Mann, en dépit de l'extraordinaire puissance figurative de celui-ci. L'explication est simple : Koutousov est une figure secondaire, l'expérience du peuple a été vécue dans les expériences des personnages les plus variés, la généralisation artistique repose ainsi sur une base extraordinairement large et a pour représentant un personnage dont la place dans la composition et dont la particularité psychologique sont précisément adaptés à cette fonction récapitulatrice. Les êtres humains d' « en bas » font donc l'expérience de l'histoire directement, soit dans un rôle actif, soit dans un rôle passif. Les deux groupes d' « en haut » s'étiolent jusqu'à un certain point, deviennent abstraits, perdent contact avec la vie et parfois même quittent le domaine de l'historique. Ainsi, le fait que Koutousov est une figure secondaire sert de base à son rôle profond et authentique, artistiquement et historiquement, de médiateur entre « le haut » et « le bas », entre l'immédiateté de la réactions aux événements et la plus haute conscience possible dans ces circonstances déterminées.

La façon de figurer l'histoire que nous avons critiquée ici se rattache aux vues traditionnelles d'une période dont on n'a encore pleinement triomphé qu'en un sens politique et social. Le destin populaire n'est pas encore senti en tant que destin réellement concret du peuple, mais en tant que destin historique abstrait, dans lequel le peuple joue un rôle plus ou moins fortuit. L'inégalité de l'évolution, son caractère plein de contradictions apparaît dans le fait que le facteur réellement efficace pour triompher de cet éloignement par rapport au peuple, à savoir la participation ardente et passionnée au destin présent du peuple allemand, agrandit encore parfois dans la figuration artistique de cette tendance ce caractère fortuit. Les destins spécifiques, historiques, qui sont figurés dans des romans de ce genre perdent leur aspect propre, leur signification indépendante. Car le passé est utilisé simplement en tant que *matériel d'illustration pour les problèmes du présent.* Néanmoins, en dépit de toute l'inégalité de cette évolution, elle conduit manifestement au delà de cet état d'aliénation.

Jetons de ce point de vue un coup d'œil sur l'évolution de Lion Feuchtwanger. Ses premiers romans historiques (*Le Juif Süss* et *La Duchesse laide*) correspondent encore pour l'essentiel à la théorie que, nous l'avons vu, Feuchtwanger lui-même a exprimée sur le roman historique. Dans l'un et l'autre l'histoire est seulement un costume décoratif pour des problèmes psychologiques spécifiquement modernes. Le destin du Tyrol dans les luttes pour le pouvoir entre les Luxembourg, les Habsbourg et les Wittelsbach a très peu de choses à voir avec la tragédie amoureuse individuelle de Margarete Maultasch. La tragédie de la femme douée mais laide, qui constitue l'intérêt humain de ce roman — car il se cache très peu de choses derrière les intrigues pour le pouvoir qui pourrait intéresser le lecteur d'aujourd'hui d'un point de vue historico-humain — est certes mêlée à la fiction des intrigues politiques avec une grande adresse artistique, mais humainement elle n'a pas grand chose à voir avec elles. A cet égard *Le Juif Süss* est très proche. Ici encore le thème principal est un conflit psychologique spécifiquement moderne, un conflit entre des conceptions du monde. Feuchtwanger dit lui-même de son sujet :

> « Il y a des années, j'ai tenu à montrer le chemin qui conduit un homme de l'agir au non-agir, de l'action à la contemplation, d'une conception européenne à une conception indienne du monde. Il y avait un exemple manifeste de cette évolution dans l'histoire de notre temps : Walter Rathenau. J'ai essayé de le figurer : j'ai échoué. J'ai transféré le sujet deux siècles en arrière et essayé de représenter le chemin parcouru par le Juif Süss Oppenheimer : je me suis rapproché davantage de mon objectif. »

L'erreur de Feuchtwanger est très instructive. Il dit que son échec avec Rathenau et son succès avec le personnage du Juif wurtembergeois démontre justement que les thèmes historiques sont appropriés pour incarner ces collisions abstraitement intellectuelles. Il nous semble que ce ne fut ni la proximité dans le temps, ni le caractère défavorable de la matière contemporaine qui a causé l'échec de Feuchtwanger sur le thème de Rathenau, mais le fait que sa collision a peu de chose à voir avec le tragique interne de Rathenau. Ainsi la personnalité familière de ce dernier et les circonstances bien connues de sa vie ont résisté fortement et avec succès à l' « introjection » tentée par l'écrivain. La qualité de Juif de Rathenau joue sans doute un rôle important dans sa tragédie et il y a eu sans doute chez lui une certain scission entre l'activité et la contemplation. Mais la tragédie réelle de Rathenau est celle de la bourgeoisie libérale d'Allemagne. A cause de la situation politique et culturelle indigne de la bourgeoisie économiquement dominante sous le régime wilhelmien, les libéraux se sont montrés incapables de trouver la transition vers une ligne d'évolution républicaine démocratique, après que la chute des Hohenzollern et la politique de la sociale-démocratie allemande eut mis le pouvoir d'État entre leurs mains. Le thème de l'agir ou du non-agir pouvait seulement former une abstraction épisodique de ce vaste sujet ; il ne pouvait certainement pas en venir à bout.

Feuchtwanger a réalisé son dessein dans *Le Juif Süss*, parce qu'il pouvait faire ce qu'il voulait avec cette figure historique, éloignée du présent. Cependant, dans la mesure ou il s'agit de l'intrigue dans son ensemble il n'a pas réussi et ne pouvait réussir. Son dessein était de conduire le Juif Süss de l'action à l'inaction. L'action signifiait l'effroyable exploitation du Würtemberg avec l'aide d'une branche secondaire de la dynastie parvenue au pouvoir. Or, quand le tournant est accompli et que le héros de Feuchtwanger prend la « voie indienne », tout ce qui a précédé apparaît sous ce jour comme une succession d'aberrations, comme accessoire et épisodique. Mais de là naît la perspective grotesque et déformée dans laquelle le destin de tout un pays et de millions de gens apparaît seulement comme l'arrière-plan quelconque de la conversion spirituelle d'un usurier juif. Le récit se termine dans l'illumination aux feux de Bengale d'un mysticisme cabalistique et de la mort en martyr que Süss s'imagine assumer. Telle est la conclusion d'un développement dans lequel nous avons vu sans interruption un peuple souffrir et être foulé aux pieds, même si ce n'est qu'à l'arrière-plan.

Ainsi la destinée personnelle figurée ici est tout aussi excentrique aux événements historiques que chez Flaubert par exemple. Cependant Feuchtwanger recherche passionnément une concrétude historique et humaine ; il choisit un type pour qui le problème de l'action et de l'inaction est un problème réel, né des conditions réelles de sa vie : à savoir celles d'un financier et usurier juif du XVIIe siècle à peine sorti du ghetto. La juxtaposition directe de manœuvres impitoyables pour extorquer de l'argent et d'un mysticisme religieux correspond à la vérité sociale et historique. C'est pourquoi, considérée en elle-même, la figure du héros principal est fidèle à la vérité aussi bien psychologique qu'historique.

Feuchtwanger s'écarte de la vérité historique interne de deux façons. D'abord dans la disproportion entre l'action et le tour qu'il lui donne. L'écrivain qui adapte l'histoire ne peut traiter à sa guise la matière historique. Les événements et les destinées ont leur importance objective naturelle, leur proportion objective naturelle. Si l'écrivain réussit à inventer une fiction qui reproduit correctement ces relations et ces proportions, alors la vérité humaine et artistique surgira de concert avec la vérité historique. Si, par contre, sa fiction fausse ces proportions, elle faussera aussi l'image artistique. Cela est choquant si la souffrance de tout un peuple pendant une décennie apparaît comme un « prétexte » à la conversion spirituelle d'un individu qui n'est guère important.

D'autre part, Feuchtwanger enfreint la proportion et ainsi la vérité artistique en entourant cette conversion de son héros d'une auréole « éternelle », « intemporelle », comme s'il avait résolu le problème d'une destinée humaine générale. La conversion d'un Juif du XVIIe siècle à la Cabale est socialement et psychologiquement compréhensible et présentée par Feuchtwanger avec une psychologie subtile. Mais la philosophie sous-jacente ici, qui présente les choses comme si l'usurier converti s'était élevé au dessus de l'inconstante praxis européenne et s'était abîmé dans les profondeurs primitives de la contemplation orientale, où l'illusion trompeuse de l'action et de l'histoire se dissout dans le néant, n'est pourtant que la voix d'une période passée de la littérature. C'est Schopenhauer qui avait découvert pour l'Allemagne que la philosophie indienne était le moyen approprié pour triompher des vues « superficielles » de Hegel sur le progrès humain. Depuis lors, cette théorie a été répétée et présentée avec toutes les variantes possibles dans la philosophie et la littérature des intellectuels allemands et des intellectuels d'autres pays.

Si les représentants littéraires de la décadence ne voient pas que leur fuite devant l'histoire trouve ici son idéologie, cela est entièrement compréhensible. Consciemment, ils souhaitent n'avoir aucune part à l'évolution capitaliste réactionnaire de l'histoire et cependant ils craignent de participer à son bouleversement révolutionnaire. Dans le cas d'un écrivain et militant progressiste de la classe de Feuchtwanger cette position est en contradiction avec son œuvre et lui fait tort. Pour un décadent uniquement soucieux du décor et de la psychologie, tout ce qui précède la conversion dans *Le Juif Süss* n'aurait été réellement rien de plus qu'un prétexte. Un écrivain de ce genre aurait présenté tout ceci dans un raccourcis décoratif et non pas, comme Feuchtwanger, en s'efforçant d'âtteindre à un réalisme véritable. La structure aurait pu être ainsi beaucoup plus homogène — mais l'importance littéraire de Feuchtwanger apparaît précisément dans le fait que le « prétexte », le destin du peuple du Würtemberg, le passionne profondément en tant qu'écrivain et en tant qu'homme. Il le représente avec des couleurs vigoureuses, réalistes, mais précisément il révèle par là l'excentricité de sa pointe finale. Feuchtwanger est un humaniste trop sincère et un écrivain trop réaliste pour pouvoir dominer adéquatement ce thème.

C'est pourquoi le pas que Feuchtwanger a fait dans ses romans sur Flavius Josèphe a été absolument nécessaire. Nous avons déjà indiqué que le thème général de ces romans, l'antithèse entre le nationalisme et l'internationalisme, se développe réellement à partir de la matière historique elle-même. Pour cette raison à elle seule les proportions entre les idées humanistes générales de Feuchtwanger et les événements et les figures historiques présentés par lui sont tout à fait différentes et beaucoup plus correctes. La grande collision n'est plus simplement transférée dans l'histoire passée, elle se développe bien plutôt à partir d'elle. C'est un pas en avant extraordinairement grand vers un véritable roman historique ; en même temps cela accentue considérablement la contradiction entre la théorie du roman historique énoncée par Feuchtwanger et sa propre pratique d'écrivain.

Ce qui est d'une importance décisive pour nous dans cette connexion, c'est la question des destinées populaires. A cet égard, non seulement *La Guerre juive* est un pas en avant extraordinairement grand par comparaison avec les premiers romans de Feuchtwanger, mais cela est vrai aussi pour *Les Fils* par comparaison avec *La Guerre juive*. Le premier figure la tragédie particulièrement dramatique du peuple juif, la destruction de Jérusalem, la ruine de l'État juif. Mais ce drame violent d'un peuple entier se déroule presque totalement « en haut » : ce qui est le plus important et le plus pittoresquement mis en évidence, ce n'est pas le destin populaire lui-même, mais les réflexions d'importantes personnalités au sujet de ce destin. Le peuple lui-même est ici, au sens plein du terme, seulement l'objet de l'action qui se déroule « en haut », seulement l'objet de la subtile dialectique intellectuelle, avec laquelle son sort est soigneusement examiné des points de vue les plus variés.

Cette conception de la vie populaire se manifeste le plus clairement dans le fait que Feuchtwanger, qui figure avec un sens si subtil de la différenciation intellectuelle et personnelle les types les plus divers d'intellectuels juifs, grecs et romains, ne voit dans les champions radicaux de la résistance nationale juive qu'une horde de fanatiques forcenés qui s'entredéchirent aveuglément. Par suite de cette manière de voir, le tableau de l'héroïque résistance du peuple juif devient intellectuellement chaotique, purement décoratif dans sa présentation. Le peuple en lutte n'a pas de physionomie socio-politique, en mutation, nettement marquée, que nous puissions comprendre : de subtiles intrigues et manigances « en haut » et des débordements chaotiques et forcenés « en bas » se succèdent sans aucune liaison visible et concrète.

Cette faiblesse de la représentation historique de Feuchtwanger se rattache à des survivances non encore dominées de l'idéologie libérale. Feuchtwanger a une trop grande admiration pour la « *Realpolitik* », pour le subtil manège diplomatique et le compromis astucieux. Dans *Le Juif Süss*, le rabbin Jonathan Eybeschütz dit : « Il est facile d'être un martyr ; il est bien plus difficile de se tenir dans la pénombre pour la cause de l'idée ». Des pensées semblables surgissent sans cesse dans les romans sur Flavius Josèphe, même dans la seconde partie. Des théories de cette nature, une telle conception de la réalité sont étroitement liées, comme nous l'avons vu, avec la position isolée des intellectuels progressistes dans les grandes luttes de classes de la période tardive du capitalisme, une position que les meilleurs des intellectuels, parmi eux Feuchtwanger lui-même, surmontent de jour en jour avec l'aide et l'exemple pratique du Front Populaire.

Mais les résidus idéologiques ont encore longtemps des répercussions. Et ils ont pour conséquence que l'importance des décisions purement individuelles des êtres humains pris isolément est extraordinairement surestimée. Cela donne lieu d'une part à une exagération de la responsabilité individuelle confinant parfois à la mystique et de l'autre à une prédilection excessive pour la justification psychologique des compromis libéraux. Les deux tendances sont enracinées dans le fait que l'intellectuel isolé, s'il est honnête, ne peut aller au delà d'un relativisme ouvertement confessé ; faire un absolu de son point de vue individuel équivaut pour lui à être borné.

Le rival de Flavius Josèphe, Juste de Tibériade, exprime ce point de vue dans le deuxième roman avec une grande vérité et une grande sincérité psychologique :

> « Si une vérité doit durer, elle doit être mêlée à des mensonges... La pure vérité absolue est insupportable, personne ne la possède, elle n'est pas même digne qu'on s'efforce d'y atteindre, elle est inhumaine, elle n'est pas digne d'être connue. Mais chacun a sa propre vérité, et sait très bien ce qu'est sa vérité... et s'il s'écarte de cette vérité seulement d'un iota, alors il le sent et il sait qu'il a commis un péché. »

Juste de Tibériade critique toujours Flavius Josèphe avec la plus grande sévérité. Ce qu'il critique, cependant, c'est le fait que la politique de « compromis astucieux » de ce dernier n'a jamais conduit à une forme d'éthique consciente et responsable, que Josèphe a toujours oscillé entre des agissements spontanés, qui l'ont amené à rejoindre l'aile extrême lors du soulèvement juif, et des compromis souvent égoïstes.

L'opposition entre les deux tendances se transfère même à l'œuvre de Josèphe. Dans le second volume apparaît son livre, qui traite le soulèvement juif comme une question purement idéologique et nationale de l'opposition entre Rome et la Judée, entre Jupiter et Jahveh. Juste, par contre, écrit un livre qui est plein de « chiffres » et de « statistiques ».

Sur cette question apparaît un changement et une évolution de l'auteur lui-même qui n'est pas sans importance. Le second volume était déjà écrit avant la prise de pouvoir par Hitler, mais le manuscrit fut détruit par les fascistes et Feuchtwanger dut écrire ce livre à nouveau. Les matériaux, selon son propre aveu, ont été très largement accrus et il a éprouvé le besoin d'écrire un troisième roman sur Josèphe. Il est extrêmement intéressant et de la plus haute importance pour le développement ultérieur du roman historique antifasciste que cet accroissement soit dû essentiellement au fait que Feuchtwanger a attribué à la description du peuple, à sa situation économique et aux problèmes idéologiques qui en résultent une place beaucoup plus vaste que dans le premier volume.

Ce changement est énoncé dans le roman lui-même très clairement et en programme, sous la forme des discussions à propos du livre que Flavius Josèphe a écrit sur la guerre juive, dont l'esprit général s'accorde largement avec la conception de Feuchtwanger lui-même dans le premier volume. Dans une discussion de ce genre à la maison du sénateur romain Marullus, Jean de Gischala, un ancien dirigeant de l'aile plébéienne extrême du soulèvement juif, maintenant esclave de ce sénateur, dit au célèbre écrivain quelques dures vérités à propos de son livre : « Quand la guerre a commencé, je n'en connaissais pas mieux que vous (c.-à-d. : Josèphe, G. L.) les causes, il se peut aussi que je n'aie pas voulu les connaître mieux... Il ne s'agissait pas alors de Jahvé ni de Jupiter : il s'agissait du prix de l'huile, du vin, des céréales et des figues. Si votre aristocratie du temple », dit-il en s'adressant à Josèphe avec un conseil amical, « n'avait pas établi des impôts si fréquents sur nos maigres produits et si votre gouvernement de Rome », dit-il en s'adressant d'un air tout aussi amical et positif à Marullus, « ne nous avait pas infligé de tels droits et de telles redevances, alors Jahvé et Jupiter se seraient parfaitement entendus longtemps encore... Laissez-moi, simple paysan, vous dire : votre livre peut être une œuvre d'art, mais après l'avoir lu, on n'en sait pas un brin de plus au sujet des « pourquoi » et des « comment » de la guerre. Vous avez malheureusement laissé échapper le plus important ». Josèphe ne trouve aucune réponse à cette critique. Mais il est significatif qu'au cours de la conversation le judicieux sénateur Marullus dise : « Ce n'est pas de l'esprit grec ou juif, ni des Barbares que Rome périra, mais de l'effondrement de son économie. »

La grande importance de ces discussions pour la réorientation de l'œuvre de Feuchtwanger apparaît dans la dernière partie du deuxième volume où l'on expose les différences qui surgissent au sein du peuple juif après la défaite du soulèvement national et, en relation avec cela, les commencements du christianisme. Il n'y a aucun doute que Feuchtwanger ici, en réunissant le « haut » et le « bas », en rétablissant les rapports entre les problèmes de la vie populaire et les mouvements idéologiques de l'époque, a largement dépassé le premier volume en concrétude.

Mais précisément parce que l'on peut voir avec tant de clarté cette évolution, il est nécessaire de déterminer avec précision son stade actuel et les limites de ce stade. Le lecteur attentif des exposés de Jean de Gischala aura déjà remarqué que si Feuchtwanger cherche bien ici les causes réelles, sociales et économiques, de la guerre juive, il le fait encore d'une manière trop simplifiée, trop abstraite, trop directe, trop « économique ». Il n'est pas possible, même dans un ouvrage scientifique, à plus forte raison dans une figuration artistique de l'histoire, de lier *directement* des impôts et des redevances aux problèmes idéologiques compliqués d'une époque, de réduire à cela le contenu d'une guerre nationale de libération. L'historien doit examiner concrètement les divers effets concrets de la situation économique des classes et les changements de cette situation, il doit découvrir les connexions les plus diverses, extrêmement compliquées, très peu directes, pour pouvoir expliquer réellement les problèmes idéologiques d'une époque passée.

L'auteur de romans historiques doit suivre une autre voie. Il peut seulement découvrir ces connexions et les figurer artistiquement s'il est en mesure de voir dans les problèmes économiques des problèmes concrets d'existence d'êtres humains concrets. Quand Marx dit que les catégories économiques sont des « formes d'existence, des déterminants d'existence », il n'a pas seulement exprimé ainsi avec clarté d'une manière philosophique le caractère matériel des catégories économiques, mais aussi montré comment et à partir d'où la détermination de la vie humaine par l'économie peut être figurée littérairement. C'est-à-dire que les catégories économiques ne doivent pas être vues d'une manière fétichiste comme des abstractions — comme dans l'économie vulgaire de la bourgeoisie, du menchévisme et de la sociologie vulgaire — mais en tant que formes immédiates d'existence de la vie humaine, formes dans lesquelles les échanges organiques de chaque personne individuelle s'effectuent avec la nature et avec la société.

Et pour observer ceci concrètement, en écrivain, on n'a pas besoin d'être un marxiste. De Foe ou Fielding, Scott ou Cooper, Balzac ou Tolstoï dans la plupart des cas ont saisi correctement et profondément cet aspect vivant de l'économie. Et cette figuration du fondement de l'existence a pu produire des tableaux de la société extraordinairement justes et profonds, même dans les cas où les écrivains intéressés ont tiré des conclusions économiques qui étaient entièrement fausses. Cette fausseté est restée en quelque sorte (chez Balzac ou Tolstoï) la fausseté privée des points de vue de l'écrivain, un faux commentaire sur un tableau de la vie dans lequel les interactions réelles entre la vie économique et la vie spirituelle et morale des êtres humains ont été figurées correctement et conformément à la vérité objective.

Mais précisément à cet effet l'écrivain doit avoir des liens profonds avec la vie populaire dans ses ramifications les plus variées, avec la vie réelle de toutes les classes de la société. Et si les observations correctes d'interactions de ce genre donnent naissance à de fausses théories, la vérité artistique de l'œuvre n'est pas abolie pour autant. Il n'est cependant guère possible de faire l'inverse, c'est-à-dire de pénétrer jusqu'aux problèmes concrets de la vie populaire à partir de vérités abstraites de l'économie, même conçues correctement.

Et c'est encore la position de Feuchtwanger. Si l'on discute avec lui de cette question, ce qui est en cause primordialement ce n'est pas l'exactitude ou la fausseté scientifique de ses vues individuelles, mais sa méthode pour aborder les faits eux-mêmes. Car Feuchtwanger voit dans les catégories économiques seulement des concepts abstraits fétichisés et non pas des formes concrètes de la vie, non pas les fondements concrets de la vie des êtres humains réels. Il en résulte deux sortes de difficultés pour sa création, qui dans ses dernières œuvres se tourne toujours plus énergiquement vers la description de la vie populaire réelle.

Tout d'abord, il est impossible, comme nous l'avons montré, de figurer les événements concrets dans la vie d'un personnage issu du peuple sur la base de catégories abstraites de cette nature. Feuchtwanger montre la détermination économique de la vie moins dans la vie, dans une présentation de la vie de ses figures, que dans des réflexions *sur* cette vie. Et de ce fait la description se déplace de nouveau vers le « haut ». Le facteur décisif est de nouveau les vues et les idées qu'ont les personnages d'« en haut » sur la vie populaire. Ce qui se produit réellement « en bas » n'est pas important en soi, cela n'apparaît pas comme étant la force réellement impulsive de l'action, mais comme le contenu des réflexions qui constituent la vie de la couche supérieure des intellectuels.

En second lieu, ces catégories abstraites fétichisées ont nécessairement un caractère fataliste, et un écrivain comme Feuchtwanger, qui sent et qui vit fortement la vie dans ses ramifications réelles, ne peut être en mesure de se satisfaire d'un tel fatalisme. Car si les catégories économiques sont saisies dans leur concrétude vivante, elles apparaissent pour chaque personne individuelle en conformité avec sa situation économique individuelle, son éducation, ses traditions, etc. Et la nécessité économique s'affirme sous la forme d'une loi qui, dans un enchevêtrement de contingences individuelles, est la tendance finalement dominante, victorieuse, de l'évolution. Si la nécessité économique est figurée de cette façon, elle n'a alors plus rien de fataliste en soi. (Qu'on pense à la présentation par Balzac du rapport entre le capitalisme et la division parcellaire dans *Les Paysans*.) Mais si les catégories économiques sont saisies abstraitement, elles doivent nécessairement être mises en relation d'une manière rigide et directe avec les problèmes de la vie et ne peuvent s'affirmer qu'avec une nécessité fataliste. Ainsi l'écrivain doit ou bien figurer ce fatalisme ou bien le nier — et avec lui la détermination économique de la vie — ou finalement poser à ce fatalisme une limite mécanique. Cette dernière voie a été celle de Feuchtwanger. Dans ses romans les plus récents il reconnaît la nécessité des catégories économiques, des chiffres et des statistiques, mais seulement pour un secteur déterminé de la vie humaine, auquel il oppose alors un autre secteur également autonome, celui de la vie intérieure, morale. Le dualisme dans la détermination de la vie humaine, qui caractérise la crise de croissance de l'œuvre de Feuchtwanger, s'exprime clairement dans un hymne de Flavius Josèphe dans *Les Fils* :

> « Ainsi notre destin nous forme,
> Le monde des dates et des chiffres autour de nous...
> Mais le monde des dates et des chiffres
> A ses limites aussi.
> Au-dessus de lui il y a
> Quelque chose d'impénétrable, la Raison suprême,
> Et son nom est : Jahvé. »

Finalement, ce dualisme implique inévitablement la modernisation de l'histoire. Car celle-ci peut être évitée seulement si les pensées et les sentiments, les vues et les expériences des personnages du roman historique sont développés organiquement, dans toute leur complexité concrète, à partir des conditions concrètes de la vie à une époque donnée. Dans ce cas, tout rapprochement par rapport à notre époque de la psychologie des personnages se limite à l'« anachronisme nécessaire ». Si par contre le fondement de l'existence est conçu abstraitement, alors c'est seulement au moyen de la psychologie que les personnages peuvent être rendus vivants et ceci implique une modernisation. Car ce qui manquera c'est la fonction de contrôle des faits concrets de l'existence, qui seule peut montrer à l'écrivain le genre de sentiments et de pensées qui sont possibles pour un personnage appartenant à une certaine période. A quoi s'ajoute encore que les catégories économiques abstraites sont très susceptibles d'effacer les différences spécifiques entre les représentants de la « même » classe à des périodes diverses. Si l'écrivain part des conditions de la vie, alors il fera une énorme différence entre un marchand du XIIIe siècle et un marchand du XVIIe. (Chez Walter Scott ces différences sont très subtilement accentuées.) En revanche, si le capital, par exemple, n'est pas une forme de l'existence, mais un concept abstrait, alors la psychologie du capitaliste ou du financier romain sera nécessairement beaucoup plus analogue à celle du roi de la bourse d'aujourd'hui que ce n'est en réalité le cas.

Tous ces aspects problématiques du nouveau roman historique sont en rapport, comme nous le voyons, avec la nature du changement que les écrivains antifascistes ont subi : ils sont devenus des démocrates révolutionnaires, mais ce fait n'a pas encore pleinement imprégné leur création artistique. Ce qui reste de leur aliénation libérale et intellectuelle à l'égard des problèmes concrets de la vie populaire n'a pas encore été pleinement surmonté. A cela se rattache la faiblesse de la conception fondamentale de ces romans. Le roman historique ancien, classique, était historique parce qu'il fournissait une *préhistoire concrète du présent.* Il figurait l'évolution du peuple à travers les crises du passé pour aboutir au présent. Le roman historique des humanistes d'aujourd'hui est aussi en étroite relation avec le présent, et à cet égard il a déjà surmonté la période de la décadence bourgeoise, il se trouve même en vive opposition avec elle. Mais il ne donne pas encore la préhistoire concrète du présent, simplement le reflet historique des problèmes d'aujourd'hui dans l'histoire, une préhistoire *abstraite* des problèmes qui préoccupent le présent. D'où le caractère fortuit des thèmes, qui n'a pas encore toujours été surmonté, d'où le fait de partir de l'idée, de la réflexion, du problème et non pas de l'existence. C'est pourquoi la modernisation ou la généralisation abstraite si souvent remplace le caractère historique, c'est pourquoi le rôle concret de la destinée populaire dans ces romans est encore faible par comparaison avec la forme reflétée sous laquelle il apparaît dans les esprits de ceux d'« en haut », les personnages principaux de ces romans.

Ce défaut central, cette limite la plus importante de la phase actuelle de l'évolution du roman historique peut s'énoncer brièvement en disant que le peuple n'y est toujours qu'un objet et non pas un sujet agissant, ou le protagoniste. Ce caractère du roman historiques moderne apparaît peut-être le plus crûment dans la manière dont Gustave Regler représente les révoltes allemandes de paysans dans son livre *Saat* (*Semence*) (Regler est devenu plus tard un renégat). Dans ce roman la paysannerie allemande paraît bien entendu sans interruption. Mais néanmoins les relations sont inversées. La figure centrale est l'organisateur et dirigeant de la révolte, Fritz Johst, avec ses plus proches collaborateurs. En tant que propagandistes et dirigeants ils se tiennent en contact ininterrompu avec les paysans. Au cours de ce contact toutes les souffrances de la vie paysanne sont révélées, mais on les voit toujours comme des *objets* de la propagande révolutionnaire, comme des *problèmes* de la tactique révolutionnaire. La propagande et la tactique ne jaillissent pas de la vie de la paysannerie opprimée et exploitée, ne sont pas en conflit avec d'autres tendances de cette vie pour s'assurer la maîtrise, parce qu'elles représentent l'expression la plus claire et la plus vigoureuse de cette vie elle-même. Au contraire, elles sont introduites dans cette vie, sont mises à l'épreuve de celle-ci, de sorte que tout en elle fournit un exemple positif et négatif, ou simplement illustre la justesse ou l'insuffisance de cette propagande et de cette tactique. De ce fait le tableau de la vie paysanne au XVIe siècle est extraordinairement rétréci, voire même absolument altéré : tout est rapporté à ce thème révolutionnaire central, il n'y a pas de courants secondaires ou de complications, pas de stations à l'écart, etc.

Dans les autres romans, où de prime abord le thème central est mis en rapport d'une manière beaucoup plus affirmée avec les problèmes de la vie populaire, ces traits ressortent encore plus vivement. Dans son intéressant roman *Cervantès*, Bruno Frank met le caractère populaire de son héros intellectuellement au premier plan, d'une manière vigoureuse. La profondeur artistique de Cervantès, en tant qu'elle s'oppose à la facilité enjouée de Lope de Vega et d'autres contemporains est un des motifs les plus puissants de son roman. Et le thème principal aussi, la mise en contraste extrêmement puissante — qui malheureusement ne se transpose jamais en action humaine — entre la figure populaire, lumineuse et humaine, de Cervantès et le personnage sombre, contre-révolutionnaire, de Philippe II, sert encore à souligner le caractère populaire, les liens avec le peuple de l'auteur de *Don Quichotte*.

Mais comment ces liens avec le peuple sont-ils figurés ? Que voyons-nous du peuple espagnol dans le roman ? Quelques amourettes et amitiés passagères. Le reste est présenté sous forme de chronique ou d'essai abrégé. Rien de plus que ce qu'il faudrait pour fournir un essai donnant un exposé intellectuel sur les traits populaires de Cervantès. Pas un seul événement dans la vie populaire ne devient réellement vivant devant nous. Pas une seule fois nous ne voyons comment des événements de ce genre affectent Cervantès en tant que personne vivante.

Prenons seulement un exemple. Cervantès, fatigué et désespéré, s'est marié sur les instances de ses parents avec une jeune fille noble de souche à demi-paysanne. Sa vie avec elle est très malheureuse, il s'ennuie terriblement et va fréquemment à la taverne auprès des paysans. Lentement il vient à bout de leur méfiance et ils l'entretiennent de leur vie et de leur sort. Cela est raconté de la manière suivante :

« Ils parlaient comme toujours de leurs transactions avec de longs intervalles de silence. Du marché mauvais, du fait que dans les villes on payait un œuf de poule quatre maravédis, alors qu'il n'en restait à eux-mêmes pas plus d'un demi. Non, il ne leur restait rien ! Du fleuve d'or qui se déversait sur l'Espagne, pas même la dernière goutte ne les humectait. Personne ne pensait à eux, on se moquait d'eux et on les méprisait. Autrefois il en avait été autrement, du temps des grands-pères. Alors le paysan était libre, il choisissait lui-même ses maires, la terre lui appartenait et il avait ses propres droits. Aujourd'hui les trois-quarts de la Manche appartenaient à deux ducs distingués, qui vivaient auprès du roi. Leurs fonctionnaires et collecteurs d'impôts pressuraient la paysannerie. Quiconque possédait encore un lopin succombait sous les impôts, les redevances et les intérêts à payer. Cervantès écoutait tout cela. Depuis longtemps ils parlaient devant lui comme devant un des leurs. Il regardait leurs sourcils ciselés et pensait qu'un véritable aristocrate, un prince à l'âme libre et sans feinte aurait pu faire d'eux le peuple le plus magnifique de la terre. »

Et c'est tout. La faiblesse de ce passage, son caractère d'essai ne résulte nullement d'une incapacité littéraire de l'auteur. Là Frank, conformément à son plan, met Cervantès en des relations humaines avec d'autres personnages, il montre une aptitude considérable à animer des scènes pittoresques. Sa manière abstraite de traiter cet aspect de la personnalité de Cervantès est voulue, ce n'est pas une défaillance de l'aptitude littéraire. Mais précisément le fait que ceci peut être son intention, qu'il peut se satisfaire d'indiquer simplement l'aspect le plus important de la personnalité littéraire et humaine de Cervantès sous une forme abstraite comme un essai, montre que Bruno Frank se trouve encore à une phase transitoire de l'évolution en ce qui concerne le véritable caractère populaire. Lui aussi ne part pas des courants de la vie populaire pour présenter l'écrivain en tant que suprême incarnation de ces courants, mais, à l'inverse, il part de la grande personnalité de Cervantès et utilise le peuple simplement comme moyen abstrait d'illustration, comme coulisse.

Par suite d'une telle conception, les problèmes de la vie populaire acquièrent un caractère abstraitement sociologique, purement descriptif, sans vie et faussement objectif. Ceci apparaît le plus crûment quand le sujet est un grand mouvement populaire. Les dirigeants isolés sont représentés avec les moyens littéraires habituels, tandis que le mouvement populaire apparaît toujours comme une masse chaotiquement homogène poussée par quelque force mystique de la nature.

Cette façon de figurer les grands mouvements de masse commence avec le naturalisme. Chez Zola les traditions du vieil héritage balzaco-stendhalien entrent en conflit avec les tendances du nouveau sociologisme. Dans *Germinal* la lutte des deux tendances est encore nettement visible ; dans *La Débâcle* le nouveau principe a déjà triomphé. Et l'évolution de la période tardive a, bien entendu, renforcé ces tendances, leur donnant même un soutien supplémentaire par une série de théories scientifiques et pseudo-scientifiques (psychologie des foules, etc.).

Les mouvements de masses reçoivent de ce fait un caractère mystique fétichisé. Les masses ne se constituent plus d'êtres humains vivants, réels, avec des aspirations vivantes ; l'action de masse n'est plus la continuation, l'expression intensifiée de la vie populaire jusqu'au moment présent, mais quelque chose d'autonome, un symbole historique. Nous avons déjà signalé la faiblesse de Feuchtwanger dans la présentation du soulèvement national juif. Il y a des traits d'une faiblesse de ce genre même dans *Henri IV* de Heinrich Mann. Celui-ci figure avec une puissance poétique extraordinaire cette partie de la Nuit de la Saint-Barthélemy qui se rapporte directement à son héros et à son entourage. Pourtant tout cela se déroule « en haut », à la Cour. Le peuple parisien, égaré par la démagogie des Guises, apparaît comme une sorte d'uniforme bête féroce, mystique et forcenée. Il faut relire les scènes correspondantes chez Prosper Mérimée pour voir comment l'écrivain plus ancien a résolu tout autrement le problème de ces mouvements dans les actions humaines et les destinées humaines. Et même Mérimée, comme nous l'avons vu, à cet égard ne se tient nullement au niveau des romanciers historiques classiques. Ses descriptions de la Nuit de la Saint Barthélemy n'ont atteint nulle part le niveau, par exemple, de Manzoni quand il figure l'émeute de Milan ou Walter Scott quand il figure l'émeute d'Edimbourg (*The Heart of Midlothian*).

Les écrivains modernes créent simplement des tableaux symbolistes. Leurs romans sont conçus comme des biographies de grands hommes individuels ; les événements sont groupés par conséquent autour de l'évolution psychologique de ces individus, de sorte qu'à l'instant où le peuple apparaît réellement — c'est-à-dire pas simplement comme objet des réflexions du héros — ce caractère chaotiquement mystique devient inévitable. Et aussi longtemps que l'esprit de la démocratie et le sentiment populaire ne se renforcent pas chez les écrivains au point qu'ils conçoivent les insurrections populaires comme des continuations et des intensifications nécessaires de la vie populaire normale, aussi longtemps qu'ils ne sont pas en mesure de faire surgir de la vie quotidienne du peuple ces points culminants, en figurant les destinées dans lesquelles ces intensifications sont humainement incarnées, cette sorte de symbolisme fétichiste reste inévitable.

Il est sans cesse nécessaire d'indiquer qu'à cet égard la manière faussement objective, en quelque sorte sociographique, de décrire la vie populaire est souvent le fondement de cette défaillance d'écrivains importants. Les représentants individuels du peuple opprimé et exploité sont moins des personnages autonomes que les exemplaires d'une espèce sociographiquement fixée ; leur vie extérieure aussi bien qu'intérieure est moins un mouvement spontané qu'une conséquence qui se déduit de principes sociologiques généraux : c'est-à-dire, comment tel exemplaire de l'espèce *devrait nécessairement* penser, sentir, etc. dans telles circonstances. Mais du point de vue de la préhistoire historiquement authentique des mouvements populaires, ce qui est important, c'est précisément la manière compliquée, contradictoire, très individualisée, selon laquelle les opprimés pensent et sentent *réellement* à propos de leur situation. C'est seulement dans cette voie que le réveil révolutionnaire des forces populaires ensevelies peut être figuré avec une vérité artistique aussi bien qu'historique.

Ici se manifeste le fait que les idéologies politiques et esthétiques de la période impérialiste ne sont pas complètement surmontées, que la réalisation de l'esprit démocratique et populaire dans la littérature est encore très incomplète. Et cette faiblesse centrale a de profondes conséquences pour tout le mode de figuration. La véritable grandeur historique d'un sujet dépend précisément de la grandeur interne des mouvements populaires qu'il figure. Cette grandeur interne était au centre du roman historique classique. Les romanciers classiques étaient capables de susciter l'impression d'une grandeur réelle et sans prétention avec des moyens très simples, très économiques. Si ce centre fait défaut, l'écrivain éprouvera la nécessité de recourir à ces moyens de substitution, dont nous avons discuté en détail le caractère contestable à propos de Flaubert et de Conrad Ferdinand Meyer.

Par exemple la figuration des traits brutaux et cruels des temps passés. On doit malheureusement constater que très peu des écrivains d'aujourd'hui se sont entièrement libérés des fausses tendances du roman bourgeois tardif. Ils prennent souvent plaisir à décrire des exécutions et des tortures cruelles, etc., sans se rendre compte que le lecteur s' « habitue » très vite à ces brutalités — en particulier dans un roman historique — et n'y voit trop souvent qu'une particularité nécessaire de l'époque en question, de sorte qu'elles perdent tout effet, même de propagande contre l'inhumanité des anciennes dominations de classes. L'efficacité des anciens romanciers historiques consistait précisément dans le fait qu'ils donnaient une place centrale aux collisions humaines qui résultaient de l'inhumanité des anciennes dominations de classes. De cette manière, souvent il n'était pas nécessaire de montrer la cruauté de la loi dans sa réalisation effective, pour que son inhumanité inspire au lecteur une profonde compassion à l'égard des victimes. Mentionnons ici seulement le sort d'Effie Deans dans *The Heart of Midlothian* de Walter Scott. Bien entendu, les anciens écrivains ont aussi dépeint des exécutions, etc., mais premièrement ils l'ont fait avec une grande parcimonie, en second lieu ils ont insisté sur les conditions préalables et les conséquences humaines plutôt que sur le caractère brutalement descriptif des exécutions, de l'exécution en tant que telle. Le fait que des tendances de ce genre à l'atrocité ainsi que les tendances au simple exotisme qui reparaissent constamment n'ont pas été surmontées, montre précisément du point de vue artistique l'endroit où se situe actuellement le roman historique contemporain dans son processus pour triompher de l'héritage néfaste de l'évolution idéologique du capitalisme tardif.

III. La forme biographique et sa problématique

Les productions importantes du roman historique moderne montrent nettement une tendance vers la *biographie*. Le lien direct entre les deux est dans de nombreux cas probablement la mode aujourd'hui dominante des belles-lettres historico-biographiques. Mais dans les cas réellement importants ce n'est certainement guère plus qu'un lien formel. La popularité de la forme biographique dans le roman historique d'aujourd'hui provient plutôt du fait que ses représentants les plus importants veulent mettre en parallèle le présent avec de grandes figures exemplaires de l'idéal humaniste en tant qu'exemples, en tant que précurseurs vivants, ressuscités, des grandes luttes actuelles. Étant donnée la conception que nous avons déjà analysée du détail de la relation entre les protagonistes historiques et le peuple, il est inévitable que la biographie apparaisse comme la forme spécifique du roman historique moderne. Si le grand personnage du passé est réellement le seul à incarner la grande idée historique, s'il s'agit dans le roman historique de la préhistoire des idées pour lesquelles on lutte aujourd'hui, il est compréhensible que les écrivains entendent trouver dans l'évolution des personnalités historiques qui représentent et incarnent ces idées dans le passé, la genèse historique réelle de ces idées et avec elle la genèse des problèmes du présent.

Des critiques inconsidérés et trop « sensibles » ont toujours l'habitude de créer une nouvelle esthétique dès qu'un nouveau genre d'écriture apparaît. Ainsi toute nouvelle forme de manifestation de la littérature est élevée immédiatement et sans critique au rang de critère qui lie la littérature en général. Nous en avons fait l'expérience d'une manière répétée depuis le naturalisme jusqu'à l'expressionisme, et maintenant nous possédons heureusement tout un musée de ces critères esthétiques avortés, tels des fœtus conservés dans de l'alcool. Par contre les faits montrent qu'en règle générale les quelques œuvres qui ont survécu aux modes littéraires de notre temps en ont été capables malgré ces critères. Cela doit exhorter à faire preuve de prudence et à se reporter aux expériences artistiques millénaires de l'humanité. Il y a toute raison de faire preuve d'une prudence de ce genre à l'égard de la mode actuelle de la biographie. La tâche de l'esthétique et de la critique dans le cas d'une pratique aussi générale que l'emploi de la forme biographique dans le roman historique devrait être simplement d'examiner avec impartialité les possibilités et les limites de cet emploi. Toute canonisation artistique de la pratique actuelle ne peut être d'aucune utilité ni pour la théorie ni pour la pratique. Si nous tirons les critères esthétiques d'une tendance exclusivement des œuvres de cette tendance, alors ils ont cessé d'être des critères. Et une esthétique qui n'ose pas aborder la question des critères, de la justesse d'une tendance particulière ou d'un genre a abdiqué en tant qu'esthétique.

Considérons donc la pratique littéraire d'une manière un peu plus large et examinons comment les grands écrivains du passé ont abordé le problème de la biographie, jusqu'à quel point ils ont utilisé le mode de présentation biographique dans leur art. La pratique de Gœthe est peut-être ici l'exemple le plus instructif. En particulier parce que Gœthe a figuré certains problèmes de sa propre vie tant sous une forme directement biographique, que comme matériaux pour ses romans. *Dichtung und Wahrheit* (*Poésie et Vérité*) contient la matière tant de *Werthers Leiden* (*Werther*) que de *Wilhelm Meisters Lehrjahre* (*Les années d'apprentissage de Wilhelm Meister*). Or si l'on s'attache à suivre ces œuvres à partir de leur genèse, on voit qu'elles tendent à s'éloigner de l'aspect biographique. Depuis que nous possédons la première version de *Wilhelm Meister*, nous voyons exactement comment celle-ci est bien plus autobiographique que la version finale.

Les raisons de cette tendance sont faciles à voir. La vie la plus consciente et la plus méthodiquement organisée est pleine d'événements fortuits qui ne peuvent être figurés. Certains traits apparaissent d'une façon qui ne peut se prêter à une figuration sensuellement poétique. Pour leur donner la même valeur poétique qu'ils ont eue pour l'auteur dans la réalité, il faut inventer tout un nouveau concours de circonstances. L'aspect extérieur des collisions dramatiques ne correspond pas toujours à leur importance intérieure ; parfois des collisions de peu d'importance en elles-mêmes conduisent à des conséquences tragiques, parfois la tragédie qui aurait été la seule expression adéquate d'une collision ne se produit absolument pas dans la vie, la collision est émoussée et conduit à des conséquences qui sont importantes seulement au point de vue biographique, théorique et créatif, mais non pas à un drame susceptible d'être figuré. Les êtres humains, auxquels se trouve avoir affaire le héros en évolution d'une autobiographie, surviennent et s'en vont fortuitement, l'histoire extérieure des relations des êtres humains les uns avec les autres ne correspond jamais réellement à leur importance intérieure, dramatique ou épique. C'est pourquoi Hegel a dit à bon droit de l'œuvre épique construite autour d'une biographie : « Dans la biographie l'individu reste certes une seule et même personne, mais les événements dans lesquels il est impliqué, peuvent arriver tout à fait indépendamment et retenir le sujet seulement comme leur point de jonction tout à fait extérieur et fortuit. »

Si l'on compare *Werther* à l'épisode de Lotte-Buff dans l'autobiographie, on voit clairement ce que Gœthe a ajouté au roman et où il est sorti, en écrivain créateur, de l'aspect autobiographique. Dans *Werther* il a introduit l'élément social dans le conflit et élevé la collision amoureuse à une hauteur tragique. En un mot, tout ce qui donne à *Werther* son effet foudroyant et son éternelle fraîcheur est « biographiquement inauthentique ». Aucun récit biographique de l'épisode Lotte-Buff n'aurait atteint de loin la grandeur poétique de *Werther* ; car les éléments de cette poésie étaient contenus dans l'expérience de cet épisode par Gœthe, mais non dans l'épisode lui-même, tel qu'il s'est déroulé réellement. Mais même dans l'expérience vécue de Gœthe ils n'existaient qu'à l'état d'éléments et de germes. Il fallait encore un grand travail d'*invention* poétique, de généralisation poétique pour compléter, étendre et approfondir, avant que la fiction et les personnages de *Werther* pussent naître sous la forme que nous leur connaissons aujourd'hui.

C'est la position universelle des grands écrivains à l'égard de la réalité en général et, par suite, aussi à l'égard de leur propre vie, de leur propre biographie. Puisque la réalité dans son ensemble est toujours plus riche et plus variée que même la plus riche œuvre d'art, aucun détail biographiquement authentique, si exactement qu'il copie la réalité, aucun épisode authentique, etc., si effectifs qu'ils puissent être, n'atteignent jamais à la réalité. Si l'on souhaite recréer la richesse de la réalité, on doit refondre tout le contexte de la vie, la composition doit recevoir une structure entièrement nouvelle. Si des détails, des épisodes, etc. biographiquement authentiques peuvent être utilisés ici, tels qu'ils sont, c'est alors un hasard particulièrement heureux. Mais même dans ces cas ils ne peuvent être laissés tout à fait inchangés, car leur entourage, ce qui est survenu avant et après eux, aura été changé d'une manière décisive et ces modifications transformeront la qualité artistique des épisodes empruntés à la biographie.

Ce sont là des faits bien connus, observables dans la pratique des écrivains les plus importants. Pourtant ils ne fournissent que les préliminaires généraux du problème qui nous intéresse spécialement ici : la question de savoir si et de quelle manière une figuration biographique des *grands hommes* de l'histoire est artistiquement possible. Gœthe figure dans *Wilhelm Meister* bien des choses qu'il raconte plus tard sous une forme autobiographique dans *Dichtung und Wahrheit*. Il fait de Wilhelm Meister un représentant de ces tendances dans la vie qui ont été décisives pour sa jeunesse et pour son évolution jusqu'à la maturité, un représentant de ces courants dans la meilleure partie de la jeunesse bourgeoise au tournant du XVIIIe siècle, qui chez les classiques ont conduit au nouvel épanouissement de l'humanisme. Comme personnage, Wilhelm Meister présente bien des traits personnels de Gœthe et son évolution embrasse de nombreux épisodes tirés de la vie de son créateur. Mais à part ces modifications fondamentales, dont nous avons tout à l'heure analysé la nature à propos de Werther, Gœthe procède à une autre correction décisive de la figure de son héros : il lui enlève la *génialité* gœthéenne. Gotfried Keller fait de même dans son roman encore plus fortement autobiographique, *Der Grüne Heinrich* (*Henri le Vert*). Pourquoi ? Parce que les deux grands conteurs — Gœthe et Keller — ont vu clairement que la figuration biographique de la génialité, le compte-rendu biographique de la formation d'un homme de génie et de ses réalisations géniales est en contradiction avec les moyens d'expression de l'art épique.

La tâche serait de figurer la genèse du génie, c'est-à-dire de faire naître *génétiquement* le caractère génial d'un grand homme et ses seules réalisations géniales, en présentant, racontant, décrivant des faits et des épisodes tirés de sa vie. Il doit toujours en résulter une sorte de « court-circuit », comme nous l'exposerons en détail par la suite. Car les circonstances de la vie dans lesquelles une qualité géniale se manifeste, dans lesquelles le génie s'allume et desquelles semble naître ses réalisations géniales (d'un point de vue biographico-psychologique), ne sont en fait jamais plus qu'une *occasion* qui fait se révéler des qualités ou des réalisations de ce genre. Et le rapport figuré entre l'occasion et la réalisation géniale ne peut qu'apparaître fortuit, même dans la meilleure figuration ; le caractère objectif du rapport fortuit entre occasion et réalisation ne se laisse jamais supprimer par la création littéraire. D'autant meilleure est l'œuvre de l'écrivain, c'est-à-dire d'autant plus fidèlement il figure l'occasion particulière sur la base de matériaux scrupuleusement vérifiés et choisis dans la vie du grand homme, d'autant plus sensible et frappant sera son caractère occasionnel et objectivement fortuit.

Si nous nions la possibilité pratique de figurer le génie par la méthode génétique, biographico-psychologique, sur la base de l'art du récit, cela ne signifie nullement que nous nions l'explication génétique de la génialité, que nous voulons entourer le génie d'un mystère de l'inexplicabilité. Au contraire. Nous nions que cette sorte de figuration soit possible, parce que nous savons à quel point le génie est profondément lié à toute la vie économico-sociale, politique et culturelle de son temps, à la lutte des grands courants de l'époque, à la refonte de l'héritage matériel et culturel, etc., et qu'il manifeste sa génialité par sa manière originale de développer, de résumer et de généraliser ces tendances les plus importantes dans la vie d'une époque.

Mais c'est précisément *ce* rapport qui ne peut être rendu *immédiatement* visible dans les faits et les épisodes biographiques avec lesquels le biographe ou l'autobiographe doit travailler *en tant qu'artiste* qui *figure* des personnages. Ces rapports peuvent seulement être mis en lumière sur la base d'une *analyse* large et approfondie, très généralisée d'une époque. Non seulement ils doivent être *étudiés* avec les moyens de la science, mais c'est aussi *seulement* avec les moyens de la science qu'on peut les *représenter* adéquatement. Si l'on considère *Dichtung und Wahrheit* de Gœthe à la lumière de ces rapports, on se rend clairement compte que, chaque fois que Gœthe a voulu rendre intelligible la synthèse particulière qui s'est effectuée entre lui et les grands courants de l'époque, à certains degrés de son évolution, il a abandonné le procédé narratif. Dans chacun de ces cas, Gœthe utilise des moyens scientifiques, historiques de la nature intellectuelle et littéraire la plus élevée.

Ce caractère scientifique de la méthode doit être tout particulièrement souligné de notre temps. Car c'est devenu la mode dans une mesure croissante de regarder de haut la méthode scientifique en affichant un certain relativisme, tout en sanctionnant des réalisations scientifiques reconnues, par le fait de leur conférer le noble titre d' « art ». Bien entendu, les œuvres importantes de la science historique ont aussi utilisé des moyens artistiques. Il ne s'agit pas seulement de la bonne prose expressive, mais de descriptions ingénieuses, de présentation pittoresque, d'ironie percutante, de satire, etc. Tout cela n'abolit pas le caractère fondamental de l'esprit scientifique, qui consiste à présenter les rapports selon les lois objectives qui les gouvernent. Les destinées de personnes individuelles, dans leur caractère d'*être vécues en tant que destinées individuelles*, ne peuvent fournir le moyen de rendre intelligibles les rapports objectifs et les lois. Pour créer un portrait historique réellement bon d'un personnage important, il faut montrer sa singularité personnelle, sa physionomie intellectuelle, la singularité de sa méthode, l'importance objective de cette méthode dans le contexte des courants d'époque les plus importants qui ont conduit du passé à l'avenir, au carrefour desquels il se tient et dont il a influencé l'évolution d'une manière particulière — tout cela doit être montré sous une forme très généralisée et précisément pour cette raison scientifiquement concrète, en utilisant les moyens scientifiques corrects.

Cela représente un très haut niveau de l'œuvre littéraire, mais ce n'est pas de l'art. Un des aspects comiques de notre temps est le fait que la seule louange que l'on puisse trouver pour des œuvres comme *La Phénoménologie de l'Esprit* de Hegel, Le *Dix-huit Brumaire* de Marx, etc., c'est de les ranger dans la même catégorie qu'Arthur Schnitzler ou James Joyce. C'est une louange plus que douteuse pour des réalisations scientifiques — et c'est en même temps un signe que le sens des véritables principes de l'art se perd toujours davantage.

Nous prenons un exemple très caractéristique pour illustrer les tâches qu'implique la biographie scientifique d'un homme de génie. Un des tournants décisifs les plus importants dans l'histoire de la connaissance a été le fait que Marx ait désigné la seule marchandise que le salarié puisse vendre par la catégorie « *force* de travail » au lieu de « travail ». Pour tout véritable biographe de Marx ce sera une tâche de découvrir la voie qui a conduit à cette notion géniale qui a révolutionné l'économie. Il devra montrer jusqu'à quel point l'économie pré-marxiste est arrivée sur cette question, dans quelles contradictions elle s'est embrouillée par suite de l'obscurité de la catégorie « travail » et les raisons sociales de ces limitations. Il lui faut en même temps montrer à l'aide de matériaux biographiques tirés de la vie et de la carrière de Marx comment ce problème s'est développé chez lui jusqu'à atteindre sa formulation consciente et claire, combien de temps Marx a encore utilisé le vieux concept : « travail » pendant sa jeunesse, non seulement quant au mot mais aussi quant au sens, le moment où il commence à attribuer un sens nouveau, enrichi et précis au terme ancien, jusqu'à ce que finalement cette voie soit désormais complètement éclaircie. Mais même à supposer qu'on connaisse le moment précis où Marx est arrivé pour la première fois à cette formulation, la connaissance et la description de ce moment aurait seulement une importance extrêmement épisodique. Car la découverte elle-même était une nécessité de la lutte de classes entre le prolétariat et la bourgeoisie, une lutte de classes qui devait absolument conduire avec une nécessité historique objective à la révélation de la nature véritable de l'économie capitaliste et de ce fait à la connaissance adéquate de toute économie en général. Du point de vue de cette nécessité objective, c'est un pur hasard si Marx en est venu à la formuler pour la première fois dans un entretien avec Engels ou durant son propre va-et-vient solitaire dans son cabinet de travail ou quelque part ailleurs.

Toute biographie d'un personnage important embrasse une quantité de problèmes d'une nature analogue. Et les œuvres biographiques de notre temps, au lieu de montrer les grands rapports sociaux objectifs et leurs reflets objectifs dans la science et l'art, se délectent à décrire d'une manière pseudo-artistique, psychologiquement « approfondie », chaque occasion particulière. A l'encontre de cela, on doit poser en toute rigueur la nécessité de décrire les grands rapports objectifs. Il faut dire : il n'y a pas de voie qui conduit des pommes pourries de Schiller à *Wallenstein*, du café noir, du buste de Napoléon, du froc et de la canne de Balzac à la *Comédie Humaine*, etc.

Mais même les analyses psychologiquement « les plus profondes » des divers amours et des diverses amitiés de grands hommes ne nous aident pas réellement à mieux comprendre leurs œuvres. Au contraire, dans la mesure où il s'agit de relations humaines vraiment importantes, celles-ci sont mieux expliquées par les nécessités des grands rapports objectifs que par une psychologie purement biographique. L'amitié de Marx et Engels a été forgée par les grandes nécessités objectives des mouvements ouvriers révolutionnaires. Elle naît par suite du dévouement absolu de tous deux à l'émancipation du prolétariat, par suite du génie dont ils ont tous deux fait preuve pour fonder et développer la théorie révolutionnaire, pour guider le mouvement ouvrier révolutionnaire, et elle se développe ainsi jusqu'à atteindre cette profondeur humaine, cette unité inséparable qui nous émeut si profondément. Plus nous sommes intimement familiarisés avec ces rapports objectifs et leur contenu matériel, d'autant plus profondément nous pouvons comprendre le caractère humain de l'amitié entre Marx et Engels. Car c'est seulement en saisissant ces rapports que nous pouvons comprendre la part personnelle de chacun d'eux à l'œuvre commune de leur vie et le caractère si heureusement complémentaire de leur collaboration. Les faits personnels de leur vie qui nous ont été transmis forment un complément extrêmement important aux rapports ainsi connus. Mais ce serait une illusion de croire qu'on pourrait partir de ces faits particuliers de la vie pour représenter directement ces rapports réels et importants.

Nous le répétons : les faits de la vie d'un grand homme nous donnent dans le meilleur des cas l'occasion particulière qui a suscité une réalisation géniale, mais ils ne nous donnent jamais le contexte réel, la chaîne réelle des causes à la suite desquelles cette grande réalisation joue un rôle dans l'histoire. On pourrait objecter à cela que le romancier historique aussi ne peut figurer que l'occasion particulière qui a suscité les actes que ses héros accomplissent. Mais cette objection néglige la nature différente de la relation entre le hasard et la nécessité dans les deux cas. Il est caractéristique de la vie humaine que les occasions qui suscitent les sentiments, les expériences ou les actes les plus importants sont fortuits. Mais si le caractère réel du personnage littéraire en question se révèle dans cet acte, alors, bien que le caractère fortuit de l'occasion ne soit pas aboli, elle occupe pourtant précisément la place qu'elle doit occuper dans la réalité. Car cela fait partie de la vie, que la nécessité s'affirme par de tels hasards.

Cependant, l'écrivain véritable observera les justes proportions même dans ce cas. C'est à dire : avant d'introduire l'occasion dans la réalité, il fera comprendre les forces sociales formant l'ambiance de ses personnages et indiquera en même temps les particularités psychiques de l'être humain en question, dont le rapport avec celui-ci est traduit en acte par l'occasion. Ainsi l'occasion occupera dans le contexte de la vie la place qui lui revient dans la réalité objective ; en outre, la nécessité, comme il est naturel dans la littérature, fera son apparition plus clairement et plus franchement que cela ne se produit normalement dans la vie.

Il en va autrement d'une réalisation historique objectivement importante. Sa nature est de faire avancer d'un pas le développement historique de l'humanité dans un certain domaine. C'est ce qui donne à chaque grande réalisation historique un caractère objectif, nécessaire. L'essentiel en ce qui la concerne est justement le fait qu'elle s'accorde plus puissamment et plus profondément avec la réalité objective que les pas en avant accomplis auparavant. Son importance réside donc dans ce contenu objectif et, comme nous l'avons montré, ne peut être rendue réellement et profondément intelligible que si les rapports objectifs, au sein desquels elle se situe, sont révélés. En face de ces rapports l'occasion immédiate se réduit à un hasard dépourvu de valeur. Que nous la connaissions ou non, cela n'a aucun effet positif ou négatif sur notre connaissance du rapport essentiel. Par contre, à propos des actions dans le cours normal de la vie il est tout a fait indispensable de connaître l'occasion d'un acte dans sa combinaison exacte de hasard et de nécessité, pour comprendre l'acte.

Nous voyons ainsi la raison principale pour laquelle les réalisations géniales des grands hommes de l'histoire *en tant que réalisations*, en tant qu'œuvres, sont impropres à une figuration littéraire. Gœthe dit une fois au sujet de la tâche du poète :

> « Und wenn der Mensch in seiner Qual verstummt,
> Gab mir ein Gott zu sagen, wie ich leide. »
> « Et si l'homme reste muet dans son tourment,
> Dieu m'a donné une voix pour dire combien je souffre. »

Naturellement, ce n'est pas seulement une question de souffrance, si nous devons décrire la mission de la poésie. Néanmoins, Gœthe décrit correctement sa tâche principale — qu'elle seule peut remplir : elle prête à toutes les manifestations de la vie une voix plus distincte, plus articulée, plus intelligible et essentiellement plus vraie, plus proche de l'essence de la vie que celle que ces manifestations de la vie possèdent dans la vie elle-même. C'est précisément pour cette raison que la réalisation géniale, l'œuvre géniale est hors d'atteinte de la littérature. L'écrivain ne peut la rendre plus claire et plus nette. Il peut montrer comment elle se rattache à la vie, son effet dans la vie, mais il ne peut figurer l'œuvre elle-même. Ce peut-être une tâche littéraire importante de figurer comment les gens au temps des persécutions religieuses allaient courageusement à l'échafaud, enduraient courageusement les tortures de l'Inquisition pour la vérité des sciences nouvellement nées, pour la vérité des lois de l'univers sans Dieu ; c'est également une tâche littéraire importante de montrer les fondements humains, intellectuels et moraux d'un tel comportement, et dans une figuration de ce genre l'importance mondialement historique des réalisations scientifiques de Copernic, Képler et Galilée brilleront d'un éclat jusqu'alors insoupçonné. Mais même le plus grand écrivain (et le plus profondément instruit en science) ne peut rien ajouter à la loi de Galilée sur la chute des corps. Il peut seulement l'insérer dans son œuvre.

Pour cette raison les grands écrivains du passé, qui ont clairement reconnu les possibilités et les limites de la littérature, ont toujours figuré les réalisations géniales de grandes personnalités uniquement *par leurs effets*. De même les grands auteurs épiques du passé ont toujours représenté la beauté uniquement par ses effets — depuis l'Hélène de Troie homérique jusqu'à Anna Karénine de Léon Tolstoï — et non par de vaines tentatives pour la décrire. Gœthe dit une fois de la conquête de Troie qu'elle est impossible à figurer, « en tant que moment d'accomplissement d'un grand destin », elle n'est « ni épique ni tragique et dans un authentique traitement épique on peut seulement la voir toujours dans le lointain, d'en avant ou d'en arrière ». Les réalisations géniales des grandes personnalités historiques ont aussi le même caractère.

C'est un préjugé moderne de supposer que l'authenticité historique d'un fait garantisse son efficacité poétique. Le préjugé est renforcé quand il s'agit des propos et des faits de la vie d'hommes qui sont à juste titre aimés et vénérés par les masses populaires. Il est tout à fait compréhensible que la masse libérée des travailleurs de l'Union Soviétique souhaite des relations vivantes, intelligibles, émouvantes de la vie de ses guides aimés et vénérés, Marx, Engels, Lénine. Ces souhaits peuvent et doivent être satisfaits. Mais ils peuvent seulement être satisfaits par des biographies *scientifiques* d'un niveau littéraire élevé, intellectuellement approfondies et en même temps populaires, de ces grands hommes. Car c'est seulement dans les grandes connexions objectives, scientifiquement présentées, que ressortiront les traits de ces grands hommes, pour lesquels ils sont aimés et vénérés, Aucun assemblage de documents authentiques ne saurait offrir ce que les masses souhaitent et souhaitent à juste titre.

Si par exemple un écrivain fait apparaître Marx, qu'est-ce que cela va donner ? Marx va et vient dans sa chambre, comme nous le savons d'après les souvenirs de Lafargue, il fume des cigares, sur sa table à écrire sont éparpillés des livres et des manuscrits dans une confusion désordonnée (voir également Lafargue, Liebknecht, etc.) ; tout cela est historiquement authentique, mais avons-nous fait un pas nous rapprochant de la grande personnalité de Marx ? Malgré l'authenticité de tous les traits individuels ce cabinet de travail pourrait être celui d'une mazette scientifique farcie d'x ou d'un mauvais politicien. Maintenant, certes, l'écrivain fait *parler* Marx. Et bien entendu nous aurons de nouveau un texte authentique, des citations, disons, tirées des lettres à Kugelmann. Ces idées sont vraies, bien entendu, significatives et importantes, mais leur apparition au moment donné de la conversation, leur caractère en tant que manifestations intellectuelles de la vie de Marx *ne* peuvent avoir un effet convaincant. On est obligé de dire que dans leur contexte original elles sont non seulement plus puissantes par elles-mêmes, mais aussi humainement plus immédiates que dans une telle adaptation littéraire.

Prenons maintenant un exemple contraire. *L'État et la Révolution* de Lénine inclut un grand nombre de citations de Marx, mais la manière simple avec laquelle Lénine les présente est bien éloignée de toute prétention « littéraire » au sens moderne. Pourtant le lecteur de ce magnifique ouvrage reçoit une profonde impression de la personnalité politique et intellectuelle de Marx. Pourquoi ? Parce que Lénine résume les grands points de vue des révolutions européennes du XIXe siècle d'une manière théoriquement brillante, claire et populaire, ce qui nous permet en quelque sorte de jeter un coup d'œil dans le laboratoire intellectuel du fondateur du socialisme scientifique. Nous voyons comment les grands événements révolutionnaires font fructifier sa réflexion sur les questions centrales de la révolution, comment ses généralisations hardies et toujours correctes mettent en lumière les tendances encore cachées de l'évolution historique, comment son discernement de la réalité devance prophétiquement l'évolution historique. Des présentations de ce genre, mais seulement de ce genre, mettent en valeur l'importance humaine de la personnalité de Marx, qu'on ne doit pas séparer de sa grandeur en tant que penseur et politique. C'est, bien sûr, une grande tâche scientifique et littéraire d'écrire des biographies des grands dirigeants de la lutte d'émancipation prolétarienne, qui correspondent réellement à ces demandes, les demandes légitimes des masses. Mais elles ne peuvent jamais être remplacées par des œuvres littéraires biographiques, par l'insertion de faits biographiques authentiques dans des romans. La biographie de Marx par Franz Mehring a beaucoup d'erreurs idéologiques et de limites. Néanmoins, elle permet d'apprendre à connaître la personnalité humaine de Marx beaucoup plus clairement que ne le ferait n'importe quelle adaptation littéraire.

Illustrons ceci par un autre exemple, que nous avons déjà cité dans la première partie de cette étude, le beau passage dans *Les bolchéviks garderont-ils le pouvoir?* par Lénine. L'exemple de l'effet produit sur lui par les remarques d'un ouvrier au sujet du pain meilleur après le soulèvement de juillet 1917 n'est pas seulement un argument très convaincant dans l'enchaînement des pensées de Lénine, mais il jette en même temps une lumière extraordinairement brillante dans le laboratoire de son esprit, et nous rend très proche la personnalité humaine du dirigeant de la Révolution d'Octobre. Nous voyons brusquement par cet exemple avec quelle délicatesse de sentiments Lénine a observé les faits apparemment les plus insignifiants dans la vie du peuple laborieux, avec quelle rapidité d'éclair et quelle justesse il a tiré de ces expériences des conclusions généralisantes d'une grande portée. Mais n'oublions pas que l'effet puissant de ce passage est dû au fait que Lénine l'a encastré dans la chaîne scientifiquement impossible à rompre de ses arguments. Certes, ce passage serait aussi juste et profond sans les remarques qui le précèdent et qui le suivent, mais il ne pourrait atteindre à cet effet surprenant, émouvant, authentiquement humain.

Cet épisode chez Lénine a un effet très bien tourné. Si pourtant un écrivain avait tenté de l'arranger d'une manière littéraire, qu'aurait-on ? Une description de la pièce, de l'ambiance ouvrière ; le couvert est mis, la femme apporte le pain, l'homme fait ses remarques sur la bonne qualité de ce pain et sur le soulèvement de juillet — et « brusquement », comme un coup de pistolet, les réflexions profondes et justes de Lénine vont suivre. Ce qui dans le contexte de la brochure originale était humainement émouvant et intellectuellement entraînant serait à présent un montage banal.

Le génie, le grand homme de l'histoire ne peut-il donc absolument pas être figuré artistiquement ? (1) Nous avons déjà donné à cett question une réponse claire et positive dans les deux premiers

(1) *Note* (écrite en 1953) : aujourd'hui peut-être quelqu'un invoquera-t-il contre les exposés précédents la figuration d'Adrian Leverkühn par Thomas Mann dans son roman sur Faust. Je serais le dernier à contester l'exploit unique de Mann : caractériser, à la fois individuellement et typiquement, un musicien remarquable, du point de vue de sa carrière artistique (cf. là-dessus mes études sur Thomas Mann). Mais on ne doit jamais oublier que Leverkühn a été figuré du point de vue de sa *problématique* typique ; non pas en tant que *génie*, mais en tant que grand *talent avorté*. Ainsi la genèse, présentée d'une manière insurpassable, de cette problématique n'a intrinsèquement rien à voir avec la question traitée par nous ici, la genèse biographiquement dépeinte du génie. A quoi il faut ajouter en passant que la méthode biographique de Thomas Mann se

chapitres de cet ouvrage. Nous avons démontré que l' « individu mondialement historique » a sa place organique dans le roman en tant que figure secondaire, dans la tragédie en tant que personnage principal. Nos exposés actuels sur l'impossibilité de sa figuration épico-biographique ne contredisent pas ceci, et même ils confirment la justesse de cette démonstration sous un angle différent, négatif. Car pourquoi cette figuration a-t-elle été possible chez les classiques du roman historique et du drame historique ? Du fait qu'ils ont figuré les grands hommes sur la base de leur mission historique concrète, sur la base de la totalité des déterminations socio-historiques objectives. Les écrivains de la période classique ont clairement vu, à partir de leurs vastes et profondes expériences sociales, le rôle concret et la tâche du grand homme dans l'histoire (si erronés et naïfs qu'aient pu être parfois leurs exposés théoriques sur ce problème). A partir de ces expériences, les classiques du drame historique ont figuré de grandes collisions, aux multiples crises, de l'histoire humaine, et l'« individu mondialement historique » est apparu dans leurs œuvres comme une grande figure parce qu'il incarne dans sa propre personne sous une forme sensible la réunion des forces sociales qui entrent en collision. A partir de ces expériences, les classiques du roman historique ont figuré un vaste et riche tableau de la vie populaire et présenté l' « individu mondialement historique » comme la concentration suprême et l'incarnation des tendances importantes d'une transition importante dans la vie populaire. La détermination et la genèse de l' « individu mondialement historique » se produit chez les classiques du roman historique sur la base du déploiement et de la concrétisation de ces tendances. Dans ces romans nous apprenons à connaître par expérience la voie objective du développement socio-historique, qui conduit au fait que sur un certain point précisément Koutousov ou Pougatchev, Cromwell ou Marie Stuart deviennent ces centres de force dans lesquels les forces historiques d'une crise se réunissent. (Il faut cependant remarquer qu'un « individu mondialement historique » n'a nullement besoin d'être un génie.)

C'est seulement de cette façon que l'aspect nouveau, qualita-

trouve être, si on l'examine de plus près, très peu biographique. Les rapports génétiques entre la vie et l'œuvre d'Adrian Leverkühn émanent seulement dans les très rares cas marginaux d'occasions particulières dans sa vie ; le plus souvent la genèse des phases de développement, des œuvres et des crises de la figure principale est la présentation, ample et profondément conçue par Mann, de la vie sociale dont résultent — d'une manière objectivement historique — œuvre, crise, etc. La double séquence temporelle du roman sert aussi à illuminer ces rapports : les réflexions de Zeitbloom en écrivant la biographie de Leverkühn jettent une authentique lumière historique sur la réelle genèse historique, du point de vue des conséquences.

tivement particulier, que représente l'« individu mondialement historique », peut être exprimé. Nous faisons l'expérience sous les formes les plus diverses de la poussée des forces populaires dans une certaine direction, nous faisons l'expérience de leur incapacité à saisir adéquatement le contenu de cette orientation, leur faiblesse à accomplir les actes qui peuvent transformer cette orientation en réalité. Quand alors l'« individu mondialement historique » apparaît et — selon les circonstances historiques concrètes et sa propre détermination personnelle — trouve une réponse à cette question et la traduit en actions, alors, mais seulement alors la genèse de ce qui est historiquement nouveau devient évidente pour nous et en même temps qu'elle le rôle de l'homme important dans ce développement.

Dans ce genre de figuration, l'occasion, grâce à laquelle ce qui est nouveau se trouve exprimé en mots et en actes, reçoit une place qui correspond à sa nature réelle. Son caractère fortuit n'est pas éliminé. Mais le caractère fortuit de l'occasion n'est plus ici que le caractère fortuit irréductible de tout événement particulier dans la vie humaine ; cet événement particulier, cependant, existe dans une relation organico-historique avec la chaîne infinie des événements particuliers, eux-mêmes également fortuits, par la totalité desquels la nécessité historique s'affirme toujours. La nécessité elle-même est produite par l'unité intérieure complexe, socio-historique, des courants populaires, par delà et au-dessus des connexions immédiates et psychologiques. Les occasions particulières qui servent à figurer les différents degrés auxquels la nécessité historique se révèle n'ont pas besoin d'être directement liées l'une avec l'autre. Il est seulement nécessaire que l'action, dans ses voies complexes et embrouillées, nous expose clairement la dialectique interne de ce développement.

Il est facile de voir quels obstacles idéologiques s'opposent chez les écrivains modernes à une figuration de ce genre. Le développement du capitalisme rend les écrivains inévitablement étrangers à la vie populaire, ils éprouvent une difficulté croissante à voir l'ensemble des forces actives au sein de la société capitaliste et en conséquence la même tendance qui domine le développement philosophique général de l'époque impérialiste en vient à prédominer également dans leurs vues sur le monde. On peut brièvement exprimer cette tendance en disant que de tous les facteurs qui déterminent le contexte compliqué de la vie, seule la liaison causale immédiate entre deux phénomènes spatio-temporels de même espèce est reconnue.

L'insatisfaction à propos de la valeur cognitive d'une telle conception ne conduit pas en général à un approfondissement réellement philosophique, à la découverte de la connexion réelle et compliquée dans laquelle même la causalité plus profondément conçue apparaît seulement comme une catégorie importante parmi bien d'autres. Elle conduit plutôt à douter de la liaison causale immédiate elle-même (Machisme) et, comme une conséquence directe de ce doute, à une conception plus ou moins mystique de la totalité de la société et de son développement total. La grandeur littéraire des classiques du roman historique, qui du point de vue philosophique se tenaient souvent à un niveau relativement peu développé, consiste dans le fait que leur familiarité avec la vie populaire, leurs riches expériences de la vie populaire les aidaient à figurer les rapports réels dans la vie elle-même, qui allaient au delà de la causalité immédiate. Par contre, l'aliénation que les écrivains modernes éprouvent à l'égard de la vie populaire les conduit à surestimer les causes immédiates, qu'ils voient le plus souvent et inévitablement comme des causes biographico-psychologiques, et à préférer par conséquent la forme biographique.

De cette conception des classiques il s'ensuit inévitablement que dans leurs œuvres les grands personnages historiques ne *se développent* à peu près jamais *sous nos yeux*. La genèse, le développement de l'« individu mondialement historique » se produit *dans le peuple*. Les grands personnages apparaissent, comme Balzac l'a montré à propos de Scott, seulement aux points où la nécessité objective des mouvements populaires exige catégoriquement leur apparition. Ils apparaissent alors achevés devant nos yeux, comme des concentrations, comme des formes suprêmes d'expression de ce développement. Ils sont grands parce qu'ils possèdent ce pouvoir de concentration, parce qu'ils peuvent donner une réponse précisément aux problèmes qui ont le plus profondément affecté la vie du peuple à ce moment. Comme les héros homériques physiquement, ils sont intellectuellement d'une tête plus grands que le peuple. Mais leur grandeur historique consiste précisément dans le fait qu'ils sont plus grands que le peuple *seulement* d'une tête, qu'ils donnent une réponse socialement et historiquement possible, nécessaire et concrète aux questions concrètes du peuple. Dans bien des cas cette grandeur est en même temps leur limitation. Si Vich Ian Vohr ou Rob Roy, tout en étant intellectuellement supérieurs aux membres du clan, n'avaient pas en commun avec eux une attitude envers la vie et par suite certaines limitations, ils ne pourraient pas être les chefs qu'ils sont. De même, Cromwell ou Burley chez Scott ne sont pas seulement liés aux tendances révolutionnaires des Puritains, mais aussi à leurs limitations. Il en va de même chez Pouchkine pour Pougatchev et les paysans insurgés, chez Tolstoï pour Koutousov et l'esprit patriotique de l'armée russe combattant contre Napoléon.

C'est ce contexte social objectif, figuré avec amplitude et profondeur, qui permet que ces personnages paraissent achevés devant nous et ne donnent pourtant pas l'impression de manquer de vie. Leur animation intérieure, leur développement dramatique n'est que le déploiement des qualités qui en font précisément les représentants des mouvements populaires en question. Leur confirmation ou leur faillite dans la mission historique donnée est ainsi pour l'essentiel davantage un développement qu'une genèse au sens psychologico-biographique. Dans la plupart des romans historiques classiques la préhistoire des personnalités historiques importantes a lieu avant l'action et n'est pas racontée du tout; nous apprenons seulement à partir de quelques allusions éparses ce qui est absolument nécessaire pour comprendre correctement la nature de leurs relations personnelles avec les autres personnages du roman. Là où la préhistoire personnelle apparaît tant soit peu, elle est racontée seulement après que nous nous sommes familiarisés depuis longtemps avec le personnage en question. Et notre connaissance de son passé prend un caractère tout à fait spécifique : celui d'un récit particulier inséré dans le récit principal, qui nous révèle l'origine des traits personnels, avec lesquels nous sommes déjà familiarisés, d'un caractère important. Ce compte-rendu rétrospectif fait aussi partie des moyens artistiques utilisés pour mettre à sa juste place l'aspect fortuit des expériences déterminantes dans la vie d'un être humain important.

Qu'il nous soit permis de tirer de nouveau un exemple de la vie. Supposons que nous avons attentivement suivi le rôle joué dans la carrière de Lénine par sa lutte contre les narodniks et que nous savons précisément quelle énorme importance a eu pour le mouvement bolchévik sa lutte sur deux fronts contre les narodniks et le strouvisme, nous sommes alors fortement impressionnés par le fait que Lénine, après l'exécution de son frère aîné, victime de sa participation à un attentat projeté contre le tsar, a aussitôt compris que cette voie d'accès à l'émancipation du peuple n'était pas la bonne. Mais inversons maintenant la façon de présenter les choses. La famille Oulianov, l'admiration de Lénine pour son frère aîné, la nouvelle de l'emprisonnement et de l'exécution — et maintenant les réflexions qui condamnent théoriquement les narodniks. Nous ne contestons pas le fait qu'il y a ici un thème important pour une figuration littérairement historique de la grande crise de transition subie par le peuple laborieux de Russie dans la période de déclin des narodniks. Mais si l'on voulait l'adapter d'une manière réellement efficace, on devrait enlever au héros du récit la génialité de Lénine et faire de lui un représentant certes important, mais seulement typique de cette période de transition.

La figuration des « individus mondialement historiques » du point de vue de leur succès ou de leur échec dans l'accomplissement de leur mission historique les libère de tout l'aspect mesquin et anecdotique de la présentation biographique, sans que leur destin ait à perdre pour cela son aspect mouvementé. Car ils sont devenus, comme nous l'avons vu, des « individus mondialement historiques » précisément parce que le noyau le plus profondément personnel de leur nature, leurs aspirations personnelles les plus passionnées sont liés de la manière la plus étroite à la tâche historique qu'ils ont dû remplir, parce que leurs passions les plus personnelles tendent précisément à ce but. Son succès ou son échec donne donc sous une forme concentrée tout l'essentiel de ce que nous voulons et devons savoir au sujet d'une telle personnalité. Et un bon écrivain qui conçoit l'histoire non pas dans l'abstrait, mais comme la destinée complexe du peuple, sera capable de figurer cette tâche centrale de sorte qu'elle permette à des traits personnels très différents, très compliqués, d'un tel caractère de s'y exprimer. Mais, comme nous l'avons déjà développé à partir d'une déclaration très pertinente d'Otto Ludwig sur Walter Scott, rien que les traits humainement et historiquement *importants* de cette personnalité. Elle ne doit pas être mise sur un piédestal, pour faire l'effet d'une grande figure, car les événements eux-mêmes la rehausseront, en lui imposant cette tâche ; elle apparaît seulement dans des situations qui sont importantes et par conséquent elle a seulement besoin de déployer ses qualités personnelles pour faire l'effet d'être importante.

Cette méthode antibiographique est en même temps la réponse littéraire à la question de savoir pourquoi dans une crise déterminée de la vie populaire ce fut précisément la personnalité importante — Cromwell ou Burley, Koutousov ou Pougatchev — qui reçut ce rôle dirigeant. Il y a là un facteur irréductible de hasard. Dans une lettre, Engels examine la dialectique de nécessité et de hasard qui naît ainsi, le triomphe ultime de la nécessité économique dans l'histoire : « C'est ici qu'il faut traiter du soi-disant grand homme. Qu'un tel homme et précisément celui-ci surgisse à ce moment déterminé dans un pays donné, ce n'est bien sûr pas un hasard. Mais supprimons-le et il y aura besoin d'un substitut et ce substitut sera trouvé, bon ou mauvais, mais il sera trouvé à la longue. Que Napoléon, justement ce Corse, ait été le dictateur militaire que la République Française épuisée par sa propre guerre avait rendu nécessaire, ce fut un hasard ; mais que, à défaut d'un Napoléon, un autre eût rempli sa place, cela est prouvé par le fait que l'homme a toujours été trouvé, dès qu'il était devenu nécessaire : César, Auguste, Cromwell, etc. » Dans ses remarques ultérieures Engels utilise Marx lui-même et la genèse du matérialisme historique pour illustrer cette idée.

La biographie littéraire, la forme biographique du roman historique, se propose — qu'elle le veuille ou non — la tâche insoluble de supprimer cet élément irréductible de hasard. C'est à partir de la personnalité de l'homme représenté que sa vocation spéciale doit être figurée, c'est précisément sa biographie qui doit fournir la preuve intrinsèque, psychologique de cette vocation. Il en résulte que le personnage est inévitablement exagéré, qu'on le fait se dresser sur la pointe des pieds pour paraître plus grand ; sa vocation historique est soulignée avec outrance, sans que les causes et déterminants objectifs réels de sa mission historique aient pu être figurés.

Le traitement scientifique de l'histoire, et aussi la biographie scientifique d'êtres humains importants suppose le *fait* que ce hasard s'est déjà établi dans la vie. La tâche n'est plus de « déduire » ce fait d'une manière ou d'une autre, mais simplement de l'expliquer par ses conditions préalables et ses conséquences et de montrer la nécessité d'évolution qui s'y exprime. Pour cette raison la réalisation objective d'une grande personnalité historique doit être au centre d'une biographie scientifique. Celle-ci doit démontrer *scientifiquement* la signification théorique et la position historique d'une telle réalisation ; c'est seulement ainsi que la personnalité de l'« individu mondialement historique » peut être retracée et rapprochée du lecteur aussi du point de vue de son aspect humain.

Le roman historique classique part également du fait que dans les crises de la vie populaire à des époques passées certaines personnalités importantes ont joué un rôle dirigeant — utile ou nuisible. Sa figuration donc, avec la structure compliquée de son action, donne une réponse artistique à la question de savoir pourquoi à ce moment-là ce fut précisément cet individu concret qui obtint le rôle dirigeant : il paraît être en mesure de donner une réponse aux divers problèmes de la vie populaire ; ses brillantes qualités comme ses limites et ses restrictions d'être humain ont été tissées de la même matière que le mouvement populaire lui-même. Le hasard n'est pas supprimé ici ; on ne fait même aucune tentative pour le supprimer. La fiction reflète simplement d'une manière profonde et authentique comment la nécessité et le hasard s'entrelacent dans la vie historique. Le hasard n'est donc réduit ici que dans le sens où l'histoire elle-même le réduit. Il est réduit par le fait qu'on nous montre sur le plan humain comment les forces historiques de cette période se sont concentrées dans le destin de cet individu particulier.

Il serait faux et injuste de prétendre que les écrivains importants de nos jours ne voient pas le rapport entre mouvement populaire et grande personnalité historique. Heinrich Mann exprime même ce rapport d'une manière très juste dans son roman : « En bref », dit Agrippa d'Aubigné, alors qu'ils chevauchent en groupe, « tu ne sais plus, Prince, ce que le bon peuple a fait de toi. Et c'est pourquoi tu peux néanmoins être plus grand, car la création est parfois plus grande que l'artiste. Mais malheur à toi si tu devenais un tyran! » Malheureusement, cette notion juste, même chez Heinrich Mann, reste seulement une notion et n'a aucune influence décisive sur la conduite de l'action et la composition de son roman. De tous les écrivains actuels il est celui qui sent le plus profondément ce rapport et éprouve le besoin de le figurer. Il donne par suite à son Henri IV les traits nationaux du peuple français et les figure de la manière la plus captivante. Dans toutes les scènes où son héros vient en contact avec le peuple, son caractère populaire apparaît simplement et d'une manière convaincante. Mais ces parties du roman sont les plus succinctes, celles qui renferment le moins d'action et ont le plus un caractère de simple compte-rendu. Ceci, bien sûr, est le droit de tout auteur épique. Aucun récit véritable ne serait possible sans de tels résumés de laps de temps non décisifs ou d'événements de moindre importance. Mais la chose toujours caractéristique et prépondérante est ce qui fait l'objet d'un récit détaillé ou seulement l'objet d'un compte-rendu abrégé. Chez Heinrich Mann le rôle de la relation du héros avec le peuple tombe trop souvent sous la rubrique du simple compte-rendu et même là où l'on en fait réellement le récit il reste en grande partie épisodique. Prenons un exemple tiré de la première jeunesse du roi Henri. Heinrich Mann résume : « Il dormait avec ses gens dans le foin, quand cela se trouvait, ne se déshabillait et ne se lavait pas plus souvent qu'eux, puait et jurait comme eux. » Puis vient une présentation nettement accentuée de ses relations avec Condé et Coligny, bien que Mann sache parfaitement que c'est justement la nouvelle relation d'Henri avec le peuple qui forme la base la plus profonde de ses différends avec l'amiral. Nous pouvons voir ici comment la conception biographique du roman devient un obstacle artistique à toute expression réelle et complète des traits populaires du personnage principal. Car le peuple, ses joies et ses peines, ses propres efforts spontanés et conscients ne peuvent être figurés, à cause de la forme biographique, que dans la mesure où ils sont directement en relation avec la personne d'Henri IV. Ainsi très peu de choses peuvent être figurées des mouvements populaires qui tendent vers lui, qui l'élèvent à cette grandeur, qui rendent possible sa victoire finale dans des situations périlleuses. Trop peu, pour expliquer sa victoire à partir de la vie du peuple français. La description biographico-psychologique du héros, si belle qu'elle soit en elle-même, fournit une base trop étroite et trop fragile pour que cette démonstration puisse être faite d'une façon convaincante.

Il en va de même en ce qui concerne les romans de Flavius Josèphe par Feuchtwanger. Dans les conversations de Josèphe, en particulier avec Juste de Tibériade, on trouve fréquemment des réflexions perspicaces et justes sur cette relation entre le héros et le peuple. Mais quand Josèphe arrive dans Jérusalem, où fermente la révolution, avec des idées bien plus portées au compromis et qu'il s'y jette dans le camp du nationalisme extrême, Feuchtwanger se fixe une tâche qui ne peut être résolue d'une manière convaincante avec les moyens de la méthode biographique, sans discréditer profondément la personne de son héros. Imaginons en effet que cet épisode soit figuré à la manière classique. A travers le destin d'êtres humains figurés d'une manière vivante on nous donnerait une ample description du peuple juif avec ses divers partis et courants qui le différencient. Nous serions captivés humainement et politiquement par leur résistance nationale résolue et la transformation de Josèphe serait rendue pleinement compréhensible, humainement et politiquement, par son interaction avec ce courant dynamique de la vie populaire. Mais Feuchtwanger, comme nous l'avons montré, figure cette vie populaire d'une manière très abstraite et générale. Quand Josèphe arrive à Jérusalem ce sont seulement ses contacts avec l'aristocratie conservatrice du Temple qui nous sont montrés d'une manière concrètement humaine. Sa défection prend de ce fait l'allure désagréable du comportement d'un arriviste déçu. Et nous trouvons des traits analogues dans les autres crises de sa vie.

Les défenseurs de la forme biographique actuelle du roman historique nous objecteront peut-être que ce sont seulement des détails tels que ceux-ci qui nous ont été transmis de la vie de ces personnages et que nous en savons trop peu au sujet des figures de la vie populaire pour pouvoir les présenter d'une façon vivante. Mais une telle objection ne tient pas. Si nous ne connaissons rien de la vie populaire d'une période, alors on peut en dire ce que Sainte-Beuve disait contre *Salammbô* de Flaubert : une telle période ne peut être rendue réellement vivante pour nous avec des moyens littéraires. Mais la grande tâche du roman historique est d'*inventer* des figures populaires pour représenter le peuple et ses courants prédominants.

Il est naturel que l'historiographie bourgeoise en général, en tant que discipline des classes dominantes, ait négligé consciemment ces facteurs de la vie populaire, les ait omis et souvent même calomnieusement déformés. Ici, le roman historique, en tant qu'arme artistique puissante pour la défense du progrès humain, a une grande tâche à remplir, celle de restaurer ces forces réellement motrices de l'histoire humaine telles qu'elles furent en réalité, pour les rappeler à la vie au profit du présent. C'est ce qu'a fait le roman historique classique. Le roman historique contemporain des humanistes antifascistes se fixe la même tâche quant à son contenu. Et il défend les principes du progrès humain contre les calomnies et les déformations de l'impérialisme, contre les tentatives fascistes de les anéantir.

Mais il conçoit aujourd'hui cette tâche encore trop abstraitement. Étant données les conditions dans lesquelles ils vivent, il est naturel pour les intellectuels éminents de la période impérialiste de croire que les véritables porteur des idéaux de l'humanisme sont les intellectuels isolés dans la société et qui se trouvent en opposition contre cette société. Mais si naturelle et socialement explicable que soit cette conviction, elle est néanmoins grevée des traditions libérales d'aliénation par rapport au peuple et des déformations qui en résultent. Le grand revirement que ces écrivains ont accompli dans les dernières années les a beaucoup éloignés de ces traditions — et c'est le cas tout particulièrement de Heinrich Mann. Dans les problèmes intellectuels que posent ces romans historiques, ce revirement est très nettement visible, surtout chez Heinrich Mann. Mais la méthode biographique provient encore chez eux de la vieille conception du progrès et de l'humanisme et c'est aussi un obstacle à l'expression complète et adéquate dans leurs œuvres de leur attitude nouvelle, démocratique et révolutionnaire.

La façon de voir qui s'exprime sous la forme biographique est celle qui considère le progrès humain exclusivement ou principalement dans le domaine de l'idéal et tient pour les porteurs de ce progrès les grands hommes plus ou moins isolés de l'histoire. Il en résulte le problème artistiquement insoluble de relier directement la description détaillée de la vie privée d'un être humain à la présentation convaincante de la genèse de grandes idées, amplifiées même jusqu'à devenir « intemporelles ». Puisque nous avons affaire ici à des écrivains importants, il n'est pas besoin d'une analyse détaillée pour montrer que ces traits de la vie privée sont souvent figurés d'une manière authentique et subtile. A cet égard, aussi bien *Cervantès* de Bruno Frank que les romans de Lion Feuchtwanger atteignent à un degré non négligeable de vérité humaine et de profondeur psychologique.

Ici encore nous devons souligner l'importance tout à fait particulière de Heinrich Mann. Déjà dans la conception ; car son Henri IV est beaucoup plus que les personnages de ses contemporains un être humain concret, le fils de son pays et de son temps. Il est aussi, comme nous l'avons montré, bien plus étroitement impliqué dans la vie populaire de son temps. Grâce à ce caractère populaire plus intense et plus vivant Heinrich Mann a produit un personnage magnifique : Henri IV est plein de charme personnel, de probité, de courage, d'intelligence, de ruse ; il est capable de parler à chacun son propre langage, fait preuve de pénétration théorique et politique, de tolérance et d'humanité, d'une forte volonté pour exécuter ses grands desseins. Et la façon dont le jeune homme à l'esprit léger et au caractère facile est éduqué par la rude expérience de la vie jusqu'à devenir ce représentant des traits les meilleurs et les plus populaires du peuple français est pleine de véritable beauté poétique. Heinrich Mann réussit aussi à figurer ce développement avec toute la complexité psychologique de la vie réelle ; il ne suit pas une ligne droite didactique et pédante. La voie suivant laquelle progresse Henri IV est très embrouillée, pleine de doutes, de désespoirs et d'erreurs. Tout cela constitue un sommet véritable de la littérature contemporaine. En outre il faut encore souligner tout particulièrement qu'Heinrich Mann a réussi à créer ici un personnage vraiment *positif* et très vivant, qui concentre les meilleures qualités humaines de ces combattants aux prises depuis des siècles avec la réaction pour développer la civilisation humaine et qui défendent cette civilisation contre la barbarie fasciste.

Mais le roman de Heinrich Mann n'est pas seulement un portrait captivant. Il se fixe la tâche de présenter un grand tournant historique dans l'histoire du peuple français. Ce tournant est personnifié dans l'histoire par la conversion d'Henri IV au catholicisme et la période de tolérance religieuse, qui a succédé aux guerres civiles à longueur de générations entre huguenots et catholiques et à laquelle la France doit son extraordinaire essor jusqu'à l'époque de Louis XIV. Ce tournant est exprimé bien plus faiblement chez Heinrich Mann que la personnalité d'Henri IV lui-même. Ce qui est nouveau et important du point de vue historique en ce qui concerne Henri IV, c'est qu'il cesse d'être le simple dirigeant d'un parti, celui des huguenots, et qu'avec l'aide non seulement des huguenots, mais aussi des autres éléments progressistes du pays, il réussit à consolider l'unité nationale au moyen de la tolérance religieuse. Mais ce grand tournant est trop brièvement figuré par Heinrich Mann. Du fait de toute la conception du roman, il apparaît seulement d'une manière biographico-psychologique, sous la forme des réflexions solitaires du héros.

Certes il est préparé biographiquement. Après l'empoisonnement de sa mère, Henri rencontre Coligny en secret. L'amiral dit à propos de Paris :

« ... « Ils nous haïssent parce qu'ils haïssent la religion » Et peut-être parce que vous les avez pillés trop souvent, ajouta Henri à part lui, en se souvenant de l'auberge... « On n'aurait jamais dû en venir là », dit-il, « nous sommes tous Français ». Coligny répondit : « Mais certains ont mérité le ciel, d'autres la damnation. Cela doit rester ainsi — aussi vrai que la reine, votre mère, vécut et mourut de cette croyance. » Le fils de la reine Jeanne baissa la tête. Il n'y avait rien à répondre du moment que le grand compagnon d'armes de sa mère la mettait en jeu. Tous les deux, le vieil homme et la morte faisaient cause commune contre lui, ils étaient contemporains et avaient la même fermeté inébranlable dans leurs opinions. »

La profonde différence entre Henri et Coligny ressort ici fortement, d'autant plus que dans la scène d'auberge antérieure Heinrich Mann a donné à son Henri un vivant tableau de la haine des Parisiens. Mais ici encore cette opposition doit prendre refuge dans le domaine des réflexions solitaires et rester une série d'idées qui accompagnent silencieusement les expériences d'Henri à la Cour, désormais contées d'une manière vivante et très ample. Et même après sa fuite de la Cour, quand il s'engage dans une lutte ouverte, elles restent les réflexions solitaires d'un génie isolé qui — par un miracle de l'histoire — devient le dirigeant de son peuple.

« Il devait être chef des protestants : un autre a pris sa place, son cousin Condé, qui était là auparavant, Il est plein de zèle, irréfléchi, et ne voit pas au-delà de la guerre des partis. Vous vous confiez à un imbécile, bonnes gens de la religion! Il vit encore aux temps de l'amiral. Ne comprend pas que diviser le royaume en considération de la religion ce serait la même chose que si on le mettait en morceaux pour son propre avantage, comme le feu follet. »

Le temps de l'amiral Coligny est passé : c'est la grande vérité historique que Heinrich Mann s'est donné pour tâche de figurer. Car seul ce changement d'époque peut permettre aux pensées d'Henri IV de ne pas rester celles d'un songe-creux solitaire, mais de s'affirmer victorieusement dans les guerres civiles et devenir le fil d'Ariane de l'histoire de France pour une plus longue période d'essor. Le secret de sa victoire est donc, comme dans le cas de tout personnage historique important, son aptitude à comprendre la poussée de la vie populaire vers un changement historique, à la rendre consciente et la traduire en actes.

Chez Heinrich Mann, pourtant, ce changement reste un fait biographique dans la vie d'Henri IV. Pour cette raison la victoire de celui-ci est loin de paraître aussi convaincante que son évolution psychologique, que son éducation. Nous croyons qu'il n'est pas nécessaire de répéter en détail la cause de cette faiblesse, à savoir que la méthode biographico-psychologique pour amener cette compréhension chez Henri IV est bien trop étroite ; il ne peut paraître convaincant que la compréhension, si profonde et si juste soit-elle, d'un grand homme solitaire suffise à vaincre toute résistance dans son propre camp et dans celui de ses ennemis.

La victoire des idées d'Henri IV pourrait forcer la conviction seulement si nous avions appris quelque chose au sujet des courants les plus divers dans la vie populaire française par la figuration vivante de destins individuels manifestant une poussée plus ou moins consciente, plus ou moins résolue dans cette direction, si l'œuvre littéraire nous avait montré Henri IV à la tête de ces courants. C'est à dire si la différence entre la période de Coligny et celle d'Henri de Navarre avait été rendue claire pour nous dans la figuration littéraire, comme une différence entre deux phases de la vie nationale. Cela ne se produit pas et ne peut pas se produire, étant donnée la forme biographique, en dépit de la subtile analyse psychologique que fait Heinrich Mann des différences de tempérament, de vues spontanées sur l'existence, qui jaillissent déjà entre Henri et sa mère, entre lui et l'amiral.

Néanmoins cette tendance de l'évolution française est visible même dans ses reflets dans les cercles dirigeants. Mais certains préjugés humanistes abstraits embarrassent Heinrich Mann à cet égard. Il ne voit pas que l'introduction de la tolérance religieuse par Henri IV a été seulement un pas sur la voie de l'établissement alors progressiste de la monarchie absolue et que le fait qu'il soit venu à bout de la période de Coligny fut seulement une étape dans la lutte entre monarchie et féodalisme. Cette lutte a lieu en France d'une manière très compliquée, très inégale. Il est certain que Catherine de Médicis a rencontré des problèmes semblables et fait des efforts semblables, qu'elle a été objectivement à certains égards, et temporairement, un précurseur des efforts d'Henri IV. Nous voulons dire la période où, avec l'aide du grand chancelier bourgeois L'Hospital, elle a utilisé les huguenots pour briser la prépondérance des Guises, et où, appuyée par l'Hospital et le parti des « politiques », elle s'est efforcée de mettre à profit l'équilibre entre les partis religieux pour renforcer l'absolutisme français. Les causes historiques qui ont conduit à l'échec de ces plans dépassent le cadre de cette étude. Ce qui est important pour nous, c'est le fait que le parti des « politiques » et la figure de L'Hospital sont complètement absents de l'ouvrage de Heinrich Mann. Qu'ils ne reçoivent aucune place dans la *biographie* du héros, c'est juste. Mais précisément cela révèle la faiblesse historique de la forme biographique du roman. En effet l'auteur doit ainsi imputer à la géniale évolution psychologique d'Henri IV une tendance qui était véritablement une importante tendance objective de l'époque et par suite la condition préalable de sa victoire finale. (Après ce que nous avons dit précédemment, il est évident que nous attendons moins d'un roman historique la figuration de L'Hospital et ses amis que celle des courants populaires réels dont leur activité était l'expression politique.)

De cette conception qui rétrécit et qui abstrait, il résulte aussi que la figure si contradictoire et si importante de Catherine de Médicis ne reçoit pas son dû au point de vue historique dans le roman de Heinrich Mann. Elle y devient une sorte de sorcière fantastique, fortement stylisée, une incarnation du principe du mal. Ici les traditions du Siècle des Lumières chez Heinrich Mann constituent un obstacle à la conception réellement artistique de la réalité historique. Tout cela est à la fois cause et conséquence de la forme biographique du roman historique. Les tendances à l'abstraction encore prédominantes conduisent à cette forme. Mais à son tour la forme doit nécessairement encore intensifier ces tendances, puisqu'elle simplifie les divers personnages, qui perdent leur dialectique propre, concrète et compliquée ; ce ne sont plus que des planètes tournant autour du soleil du héros de la biographie.

Nous avons insisté sur les aspects faibles de cet ouvrage important, parce qu'il s'agit non pas de la faillite personnelle de Heinrich Mann dans un cas isolé, mais des limites que la méthode biographique du roman historique impose même à un écrivain aussi important que Heinrich Mann ; et cela, bien qu'il ait atteint un stade du développement de ses aptitudes où ses dons extraordinaires de caractérisation ressortent avec une grande maturité et une grande force. Nous pouvons généraliser cette faiblesse de la forme biographique du roman en disant que les traits personnels, purement psychologiques et biographiques acquièrent une ampleur disproportionnée, une fausse prépondérance. En conséquence, les grandes forces motrices de l'histoire apparaissent trop brièvement. Elles sont représentées d'une façon trop sommaire et qui se rapporte trop uniquement à la personnalité dont la biographie occupe le centre de l'ouvrage. Par suite de cette fausse répartition d'importance, le grand changement historique qui forme le contenu vraiment central de ces romans n'est pas mis en valeur aussi fortement qu'il conviendrait.

Mais cette fausse proportion réagit sur la description psychologique elle-même. Ici encore ce sont des traits et des épisodes moins importants qui obtiennent la prépondérance. Et même dans une œuvre comme *Henri IV*, par ailleurs narrée avec maîtrise, la fausse proportion dans ce domaine introduit un certain caractère de description purement circonstancielle. On peut observer cela dans tous les romans du type biographique. Ils foisonnent de traits ornementaux, avec pour conséquence que les grands crises et les grands tournants, même dans la propre vie du héros central, sont traités trop brièvement, trop sommairement.

Les écrivains importants d'aujourd'hui ont en aversion — à juste titre — l'excès de psychologie. Ils essaient de traduire l'évolution psychologique de leurs héros en action vivante. C'est une tendance très saine, très progressiste des meilleurs représentants de la littérature de nos jours. Mais la forme biographique, avec son resserrement inévitable de l'action, est encore ici un obstacle au déploiement de cette saine tendance. Car, comme nous l'avons montré dans le cas de Heinrich Mann, les changements les plus importants dans la vie du héros prennent la forme d'une rumination solitaire, de la discussion solitaire avec soi-même. Et l'aversion justifiée — nous le répétons — à l'égard du psychologisme de la littérature bourgeoise en déclin a eu pour conséquence un raccourcissement erroné des grands moments de crise.

Cet échec d'écrivains importants précisément sur les points où ils essaient de figurer les changements historiques les plus importants de la vie de leurs héros n'est pas une défaillance littéraire individuelle, ce n'est donc pas un hasard, mais la conséquence inévitable de la forme biographique dans le roman historique, ou plutôt de ces tendances idéologiques qui ont toujours fourvoyé ces écrivains dans la forme biographique.

IV. Le roman historique de Romain Rolland

Nous nous sommes limité jusqu'à présent — avec une partialité consciente — à la forme allemande du roman historique. C'était nécessaire, car elle domine le destin du roman historique. Ce courant est sans conteste le courant dominant dans le roman historique de notre temps, mais ce n'est nullement le seul qui soit important. Nous avons déjà eu l'occasion d'indiquer l'importance des romans d'Anatole France et en particulier le type éminent, authentiquement historique qu'il a figuré en la personne de l'abbé Jérôme Coignard. C'est sur la même voie que s'engage, immédiatement avant la guerre mondiale impérialiste, le grand humaniste Romain Rolland avec son beau roman historique : *Colas Breugnon*.

En juxtaposant ces ouvrages nous n'entendons nullement affirmer que Romain Rolland ait été « influencé » par Anatole France en quelque sens étroitement philologique et littéraire. Nous pensons au contraire qu'une telle « influence », si tant est qu'elle ait existé, a été tout à fait minime et sûrement pas décisive pour la genèse de ce roman. Le fait que pourtant les deux œuvres soient de même nature du point de vue de la théorie et de l'histoire du roman historique, que Romain Rolland suive ici en un certain sens la même direction qu'Anatole France, a des causes profondes, objectives, socio-historiques.

Aussi bien les grands mérites que les limites (à examiner plus tard) de ces romans extrêmement intéressants se rattachent aux conditions particulières de la lutte pour l'humanisme et de l'inspiration populaire dans la littérature de la France avant la guerre impérialiste. La chaîne des révolutions qui ont précédé la fondation de la Troisième République a élevé la conscience politique des écrivains, y compris ceux qui avaient été longtemps et consciemment « apolitiques », à un tout autre niveau que ne pouvait le faire l'évolution historique de l'Allemagne, même chez les écrivains les plus éminents, les plus intéressés par la politique. Bien entendu, les effets généraux de l'économie impérialiste ont été les mêmes dans leurs traits fondamentaux. Tous les problèmes de la forme littéraire, engendrés par la nature défavorable de la société capitaliste et que l'époque de l'impérialisme a reproduits sous une forme intensifiée et à un niveau plus élevé, concernent aussi la France. Puisque nous avons traité en détail ces problèmes, nous n'avons pas besoin d'y revenir ici. Nous avons pu même établir dans le chapitre précédent que certains traits réactionnaires à la fois de l'impérialisme et de son étape préparatoire ont été particulièrement apparents dans la littérature française. Entre autres choses, la transformation, très importante pour notre problème, de la démocratie révolutionnaire en un libéralisme pusillanime et porté au compromis, en coquetterie avec toute espèce d'idéologie réactionnaire.

Mais nous sommes intéressés ici en premier lieu par certains traits spécifiques du développement français, qui ont eu aussi des conséquences positives pour la littérature. Nous ne mettrons brièvement en évidence que ceux qui sont particulièrement liés à notre problème. Surtout le fait que les grands traditions de la révolution démocratique bourgeoise sont bien plus vivantes et plus immédiatement senties en France. Des glorifications de la Révolution comme le roman *Quatre-vingt-treize* de Victor Hugo ou les drames révolutionnaires de Romain Rolland n'auraient pas seulement été impossibles dans l'Allemagne de la période correspondante, mais n'auraient eu aucun effet correspondant parmi les lecteurs. Il suffit de penser comment dans l'Allemagne impérialiste les écrits historiques de la social-démocratie (Blos, Cunow, Conradi, etc.) ont mis en mouvement tout le marxisme, pour que les aspects révolutionnaires de cette période paraissent « dépourvus de maturité » et depuis longtemps dépassés en regard du présent. Malgré toutes les faiblesses idéologiques de Jaurès, on ne peut comparer un seul instant sa conception historique avec celles-ci. Les quelques Allemands, comme Franz Mehring, qui ont pensé autrement de la Révolution Française, étaient des exceptions isolées, tandis qu'en France une couche relativement large d'érudits bourgeois (par ex. Aulard et son école) s'était efforcée d'étudier scientifiquement l'histoire véritable de la Révolution Française, même dans ses aspects révolutionnaires populaires.

Les écrivains progressistes importants de France ont le sentiments que la révolution démocratique bourgeoise est une partie de leur héritage encore vivante, encore efficace. Et la survie de cet héritage jette en même temps un pont vers l'idéologie qui a préparé la Révolution : la période des Lumières et, au delà d'elle, les courants intellectuels populaires, progressistes de la Renaissance. Cette idéologie n'est pas seulement comprise, mais sentie comme une expérience vécue.

Cette relation détermine aussi le fait que les traditions matérialistes dans la littérature française, comme celle de l'épicurisme joyeux de vivre des grands hommes pleins d'intelligence du XVIe au XVIIIe siècle, puissent survivre, tandis que chez les intellectuels allemands Feuerbach a plus ou moins cessé d'exercer une influence vivante, le matérialisme philosophique de Marx et Engels reste inconnu et incompris (excepté sous la forme d'une vulgarisation grossière) et d'une manière générale le seul matérialisme qui subsiste dans la conscience des intellectuels est le schématisme vide d'un Büchner ou d'un Moleschott. En France la tradition de l'épicurisme intelligent n'est jamais entièrement rompue. Cette survie de l'héritage de Rabelais et de Diderot, bien entendu aussi de Montaigne et de Voltaire, n'a pas besoin d'être un matérialisme philosophique conséquent chez les écrivains de notre temps. En littérature ce qui importe ce n'est pas tellement la rigueur logique, mais plutôt comment cet esprit de l'épicurisme du siècle des Lumières a été fécond dans la façon de figurer le monde et les caractères.

Nous avons déjà mentionné l'immortelle figure de Jérôme Coignard. Le personnage principal du roman historique de Romain Rolland, l'artisan-artiste Colas Breugnon, reçoit également de cette source ses meilleures valeurs intellectuelles et humaines. Dans les deux cas, il y a un respect allègre, détaché et harmonieux de la réalité, une fécondité intellectuelle, psychique et artistique qui résulte de l'abandon ingénu et naturel, mais pourtant rusé et sur la défensive, à sa richesse inépuisable. Colas Breugnon exprime très bien cette attitude quand il parle de ses rapports avec l'art et la nature :

« Quand c'est l'art, bien souvent je devine l'énigme : car je suis un vieux renard, je connais toutes les ruses, et je ris, dedans ma barbe, de les avoir éventées. Mais quand c'est la vie je suis souvent en défaut. Elle déjoue nos malices et ses imaginations passent de loin les nôtres. »

Naturellement, cette survie d'une tradition ancienne est en même temps une refonte de celle-ci ; et conformément aux orientations générales de la période impérialiste, une telle refonte est très souvent mêlée de tendances réactionnaires. Ainsi le matérialisme spontané, mais non conséquent, devient fréquemment une mystique de la nature qui n'est pas toujours exempte d'éléments réactionnaires.

On peut le mieux observer ce mélange compliqué d'esprit progressiste, de tentatives pour dépasser les limites de la démocratie bourgeoise et de la critique réactionnaire des grandes traditions révolutionnaires, dans la large influence qu'ont exercée sur les intellectuels français les idées du syndicalisme, en particulier telles que les formule Sorel. Il est facile de découvrir et de critiquer les tendances réactionnaires chez Sorel. Mais il faut voir en même temps le point de départ de cette influence. Dans le cas des écrivains les plus importants de l'époque elle naît de leur insatisfaction, en tant que démocrates, à l'égard des événements et des résultats de la révolution démocratique bourgeoise. Ils ressentent très vivement les contradictions insolubles de la démocratie bourgeoise et ne voient d'autre issue pour sortir de ces contradictions que le mythe du syndicalisme. Les rapports occasionnels avec l'idéologie syndicaliste dans *Jean-Christophe* ont sans doute ici leur source. Et cette fois encore il ne s'agit pas en premier lieu de l'influence des théories syndicalistes sur la littérature, mais de l'inévitable reflet intellectuel de la situation sociale de la France. C'est ce que montre la conception de la Révolution dans *Les Dieux ont soif* d'Anatole France, que nous avons déjà mentionné, où la critique de la société bourgeoise n'a pas de fondements syndicalistes.

Il y a une unité essentielle sous-jacente à ces points de vue contradictoires qui apparaît d'une manière particulièrement forte dans la vie politique, dans le comportement de la meilleure fraction des intellectuels français envers la Troisième République. Dans les circonstances paisibles, « normales », ce qui prédomine c'est le facteur de la désillusion, de la critique ironique des insuffisances et des limites de la démocratie bourgeoise. Cette critique, chez les meilleurs, exprime la déception devant les résultats de la révolution bourgeoise et l'insatisfaction à l'égard de la société capitaliste même sous sa forme démocratique la plus développée. Mais elle peut très facilement donner l'impression d'une indifférence envers la démocratie, la république en tant que forme d'État. Pourtant, l'histoire de France moderne montre que chaque fois que la réaction suscite une conjuration ou une attaque et crée un état de crise dans la République, la meilleure fraction des intellectuels, des écrivains les plus doués et les plus perspicaces renonce à ce « splendide isolement » et participe activement à la lutte pour le salut de la démocratie. Ainsi firent France et Zola et bien d'autres du temps de l'affaire Dreyfus ; ainsi firent les meilleurs esprits démocratiques en France quand l'agression fasciste devint manifeste.

Et cette entrée en scène des meilleurs écrivains se produit en liaison avec le mouvement des masses laborieuses. C'est un fait significatif de l'Allemagne wilhelmienne que le radicalisme politique de Heinrich Mann l'ait placé dans une position très isolée au sein de larges couches des intellectuels, mais c'est un fait tout aussi caractéristique de l'évolution de la France que Zola, France, Barbusse et Romain Rolland aient accru leur autorité et leur popularité après leur vigoureux engagement politique et à cause de lui. Bien sûr, on ne doit pas oublier les attaques violentes lancées contre eux par d'innombrables écrivains réactionnaires non dépourvus d'importance, la persécution poussée jusqu'au pogrome contre Zola, etc. Mais précisément ces luttes passionnées autour du contenu social de la littérature distinguent nettement l'Allemagne de Guillaume de la démocratie française. Heinrich Mann a souvent souligné cette différence dans ses essais politiques et de critique littéraire et il a trouvé la raison de la supériorité de la littérature française justement dans cette connexion avec la vie publique.

Ce caractère violent de la participation de la littérature aux luttes importantes de l'époque en faveur de la démocratie a empêché le roman historique d'obtenir le rôle dirigeant qu'il a acquis dans l'Allemagne d'après-guerre. Pour Romain Rolland le roman historique est encore davantage un épisode dans sa carrière qu'il ne l'a été pour Anatole France. L'histoire joue certes un rôle décisif dans son œuvre, en particulier celle des sommets de l'humanisme créateur et celle de la grande Révolution. Mais il traite la première dans une série de monographies intéressantes et pénétrantes sous forme d'essais, et la seconde dans le cycle grandiose de ses drames historiques. Dans les deux cas, le choix de la forme littéraire n'est pas fortuit.

L'essai de Romain Rolland est scientifiquement fondé et s'inspire d'un authentique esprit scientifique ; le fait qu'il se soit décidé pour cette forme montre à quel point il rejette énergiquement la mode des littératures historiques. Il sait de par sa riche expérience artistique que pour découvrir et faire comprendre la grandeur personnelle et humaine, la tragédie humaine individuelle d'un Michel-Ange, d'un Beethoven, d'un Tolstoï, il faut d'abord analyser leur temps et leurs œuvres avec patience, profondeur et objectivité.

Son traitement sous une forme dramatique des thèmes de la Révolution est tout aussi intentionnel. Romain Rolland cherche moins à rendre sensible la dialectique sociale de la révolution bourgeoise, l'inévitable déception résultant de ses limitations et de son contenu social, que ne l'a fait Anatole France. Tel n'était pas son but, bien que, naturellement, les questions politiques et sociales de la Révolution se situent au centre de ces drames. Il vise plutôt à figurer l'énorme explosion des passions humaines déclenchées par la Révolution dans leur enchevêtrement tragique et leur action réciproque. La position de Romain Rolland à l'égard de la Révolution française est quelque peu analogue, compte tenu des différences dans les situations historiques et les personnalités des écrivains, à celle de Stendhal à l'égard de la Renaissance. Roman Rolland aussi voit dans la période révolutionnaire une école tragique des passions poussées à l'extrême. Il dit lui-même de ses relations avec cette histoire en tant que dramaturge :

« Elle est pour moi un réservoir des passions et des Forces de la nature. J'y puise. Je reprends du fond de la fosse les grands fauves humains, la Bête aux mille têtes : le Peuple, et les Belluaires. Je ne m'inquiète point de les faire ressemblants : car ils sont éternels... La puissance artistique du drame de l'Histoire est moins en ce qu'il a été qu'en ce qu'il est toujours. La trombe de 93 tourne encore dans le monde. »

Le roman historique *Colas Breugnon* est né d'une inspiration essentiellement différente. Selon les propres termes de Romain Rolland, c'est une sorte d'interlude entre ses grands cycles épique et dramatique, une ligne secondaire, un épisode dans l'ensemble de sa production. Cette constatation au sujet de sa genèse et de sa place dans l'œuvre globale de l'écrivain ne doit pas déprécier son importance artistique. Elle ne fait que confirmer de nouveau le rôle socio-historique du roman historique dans l'humanisme français de nos jours.

C'est un interlude, allègre et optimiste, bien que son intrigue soit pleine d'événements tristes, voire même tragiques — comme celle de la *Rôtisserie de la Reine Pédauque* d'Anatole France.

Cette tension et le triomphe de la vie qui en jaillit est la chose décisive : ici s'épanouit le vieux matérialisme épicurien qui dit oui à la vie, la grande tradition de l'humanisme français. Le thème historique n'est pas fortuit, car le fait que l'action ait lieu du temps de la Régence sous le jeune Louis XIII exprime la continuité de cette attitude envers la vie parmi le peuple français.

Mais pour Romain Rolland il s'agit de bien davantage que d'un développement historique ininterrompu. Les vues de ce grand humaniste, sa croyance en l'éternité des sentiments et des passions de l'homme dépasse même ici la simple continuité. « Bonhomme vit encore » (1), écrit-il comme devise de ce roman, et dans la préface où il donne ses raisons pour publier sans changement cet ouvrage achevé juste avant la guerre mondiale impérialiste, il dit que les petits-fils de Colas Breugnon, les héros et les victimes de l'épopée sanglante de la guerre mondiale, ont prouvé au monde la justesse de cette devise.

Colas Breugnon, donc, est conçu par son auteur non seulement comme un fils de son temps, un temps depuis longtemps passé, mais aussi comme un type éternel. Et — ce qui est décisif — un type représentatif de la vie populaire française. Tandis que chez Anatole France la sagesse épicurienne de la vie et l'affirmation joyeuse de la vie « malgré tout » étaient la propriété intellectuelle d'un intellectuel déclassé du XVIIIe siècle, cette façon de voir chez Romain Rolland enfonce ses racines encore plus profondément dans le peuple. Certes, Colas Breugnon, l'artisan-artiste, nourrit de littérature son esprit et ses vues sur le monde, mais sa sagesse est pourtant essentiellement plus native, plus directement tirée de la vie populaire.

Ici réside la beauté impérissable de cette œuvre, qui en fait un produit unique à notre époque. Romain Rolland n'idéalise nulle part son héros. Il met même intentionnellement au premier plan toute une série de traits négatifs : une certaine dissipation, une nonchalance négligente dans la conduite de la vie, etc. Colas Breugnon n'est pas un « héros idéal » modelé sur la perfection ; ses fautes et ses mérites ne correspondent nullement à ces images qui ont servi ordinairement, à différentes époques et de différents côtés, à glorifier le peuple français.

Mais si Roman Rolland rompt avec toutes les traditions idéalisant faussement le peuple, il s'oppose encore plus vivement à ces tendances littéraires modernes qui prétendent fournir l'image du peuple en soulignant la brutalité humaine, même si elles rendent les « circonstances » responsables de ces traits d'inhumanité. Le

(1) *Note du trad.:* en français dans le texte.

portrait que fait Romain Rolland d'un héros populaire a d'un bout à l'autre un caractère vigoureux et robuste. Mais en même temps que ces qualités — qui sont ici beaucoup plus que sa forme — et dans une liaison indissoluble avec elles, le personnage principal manifeste partout une authenticité, une finesse et une délicatesse extraordinaires dans ses relations avec d'autres êtres humains, un esprit de décision simple, judicieux et rusé qui dans les moments de véritable épreuve, der éel danger s'élève jusqu'à l'héroïsme et à la constance. Certaines scènes ne se rencontrent à peu près chez aucun autre écrivain contemporain : celle où le héros retrouve la bien-aimée de sa jeunesse et lui fait ses adieux, ce qui précède le récit émouvant et plein d'humour de leur amour ; son adieu à sa femme compétente et prosaïque, avec laquelle il a vécu toute sa vie dans un désaccord plein d'humour. Il faut remonter aux scènes de la vie du peuple par Gottfried Keller pour trouver l'équivalent de cet humanisme populaire.

Cela suffit déjà pour montrer la position unique du roman historique de Romain Rolland dans la production littéraire de notre temps. Son mode de présentation, comme nous verrons, se situe mainte fois aux antipodes de celui des humanistes antifascistes allemands. Ce qui constitue la grande faiblesse de leurs ouvrages, même d'une œuvre aussi importante qu'*Henri IV* de Heinrich Mann, c'est l'absence de la vie populaire concrète dans sa plénitude native et sa richesse humaine ; or cela constitue précisément le mérite extraordinaire de ce roman. Et ce contraste mérite d'autant plus d'être souligné que la question du caractère populaire est d'une actualité encore plus grande aujourd'hui, dans la période du rassemblement de toutes les forces démocratiques contre le fascisme, qu'elle ne l'était à l'époque où *Colas Breugnon* fut écrit.

Assurément le contraste n'est pas seulement dans le fait que Romain Rolland manifeste une énorme supériorité par rapport à ses compagnons de lutte antifascistes allemands. Il est visible aussi dans l'attitude de ces deux types du roman historique à l'égard des luttes politico-sociales de l'époque représentée et, par suite, à l'égard des luttes de classes du présent. Dans les paragraphes suivants nous discuterons en détail pourquoi cette relation s'exprime trop directement dans le roman historique des antifascistes allemands et quelles conséquences défavorables en résultent pour la représentation fidèle du passé. Le roman historique des écrivains allemands antifascistes nous donne la poésie de la lutte pour l'humanisme, pour la civilisation, contre la réaction et la barbarie ; mais pour le moment cette poésie est encore abstraite, n'est pas encore nourrie par les forces populaires réelles.

Il en va tout autrement de Romain Rolland. Nous avons déjà souligné la poésie sublime et très vivante du caractère populaire de son roman. Mais celle-ci repose sur une attitude consciente, élevée au rang de philosophie, de *réserve* à l'égard des luttes politiques de l'époque représentée. Non pas que Colas Breugnon et son auteur ne prennent point position dans ces luttes. Mais la position qu'ils prennent est celle d'une brusque méfiance populaire qui désavoue *les deux* partis en lutte de l'époque, aussi bien les catholiques que les protestants. Romain Rolland fait dire à son héros :

« Tous les partis se valent ; le meilleur ne vaut pas le cordeau pour le pendre. Que nous fait que ce soit ce larron ou cet autre qui friponne à la Cour ? »

Et ailleurs :

« Dieu nous protège de nos protecteurs ! Nous nous protégerons bien nous-mêmes. Pauvres brebis ! Si nous devions seulement nous défendre du loup, nous saurions bien le faire. Mais qui nous protégera des bergers. »

Et Romain Rolland non seulement fait répéter à plusieurs reprises cette opinion par son héros, mais il montre avec des exemples frappants au cours de l'action à quel point les plébéiens de cette époque ont eu raison dans leur méfiance envers les deux partis et comment ils ont essayé de traduire cette méfiance en actes tantôt avec ruse, tantôt de propos délibéré.

Romain Rolland montre aussi une grande sagesse artistique en choisissant cette période particulière de l'histoire de France pour figurer la méfiance populaire envers tout ce qui se passe « en haut ». La grande période des luttes des huguenots est passée. Le temps des dernières batailles décisives entre la monarchie absolue et les factions issues du féodalisme, le temps de la Fronde, des luttes dans les Cévennes, est encore loin. Les partis existent, mais leurs conflits aboutissent « en haut » à des intrigues de cour, « en bas » à la mise à sac du peuple, qu'il s'agisse de protégés ou d'ennemis. Le plébéien intelligent Colas Breugnon porte sur ces luttes de son temps un jugement correct en substance ; notamment si l'on ajoute qu'il exprime très chaleureusement son admiration pour Henri IV et le tient pour « son homme ».

Mais on ne ferait pas justice, je crois, aux intentions artistiques de Romain Rolland, si l'on s'en tenait à cette justification du point de vue de son Colas Breugnon, qui est temporaire et valable seulement pour une phase déterminée. Nous le répétons : Romain Rolland montre sa grande sagesse artistique du fait qu'il a choisi un thème historique dans lequel tous les arguments de son héros, ses pensées et ses actions apparaissent confirmés par la réalité du temps. Mais l'auteur voulait dire ici quelque chose d'autre, de plus vaste et de plus profond ; il ne voulait nullement limiter ses conclusions au laps de temps concret qui se rapporte à l'activité de son héros.

Rappelons-nous ses remarques, citées dans le chapitre précédent, sur le roman de de Coster. Il loue ce roman à la fois pour son opposition à Rome et pour son refus de soutenir Genève dans la lutte néerlandaise pour l'indépendance. Si nous comparons cette façon de voir avec ce qu'il dit dans la préface de *Colas Breugnon* sur le caractère contemporain de ce type, nous voyons que Romain Rolland n'a pas seulement voulu représenter aimablement un sentiment historiquement compréhensible par le comportement de son héros à l'égard des partis de l'époque de Louis XIII qui s'affrontent « en haut ». Il a voulu aussi proposer à la postérité une figure idéale du juste point de vue populaire.

Tout de suite après l'achèvement de ce roman la guerre mondiale impérialiste a éclaté. Chacun se rappellera avec reconnaissance l'attitude virile, courageuse et pleine d'abnégation prise par Romain Rolland contre le carnage universel. Mais Romain Rolland a compris, après les expériences de cette période, historiquement si mouvementée, qu'il a vécue avec toute la réceptivité d'un écrivain et d'un pensenr important, que son slogan « Au dessus de la mêlée » n'exprime qu'incomplètement son esprit de lutte contre la guerre impérialiste et a ouvert la voie à bien des malentendus, voire même des déformations de ses intentions.

Le pacifisme temporairement abstrait de Romain Rolland ne s'est jamais apparenté intérieurement à celui des autres, même s'ils se disaient ses disciples et ses partisans. *Colas Breugnon* montre justement les sources sociales et idéologiques foncièrement différentes de sa position personnelle, spécifique. Et ce trait qui résulte d'un sentiment populaire spontané, profond et authentique, distingue vivement sa position de celles qui semblent utiliser un langage analogue.

Il suffit de mettre *Érasme* de Stefan Zweig à côté de *Colas Breugnon* pour que ce contraste saute aux yeux. Là, nous avons le recul angoissé et nerveux d'un être trop raffiné devant toute décision, la présomption typique des intellectuels qui s'imaginent que le fait d'hésiter prudemment entre d' « une part » et d' « autre part » soit une façon de surmonter les contradictions intellectuelles et les antagonismes sociaux. Ici, un puissant désaveu populaire des courtisans et des aventuriers répugnants qui sucent pareillement le sang du peuple, un rejet des deux partis en lutte, qui sont habilement dupés et chaque fois que cela est possible et nécessaire combattus au gourdin et à l'épée. Là, un produit raffiné et subtil du libéralisme décadent d'une couche d'intellectuels bourgeois autrefois révolutionnaire. Ici une rébellion populaire qui n'a pas encore mûri jusqu'à devenir l'activité consciente de la révolution démocratique. La pâleur et la fragilité dans le cas de Zweig, la richesse florissante des couleurs dans le cas de Rolland reflètent clairement ce contraste.

Colas Breugnon et toute la phase correspondante dans l'évolution de son auteur n'ont rien à voir avec les prétendus disciples de celui-ci. Le livre reflète ces états d'âme paysans et populaires que nous avons déjà vus objectivés dans des romans historiques importants, par exemple certaines parties de *Guerre et Paix* de Tolstoï, *Ulenspiegel* de de Coster.

Mais il s'agit ici seulement de la similitude de courants sociaux, qui parfois n'ont en commun que les caractères généraux et non pas les caractères concrets, et dont par conséquent les reflets artistiques doivent forcément montrer de très grandes différences. Romain Rolland n'a pas la haine spontanée, aveugle de de Coster, qui le fait évoluer artistiquement vers le naturalisme. Son attitude envers les partis d'« en haut » est davantage un mépris intellectuellement supérieur qu'une haine pathétique. Colas Breugnon, en dépit de sa condition plébéienne, est plus près au point de vue intellectuel et humain d'un Jérôme Coignard que du moderne Eulenspiegel. Le fait qu'il soit un héros issu du peuple et pourtant enraciné intellectuellement et humainement dans le sol natal de l'humanisme, enlève aussi à la façon dont le présente Romain Rolland les excès naturalistes de désir charnel et de cruauté que nous trouvons chez l'important auteur belge. Le plaisir que Colas Breugnon prend à la femme, au vin et à la bonne chère rayonne partout dans les tendres couleurs de pastel d'un épicurisme pénétré d'humanité, très élaboré et en même temps quelque peu retors. Colas Breugnon a un aspct plus grossier que son frère du dix-huitième siècle à cause de cette heureuse transposition dans des sphères populaires où les dispositions fondamentales de l'humanisme sont non seulement maintenues mais renforcées.

Ces deux ouvrages reflètent le meilleur de ce qu'a produit en France la protestation humaniste contre le capitaliste moderne. Mais ils reflètent en même temps les limites sociales et historiques de cette protestation. Dans les deux cas, la sagesse épicurienne et la supériorité reflètent un refus voilé d'ironie et d'humour de pénétrer dans la réalité sociale hostile et triviale ou de la modifier. Et ce refus reçoit une claire expression artistique dans le fait que l'ensemble de la réalité sociale, si tant est qu'il apparaisse, a des contours bien plus estompés que le principal personnage humaniste lui-même, et dans le fait que de telles œuvres, si vivement tracés que soient les personnages secondaires et si puissamment exécutées nombre de scènes isolées, donnent dans leur ensemble plutôt des *portraits* que des tableaux du monde.

Romain Rolland souligne encore ce caractère de portrait par le récit à la première personne. C'est bien moins le tableau de l'époque qu'il retrace que son reflet dans la vie et dans les expériences de Colas Breugnon. Mais l'ouvrage prend de ce fait, en dépit de la multiplicité des événements intéressants, un certain caractère stationnaire, statique. L'évolution dans ce roman est seulement en apparence une progression dans le temps et dans les événements. Son essence interne est plutôt une révélation. Nous voyons le portrait de Colas Breugnon s'enrichir trait par trait, à mesure que l'auteur manie d'un main experte le pinceau de la vie. Quand le tableau est fini, le roman se termine aussi. Mais nous le sentons : rien d'essentiellement nouveau ne s'est produit. Simplement nous voyons maintenant le portrait d'une manière plus évidente et plus compréhensive. Mais le modèle est resté le même. Colas Breugnon ne subit aucune évolution. Et certes pas au sens que nous avons fait ressortir dans le cas des « individus mondialement historiques » en tant que personnages secondaires. Chez ceux-ci le déploiement, la révélation de leur qualités humaines fournit une réponse aux questions socio-historiques qui ont surgi au cours du roman et constitue ainsi un facteur de la dynamique objective de l'histoire, mais dans un sens beaucoup plus caractéristique, plus littéral. Car dans le personnage de Breugnon, dans sa psychologie, dans le développement de son caractère, tous les problèmes humains et historiques sont concentrés. Question et réponse sont données dans la description de sa vie, et là seulement. En conséquence, beaucoup de choses arrivent dans le roman, mais seulement pour montrer sous des angles aussi multiples que possible la même attitude du héros envers la vie. En ce sens le roman n'a pas d'action. Tout ce qui constitue extérieurement l'action n'est pas destiné à faire progresser des êtres humains, ni à révéler la crise d'une situation du monde, mais seulement à expliquer un *comportement humain.*

Romain Rolland est un écrivain qui a assimilé et mis à profit les meilleures et les plus nobles traditions de l'art classique. Mais le caractère défavorable de l'époque l'a beaucoup éloigné de la tradition classique du roman historique. Sa remarquable humanité et sa valeur artistique se manifestent dans la perfection interne qu'il a donnée à son roman malgré les circonstances défavorables de l'époque. Mais cette perfection a été atteinte au prix d'un renoncement — conscient et artistique —, le renoncement à un vaste tableau historique du monde. En renonçant ainsi à figurer l'interaction de toutes les classes de la société, Rolland ne peut nous montrer l'essor historique des forces humaines inconnues qui vivent dans le peuple.

D'un point de vue purement artistique on ne peut suffisamment admirer ce renoncement. Et pareillement le choix de la période : après les brèves indications de l'auteur le lecteur ne déplore pas trop d'avoir un portrait de Colas Breugnon au lieu d'un tableau de cette période. Mais mesurés à l'échelle des tableaux historiques des classiques du roman historique, du tableau de la société dans *Jean-Christophe*, il y a dans cette sagesse du choix une certaine résignation, une limitation artistique de soi.

Cet intérêt purement artistique apparaît aussi dans la langue. Romain Rolland a dépeint Colas Breugnon par ses propres mots, qui donnent au portrait un certain caractère immédiat d'authenticité. Le vieux langage restauré avec tact fait ressortir constamment et vivement la nature populaire de l'origine du héros. Pourtant il est inévitable que pour le lecteur moderne ce langage ait un arrière-goût léger, parfois à peine sensible, d'artifice, de facticité artistique. Et les deux conséquences de la narration à la première personne — à la fois cet attachement à la langue ancienne et l'aspect statique que nous avons déjà souligné de la facture du portrait — soulignent le caractère artistique et expérimental de ce beau roman. C'est un des multiples phénomènes tragiques de notre temps qu'une façon aussi élevée de figurer la vie populaire originelle n'ait pas été possible sans ces notes d'artificialité.

V. Perspectives de développement du nouvel humanisme dans le roman historique

Nous le voyons : tous les problèmes de forme comme de contenu du roman historique de nos jours se concentrent sur des questions d'héritage. Tous les problèmes esthétiques, toutes les estimations de valeurs esthétiques dans ce domaine, sont déterminés par la lutte pour liquider l'héritage politique, idéologique et artistique de la période du capitalisme en déclin, par la lutte pour renouveler et étendre fructueusement les traditions des grandes périodes progressistes de l'humanité, l'esprit de la démocratie révolutionnaire, la grandeur artistique et la force populaire du roman historique classique.

Cet énoncé du problème — à la fois ici et, nous l'espérons, dans nos analyses antérieures — aura suffit pour montrer combien peu ces questions sont purement artistiques. La forme artistique, en tant que reflet concentré et accentué des traits importants, réguliers aussi bien qu'individuels, de la réalité objective ne se laisse jamais traiter isolément, purement comme telle. Précisément, l'histoire du roman historique montre tout à fait clairement à quel point il est manifeste que des problèmes idéologiques et politiques de la plus haute importance se dissimulent derrière la question de savoir si les grands figures bien connues de l'histoire doivent être des héros principaux ou seulement des personnages secondaires. En vérité, toute la question de savoir si le roman historique est un genre en soi, avec ses propres lois artistiques ou s'il obéit essentiellement aux mêmes lois que le roman en général et ne se distingue pas fondamentalement de celui-ci, cette question ne peut aussi être résolue qu'en relation avec l'attitude générale prise à l'égard des problèmes idéologiques et politiques décisifs.

Nous avons vu que la réponse à toutes ces questions dépend de la position de l'écrivain par rapport à la *vie populaire*. Le rattachement aux traditions du roman historique classique n'est pas une question esthétique au sens étroit, professionnel. Il ne s'agit pas du fait que Walter Scott ou Manzoni aient été supérieurs esthétiquement à Heinrich Mann, par exemple, ou du moins ce n'est pas là le point essentiel. Ce qui importe, c'est le fait que Scott et Manzoni, Pouchkine et Léon Tolstoï aient été capables de concevoir et de figurer la vie populaire d'une manière plus profonde et plus authentique, plus humaine et plus concrètement historique que même les écrivains les plus importants de nos jours, que la forme classique du roman historique ait été un moyen pour les auteurs d'exprimer adéquatement leurs sentiments, et que le type classique de l'intrigue et de la composition ait été précisément approprié pour rendre sensible l'essentiel, la richesse et la variété de la vie populaire en tant que base du changement dans l'histoire. Tandis que dans le roman historique, même des écrivains modernes importants, nous nous heurtons à chaque instant au conflit entre le contenu idéologique, l'attitude humaine envers la vie qu'on veut exprimer et les moyens littéraires d'expression.

Si donc, pour juger les ouvrages marquants des écrivains d'aujourd'hui, nous nous fondons esthétiquement sur l'étude et l'analyse des classiques du roman historique et les lois de la littérature épique et dramatique en général, nous sommes justifiés à deux égards. En premier lieu, le fait qu'une tendance littéraire quelconque résulte d'une nécessité socio-historique, qu'elle soit un produit nécessaire de l'évolution économique et des luttes de classes de son époque, n'est encore nullement une mesure suffisante pour la juger correctement du point de vue esthétique. Assurément, l'historicisme relativiste réactionnaire et la sociologie vulgaire également relativiste prêchent le contraire. Depuis Ranke, tous les vulgarisateurs mécanistes disent que chaque produit de l'évolution historique est « également en rapport direct avec Dieu », ou, dans la phraséologie de la sociologie vulgaire, un « équivalent de classe ». Cela paraît — au gré de chacun — ou bien extraordinairement « profond » au sens d'une conception mystique irrationnelle de l'histoire, ou bien extraordinairement « scientifique » au sens d'une théorie du progrès vulgaire et bourgeoise ou libérale et menchévique.

Mais ces deux conceptions rompent le lien réel entre l'art et la réalité. L'art apparaît simultanément comme un moyen fataliste et purement subjectif d'une individualité. Il n'est pas le reflet de la réalité objective. Et les critères de l'esthétique authentique de l'art proviennent précisément de cette caractéristique fondamentale de l'art. Parce que le roman historique reflète et figure l'évolution de la réalité historique, on doit trouver la mesure de son contenu et de sa forme dans cette réalité elle-même. Mais cette réalité n'est autre que la vie populaire qui se développe inégalement et par crises. Des écrivains comme Flaubert et Conrad Ferdinand Meyer créent une « nouvelle » forme du roman historique pour des raisons profondes et nécessaires : l'évolution de la société détermine un déclin idéologique dans leur classe ; ils ne sont plus en état de voir les problèmes réels de la vie populaire dans tout l'étendue de leur richesse ; leur tableau de l'histoire est socialement et historiquement appauvri et insuffisant, voilà pourquoi ils inventent une forme « nouvelle ». Le devoir de l'esthétique marxiste est non seulement d' « expliquer » cet appauvrissement et cette insuffisance d'une manière socio-génétique, mais aussi de les *mesurer* esthétiquement par rapport aux exigences les plus élevées de la réalité historique et de trouver que cela ne fait pas le poids.

La critique doit avoir le droit de juger et de condamner les produits artistiques de périodes entières, en reconnaissant bien entendu leur nécessité socio-historique (tout le jugement esthétique repose même sur cette reconnaissance). Mais cette proclamation du droit de la critique n'épuise nullement le problème du roman historique de nos jours. Car nous avons établi à plusieurs reprises le *contraste* idéologique profond qui sépare l'activité littéraire des représentants importants du roman historique de notre temps de celle de la décadence bourgeoise. La tâche de juger ce roman historique est donc fort compliquée. Le modèle classique que nous prenons pour échelle de mesure n'est nullement aussi opposé et étranger à ce dernier qu'il l'est aux produits du déclin artistique de la littérature bourgeoise et en particulier aux produits de la décadence nettement caractérisée. Il y a même des concordances profondes et décisives entre la période classique du roman historique et le roman historique de notre temps. Tous deux visent à représenter le mouvement de la vie populaire dans l'histoire, dans sa réalité objective et en même temps dans sa relation vivante avec le présent. Cette relation idéologique et politique vivante avec le présent est un important facteur additionnel qui relie intérieurement la production actuelle de nos humanistes à la période classique.

Mais l'inégalité du développement historique rend cette relation extrêmement compliquée. Et cela en ce qui concerne deux questions décisives, la question du caractère populaire et celle de la relation au présent. C'est un fait intéressant et caractéristique qu'à un point de vue politico-idéologique les conceptions de nombreux humanistes du présent sont bien plus radicales que celles des classiques. Il suffit de penser au contraste entre le *tory* modéré Walter Scott et le démocrate révolutionnaire Heinrich Mann. Mais l'inégalité du développement s'exprime dans le fait que Walter Scott était néanmoins bien plus étroitement lié à la vie du peuple et bien plus familiarisé avec elle que l'éminent écrivain de la période impérialiste, qui devait lutter à la fois contre l'isolement de l'écrivain par rapport à la vie populaire imposé à l'écrivain par la division sociale du travail du capitalisme avancé, et contre la croissance d'une idéologie libérale toujours plus réactionnaire à mesure que triomphait l'impérialisme.

Ce lien avec la vie populaire était encore un fait naturel, socialement donné, pour les écrivains de la période classique du roman historique. Dans la période où ils ont vécu, les forces de la division sociale du travail avaient seulement commencé d'exercer une influence décisive sur la littérature et l'art dans le sens de l'isolement de l'écrivain par rapport à la vie populaire. Chez beaucoup d'écrivains du romantisme réactionnaire d'alors cette influence est déjà nettement sensible, cependant elle ne devient le fondement essentiel de la littérature qu'à une époque plus tardive.

Les humanistes de notre temps, dans leur production littéraire, partent précisément d'une *protestation contre les influences déshumanisantes du capitalisme.* Dans cette protestation l'aliénation tragique de l'écrivain par rapport à la vie populaire, son isolement, le fait qu'il soit livré à lui-même joue un rôle extraordinairement important. Pourtant il est dans la nature d'une telle situation que cette protestation ne puisse se développer que peu à peu, inégalement et contradictoirement de l'*abstraction* à la *concrétude.* Et ceci non seulement parce qu'en général la relation et la familiarité avec la vie populaire ne peuvent être rendues concrètes que progressivement, pas à pas, mais aussi en partie à cause de la dialectique interne de la lutte de l'écrivain contre la position socialement isolée de la littérature sous l'impérialisme.

Cette dialectique détermine la lenteur et l'inégalité du règlement de compte avec l'idéologie libérale de l'impérialisme. Les écrivains authentiques de cette époque éprouvaient un ardent désir de venir à bout de l'isolement de la littérature et de l'esthétisme qui en résultait, de la complaisance envers soi et du contentement de soi, c'est pourquoi, dans leur désir de faire de la littérature une force efficace dans la société de leur temps — telle qu'elle était — ils devaient chercher à se créer des relations, des alliés. Cette recherche a pour conséquence que les écrivains se cramponnent passionnément à des courants sociaux, à des phénomènes humains qui leur semblent offrir le plus léger espoir d'être tournés en protestation contre l'inhumanité du présent social.

Ainsi le réveil de l'esprit démocratique révolutionnaire dans la littérature allemande a été extrêmement difficile. Les obstacles les plus divers ont été placés sur la voie de son développement par le compromis libéral d'une part et la négation abstraite du type bohême-anarchiste d'autre part. Si donc, en analysant l'évolution des écrivains antifascistes les plus importants, nous rencontrons les tentatives les plus diverses de s'allier avec des courants de ce genre — — à cause d'un jugement critique insuffisant ou même parfois d'une surestimation sans critique — nous devons comprendre que cela se rattache à la ligne générale d'évolution de l'Allemagne (et sur bien des points, quoique d'une manière moins significative, à celle du reste de l'Europe occidentale). La chute du régime Hohenzollern et la République de Weimar pouvaient amener un certains progrès à cet égard, mais non pas un changement radical. Celui-ci est intervenu seulement du fait de la victoire de la barbarie fasciste en Allemagne même et des expériences du Front Populaire en France et en Espagne.

Pourtant il serait faux de ne voir que des faiblesses dans la production littéraire antérieure, qui montre partout des traces de cette lente genèse de l'esprit démocratique révolutionnaire. Il n'est pas possible ici d'analyser en détail la littérature allemande de la période pré-fasciste, d'autant moins que ses réalisations essentielles se situent en dehors du cadre de notre étude. Mais pour illustrer cette position générale de la littérature humaniste de protestation, qu'il nous soit permis de citer un exemple : celui de Thomas Mann. Dans son œuvre de jeunesse ce grand écrivain donne une autocritique sévère et profonde de sa condition d'écrivain réduit à ses propres ressources et lui oppose par contraste celle du simple citoyen méritant. Or il serait tout à fait superficiel et erroné de voir en cela quelque chose de négatif. Thomas

Mann révèle de profondes contradictions dans la vie bourgeoise, dans son manque de culture, avec une dialectique extrêmement subtile et compliquée, et il n'y a aucun doute qu'il combat le type humain dominant produit par le capitalisme allemand. Mais plus il voit en profondeur les problèmes de la littérature isolée et plus il désavoue avec netteté la retraite de l'écrivain dans une « tour d'ivoire » et le refus abstrait de tout le présent, plus il est forcé de chercher partout autour de lui dans la réalité des types humains positifs — au moins relativement. Son honnêteté d'écrivain se révèle dans le fait que tout en présentant un type d'une manière positive à un endroit, il le critiquera ironiquement dans un autre contexte, ajoutant par là de fortes réserves à son affirmation; ainsi sa création artistique ne déchoit jamais jusqu'à devenir une glorification du présent, une apologétique.

Dans tout ceci on doit remarquer une double tendance. D'une part, Thomas Mann, comme tout écrivain important, s'efforce d'obtenir et de présenter un tableau vaste et complet de la société de son temps. L'universalité de ce tableau dépend de la diversité des personnages et du fait que, même s'ils sont tenus pour des représentants de principes hostiles, ils sont décrits comme des êtres humains vivants, aux aspects multiples, et non pas caricaturés. A cet égard, aussi bien Thomas Mann que certains de ses contemporains importants transcendent largement l'horizon des préjugés de la bourgeoisie libérale. D'autre part, la façon dont ces types sont compris humainement et artistiquement reflète avec quelle lenteur et quelle hésitation on se détache des préjugés bourgeois pendant la période wilhelmienne. Nous insistons encore une fois là-dessus : ce n'est pas le fait que des types hostiles sont aussi décrits avec humanité qui indique ce triomphe lent et hésitant sur les préjugés, mais une attitude non critique envers ces types dans leur totalité sociale et humaine, le fait de ne pas reconnaître leurs limites sociales et humaines. Il suffit de mentionner ici la présentation par Thomas Mann de la Prusse de Frédéric le Grand et de ses traditions dans la première guerre mondiale.

Mais nous trouvons des formes semblables de conception et de figuration — certes d'une manière moins marquée — même dans la première période de Heinrich Mann, en ce qui concerne des représentants de la bourgeoisie libérale ; chez Arnold Zweig, etc., en ce qui concerne des types décents, vénérables, de l'armée allemande. Cette sorte de conception artistique de la réalité a naturellement ses racines politiques et idéologiques. Ici encore quelques exemples suffiront ; il suffit de mentionner la fausse appréciation de Bismarck ou de Nietzsche. Dans ces cas apparaissent encore aujourd'hui certains préjugés de la période passée ou du moins des survivances de ces préjugés.

Ce processus lent et contradictoire pour surmonter l'idéologie libérale et son caractère étranger au peuple se reflète aussi dans les romans historiques des humanistes antifascistes. Nous avons montré auparavant en détail comment l'une des faiblesses les plus importantes de ces romans était le fait qu'ils figurent les problèmes de la vie populaire tels qu'on les voit d'« en haut » ; le peuple lui-même ne reçoit un rôle que dans la mesure où il vient en contact direct avec ce qui se déroule « en haut ». Ceci nous donne une idée claire des traditions bourgeoises libérales qui ne sont pas encore pleinement surmontées. Ainsi le retour aux traditions du roman historique de type classique n'est pas en premier lieu une question esthético-artistique. C'est plutôt une conséquence nécessaire de la victoire décisive et complète de l'esprit de la démocratie révolutionnaire, de la liaison concrète et étroite des humanistes importants avec la destinée du peuple. Nos analyses antérieures ont, nous l'espérons, montré au lecteur avec une clarté suffisante que la nouvelle tradition populaire dans les pays latins, dont les phases sont marquées par les noms d'Erckmann-Chatrian, de Coster et Romain Rolland, souffre également d'un manque de concrétude historique, d'une manière tout à fait opposée. Ainsi le problème idéologico-artistique de ranimer l'esprit du roman historique classique est encore valable ici et se trouve également lié à la concrétisation politique et sociale de la démocratie révolutionnaire. Toutefois les conclusions littéraires qui sont à tirer dans ce cas sont d'un caractère différent, souvent franchement opposé.

La question de la relation du passé au présent est très étroitement liée à ce problème. Il faut encore faire vivement ressortir ici le contraste entre le roman historique d'aujourd'hui et ses prédécesseurs immédiats. Le roman historique des humanistes de nos jours est étroitement lié aux grands problèmes du présent. Ce roman historique tend à figurer la *préhistoire du présent* — bien à l'opposé, disons, du type de roman historique à la Flaubert. Son actualité — en un large sens historique — est un des grands progrès accomplis par les humanistes antifascistes ; elle caractérise le début d'un *changement* dans l'histoire du roman historique.

Mais ce n'est pourtant que le *début* d'un changement. Car le changement lui-même ramène aux traditions du roman historique classique. La différence qui existe encore aujourd'hui entre les deux a été mise en évidence par nous à différentes reprises. Récapitulons brièvement : le roman historique des humanistes d'aujourd'hui donne seulement la *préhistoire abstraite des idées* qui meuvent le présent et non pas la préhistoire concrète du destin du peuple lui-même, qui est justement ce qu'a figuré le roman historique dans sa période classique.

Par suite de cette relation générale et conceptuelle plutôt que concrète et historique entre le passé et le présent, il se produit inévitablement par endroits une déformation de certaines figures historiques ou de certains courants, donc un affaiblissement de cette fidélité magnifique à la réalité historique qui a fait la force du roman historique classique. Mais en outre, cette relation trop conceptuelle et par conséquent trop directe avec le présent donne un caractère abstrait à l'ensemble du monde représenté. Si le roman historique est la préhistoire concrète du présent, comme il l'a été chez les classiques, alors du point de vue artistique la destinée populaire qui s'y trouve représentée est une fin en soi. La relation vivante avec le présent s'exprime dans le mouvement de l'histoire elle-même. Elle est alors objective en un sens artistique, devenant artistiquement la forme pure de ce mouvement, et elle ne fait jamais éclater le cadre humain et historique du monde représenté. (Que cela dépende aussi d'un « anachronisme nécessaire », nous l'avons déjà expliqué en détail.) La relation directe et conceptuelle avec le présent qui prévaut aujourd'hui révèle une tendance immanente à changer la représentation du passé en une *parabole du présent*, à arracher directement à l'histoire un « fabula docet », ce qui s'oppose à la véritable concrétude historique du contenu et à la complétude réelle (non pas formelle) de la figuration.

Cela peut paraître paradoxal, mais il est vrai néanmoins que cette relation directe avec le présent donne un caractère abstrait aux problèmes du présent mis au premier plan et ainsi les affaiblit. On s'en aperçoit le mieux dans le roman de Feuchtwanger, *Le Faux Néron*. Aucune œuvre artistique de notre temps n'a été engendrée par une haine aussi brûlante du fascisme. Le caractère pathétiquement satirique de cette haine fait faire à Feuchtwanger un grand pas en avant dans le sens d'une attitude démocratique révolutionnaire dans la lutte contre l'ennemi. Mais ce n'est pas le seul mérite de cette œuvre. Feuchtwanger figure ici des mouvements populaires bien plus concrètement que dans ses romans de Flavius Josèphe, plus même que dans la seconde partie de ce cycle. Certes, ces mouvements populaires sont aussi vus et présentés du point de vue de ceux qui tirent les ficelles à l'arrière-plan et des meneurs de jeu au premier plan, pourtant ils ont acquis un degré bien plus élevé de concrétude et de différenciation que dans les œuvres précédentes de l'auteur. Néanmoins, en dépit de son aspect plus vivant et plus concret, cet ouvrage intéressant n'est qu'une longue parabole : nous voyons comment un pitre pathétique, à la suite des machinations de grands capitalistes, se met à la tête d'un mouvement populaire, exerce pendant longtemps un pouvoir dictatorial et ensuite s'effondre lorsque le peuple est revenu à la raison. On n'a encore jamais écrit jusqu'à présent de satire plus mortellement précise contre Hitler et ses accolytes, issus d'un milieu élevé ou de la populace. Cette satire est si vive et si convaincante, sa signification si immédiatement évidente que *Le Faux Néron* mérite une place importante dans la littérature antifasciste.

Mais qu'est-ce donc qui manque à cette œuvre intéressante et puissante ? A notre avis : une relation suffisamment profonde et concrète avec le présent. Elle exprime seulement les sentiments immédiats suscités par l'hitlérisme. Car la véritable question, plus profonde, qui émeut au maximum tous les vrais démocrates est celle-ci : comment ces bandes de meurtriers ont-elles pu réussir à dominer un pays comme l'Allemagne ? Comment a-t-il été possible qu'un mouvement ait pris naissance dans lequel des milliers et des milliers de gens convaincus ont lutté fanatiquement pour la cause de ces mercenaires meutriers à la solde du capitalisme ? Le roman satirique de Feuchtwanger ne dévoile pas le mystère de ce mouvement de masse, le mystère de cette honte pour l'Allemagne. Il accepte simplement comme un fait que le peuple devienne temporairement la victime de la démagogie la plus grossière.

Mais comment cette grossière démagogie a-t-elle pu exercer une telle influence sur des millions de gens, cette question n'est pas même posée, à plus forte raison ne reçoit-elle pas de réponse. Et cette question n'est pas purement scolaire et historique, mais un problème pratique de l'ordre le plus élevé ; c'est la question de la perspective concrète de l'effondrement de la domination meurtrière du fascisme. Qu'il en soit ainsi, le roman de Feuchtwanger lui-même le montre. Étant donné qu'il n'a pas montré concrètement l'origine socio-historique de la domination de son faux Néron, il n'est pas non plus en état de figurer son effondrement concret, socio-historique. Un « miracle » se produit : un chant satirique circule de bouche en bouche, démasque le vide intérieur de l'usurpateur et de sa bande, le peuple est rendu à la raison, la dictature barbare s'effondre. Cette perspective d'avenir n'exprime plus, comme la partie satirique du roman le fait à fond ailleurs, les sentiments des combattants antifascistes progressistes, mais — bien à l'opposé des intentions de Feuchtwanger — les sentiments de ceux qui voient dans le fascisme moins un courant concret politico-social de l'âge impérialiste qu'une « maladie sociale », une sorte de « démence de masse » et qui par conséquent attendent passivement que le peuple « recouvre la santé », « retrouve la raison » — en un mot : l'effondrement automatique du régime hitlérien, un miracle.

On le voit : la relation concrète avec le présent ou, ce qui revient au même, la familiarité concrète avec la vie populaire ne se laisse remplacer par rien. Cela est vrai, si élevé que puisse être le niveau intellectuel et si brillante l'expression littéraire d'une relation abstraite avec le présent. On doit sans cesse insister sur ce problème, car avec lui se décide à chaque période le destin artistique du roman historique. La transformation du roman historique en un genre indépendant, qui joue un rôle considérable dans l'œuvre de Feuchtwanger — en particulier dans ses propos théoriques, est encore aujourd'hui un symptôme de la faiblesse de ces relations. Les causes de cette faiblesse sont tout à fait différentes de celles qui agissaient au commencement du déclin du réalisme bourgeois ; mais, étant donné qu'elle est un relâchement de la relation qui décide de tout, elle doit inévitablement entraîner des conséquences également problématiques sur le plan de la forme artistique ; cependant le caractère concret de cette problématique est essentiellement d'une autre nature. Dans les deux cas le résultat est le même : modernisation et abstraction dans la description des personnages historiques authentiques.

Ceci peut être confirmé par des exemples positifs. En premier lieu, nous voyons que le roman historique peut donner naissance à des figurations plus importantes et plus convaincantes, quand la relation de l'écrivain, tout au moins avec des aspects déterminés de la vie populaire du présent, est plus profonde, plus compliquée, moins directe, abstraite et allégorique. Il est intéressant et caractéristique de la nouvelle position du roman historique que ceci apparaisse le plus clairement dans le cas de ses personnages *positifs*. Le simple fait que des personnages positifs puissent être créés est extraordinairement important. Depuis Michel Chrestien de Balzac et Palla Ferrante de Stendhal le roman bourgeois moderne n'a pu créer aucun personnage positif qui prenne une part active à la vie publique. Mais même Balzac et Stendhal, en tant que réalistes lucides et conséquents, ont été forcés de faire de leurs héros démocratiques et populaires des personnages épisodiques.

Le Front Populaire antifasciste et l'esprit de la démocratie révolutionnaire qu'il a fait revivre ont une fois de plus rendu possible d'incarner dans des personnages positifs l'aspiration du peuple à sa libération. C'est ce qui fait l'importance extraordinaire, historique, politique aussi bien qu'artistique de figures comme Henri IV de Heinrich Mann. Ces figurations positives sont des polémiques politiquement approfondies contre le culte du chef, démagogique et menteur, des fascistes ; l'ampleur, la profondeur et la précision de leur effet dépend du degré de valeur artistique qu'elles atteignent dans la figuration de personnages positifs. Ces personnages doivent visiblement incarner l'aspiration profonde des plus larges masses populaires à une solution positive de la plus terrible crise que le peuple allemand ait éprouvée au cours de sa longue et pénible histoire. Moins la figuration est directe, plus les personnages ont des racines profondes dans les sentiments populaires. De cette manière elle prend en charge les aspirations du peuple les plus diverses et les plus cachées qui cherchent à se manifester et à se faire entendre ; de cette manière non seulement elle exprime ce qui aujourd'hui apparaît déjà à la surface de la vie, ce qui est conscient, mais elle fouille aussi dans l'histoire de la genèse réelle de l'oppression, de la dégénérescence et de la voie menant à la libération. Elle crée des *modèles* qui *accélèrent* la prise de conscience et le caractère résolu du désir intense de libération.

Cervantès de Bruno Frank constitue une sérieuse tentative d'en finir avec l'état de rupture entre les lettres allemandes et la vie populaire. Tandis que jusqu'alors ce genre d'autocritique des écrivains avait été surtout élégiaque et satirique (de la manière la plus profonde et la plus émouvante dans *Tonio Kröger* de Thomas Mann), ici c'est le contre-exemple positif qui est figuré. Frank réussit en maints endroits de son roman à figurer l'aspect humain d'un grand écrivain, qui était en premier lieu un combattant et pour qui la littérature — la littérature au plus haut degré de sa perfection culturelle et artistique — constituait une partie organique, une partie couronnant le tout, mais pourtant rien qu'une partie de son activité sociale. Il montre ainsi un moyen d'échapper à cette aliénation non seulement pour les écrivains mais aussi pour les masses qui ont été cruellement privées d'une telle littérature et de tels écrivains, même si pour elles le plus souvent cette privation n'était pas consciente et si c'est seulement maintenant qu'elles peuvent prendre conscience de ce qui leur a manqué.

La relation entre efficacité politico-polémique et grandeur artistique de la figuration est encore plus significative dans la figure d'Henri IV de Heinrich Mann. Ici pour la première fois depuis longtemps nous avons devant nous un personnage à la fois populaire et important, sage et résolu, rusé et cependant brave et intrépide. Et Heinrich Mann, comme nous l'avons vu, souligne le fait qu'Henri IV tire sa force et son adresse de ses liens avec la vie populaire, qu'il est devenu le dirigeant du peuple, à cause de son aptitude à sentir avec finesse quelles sont les aspirations réelles des masses populaires et à les satisfaire avec courage et sagesse. La subtilité artistique de cette figuration porte précisément au culte hitlérien un coup bien plus mortel que ne le fait l'attitude directe. Car Heinrich Mann dévoile le rapport entre peuple et dirigeant, il répond donc d'une manière indirectement polémique à la question qui émeut singulièrement les masses : quel est en réalité le contenu social, l'essence humaine du commandement. Si l'on compare la polémique indirecte de Mann avec sa satire directe d'Hitler dans le personnage du duc de Guise, on voit à quel point le mode de figuration supérieur du point de vue artistique est aussi bien plus efficace politiquement.

Ces remarques ne doivent pas, bien entendu, être comprises à tort comme un dénigrement de la figuration négative, satirique, de l'ennemi. Nous critiquons simplement les limites de la manière trop directe, non historique d'aborder ces questions. Les expériences de la littérature classique montrent précisément à quel point des figurations négatives de ce genre peuvent être hautement artistiques, historiques et s'étendre à tous les facteurs importants de détermination. Et les figurations positives, surtout celles de Heinrich Mann, sont remarquables parce qu'on y fait des pas importants afin de surmonter la relation directe, abstraite et de ce fait non historique, purement allégorique, avec le présent.

On y fait des pas considérables. Mais il reste un long chemin à faire. Comme nous l'avons vu, Bruno Frank et même Heinrich Mann ont produit des portraits plutôt que de réels tableaux d'époque. Le caractère populaire de leurs héros, dans la mesure où il se manifeste humainement, en tant que qualité particulière de l'individu décrit, est vrai et authentique. Cependant la base réelle, l'interaction réelle avec toutes les forces populaires n'est pas figurée. C'est pourquoi il manque — à la fois du point de vue politique et du point de vue polémique — le lien organique avec la vie populaire ; il manque la médiation concrète entre le courant populaire concret et le héros qui le dirige. C'est seulement quand l'apparition du héros positif, populaire, est montrée artistiquement d'un point de vue socio-historique et non pas simplement individuel et biographique, que l'effet politique peut prendre toute sa valeur : démasquer le pseudo-héros du fascisme.

La vie a déjà fait ce pas, et l'exploit littéraire d'un Heinrich Mann consiste à avoir vu correctement et figuré artistiquement ce pas en avant accompli dans la vie allemande. La progression ultérieure sur cette voie ne sera également possible qu'à la suite de cette mise en liaison croissante avec la vie populaire.

Ainsi la vie corrige et guide la création des véritables écrivains. Et ceci nous amène au second contre-exemple positif que nous pouvons observer dans les lettres de nos jours, en ce qui concerne le problème de la relation avec le présent. Nous avons montré dans le chapitre précédent comment, lorsque Maupassant et Jacobsen se sont tournés vers le présent pour choisir leurs sujets, nombre de leurs préjugés erronés qui prenaient une forme rigide et abstraite dans leurs romans historiques se sont trouvés corrigés par les expériences immédiates de la vie ; comment dans leurs meilleurs romans d'actualité un « triomphe du réalisme » a pu se produire. On peut souvent observer un tel triomphe du réalisme chez Feuchtwanger. On peut faire bien des objections à la conception du fascisme, tant dans *Erfolg* (*Succès*) que dans *Die Geschwister Oppenheim* (*Les Sœurs Oppenheim*). Et il serait intéressant de montrer comment ces fausses conceptions du fascisme ont été amplifiées et vulgarisées dans ses romans historiques. Mais cela a moins d'importance pour nous que le fait que Feuchtwanger a créé des personnages réellement vivants et réellement populaires dans ces romans, où viennent à s'exprimer d'une manière plastique et convaincante les meilleures forces populaires en révolte contre la barbarie fasciste. Des personnages comme Johanna Krain dans *Erfolg* ou le jeune lycéen Bernard d'Oppenheim ne se trouvent dans aucun des romans historiques de Feuchtwanger. Surtout dans ces personnages, mais aussi dans bien des autres de ses romans d'actualité, les capacités remarquables de cet écrivain, souvent ternies par de fausses théories et des préjugés contemporains, se manifestent intégralement. Feuchtwanger se tourne vers le roman historique parce que les matériaux qui y sont inclus semblent promettre un travail artistique plus facile et de meilleurs succès. Il nous semble à nous que précisément cette « facilité », cette résistance insuffisante des matériaux historiques à de fausses constructions est une des sources des imperfections de ces romans, tandis que la dureté pleine de contradictions de la vie réelle du présent exige de l'écrivain qu'il déploie à son égard ses plus hautes aptitudes créatrices.

Cette connexion n'est pas fortuite. Si nous considérons la littérature allemande de la période impérialiste comme un tout, nous devons dire que le roman historique — en dépit de l'éclat qui rayonne dans la figure d'Henri IV — ne peut se comparer avec les descriptions historiques monumentales du présent : les *Buddenbrooks* de Thomas Mann, le cycle de romans de Heinrich Mann sur l'Allemagne wilhelmienne, etc. Il en est de même pour la littérature d'après la guerre : la *Montagne magique* de Thomas Mann, le cycle sur la guerre mondiale d'Arnold Zweig, les romans antifascistes de Feuchtwanger marquent des sommets de la figuration littéraire auxquels dans le roman historique seul *Henri IV* peut se comparer.

Ce fait historico-littéraire et esthétique manifeste un problème considérable de la mission sociale de la littérature. A quoi tient la grande importance des romans que nous avons énumérés ? Au fait que leurs auteurs se sont efforcés de présenter artistiquement la *genèse historique* concrète de leur temps. C'est justement ce qui manque jusqu'à présent au roman historique de l'antifascisme allemand et où se situe sa faiblesse artistique centrale. Le grand problème devant lequel se trouve placé l'humanisme antifasciste est celui de montrer ces forces socio-historiques, humaines et morales dont la combinaison a rendu possible la catastrophe de 1933 en Allemagne. Car seule une compréhension réelle de ces forces dans toute leur complexité et leur intrication peut montrer concrètement leur disposition actuelle et les voies suivant lesquelles elles peuvent évoluer vers l'effondrement révolutionnaire du fascisme. L'esprit toujours plus vigoureux de la démocratie révolutionnaire chez les meilleurs représentants du Front populaire littéraire contre le fascisme doit pousser toujours plus énergiquement dans cette direction et venir ainsi à bout des traditions idéologiques et littéraires du libéralisme encore actives dans la période impérialiste.

Le roman historique des humanistes antifascistes recèle le danger de s'engager sur la voie d'une moindre résistance. Il donne aux écrivains la possibilité d'éluder la question de la genèse historique du présent dans le sens de l'abstraction, de la préhistoire abstraite des problèmes. Montrer ce danger, critiquer idéologiquement et artistiquement les faiblesses qui en résultent, ce n'est pas répudier le roman historique et sa grande importance artistique, culturelle et politique pour le présent. Tout au contraire. C'est seulement quand les écrivains apprennent à voir en tant qu'écrivains — c'est-à-dire sous la forme de la figuration de personnages et de destinées — cette genèse historique concrète du présent dans l'esprit de la démocratie révolutionnaire, que s'ouvre la perspective réelle de développement du roman historique au sens étroit. Si nous avons mis en regard ici pour les comparer quelques-unes des créations les plus importantes du présent et le roman historique de notre temps, nous l'avons fait principalement pour mettre en évidence l'esprit plus fortement *historique* de ces œuvres par rapport aux romans historiques. Seule la prise de conscience littéraire de cet esprit historique et de sa transposition dans la pratique permettront de conquérir le passé pour le compte de l'humanisme antifasciste au vrai sens du terme.

Ce n'est pas ici le lieu de soumettre les romans contemporains énumérés ci-dessus à une critique détaillée. Ils sont aussi des produits de leur temps et bien qu'ils aient pris naissance dans la lutte contre l'impérialisme, contre le déclin du réalisme dans la période impérialiste, ils ne pouvaient pas rester indemnes des faiblesses et des limitations de ce déclin. Mais en dépit de toute la critique qui est possible et nécessaire ici, il est frappant que beaucoup des plus importants de ces ouvrages se rapprochent bien davantage du type classique du roman social que les romans historiques de l'antifascisme du type classique qui leur correspond. Nos discussions antérieures ont montré pourquoi il dut en être ainsi ; elles ont montré que la cause n'en était pas purement esthétique, mais ces œuvres concevaient le présent dans un esprit bien plus historique. Elles l'ont fait à cause de l'ampleur et la plénitude des expériences et des événements vécus par l'auteur. Et cet esprit plus fortement historique est devenu le fondement de leur grandeur.

Cet esprit historique est le grand principe nouveau que Balzac a appris de Walter Scott et transmis à tous les représentants vraiment grands du roman social moderne. Quand le réalisme décline, cet esprit se relâche, devient abstrait, se volatilise, et les problèmes du présent, ses personnages et ses destinées sont conçus métaphysiquement. Le roman social moderne est aussi un enfant du roman historique classique, tel que celui-ci s'est développé à partir des grands romans sociaux du XVIIIe siècle. La question décisive du développement du roman historique de nos jours est de restaurer opportunément cette liaison.

Cette restauration conduit nécessairement du point de vue artistique à une renaissance du type classique du roman historique. Mais ce ne sera pas et ce ne peut être une renaissance purement esthétique. Le type classique du roman historique ne peut être renouvelé esthétiquement que si les écrivains posent concrètement la question: comment le régime hitlérien a-t-il été possible en Allemagne ? Cela seul peut aboutir à un roman historique pleinement réalisé du point de vue artistique.

La perspective du développement du roman historique dépend donc de la reprise des traditions classiques, d'une fructueuse prise de possession de l'héritage classique. Nous avons montré à différentes reprises que ce n'est pourtant pas une question esthétique, une imitation formelle de la manière de Scott, Manzoni, Pouchkine ou Tolstoï. Et puisque les perspectives de développement du roman historique sont dans un rapport si étroit avec le problème d'entrer en possession de l'héritage classique, nous devons souligner énergiquement les deux aspects étroitement liés de cet héritage : d'une part son esprit populaire, démocratique et pour cette raison véritablement et concrètement historique, d'autre part et dans un étroit rapport avec ce fait, le caractère hautement concret de sa forme artistique. Mais l'esprit populaire et démocratique, l'historicisme concret ont de notre temps un *contenu radicalement différent* de ce qu'il était à l'époque des classiques du roman historique. Et certes pas seulement en Union Soviétique où le contenu radicalement différent résulte nécessairement du socialisme victorieux, mais aussi en ce qui concerne les humanistes démocratiques militants dans l'Occident capitaliste.

Le roman historique classique a figuré les contradictions du progrès humain et défendu ce progrès avec les moyens de l'histoire contre les attaques idéologiques de la réaction ; dans cette lutte il a représenté le déclin nécessaire de la démocratie ancienne, primitive, les grandes crises héroïques de l'histoire de l'humanité. Mais sa perspective historique pouvait seulement être celle du *déclin nécessaire de la période historique*, la marche nécessaire de l'évolution vers la *prose capitaliste*. Le roman historique classique figure le *crépuscule* du développement héroïque et révolutionnaire de la démocratie bourgeoise.

Le roman historique d'aujourd'hui naît et se développe à l'*aube* d'une *nouvelle* démocratie. Ceci ne concerne pas seulement l'Union Soviétique où le développement impétueux et l'édification énergique du socialisme ont produit la forme de démocratie la plus élevée de l'histoire humaine : la démocratie socialiste. La lutte de la démocratie révolutionnaire du Front populaire aussi n'est pas simplement une défense des conquêtes existantes du développement démocratique contre les attaques de la réaction fasciste ou fascisante. Elle est aussi cela, mais dans la défense de la démocratie elle va au delà de ces limites ; elle doit donner à la démocratie révolutionnaire des contenus nouveaux, supérieurs, plus avancés, plus généraux, plus démocratiques et plus sociaux.

La lutte pour cette nouvelle démocratie qui suscite dans le monde entier un regain de vie enthousiaste et un développement supérieur des traditions de la démocratie révolutionnaire, éveille partout un héroïsme insoupçonné et extraordinaire dans le peuple entier. Nous sommes au milieu d'une période héroïque et dont l'héroïsme ne repose pas sur des illusions historiquement nécessaires, comme ce fut le cas avec les Puritains de la Révolution anglaise et les Jacobins de la Révolution française, mais sur une connaissance réelle des besoins du peuple laborieux et de la direction dans laquelle la société se développe. Cet héroïsme ne repose pas sur des illusions parce que ses conditions historiques ne sont pas constituées de telle sorte qu'une période de désenchantement prosaïque doive suivre sa victoire. L'héroïsme des Puritains en Angleterre, des Jacobins en France — en grande partie contre la volonté des combattants révolutionnaires — a facilité la victoire de la prose de l'exploitation capitaliste. L'héroïsme des combattants du Front populaire est par contre une lutte pour les véritables intérêts de tout le peuple laborieux en vue de créer des conditions de vie matérielles et culturelles qui puissent garantir sa croissance humaine à tout point de vue.

Cette perspective selon laquelle l'héroïsme de la lutte ne doit pas être un épisode — certes historiquement nécessaire, mais pourtant rien qu'un épisode — dans la marche triomphale de la prose capitaliste, change aussi la position à l'égard du passé. Si un écrivain d'aujourd'hui, enrichi par les expériences des luttes héroïques du peuple contre l'exploitation impérialiste et l'oppression à travers le monde, dépeint les précurseurs historiques de ces luttes, il peut le faire dans un esprit historique tout différent, plus vrai et plus profond, que ne pouvaient le faire Walter Scott ou Balzac. Aux yeux de ceux-ci les périodes héroïques de l'humanité pouvaient seulement apparaître comme des épisodes et des interludes historiquement justifiés, historiquement nécessaires.

Cette nouvelle perspective qui s'est ouverte à la suite des événements de ces dernières années ne rend pas seulement possible une conception plus approfondie du passé historique, mais en même temps elle élargit le champ de la figuration littéraire de notre préhistoire concrète. Indiquons ici seulement un exemple. Jusqu'à présent dans la littérature bourgeoise les thèmes orientaux ont eu nécessairement un caractère exotique et excentrique. L'importation de philosophie indienne ou chinoise dans l'idéologie déclinante de la bourgeoisie a pu seulement accroître cet exotisme. Maintenant, par contre, étant donné que nous sommes contemporains des luttes héroïques de libération du peuple chinois, indien, etc., tous ces développements aboutissent concrètement au courant général de l'histoire de la libération de l'humanité. Et à la lumière de cette orientation commune le passé de ces peuples s'éclaire d'une nouvelle manière ou peut du moins s'éclairer d'une manière tout à fait nouvelle grâce au travail de leurs écrivains importants.

La domination de la prose après le déclin de la période héroïque repose sur le fait que les efforts héroïques énormes du peuple ont eu seulement pour conséquence le remplacement d'une forme d'exploitation par une autre. D'un point de vue social objectif, la victoire du capitalisme sur le féodalisme est, bien entendu, un grand progrès historique. Et les grands représentants du roman historique classique ont reconnu aussi dans leur œuvre ce caractère progressiste. Mais précisément parce qu'ils étaient réellement de grands écrivains, parce qu'ils sympathisaient réellement et profondément avec le peuple et son destin, il leur était impossible d'être des admirateurs inconditionnels du progrès capitaliste. En même temps que le progrès économique ils ont toujours figuré l'effroyable sacrifice qu'il a coûté au peuple.

A partir de cette reconnaissance du caractère contradictoire du progrès, les représentants du roman historique classique ne se livrent pas à une glorification sans critique du passé. Mais néanmoins leurs œuvres expriment nettement le profond regret que soient écoulés bien des moments du passé : en premier lieu l'inutilité des élans héroïques des mouvements populaires de libération dans le passé, en second lieu le déclin de bien des institutions primitivement démocratiques et des qualités humaines qui leur étaient associées, que la marche du progrès a impitoyablement détruites. Chez des écrivains réellement importants, chez des écrivains qui ont un sens historique réellement vivant, ce regret est très divisé et contradictoire, dialectique. Rebutés humainement, esthétiquement et moralement par la prose capitaliste victorieuse, ces écrivains ne sentent pas seulement sa nécessité mais aussi que sa victoire inévitable — en dépit de toutes les horreurs qui lui sont associées — reste un pas en avant dans le développement de l'humanité.

Ce désaccord disparaît chez l'écrivain d'aujourd'hui. Sa perspective de l'avenir ne repose ni sur des illusions, ni sur un réveil désenchanté d'illusions révolutionnaires brisées. Elle ne montre aucune sorte de dégradation des manifestations héroïques et humaines de la vie, du point de vue d'un avenir victorieux, mais au contraire un plus large déploiement, un plus grand approfondissement et l'élévation à un plus haut niveau de toutes les qualités précieuses de l'homme qui sont apparues au cours de son développement antérieur.

Il suffit d'indiquer un exemple pour mettre en évidence cette différence de perspective, une différence dans le développement de la réalité historique. Dans le premier chapitre de cet ouvrage, nous avons cité la belle analyse faite par Maxime Gorki des romans de Cooper. De cette analyse ressort clairement l'attitude divisée des classiques du roman historique. Ils doivent affirmer la décadence des Indiens, nobles par leurs qualités humaines, du « Bas-de-Cuir » décent et héroïque en toute simplicité, en la tenant pour un progrès, mais ils ne peuvent s'empêcher de voir et de représenter la médiocrité humaine des vainqueurs. C'est le destin inévitable de toute civilisation primitive qui entre en contact avec le capitalisme.

Aujourd'hui Fadéiev, dans son nouveau cycle de romans, a soulevé un énorme problème dont le thème est analogue, bien que — dans les parties de son œuvre déjà publiées — il ne l'ait pas encore résolu : à savoir, le destin de la tribu survivante des Udehe qui, vivant encore presque dans un état de communisme primitif, entre en contact avec la révolution prolétarienne. Il est évident que ce contact doit avoir vigoureusement transformé à la fois les coutumes et la vie économique de la tribu ; mais il est également évident que cette transformation a dû prendre une orientation complètement opposée à celle que Cooper a dépeinte comme profondément tragique.

La libération révolutionnaire du peuple à l'égard du joug capitaliste suscite un élan héroïque parmi des masses extraordinairement larges et d'une manière très profonde. Mais, et c'est l'essentiel, cet élan n'est pas un épisode que suivrait un nouvel affaissement des énergies populaires ; au contraire, il fait disparaître tous les obstacles qui empêchent le développement des énergies humaines dans les masses populaires ; il crée des institutions qui aident à accélérer et approfondir, économiquement et culturellement, ce déploiement des énergies du peuple. Cette perspective de libération réelle et permanente du peuple modifie la perspective d'avenir des romans historiques ; elle donne une tonalité affective à leur mise en lumière du passé totalement différente de celle que le roman historique a possédée et pouvait posséder ; elle permet de découvrir dans le passé des tendances et des traits tout nouveaux, que le roman historique classique n'a pas connus et ne pouvait connaître. A cet égard, le nouveau roman historique, né de l'esprit populaire et démocratique de notre temps, est directement *en contraste* avec le classique.

A partir des exposés précédents, il est facile à comprendre que cette nouvelle perspective existe non seulement pour les écrivains de l'Union Soviétique, mais aussi pour les humanistes du Front populaire antifasciste ; bien que, naturellement, ces tendances doivent être plus nettes et plus développées à la fois objectivement et subjectivement en Union Soviétique. Mais la lutte pour une démocratie de type nouveau, la lucidité au sujet de la liaison des problèmes de cette démocratie avec la libération économique et culturelle des exploités, comme nous l'avons vu d'une manière particulièrement significative dans les écrits de Heinrich Mann, montrent que cette perspective est aussi une réalité pour les combattants du Front populaire. Elle peut devenir une réalité pour leur littérature.

La réalisation de ces tendances doit nécessairement accomplir de profondes modifications aussi en ce qui concerne la forme artistique du roman en général, et par conséquent du roman historique. Très généralement, on peut décrire cette tendance comme une tendance vers l'épopée. Elle est nettement perceptible dans quelques-unes des meilleures productions de la période récente. Qu'on songe à des aspects bien connus d'*Henri IV* de Heinrich Mann.

Cette tendance naît d'une profonde nécessité historique. Elle exprime artistiquement le même phénomène historique qui nous a conduit à mettre en contraste le nouveau roman historique naissant avec le roman historique classique. Mais on ne doit pas perdre de vue qu'il s'agit ici *seulement* d'une tendance. C'est seulement dans le socialisme pleinement développé que la cessation du caractère antagoniste des contradictions, avec ses conséquences pour l'ensemble de l'activité humaine, peut devenir un principe déterminant de la structure et du mouvement de la vie sociale. Aussi longtemps qu'il existe une économie capitaliste, l'antagonisme des contradictions doit dominer. Assurément, la perspective concrète et réelle de libération future produit une autre attitude subjective à l'égard du cours contradictoire du développement de l'histoire, sans pouvoir certes abolir sa véritable nature. Ainsi, dans de tels changements de style il ne peut être question que d'une tendance.

Nous sommes encore loin de pouvoir considérer la prose capitaliste comme une période de l'évolution humaine complètement passée, qui n'appartient réellement qu'au passé. Le fait qu'une tâche centrale de la politique intérieure de l'Union Soviétique consiste à venir à bout des survivances du capitalisme dans l'économie et dans l'idéologie montre que même dans la réalité socialiste la prose capitaliste est encore un facteur sur lequel on doit compter, bien qu'il ait été vaincu et soit condamné à la destruction définitive.

Ce que Marx a dit des institutions juridiques s'applique aussi dans une large mesure aux formes littéraires. Elles ne peuvent s'élever plus haut que la société qui les produit. Et même, puisqu'elles traitent des normes, des questions et des contradictions les plus profondément humaines d'une époque, elles ne *doivent* pas s'élever plus haut — au sens, disons, d'anticiper les perspectives à venir du développement par des projections utopico-romantiques de l'avenir dans le présent. Car les tendances menant vers l'avenir sont en fait plus fortement et plus nettement contenues dans ce qui est réellement, que dans les plus beaux rêves ou les plus belles projections utopiques.

Bien entendu, cette limitation s'applique encore davantage à la littérature antifasciste d'Occident. Car là le système capitaliste domine sous sa forme la plus rebutante, la plus barbare, la plus inhumaine. Le Front populaire peut aujourd'hui, dans le meilleur des cas, seulement rassembler toutes les forces de la démocratie pour la résistance contre le fascisme. Mais la victoire, la libération populaire du joug fasciste, le nouvel ordre social de la démocratie, sans parler de l'abolition de l'exploitation, est aujourd'hui dans le meilleur des cas un objet de lutte, dans la plupart des cas simplement une perspective réelle mais future. Qu'une littérature du genre que nous avons appris à connaître dans le roman historique antifasciste ait pu naître dans les pays capitalistes dans ces conditions sociales et politiques, c'est un signe très important de l'époque, de la situation révolutionnaire qui vient à maturité, de l'énorme importance internationale de l'édification victorieuse du socialisme en Union Soviétique. Mais la reconnaissance de cette situation tout à fait nouvelle ne devrait pas néanmoins nous entraîner à fausser intellectuellement perspectives et tendances, pour en faire des réalités existantes.

Pour cette raison le contraste entre le roman historique aujourd'hui et celui de type classique n'est que très relatif. Il faudrait faire vigoureusement ressortir la tendance à ce contraste pour éviter qu'on nous prête à tort le souhait d'une résurrection formelle, d'une imitation artistique du roman historique classique. Cela est impossible. La différence des perspectives historiques conditionne aussi une différence dans les principes de composition et de caractérisation. Plus ces perspectives et ces tendances se transforment en réalité et plus par conséquent le développement général du roman se poursuit dans la direction de l'épopée, d'autant plus grand sera ce contraste. Mais il serait futile de se casser la tête aujourd'hui pour savoir jusqu'à quel point il s'agira d'un contraste tout à fait radical.

Cela d'autant plus que le front principal de la lutte dans le domaine artistique consiste à venir à bout des legs pernicieux. Nous avons montré qu'il existe dans le nouveau roman historique des tendances opposées à maint égard à celles du déclin du réalisme bourgeois. Mais jusqu'à présent ces tendances n'ont nulle part été pleinement réalisées. La liquidation du legs pernicieux est encore loin d'être complète. Et nous avons vu à quel point les problèmes du roman historique de nos jours, tant idéologiques qu'artistiques, dépendent d'un règlement de comptes radical avec cet héritage idéologique et artistique. En outre, nous devons encore souligner particulièrement que l'anticipation utopique de l'avenir, sa transformation en une réalité supposée peut très facilement amener une rechute dans le style de la période de déclin, en émoussant les contradictions antagonistes qui sont réellement agissantes dans la réalité.

Dans cette lutte, l'étude du roman historique classique jouera un rôle extraordinaire. Non seulement parce que nous possédons en lui un module littéraire d'un niveau très élevé pour notre description des tendances réelles de la vie populaire, donc un module concernant le caractère populaire du roman historique, mais aussi parce que le roman historique classique, du fait de ce caractère populaire, a mis en valeur sous une forme exemplaire les *lois générales de la grande œuvre épique*, tandis que le roman de la période de déclin, détaché de la vie, a détruit dans une large mesure ces lois générales de l'art narratif, depuis la composition et la caractérisation jusqu'au choix des mots. La perspective d'un retour du roman à une authentique grandeur épique, à un caractère conforme à l'épopée, doit nécessairement ressusciter ces lois générales du grand art narratif, les rendre de nouveau conscientes à l'esprit, les traduire de nouveau en pratique, si elle ne doit pas se dissoudre elle-même dans une problématique pleine de contradictions. Nous pouvons observer cette problématique dans la plus haute production du roman historique moderne, *Henri IV* de Heinrich Mann, où le caractère épique grandiose du héros positif, l'aspect monumental du style narratif forme une contradiction étrange, non résolue, avec la mesquinerie nécessaire, inévitable et incessante de la présentation biographique.

Et d'une manière tout à fait différente, mais analogue en un sens historique, nous avons pu discerner dans *Colas Breugnon* de Romain Rolland une combinaison contradictoire de cette puissance artistique qui indique l'avenir et d'une problématique spécifique du présent.

Le roman historique de notre époque doit donc avant tout nier d'une façon radicale et intraitable son prédécesseur immédiat et extirper énergiquement de sa propre création les traditions de ce dernier. Le rapprochement du roman historique de type classique qui se produit nécessairement dans ces conditions ne sera nullement, comme nos remarques l'ont montré, une simple renaissance de cette forme, une simple affirmation de ces traditions classiques, mais, si l'on me permet ici une expression tirée de la terminologie de Hegel, un renouvellement sous la forme d'une négation de la négation.

INDEX

TABLE DES MATIÈRES

Petite Bibliothèque Payot

Guy Achard, La communication à Rome / **211**
Alfred Adler, Connaissance de l'homme / **26**
Alfred Adler, Le sens de la vie / **47**
Alfred Adler, Le tempérament nerveux / **84**
Alfred Adler, L'enfant difficile / **122**
Ernest Aeppli, Les rêves et leur interprétation / **64**
Giorgio Agamben, Enfance et histoire / **387**
Alexandrian, Histoire de la philosophie occulte / **205**
Alexandrian, Histoire de la littérature érotique / **230**
René Alleau, De la nature des symboles / **319**
Jacques André, Être médecin à Rome / **256**
Gérard Apfeldorfer, Je mange, donc je suis / **140**
Hannah Arendt, Politique et pensée / **289**
Jean-Paul Aron, Le mangeur du XIXe siècle / **8**
Paul-Laurent Assoun, Freud et la femme / **219**
Piera Aulagnier, Un interprète en quête de sens / **43**
Pierre Avril, Essais sur les partis politiques / **41**
Michael Balint, Le défaut fondamental / **44**
Michael Balint, Les voies de la régression / **383**
Ilse Barande, Ferenczi / **270**
Jean-Pierre Barou, L'œil pense / **283**
Blandine Barret-Kriegel, L'État et les esclaves / **4**
Charles Baudouin, L'œuvre de Jung / **133**
Jean Bayet, La religion romaine / **360**
Walter Benjamin, Charles Baudelaire / **39**
Pierre Benoit, Le langage de la maladie / **318**
Edmond Bergler, La névrose de base / **382**
Eric Berne, Analyse transactionnelle et psychothérapie / **37**
Roger Beteille, La chemise fendue / **288**
Ernst Bloch, La philosophie de la Renaissance / **201**
Philippe Boulu, La dynamique du cerveau / **124**
François Boureau, Contrôlez votre douleur / **60**
Jean Bourguignon / Charles Houin, Vie d'Arthur Rimbaud / **172**
Régis Boyer, La saga de saint Óláf / **77**
T. Berry Brazelton, Écoutez votre enfant / **74**

T. E. Lawrence, Les sept piliers de la sagesse / **99**
Michel Le Bris, L'homme aux semelles de vent / **95**
Michel Le Bris
Une amitié littéraire : Henry James-Robert L. Stevenson / **177**
Michel H. Ledoux, Introduction à l'œuvre de Françoise Dolto / **262**
Jean-G. Lemaire, La relaxation / **45**
Sous la direction de **Bernard Lewis,** L'islam / **207**
Jean-Pierre Letort-Trégaro, Pierre Abélard / **311**
Anna Lietti, Pour une éducation bilingue / **179**
Lin Yutang, La Chine et les Chinois / **316**
Konrad Lorenz, Évolution et modification du comportement / **33**
Robert Lowie, Histoire de l'ethnologie classique / **49**
Georges Luckacs, Le roman historique / **388**
Margaret Mahler, Psychose infantile / **30**
Bronislaw Malinowski
La sexualité et sa répression dans les sociétés primitives / **28**
Bronislaw Malinowski, La vie sexuelle des sauvages / **378**
Thomas Mann, Goethe et Tolstoï / **366**
Jean Markale, La femme celte / **108**
Henri Massé, Anthologie persane / **330**
Predrag Matvejevitch, Bréviaire méditerranéen / **251**
Marcel Mauss, Manuel d'ethnographie / **13**
Gérard Mendel, Pour décoloniser l'enfant / **5**
Jack Messy, La personne âgée n'existe pas / **180**
Jacques Meunier, Le monocle de Joseph Conrad / **150**
A. de Mijolla / S. A. Shentoub
Pour une psychanalyse de l'alcoolisme / **40**
Pierre Milza, Voyage en Ritalie / **224**
Eugène Minkowski, La schizophrénie / **328**
Eugène Minkowski, Vers une cosmologie / **370**
Marie Moscovici, Il est arrivé quelque chose / **46**
Georges Mounin, La sémantique / **317**
J. D. Nasio
Enseignement de 7 concepts cruciaux de la psychanalyse / **111**
J. D. Nasio, Cinq leçons sur la théorie de Jacques Lacan / **203**
J. D. Nasio, L'hystérie / **263**
J. D. Nasio, Le plaisir de lire Freud / **356**
André Neher, L'identité juive / **198**
André Neher, Prophètes et prophéties / **272**
Jean-Pierre Néraudau, Être enfant à Rome / **295**
Rudolf Otto, Le sacré / **218**

Géza Róheim, La panique des dieux / **375**

Pierre Sansot, La France sensible / **258**
John Saul, Les Bâtards de Voltaire / **376**
Gershom G. Scholem, La Kabbale et sa symbolique / **12**
Albert Schweitzer, Les grands penseurs de l'Inde / **38**
Marcel Scipion, L'homme qui courait après les fleurs / **249**
Jacques Semelin, Sans armes face à Hitler / **340**
Idries Shah, La magie orientale / **204**
Marc Sherringham, Introduction à la philosophie esthétique / **123**
Jeanine Solotareff, Le symbolisme dans les rêves / **199**
Jérôme Spycket, Clara Haskil / **76**
Constantin Stanislavski, La formation de l'acteur / **42**
Robert Louis Stevenson, Essais sur l'art de la fiction / **98**
Lytton Strachey, La reine Victoria / **126**
Rabindranath Tagore, La maison et le monde / **61**
Wou Tch'eng-en, Le singe pèlerin / **109**
René Thévenin / Paul Coze
Mœurs et histoire des Indiens d'Amérique du Nord / **94**
Louis-Vincent Thomas, Mort et pouvoir / **361**
Léon Tolstoï, Les récits de Sébastopol / **354**
Robert Turcan, Héliogabale et le sacre du soleil / **327**
Jean-Didier Urbain, L'idiot du voyage / **166**
Jean-Didier Urbain, Sur la plage / **271**
Jean-Didier Urbain, L'archipel des morts / **337**
Kati Varga, L'adolescent violent et sa famille / **304**
Alan W. Watts, Le bouddhisme zen / **70**
Arthur Weigall, Alexandre le Grand / **149**
Donald W. Winnicott, L'enfant et sa famille / **50**
Donald W. Winnicott, Fragment d'une analyse / **113**
Marina Yaguello, Les mots et les femmes / **75**

Petite Bibliothèque Payot / Classiques

Le livre interdit,
textes choisis et présentés par Jean-Christophe Abramovici / **298**
Maine de Biran : la vie intérieure,
textes choisis et présentés par Bruce Bégout / **237**
Les matérialistes au XVIIIe siècle,
textes choisis et présentés par Jean-Claude Bourdin / **280**

Karl Marx, Misère de la philosophie,
textes choisis et présentés par Jean Kessler / **294**
Politique d'Auguste Comte,
textes choisis et présentés par Juliette Grange / **293**
Politique de Condorcet,
textes choisis et présentés par Charles Coutel / **281**
La vision perspective (1435-1740),
textes choisis et présentés par Philippe Hamou / **238**

Petite Bibliothèque Payot / Voyageurs

Edward Abbey, Désert solitaire / **228**
John James Audubon, Journal du Missouri / **142**
Nicolas Baïkov, Dans les collines de Mandchourie / **380**
Nigel Barley, Un anthropologue en déroute / **176**
Nigel Barley, Le retour de l'anthropologue / **267**
Nigel Barley, L'anthropologie n'est pas un sport dangereux / **365**
Jean-Michel Barrault, Le sacre et la pensée / **282**
Sybille Bedford, Visite à Don Otavio / **102**
Nicole-Lise Bernheim, Chambres d'ailleurs / **363**
Alain Blottière, L'oasis / **210**
Jean-Claude Bourlès, Retours à Conques / **242**
Jean-Claude Bourlès, Le grand chemin de Compostelle / **341**
Nicolas Bouvier, Chronique japonaise / **53**
Nicolas Bouvier, L'usage du monde / **100**
Nicolas Bouvier, Journal d'Aran et d'autres lieux / **155**
Fawn Brodie, Un diable d'homme (Richard Burton) / **130**
Bill Bryson, Motel Blues / **260**
Frank Bullen, La croisière du *Cachalot* / **147**
Richard F. Burton / John Speke, Aux sources du Nil / **58**
Robert Byron, Route d'Oxiane / **137**
Pino Cacucci, Poussières mexicaines / **307**
Théodore Canot, Confessions d'un négrier / **148**
Jean Clair, Le voyageur égoïste / **364**
Jean Clausel, Indes / **372**
Jean-Luc Coatalem, Mission au Paraguay / **346**
Anita Conti, Géants des mers chaudes / **322**
Anita Conti, Racleurs d'océans / **339**
Jules Crevaux, Le mendiant de l'Eldorado / **135**

Jules Crevaux, En radeau sur l'Orénoque / **193**
Richard H. Dana, Deux années sur le gaillard d'avant / **266**
Daniel Defoe, Les chemins de fortune / **119**
Daniel Defoe, Le grand rêve flibustier / **120**
Paul Del Perugia, Les derniers rois mages / **154**
Charles M. Doughty, Arabia Deserta / **189**
Lady Lucie Duff Gordon, Lettres d'Égypte / **333**
Gerald Durrell, La forêt ivre / **221**
Gerald Durrell, Le aye-aye et moi / **313**
Isabelle Eberhardt, Écrits intimes / **239**
Patrick Leigh Fermor, Courrier des Andes / **159**
Peter Fleming, Courrier de Tartarie / **79**
Peter Fleming, Un aventurier au Brésil / **152**
Robert Fortune, La route du thé et des fleurs / **181**
Robert Fortune, Le vagabond des fleurs / **320**
Louis Garneray, Corsaire de la République / **56**
Louis Garneray, Le négrier de Zanzibar / **80**
Louis Garneray, Un corsaire au bagne / **86**
Robert Graves, Lawrence et les Arabes / **121**
Graham Greene, Routes sans lois / **87**
Werner Herzog, Sur le chemin des glaces / **277**
William H. Hudson, Sous le vent de la pampa / **184**
William H. Hudson, Un flâneur en Patagonie / **194**
Édith et François-Bernard Huyghe
Les coureurs d'épices / **287**
Michel Jan, Le Réveil des Tartares / **379**
Isabelle Jarry, Théodore Monod / **169**
John Keay, Voyageurs excentriques / **308**
Mary Kingsley, Une odyssée africaine / **143**
Jacques Lacarrière, Chemin faisant / **97**
Gilles Lapouge, Les pirates / **55**
Laurie Lee, Un beau matin d'été / **208**
Barry Lopez, Le chant de la rivière / **234**
Ella Maillart, La voie cruelle / **51**
Ella Maillart, Des monts célestes aux sables rouges / **72**
Ella Maillart, La vagabonde des mers / **85**
Ella Maillart, Oasis interdites / **175**
Ella Maillart, Croisières et caravanes / **247**
Ella Maillart, Ti-Puss / **292**

Petite Bibliothèque Payot / Échecs

Ouvrage imprimé sur presse Cameron
dans les ateliers de **Bussière Camedan Imprimeries**
à Saint-Amand-Montrond (Cher)
en septembre 2000

ISBN 2-228-89344-7
N° d'impression : 002971/1.
Dépôt légal : septembre 2000.
Imprimé en France

T.M. n'écrit pas
pour une répudiation
de son passé, encore moins
ds l'obsession du présent.
Il écrit à la trace de son histoire,
l'histoire de son peuple.